风流总被雨打风吹去

——50个侧面看魏晋

张程◆著

群言出版社
QUNYAN PRESS
·北京·

图书在版编目（CIP）数据

风流总被雨打风吹去：50个侧面看魏晋 / 张程著
.— 北京：群言出版社，2015.9
ISBN 978-7-80256-807-5

Ⅰ. ①风… Ⅱ. ①张… Ⅲ. ①中国历史—魏晋南北朝时代—通俗读物 Ⅳ. ①K235.09

中国版本图书馆 CIP 数据核字（2015）第 170699 号

责任编辑：张天放
封面设计：齐立娟

出版发行：群言出版社
社　　址：北京市东城区东厂胡同北巷1号（100006）
网　　址：www.qypublish.com
自营网店：http://qycbs.shop.kongfz.com（孔夫子旧书网）
http://www.qypublish.com（官方网店）
电子信箱：qunyancbs@126.com
总 编 室：010-65265404　65267783
编 辑 部：010-65138815　65262436　65276609
发 行 部：010-65263345　65263836
市 场 部：010-65220236　65265832（读者服务）
经　　销：全国新华书店
法律顾问：北京市君泰律师事务所

印　　刷：北京市媛明印刷厂
版　　次：2015年9月第1版　2015年9月第1次印刷
开　　本：710mm × 1000mm　1/16
印　　张：20.25
字　　数：342千字
书　　号：ISBN 978-7-80256-807-5
定　　价：35.80元

目录

一

禅让这场戏要演好

一

延康元年（220 年）二月庚戌，新继位的魏王曹丕下令关津减税，恢复什一税制。辛亥，曹丕赏赐诸侯将相以下粟万斛，帛千匹，金银不等，同时煞有其事地派遣使者巡查郡国。所有行为都有一个共同的目的：收揽民心。而收揽民心的目的则是：推翻立国四百年的汉朝，建立曹魏王朝。

在皇权转移中，意识形态的准备是必不可少的。简单地说，后来者需要在自己脸上贴金。神化自己是最常见的做法，即让淳朴的老百姓相信自己是天人下凡，相信自己的登基是天命所归。巧的是，在历史的关键时刻，总会有大批恰逢其时的“祥瑞”出现。

先是民间开始传言曹丕出生的时候，有青色的云气像车盖一样漂浮在婴儿身上，终日不散。风水师傅们一致认为这是曹丕至贵的证明。这时，黎民们才开始明白：原来曹丕一出生的时候，就不是凡人啊。

此间又出了一个叫殷登的人，说自己在熹平五年的时候记得一件事：当年谯地（曹操老家）出现了黄龙祥瑞。大名士、光禄大夫桥玄就悄悄问太史令单飏：“这个祥瑞什么意思啊？”单飏回答说：“这说明谯这个地方会有王者兴起。在五十年时间里，黄龙会再次出现。”殷登说自己当时在场，就默默记下了这件事。45 年后，也就是延康元年三月，黄龙再次出现在谯。当时殷登还在世，大肆宣扬这件事，引起中原轰动。最后曹丕出面召见殷登，作了一次谈话，赏赐殷登谷三百斛，送回家去。

之后，魏国的形势一片大好。同月，濊貊、扶余、焉耆、于阗等部落都派遣使者向中原奉献。四月丁巳，饶安县出现典型的祥瑞白雉。曹丕很高兴，免了饶安县的田租，赏赐勃海郡百户牛酒；太常以太牢祠宗庙。

但是事情突然起了波折。当月，大将军夏侯惇病逝。曹丕亲自素服在邺城东门发哀。有人指责曹丕的行为失礼。按礼，天子哭同姓于宗庙门之外。曹丕与夏侯氏并非同姓，却哭于城门，是不当的行为。这其实暗指曹丕家族与夏侯家族的“不正常关系”。曹丕的爷爷，也就是曹操的爸爸曹嵩原本是乞丐，被大宦官曹腾收养后才有了姓氏。东汉官场上就一直盛传，曹嵩原来是复姓夏侯的小乞丐。因此在曹操一世，夏侯家族步步显贵。现在是曹丕登基的前夜，有人重提曹家这件不光彩的往事，杀伤力巨大。

这表明，一部分世族大家还并不认同曹氏家族登基称帝。

曹操在世时，不少名士很瞧不起曹操，与曹操政权对抗。曹操也不时做出压制豪族名门浮华风气的举动。客观上，曹操必须压抑以清议名士为代表的地方豪族势力，破坏朋党交游便是其一举措。虽然没有打击到世族大家的根本，但曹操对世族大家的厌恶和压制是明显的。在曹姓代刘几成定局的时候，世族大家需要曹丕给他们保证，维护和扩大的他们的利益。虽然曹丕本人已经完全是一个世家子的出身和行为举止，但缺乏明确的承诺和制度上的保护，世族大家们还是不放心效忠于曹氏家族。

这时候，昌武亭侯、尚书陈群提出了“九品中正法”，建议改革官员人事制度。九品中正法的内容是在郡国设置中正，评议本地人才高下，分九等，按照等级分别授予官职。评议的标准主要看家世（被评者的族望和父祖官爵），其次看道德，最后才看一个人的才能。而担任评议的都是当地的贵族显要。这样的制度到底对谁有利，可想而知。此法一出，获得了世族大家的一片赞赏之声。

这实际上是世族大家对曹丕出的考题，是世族大家与曹氏家族进行权力交换。

世族大家要求确保自己的地位和权益，并希望能够世代相传。九品中正法就是一个制度上的保证。曹丕毫不犹豫地批准了这个制度，开始在全国进行人事改革。它成为魏晋南北朝时期世族势力恶性膨胀的制度源头。

时间到了五月，刘协“命令”曹丕追尊祖父、已故太尉、乞丐出身的曹嵩为太王，祖母丁氏为太王后，封王子曹叡为武德侯。（刘协还真是配合）

六月辛亥日，曹丕在东郊阅兵，集中兵力开始南征。这次南征，公卿相仪，华盖相望，金鼓阵阵，完全是曹丕对个人势力的一次检阅，是对天下百姓的一次试探。因此整次军事行动更像是一次盛装游行。曹丕先到了屡次出现祥瑞的老家谯。他在家乡大宴三军，并在邑东召集谯地的父老百姓，设伎乐百戏，与民同乐。在欢娱间，曹丕说："先王非常喜欢家乡，不忘根本。谯，真是霸王之邦。我要减免谯地的租税二年。"当地的三老吏民闻言纷纷向曹丕祝寿，通宵达旦。几天后，曹丕还去祭扫了先人的墓地。

到了冬天，曹丕大军终于达到长江以北。孙权整军以待。曹丕看到东吴军队军容整齐，说，东吴还是有人才的，我们暂时先回去吧。（这句话让江对面的孙权听得一愣一愣的）临行，曹丕下令："大军征伐，死亡的士卒有的还没有得到收敛，我感到非常悲痛。各郡国要为这些人收殓，送到烈士家中。官府还要出资为他们设祭。"他临别了还不忘讨好军队，向天下展示自己的仁慈。

二

自即位以来，麒麟降生，凤凰来仪，黄龙出现，嘉禾蔚生，甘露下降。做足工作的曹丕就等着刘协禅让了。

关于这次禅让，正史和野史的记载截然不同。

《三国志》的曹丕传记用了几乎一半的篇幅刊登相国华歆、太尉贾诩、御史大夫王朗、九卿、将军、守令等人的劝进书。刘协一再下诏禅让，曹丕一再推辞；大臣们动不动就聚集一百二三十人集体劝进，而且周而复始，不厌其烦，也不担心曹丕生气。曹丕就是不答应。连刘协都说，魏王不接受禅让，那怎么办啊？最后仿佛劝进的大臣们都着急了。尚书令桓阶对曹丕说："现在汉朝的命气已经尽了，臣等都认为天命降临大魏，陛下还前后退让。汉氏衰废，就要咽气了，史官和耆老们的记录都证明了这一点。天下百姓都唱着歌谣，呼吁明主出现。陛下应该响应上天，接受禅让，马上登坛祷告上帝。不然就是久停神器，抗拒上天和亿万百姓的意愿啊！这可了不得啊。"曹丕在万般无奈的情况下，说了一个字："可。"于是大臣们和百姓都欢天喜地的开始庆祝了。这段完美的记载总让人怀疑真实的情况是否如此融洽，是否如此顺利。

《三国演义》、《华阳国志》和其他野史则完全为我们描述了一副逼宫的闹剧：

华歆等一班文武，去见刘协，要求刘协禅让。华歆说："魏王德布四方，仁及万物，是古第一人。我们大臣都认为汉祚已经尽了，请你效法尧舜，以山川社稷为重，禅位魏王。”他还撂下一句狠话：“只有这样，你才能安享清闲之福！我们都商议定了，特来奏请。”平时文质彬彬、以才学震天下的华歆竟然说出这样的大逆话语来，真是让人吃惊。据说刘协听说大臣们这么说，惊得半晌说不出话来。终于，刘协压抑着的情绪爆发出来。他注视着百官哭道：“高祖皇帝提三尺剑，斩蛇起义，平秦灭楚，创造基业，世代相传，到我这里已经有四百年多年了。朕虽不才，但也没什么过错，我怎么忍心将祖宗基业舍弃不顾。”刘协顿了顿，真诚地说：“祥瑞图谶，都是虚妄说不清楚的事。请各位大臣深思！”与华歆同来的、学问更高的王朗说道：“自古以来，有兴必有废，有盛必有衰。天底下哪有什么不亡之国、不败之家啊？汉室相传四百余年，到现在气数已尽。陛下还是早早退避为好，迟疑了就要生变了。”一旁的九卿、尚书和禁军将领等都频频点头。话已至此，刘协只有大哭，逃入后殿去了。百官哂笑着散去。

第二天，百官再次云集金銮殿，命令宦官请出刘协。刘协恐惧地不敢出来。刘协的皇后是曹操的女儿、曹丕的妹妹。见到丈夫这样的窘态，曹皇后大怒，说：“我哥哥怎么做出这样乱逆的事情来！”外面的百官推举曹洪、曹休两人带剑进入后殿，逼留协出殿。曹皇后大骂自己的这两位叔叔，说：“都是你们这些乱贼，贪图富贵，造反谋逆！我爸爸功勋卓著，威震天下，都不敢篡窃神器。现在我哥哥登位还没几天，就想着篡夺皇位。老天爷是不会保佑你们的！”曹洪、曹休两个人不去理会自己的侄女，裹胁着刘协出殿。刘协万般无奈，只好更衣出来接受最后的审判。

面对华歆等人的再次逼宫。刘协痛哭流涕：“你们都领取汉家的俸禄多年了；中间还有很多人是汉朝开国功臣的子孙，现在怎么就忍心做出这样的事情啊？”华歆冷笑着说：“陛下若不听从我们的话，恐怕马上要萧墙祸起了。这并非我们不忠于陛下。”

刘协大喝：“谁敢杀我吗？”

华歆厉声说：“全天下的人都知道陛下没有人君之福，导致四方大乱！如果没有魏王父子在朝，杀陛下的人何止一两个？你这么不知恩报德，难道不怕天下人群起而攻之吗？”

刘协受到极大惊吓，拂袖而起。旁边的王朗向华歆使了个眼色。华歆竟然快步走上皇帝宝座，扯住刘协的龙袍，变色厉声说道：“同意还是不同意，就一句话！”刘协哪经受过这样的场面，浑身战栗不能回答。他环顾四周，宫殿内外披甲持戈的几百人全部都是魏王亲兵。他哭着对群臣说：“我愿意将天下让给魏王，请各位保存我的性命。”

当权力斗争的失败者在寻找撤退的底线的时候，往往发现：其实生命才是每个政治人物最基本的需求。遗憾的是，在残酷的政治斗争中，它不幸成为奢求。

逼宫的贾诩许诺："魏王必不负陛下。陛下快快下诏书，以安定人心。"

刘协只好让陈群起草禅让诏书，让华歆捧着诏书和玉玺，引导百官到魏王宫前，请曹丕即位。曹丕大喜，但坚决推辞，要求刘协禅让给"真正的大贤人"。在华歆的导演下，刘协又下了一道诏书，再次恭敬地请曹丕登基。曹丕更加高兴了，但还是对贾诩说，还是怕"不免篡窃之名。"贾诩马上献计说，让刘协筑一坛，名受禅坛；择吉日良辰，集结大小公卿；让当今天子亲自在坛上献上玺绶，禅让天下。

于是，刘协启动了汉王朝的最后一项国家工程，派遣太常院官在繁阳卜地，筑起三层高坛，选择吉日举行禅让大典。（河南许昌临颍县繁城镇还保留着这座中国仅存的受禅台。台高20米，长宽约30米。）十月庚午日寅时，东汉王朝的禅让仪式正式举行。

禅让原本是传说中推选部落首领的制度。这种只保留在典籍中的神秘制度已经距离曹丕时代两千年之远了。如何"复活"禅让制度和仪式是对曹丕君臣的巨大考验。曹丕和魏国的大臣们以高度的智慧，将传说中的"禅让"概念赋予实践，为后世树立了"典范"。

曹魏君臣"复活"的受禅大典的盛况，裴松之引《献帝传》注云："魏王登坛受禅，公卿、列侯、诸将、匈奴单于、四夷朝者数万人陪位，燎祭天地、五岳、四渎。"（曹丕登上受禅台接受汉献帝的帝位，三公九卿、侯爵贵族、各军将领和前来朝贺的匈奴单于、周边少数民族来宾好几万人见证了这一仪式。）整个仪式要燃起巨火，祭高天地、五岳和四渎。许昌受禅台前现存的两石碑——《受禅表》碑和《公卿将军上尊号奏》碑在风雨飘摇后面目模糊，依然忠实地向后人透露当时的盛况。《公卿将军上尊号奏》内容为46位文武大臣给汉献帝刘协上的折子，奏请曹丕当皇帝的理由。其实是写给曹丕的效忠信，就是演义中的"劝进书"。《受禅表》是曹丕受禅称帝之后，表白自己不愿当皇帝，可是天、地、人都让他当，再三辞让而不得，才登上皇帝宝座的"苦衷"与"救民济世"的心态。这两块碑文由汉末名士王朗文，梁鹄书；楷书创始者钟繇镌字，被后世称为"三绝碑"，即文表绝、书法绝、镌刻绝。钟繇和梁鹄是当时的重臣和著名书法家。王朗为大学问家，对禅让一事最为积极，魏文帝时由御史大夫迁为司空。民间传说他积极逼杀献帝皇后，催逼玉玺的过程。

惊恐、悲凉、无助的刘协，为了保全性命，无奈只得把祖宗的江山禅让给曹氏。不知道他跪在地上，是以怎么的心情听着昔日的大臣宣读如下公告：

“皇帝臣丕，敢用玄牡，昭告于皇皇后帝：汉历世二十有四，践年四百二十有六，四海困穷，三纲不立，五纬错行，灵祥并见，推术数者，虑之古道，咸以为天之历数，运终兹世，凡诸嘉祥民神之意，比昭有汉数终之极，魏家受命之符。汉主以神器宜授于臣，宪章有虞，致位于丕。丕震畏天命，虽休勿休。群公庶尹六事之人，外及将士，洎于蛮夷君长，佥曰：‘天命不可以辞拒，神器不可以久旷，群臣不可以无主，万几不可以无统。’丕祗承皇象，敢不钦承。卜之守龟，兆有大横，筮之三易，兆有革兆，谨择元日，与群寮登坛受帝玺绶，告类于尔大神；唯尔有神，尚飨永吉，兆民之望，祚于有魏世享。”

曹丕的这篇布告，主要意思是魏代汉立是上承天意，下顺民心的事，曹丕即位是众望所归。这篇布告为之后受禅台上的表演奠定了基调。

曹丕改延康元年为黄初元年，将刘协封在河内郡山阳，为山阳公，邑万户。刘协可以用天子之礼郊祭，上书不称臣；刘协的四子降为列侯；更换周边各族印玺，为魏国百官更名。总之是皆大欢喜。

禅让仪式上有两件小事值得一书。一是《魏氏春秋》上说，曹丕在坛上行礼完毕的时候，曾经对周围的功臣说：“舜、禹之事，吾知之矣。”后人对这句话多有评论，大抵都是认为曹丕自我感觉过于良好。魏国事实上的创建者应该是曹操。但是曹操满足于“治世之能臣，乱世之奸臣”的自我定位，不愿意登基。曹操如果说这句话，方才是名正言顺的。

第二件事是《三国演义》描写的怪事。传说在仪式上的时候，百官请曹丕答谢天地。曹丕刚下拜，忽然坛前卷起一阵怪风，飞沙走石，急如骤雨，对面不见身影；坛上的火烛都被吹灭。曹丕惊倒在坛上，被百官急救下坛，半晌才醒过来。这阵奇怪的风和随即而来的疾病让曹丕在宫中休养了多时。病情老不见痊愈，曹丕就怀疑许昌宫殿内外有妖怪，决定从许昌迁都洛阳，大建宫室。

曹丕受禅后，非常客气地对刘协说：“天下之珍，吾与山阳共之。”意思就是说，天下的珍宝财富，我都和你山阳公（刘协禅让后的封号）共享。那么刘协是不是真的共享到了所谓的“天下之珍”呢，不得而知。汉献帝刘逊位后，虽然只是公爵，名义上位在诸侯王之上。刘协在封地内行汉正朔，一直到54岁才自然死亡。曹丕以天子礼仪把刘协下葬，赐名其陵寝为“禅陵”。山阳国由刘协的子孙继承，从建国至灭亡共传国89年。文人色彩浓厚的曹丕还算客气仁慈。

三

曹魏以禅让形式建国，恶化了魏晋南北朝的政治风气，影响恶劣。

曹丕及其党羽假惺惺的动作，都是粉饰和权谋而已。在禅让过程中，实力永远是第一位的。刘协是非让位不可，可曹丕又不想背上篡位的名声，就选择了远古传说中的禅让制度来当遮羞布。“自曹魏以迄于宋，皆名为禅而篡者也。”包裹禅让的道德面纱彻底地被篡位者剥去，禅让成为赤裸裸的篡位工具。野心家们发现了禅让的“优点”，之后的禅让基本是仿照汉魏故事进行的。

魏晋南北朝期间，禅让逐渐成为一种政治游戏，规则被固定化、现实化、公开化，失去了之前的神圣和严肃。南北朝时期的禅让在险恶的政治黑幕中将人性阴暗的一面淋漓尽致地展示出来。内忧外患不断的形势将权臣和军事强人推上了政治舞台，而不争气的末代皇帝们又给那些野心勃勃的权臣有机可乘。一模一样的重复，无休无止的阴谋和杀戮让人厌倦：曹魏末代皇帝曹奂禅让给了晋武帝司马炎，晋代魏；东晋恭帝司马德文禅位给南朝宋武帝刘裕，宋代晋；南朝宋顺帝刘准禅位给南朝齐高帝萧道成，齐代宋；南朝齐和帝萧宝融禅位给南朝梁武帝萧衍，梁代齐；南朝梁敬帝萧方智禅位给南朝陈武帝陈霸先，陈代梁；东魏孝静帝元善见禅位给北齐文宣帝高洋，北齐代东魏；西魏恭帝元廓禅位给北周孝闵帝宇文觉，北周代西魏；北周静帝宇文衍禅位给隋朝文帝杨坚，隋朝代北周。

尽管禅让使得这些黑幕半遮半掩，但天下对这些游戏规则和把戏一目了然。辽人有首《伎者歌》唱道：“百尺竿头望九州，前人田土后人收。后人收得休欢喜，还有收人在后头。”可以作为魏晋南北朝禅让制度的最好注解。

更恶劣的影响是，禅让制度沉重打压了政治道德，让现实政治大行其道。当一个王朝是通过不道德的禅让形式建立的，它的合法性就值得怀疑了。之前的秦朝是通过王朝战争统一的，汉朝是刘邦提三尺剑千辛万苦打下来的。而魏晋南北朝的政权则是从一个阴谋走向另一个阴谋，虚伪而无耻地建立的，如何令人信服？王朝的开国元勋们不是靠赫赫战功或者杰出能力获取的地位，而是一个个阴谋家、表演家和投机者。这个王朝的政治风气又能好到什么地方去呢？整个魏晋南北朝，谋杀和弑君、骨肉相残、淫秽与乱伦、背信弃义等行为层出不穷，不能说与王朝建立之初的禅让制度没有关系。

东汉末期，政坛上还残留着些许道德，儒家经典还为人信服，建立在品德和修行基础上的征辟制度还部分起作用。曹魏王朝从曹操奠基开始就很务实，崇尚实务而抛弃虚名，那是应付残酷乱世的需要；曹丕建国前后，没有恢复道德政治，变本加厉地在现实政治的道路上狂奔。他重用了一批现实主义政客，又开创了不公平的九品中正制，还发挥了禅让制度的虚伪和无耻特性。曹丕开了一个坏头，对整个魏晋南北朝的恶劣政治风气要承担责任。

二

曹植与“洛神”的相会

一

曹丕的江山是老爷子曹操费劲心计打下来的，但皇帝的宝座则是他费劲心计、花了老大力气才从弟弟曹植手里夺来的。

曹操的长子曹昂早年战死疆场，他和第二任妻子卞氏生有四个儿子：曹丕，曹彰，曹植，曹熊。曹彰只有匹夫之勇，曹熊常年生病，只剩下曹丕和曹植两兄弟争夺继承人之位。

曹操一开始属意三子曹植。曹植不仅长得一表人才，还文采飞扬。建安十五年（210 年），曹操在邺城修建的“形象工程”铜雀台落成。他召集了天下文士登台为赋，为形象工程增光添彩。在这场文坛巅峰对决中，曹植提笔一挥而就，最先完成了《登台赋》。全文洋洋洒洒、气势磅礴，不仅曹操看后赞赏不止，在场文人也都输得心服口服。当时曹植只有 19 岁。曹操本人文学气质就非常突出，曹植因此加分不少。曹操认为曹植在诸子中“最可定大事”，几次想要立他为接班人。

曹植的聪慧是从小出了名的，10 岁就能诵读诗文辞赋数十万言，出口成章。但他的缺点就是太聪明了，反而自以为聪明。过于浓厚的文人气质反过来害了他。曹植沉溺在文学的天地中，向往无拘无束的生活，头脑未免简单，对人对事缺乏心计。曹丕知道比文才比能力，自己都不是弟弟的对手，所以就想方设法要让曹植在父亲面前留下坏印象。曹操要出征了，兄弟俩去送行。曹植鸿篇大论，在父亲面前指点江山；曹丕则痛哭流涕，装出舍不得父亲出征冒险的样子。曹操很自然认为曹植才情有余人情不足，觉得曹丕这个孩子忠厚孝顺了。

曹丕和曹植各拉了一批人明争暗斗。曹丕经常在家中召集同党商议方法，用大筐子把同党带到家来，避免给别人结党营私的印象。曹植一派知道后，就兴冲冲地告诉了曹操。曹操查起来，却发现曹丕家门口进出的大筐子里装的不是食物就是日用品。曹植又输了一回。

争斗越久，曹植身上的缺点就越扯后腿。一次，曹操已经任命曹植为负责人，率军出征了。这是很重要的荣誉，也是对曹植能力的考验。结果在出征的欢送仪式上，曹操和文武百官左等右等，就是不见曹植的身影。原来曹植竟然在节骨眼上，喝得酩酊大醉。结果军队出征不了，曹植这个负责人也被废掉了。还有一件事情：曹操是白手起家的枭雄，节俭成性，最见不惯别人，尤其是家人穿戴奢侈。曹植却不以为意，吃穿用度都率性而为。曹植一生娶过两位妻子，第一位妻子崔氏系出名门（她是名士、尚书崔琰的妹妹），穿戴求新求好。一次，崔氏“衣绣违制”（估计是穿了雕龙绣凤的衣服），招摇过市。曹操看到后，勒令儿媳妇崔氏回家自尽。崔氏的死，表明曹操对曹植的不满与日俱增。

最后，曹操对到底把权力地位传给哪个儿子还是下不了决心。到底是给轻浮不懂事的曹植呢，还是给忠厚孝顺的曹丕呢？他问老臣贾诩。贾诩沉思了良久。其实他早就暗中被曹丕收买了，在琢磨怎么让曹操下定决心舍曹植而用曹丕。曹操等不及了，问贾诩怎么迟迟不回答。贾诩这才说：“我在想刘表和袁绍的事情。”刘表和袁绍两人都在“废长立幼”，不把权力传给长子而给了小儿子，结果导致身后内讧不止，势力灰飞烟灭。曹操听了，默然不语，才下定决心选曹丕为继承人。

继承人之争，曹丕胜曹植败。政治上的胜负，绝对是零和博弈，胜者全得，输家不仅一无所获，从此之后还要受胜家的欺压凌辱。曹操活着的时候，曹植是高贵的王子，优游宴乐。等到曹操死了曹丕登基称帝，曹植的噩梦开始了！

曹丕这个人心眼很小，上台后就开始对看不惯的反攻倒算，到处整人。张绣在投降曹操之前曾杀死过曹丕的哥哥曹昂。曹丕这才成为曹操的长子。说起来，曹丕还要感谢张绣为创造了“上位”的机会。现在曹丕上台了，就把张绣逼死了。于禁战败后曾经投降过关羽。曹丕觉得很丢脸，就派于禁去给曹操守陵。他事先在陵墓里画上于禁卑躬屈膝向关羽求饶的壁画。于禁一大把年纪了，看到壁画后，羞愧难当，气血上涌，死了。对亲人，曹丕整起来照样心狠手辣。叔叔曹洪是个小气鬼。曹丕登基前向曹洪借钱，遭到了拒绝。现在曹丕就处处和曹洪为难，动不动就训斥罚款。

曹洪顶不住了，央求嫂子、曹丕的生母卞太后在曹丕面前求情。曹丕这才放过曹洪。

曹彰是曹丕同父同母的亲弟弟，在皇位争夺战中支持曹植反对曹丕，曹丕登基后又领兵在外。曹丕必欲除而后快。他召曹彰回朝，在给他吃的饼里下了毒。曹彰中毒后，没有人过来救治。卞太后发现后，慌忙亲自找水来救儿子，却发现宫中所有的瓦罐都被打碎了，最后她光着脚提桶去井里打水。可惜还是晚了，一代勇将曹彰不治身亡。

对曹植这个之前的头号对手，曹丕整起来简直是六亲不认、心狠手辣。

曹丕先在制度上建立起了一整套严格限制皇室成员，尤其是成年诸侯王的规定。曹魏可能是中国历史上对宗室成员限制最苛刻的朝代。曹丕借口皇权巩固，大行限制宗室子弟之实。曹植是皇室至亲，却过着如同囚犯的生活。他贵为藩王，却没有行政权力，只能拥有上百名老弱病残组成的卫队。这支卫队常年不变，没有补充，到最后只剩下五六十名残兵老人。曹植不能和朝廷官员交往，没有得到允许不能和亲戚通信、不能随便来首都朝觐。他能做的就是带着这支可怜的卫队，在方圆三十里范围内“游猎”。藩王所在地区，曹丕都派了官员（所谓的“监国谒者”）监视藩王的一举一动。这些官员随时可以告状，还可以当面“批评”藩王。曹植就被监国谒者参奏过“醉酒悖慢，胁持使者”的罪名。即便这样，为了防止藩王在某个地方固定下来，朝廷频繁徙封诸王，过几年就换一批封号。比如曹植就担任过多个王位，因为死的时候是陈王而被人习惯地称为“陈王曹植”。

顺便说一下，曹魏苛禁诸侯的政策虽然在表面限制了宗室诸王的势力，巩固了皇帝本人的统治，但从长远影响来看，它严重危害了曹魏的统治。因为皇权绝对排斥了同宗的势力，也就堵住了同宗子弟出力襄助的途径，当皇权面临权臣或其他野心家的觊觎时，皇帝只能孤身作战，得不到宗室力量的帮助。苛禁诸侯的政策来源于曹操父子对东汉末年皇权旁落教训的警惕，它的消极影响日后又被西晋皇室当做历史教训吸收。

在种种限制之下，曹植的生活很窘迫。吃的是封地的土特产，手头老是很拮据，想做的事情不能做，“谨小慎微”成了生活的关键词。

曹植的浑身才能和满腔建功立业的抱负难以伸展。他一再向朝廷，也就是向哥哥曹丕上书，要求授予自己实际职务，哪怕是让自己去前线冲锋陷阵也愿意。奏章递上去后，不是得到让他安心当藩王的回复，就是石沉大海。

石沉大海并非因为曹丕忘记了这个弟弟。他记着曹植，没有放过任何迫害的机会。

最著名的迫害例子就是“七步为诗”的故事。魏文帝曹丕曾和曹植同辇出游，恰好遇到两头牛在墙角撕斗。一头牛打输了，坠井而死。曹丕当即命令曹植给死牛赋诗，要求诗中不许出现“牛”字、“井”字，也不能说相斗的事情，更不能说牛的“死”字，但是必须把整件事情说清楚。还有一个要求是，曹植必须在走马百步之内，写成四十言的长诗。如果走完了一百步写不出来的话，曹植就要被斩首。结果呢，曹植策马而驰，在马上就揽笔写道：“两肉齐道行，头上戴横骨。行至凼士头，峍起相唐突。二敌不俱刚，一肉卧土窟。非是力不如，盛意不得泄。”全诗没有出现一个“牛”字、“井”字或者“死”字，却把斗牛的场面描写得清清楚楚。写完了，曹植还没有走完一百步。他就又写了一首三十言自愍诗：“煮豆持作羹，漉豉取作汁。萁在釜下燃，豆向釜中泣。本自同根生，相煎何太急。”最后一句，很快流传开来，成为千古名句。

不知道是曹丕实在找不到杀戮曹植的理由，还是被“本是同根生”的亲情所感染，最终没有杀戮曹植。所以，曹植继续着窘迫、郁闷的生活。黄初六年（225 年），曹丕踌躇满志地想要征讨东吴，结果到长江边一看到东吴戒备森严、长江江水激流，立刻打了退堂鼓。撤军的途中，曹丕经过了曹植的封地，“御驾亲临”曹植的住所，看到曹植居住的环境实在是太差，生活水准也不高，这才下令增加了曹植五百户封邑。为此，曹植专门上表“谢恩”。

有人说，曹丕是在生命的最后时刻，良心发现，觉得应该对弟弟好点了。因为在第二年（黄初七年），曹丕就驾崩了。曹植比皇帝哥哥多活了六年，在太和六年（232 年）死去。

二

黄初三年（222 年），鄄城王（封地在今山东濮县）曹植在京师洛阳朝觐完毕，返回封地。过洛河的时候，曹植写了一篇《感鄄赋》。在文中，曹植自述是在朦胧之中遇到了洛河水神“宓妃”，宓妃“体迅飞凫，飘忽若神，凌波微步，罗袜生尘。转盼流精，光润玉颜，含辞未吐，气若幽兰，华容婀娜，令我忘餐。”遗憾的是，他俩人神殊途，最后只能擦肩而过。曹植继续踏上返程，宓妃继续在洛河为神。

在序言中，曹植写道："黄初三年，作朝京师，还济洛川。古人有言，斯水之神，名曰宓妃。感宋玉对楚王神女之事，遂作斯赋。"尽管曹植说自己是从洛河水神"宓妃"身上得到灵感写的文章。但是人们还是把她和曹植的嫂子、曹丕的妻子甄宓联系起来，演绎出两人的"情感往事"来。

甄宓的命运和曹植有些相似——难怪人们要把他们俩联系在一起。

她不仅从小和曹植一样文采出众，而且美若天仙、品格高尚。甄宓名声远播，汉末人称"江南有二乔，河北甄氏俏"。河北大军阀袁绍听到甄宓的名声，就聘娶甄宓嫁给自己次子袁熙。后来曹操战胜了袁绍。204年，曹操父子率兵攻下袁绍大本营邺城。城破之时，曹丕一马当先，提剑冲杀进袁府，一眼看到甄宓就中意上了。于是，23岁的甄宓成了18岁的曹丕的妻子。

曹丕和甄宓结婚后，一起生活在邺城，度过了几年恩爱幸福的时光。甄宓将曹丕的家事处理得井井有条，还多次劝曹丕广纳姬妾。曹丕对大度贤良的甄宓越来越喜欢。甄宓和婆婆卞夫人的关系处理得也很好，常常嘘寒问暖。卞夫人高调夸奖甄宓是孝顺媳妇。期间，甄宓为曹丕生下了长子曹叡和长女东乡公主。然而随着曹家权势越强大，曹丕就越忙，长期不在邺城。曹丕在政治上不断上升，甄宓在曹丕心中的地位却在下降。

曹丕个性非常进取，不懂得留恋。甄宓又听任丈夫纳妾，导致曹丕身边美女如云。当皇帝后，曹丕身边的女子就更多了。汉献帝退位后被降封为山阳公，还把自己两个女儿献给曹丕。甄宓犯了一个致命错误，就是没有搬到首都洛阳去和曹丕在一起，而是坚持住在河北邺城。甄宓和曹丕分离的时间越长，留在丈夫心中的魅力就越淡。夫妻感情开始疏远。她渐渐失宠就在情理之中了。保不准美女当中还有嫉妒甄宓的正妻地位，挑拨离间，中伤甄宓的。甄宓连分辩的机会都没有。

甄宓失宠的明显证明就是曹丕称帝后迟迟不立正妻甄宓为皇后。甄宓仅被封为"夫人"。甄宓心理开始不舒服，又从不舒服转变为埋怨。她深感自己处境恶劣，又埋怨丈夫无情，写下了《塘上行》寄给曹丕。在文中，甄宓自述身陷"边地多悲风，树木何翛翛"的恶劣环境中，过着"独愁常苦悲"、"夜夜不能寐"的悲惨生活。甄宓直指自己遭到了曹丕身边女人的中伤陷害，和丈夫生生别离。苦闷哀愁的日子，甄宓过不下去了，无可奈何之余寄情丝于笔墨，希望能够唤起曹丕对夫妻间的美好时刻的回忆，从而改善自己的境遇。谁能想到，曹丕读完后，产生了截然不同的想法。他没有读到爱，没有读到旧情，读到的是愁苦，是哀怨。这些愁苦和哀怨的矛头都对准曹丕。曹丕原本就对甄宓不满，如今爆发了出来。他勃然大怒，失去理智，派使者前往邺城逼甄宓服下毒酒自杀。甄宓冤死后，被人披散头发遮住脸庞，口中还被塞满米糠下葬。这是黄初二年，也就是曹丕登基当皇帝第二年的事情。

现在，曹植写了《感鄄赋》，“鄄”和“甄”两字相通，“宓妃”又很容易令人想到甄宓。再看文章内容，曹植和洛神的遭遇多像现实中曹植和甄宓的境遇的：美丽的人儿不能率性而为，只能被迫接受外界设置的人生轨道。后人难免浮想联翩，在曹植和甄宓之间搭建种种感情线索，试图证明他俩之间有感情瓜葛。南朝的顾恺之充分发挥想象力，从文章出发创作了千古名画《洛神赋图》。画中，曹植恍然若失地看着在河上凌波微步的洛神。两人男才女貌，近在咫尺却不能牵手，只能以目传情。甄宓因为曹植的《感鄄赋》而被后人普遍视为“洛神”。

传言越来越多，编织出了曹植和甄宓的感情经历。很多人相信曹植也在 204 年攻陷邺城的战役中，也看到了甄宓。曹植和甄宓一见钟情，两情相悦。无奈哥哥曹丕抢在了前面提亲，甄宓成了曹植的嫂子。可是两人情丝未断，引起了曹丕的不满。感情矛盾加上政治斗争，曹丕和曹植就成了死对头。这也可以解释曹丕为什么丝毫不念夫妻之情，登基第二年就赐死甄宓；丝毫不念手足之情，对曹植百般刁难。

然而，我们仔细思考一下曹植和甄宓的这段“绯闻”，会发现里面有许多“不可能”之处。首先，曹植和甄宓年纪相差十岁。曹丕迎娶甄宓的时候，甄宓 23 岁，曹植才 13 岁。一个 13 岁的小孩子怎么就早熟开始恋爱经历了呢？而一个 23 岁的女子怎么就对 13 岁的小孩子产生爱慕之心了呢？其次，这段感情涉及乱伦。弟弟和嫂子偷情是中国人非常忌讳的家丑，更何况是在帝王之家。就算甄宓和曹植两人能抛弃世俗观念和内心的约束，曹家也不会让这段感情持续下去，肯定会早早掐断它。最后，所有认为曹植和甄宓有感情瓜葛的说法都没有证据。也许《感鄄赋》就算是最有力的证据了。但是一篇文章是不能说服人的，更何况人们也可以把它解释为曹植纯粹是在描写自己的幻想或者梦境中的某次神遇。所谓的“感鄄”可能就是感叹自己这个鄄城王不得不接受现实的无奈。

三

在甄宓死了五年之后，她的儿子曹睿登基称帝，成了魏明帝。

曹睿本来是没有希望登基的。因为曹丕并不太喜欢这个长子。况且赐死过曹睿的生母甄宓，曹丕不愿意立曹睿为太子，想立其他姬妾所生的儿子。无奈，皇后郭氏没有生育，其他女子生的儿子不是夭折、体弱多病，就是年纪太小，曹睿始终是唯一的继承人选择。曹丕就拖着不立太子，对大臣们早立太子的建议充耳不闻。一直拖到黄初七年（226 年）五月，曹丕的身体垮了，即将死去。临终前，曹丕才在病榻上仓促册立曹睿为太子。

曹睿登基后，在对待生母甄宓问题上立即开始“拨乱反正”。首先是在即位不久，甄宓就被追封为“文昭皇后”，并立寝庙祭祀。其次是“帝思念舅氏不已”，对甄家子弟大加封赏。甄宓的几个哥哥除了早死的，都封侯拜将了。

在处理曹植问题上，曹睿对这个三叔的文才非常赞赏，甚至称得上是崇拜。但同时他又觉得父亲曹丕严格限制诸侯王的政策很对，很合自己的胃口，所以继续执行。结果，侄子兼崇拜者曹睿的上台并没有改善曹植的生存环境。曹植依然生活在频繁迁徙、窘迫和受监视的环境中。曹植曾经乐观地认为侄子上台后，可能会让自己承担部分实职，结果大失所望。曹睿对曹植的防范丝毫不比父亲时期宽松。太和六年（232 年），曹植逝世。曹魏王朝给他的谥号是“思”，曹植因此被称为“陈思王”。

曹植在晚年，认识到了王朝苛禁诸侯政策的弊端，向曹睿递交了《陈审举表》。明确指出曹魏王朝潜伏着危机：“苟吉专其位，凶离其患者，异姓之臣也。欲国之安，祈家之贵，存共其荣，没同其患者，公族之臣也。今反公族疏而异姓亲，臣窃惑焉。”朝廷某些大臣权势的上升必然威胁皇权（可能是曹植有感于司马懿势力的扩大和刘放、孙资等人专断中枢）。遗憾的是，曹睿对曹植的警醒并未在意。曹睿对叔叔的《感鄄赋》文章很喜欢，不过他也听到了外面不好的“桃色”传闻，觉得这篇文章对自己的生母名誉不利。文章的题目就起得不好，《感鄄赋》很容易让人联系到“怀念甄妃”，因此曹睿上台不久就以避母讳的名字，下令将《感鄄赋》改为《洛神赋》。

如今，我们看到《洛神赋》总是会联想到洛神甄宓，想到她和小叔子曹植两人的不幸命运。

三

司马懿：一个权臣的崛起

一

魏武帝曹操用人注重真才实学，看重一个人的能力和成绩，而不是东汉流行的品德、门第和声望。他多次求才若渴，发布任人唯贤的命令，广招天下名士。所以在曹魏王朝建立过程中聚集了许多真才贤士，曹操基本上都能做到人尽其用。但对一个人，曹操一直看不准，不敢放开了使用。这个人就是司马懿。

司马懿字仲达，河内郡温县（今河南焦作市温县）人，出身世家门第，是东汉末年的京兆尹司马防的次子。

曹操和司马防有过交往，知道侄子司马懿是个不错的小后生；后来司马懿的大哥司马朗在曹操属下为官，工作认真负责，作风清廉自率，给曹操留下了很好的印象。但当时社会普遍认为，司马懿比哥哥更出色。东汉末年最知名的评论家崔琰就曾当面对司马朗说："君弟聪亮明允，刚断英特，非子所及也。"史书也夸奖司马懿"少有奇节，聪明多大略，博学洽闻"。这样的人才，曹操当然要去招揽了。建安六年（201 年），他以司空的名义，派人请司马懿到府中任职。

司马懿不愿意去给曹操当幕僚。当时天下大乱，鹿死谁手尚不可知，司马懿还很年轻（才 22 岁），不想早早地和曹操绑定在一起。他还要待价而沽，决定婉拒。于是当曹操派的人到家后，司马懿假装风瘫在床，生活不能自理。来人回去汇报，精明的曹操不信，派人在夜里偷偷去侦察。不想，司马懿料到了曹操的这一手，还躺在床上装风瘫呢！曹操这才相信了，放过了司马懿。

可见，司马懿和曹操都是精明狡猾之人。司马懿年纪虽轻，却有过之而无不及。更重要的是，他身上没有救国济民匡扶天下的政治道德印记，完全是赤裸裸的个人得失的考虑了。

建安十三年（208 年），当了丞相的曹操再次征辟司马懿为下属。他已经知道上次被司马懿骗了，所以对使者说："如果司马懿耍花招不来，就绑他过来。"这一回，司马懿乖乖地来了。一方面是害怕曹操来硬的，更主要的是时局已经很明朗，曹操胜利在望。司马懿觉得曹魏势力是不错的投靠对象。

司马懿加入曹魏势力时间不长，年纪又轻，加上曹操内心总有一丝不快，司马懿在曹魏最初的十年并不如意。司马懿历任黄门侍郎、议郎等专为年轻人准备的小官，没有具体工作，主要就是和曹操的儿子曹丕往来游处。不过司马懿有个优点，那就是选定了什么事情就好好干，既然投入了曹魏阵营就好好勤勤恳恳工作，为人小心谨慎。慢慢的，曹操把他提拔为丞相属官，留在身边出谋划策。史书上记载了司马懿给曹操出的三次主意。第一次是曹操占领了西北和汉中地区后，司马懿建议曹操乘胜进攻四川，消灭刚刚占领四川的刘备。曹操没有采纳，委婉地批评司马懿的建议不切实际，是"得陇望蜀"（此成语典出于此）。第二次是孙权上表怂恿曹操自立为帝，司马懿在一旁附和。结果曹操是断然拒绝。前两次建议曹操是没采纳，司马懿的第三次建议则被曹操采纳了。关羽北伐大败曹军，威胁到当时的都城许昌。曹操为避关羽锋芒，准备迁都河北。司马懿和蒋济两人及时劝阻。他认为关羽的后方不稳，孙权和刘备两派外亲内疏，迟早会内讧，所以曹魏一方只要守住前线就能拖死关羽。后来事态发展，果然如司马懿所言。

也许是司马懿这个后辈太过现实，虽然司马懿能力不错，曹操始终不喜欢他。（也有说法是曹操打击世家豪族，恰好司马懿是中原注明世家子弟，曹操不肯用他。）据说，司马懿的长相很怪，具有"狼顾"的本领，也就是能把脑袋转 90 度角，用眼睛的余光看到背后的东西。在相术上，这是一个人野心勃勃的表现。曹操相信相术，所以终生没有提拔重用司马懿。一天晚上，晚年曹操做了一个梦。在梦里，三匹马在一个槽里吃草。"三马食槽"的梦境让曹操很自然地和司马懿的"狼顾"本领联系在了一起，担心司马懿日后对曹家王朝不利。曹操不仅只是让司马懿担任一些清闲的虚职，还告诫儿子曹丕要提防着司马懿。

但是曹操的儿子曹丕和司马懿却很合得来。尽管有父亲的多次提醒，曹丕还是将司马懿作为亲信属官，交往甚密。曹操一死，司马懿的机会就来了。曹丕非常放心地让司马懿参与操办丧事。司马懿把曹操的丧事办得井井有条，内外肃然。不知道曹操地下有知，做何感想？

二

曹丕提拔司马懿担任丞相长史。在这个相当于曹丕秘书长的职位上，司马懿为曹丕篡汉建立魏朝出了大力。登基后，曹丕知恩图报，司马懿在曹魏王朝中的地位扶摇直上，短短五年间先是担任尚书、封侯，不久升为御史中丞，再升侍中、尚书右仆射，最后当到了抚军大将军、假节、加给事中、录尚书事[1]，负责曹丕的政务中枢。曹丕两次伐吴，都留司马懿镇守许昌。

黄初七年（226 年）五月，曹丕驾崩，享年四十岁。司马懿和曹真、陈群、曹休同受托孤的顾命。这四人的名次是：曹真第一，陈群第二，曹休第三，司马懿第四。前三人的资历和声望都比司马懿高。虽然排名最末，但司马懿能在七年内从一个闲职升到与曹氏皇族并列曹魏王朝的权力核心，可谓是个奇迹。这主要靠魏文帝曹丕对司马懿的格外赏识和恩宠。

曹丕死后，司马懿的大红大紫的日子暂停了好长一段时间。魏明帝曹睿即位后，曹真因为主持对蜀作战，升迁为大司马，获得了“剑履上殿，入朝不趋”[2]的待遇，达到了臣子能够达到的最高权位。而司马懿的境遇就要“坎坷”一点了。

《三国演义》说曹睿即位初期中了蜀汉诸葛亮的反间计，一度罢免了司马懿。司马懿只好带着两个儿子司马师和司马昭在宛（今河南南阳）闲住。正史则记载太和元年（227 年）六月，魏明帝曹睿命司马懿驻扎在宛，都督荆、豫二州的军事，虽然比演义的说法要好很多，但司马懿还是变相离开了权力中心。说到底，还是司马懿的权力缺乏扎实的基础。全靠君主恩宠得来的权力是脆弱的，一旦君主易位，原先的权势便可能烟消云散。实实在在的政绩或者私人派系才是最强大的权力来源。

1 尚书是处理政务文书的官员，录尚书事就是统筹所有尚书经手的文书然后向皇帝负责的人，近似实上的丞相。

2 可以佩戴宝剑上朝，在朝堂上可以不低头用小碎步前进，而是堂堂正正、大摇大摆地走。这是封建王朝对一个大臣巨大的礼遇。

新皇帝曹睿显然不像父皇那样器重司马懿，而是很厚道地让司马懿到外地领兵去了。

司马懿的过人之处就在于“干一行爱一行”，把现实的思想和超人的才智用在了干好工作上。当太子宾客的时候，司马懿努力和太子曹睿搞好关系；如今镇守宛地，司马懿就努力维持地方稳定。很快，立功的机会来了：

宛的西边上庸地区，就是现在的湖北西北部一带，是由从蜀汉投降过来的孟达镇守。孟达和司马懿一样在曹丕时代飞黄腾达，也同样在曹睿登基后靠边站了。他就暗中与诸葛亮联络，准备倒戈重返蜀汉阵营。准备倒戈时，诸葛亮提醒孟达注意司马懿，加紧防范。孟达写信给诸葛亮，认为司马懿知道消息后要先向洛阳的曹睿汇报，然后再前来讨伐，前后反复，需要大约一个月时间，自己有充分的时间整军备战。结果，八天后，司马懿就兵临城下讨伐孟达来了。原来，司马懿将在外，君命有所不受，亲自率军日夜兼程前来讨伐，大大缩短了时间。孟达惊恐地写信向诸葛亮求援，惊叹：“吾举事，八日而兵至城下，何其神速也！”最终，司马懿抵挡住了蜀汉和东吴两方面的援军，成功攻破上庸地区，“斩孟达，传首京师，俘获万余人”。

这一笔大功，让司马懿有了追逐权势的底子。在看到司马懿的真才实学后，曹睿更多地将军事寄托在司马懿身上。诸葛亮不断北伐，严重威胁陇西和关中地区，是曹魏王朝的心腹大患。太和三年（227 年），诸葛亮出兵攻占武都、阴平二郡。第二年，曹魏王朝决心对蜀汉还以颜色，以大司马曹真为主帅，升司马懿任大将军、加大都督，为副帅兴师伐蜀。太和五年，诸葛亮又率兵攻魏。魏明帝曹睿正式授予司马懿全权：“西方有事，非君莫可付者”，派他驻军长安，总督西部各军与蜀军作战。至此，司马懿成为负责对蜀汉作战的主将。

客观地说，司马懿和诸葛亮作战的“成绩”并不怎么好看。他主要是依靠曹魏以逸待劳、兵多粮广的优势，和诸葛亮打持久战，最后总是逼着底子薄的诸葛亮粮尽退兵，算得上是圆满完成了朝廷交代的任务。

谁负责解决一个王朝最紧迫的矛盾，谁就可以借此聚拢势力。在三足鼎立的三国时代，战争是王朝的迫切矛盾。司马懿因为长期负责对蜀汉的战斗，而曹魏一半以上的精锐部队都集中在西部战线，因此司马懿家族很容易笼络了效忠自己的武装，开始了窃取曹魏王朝实权的进程。

这也是司马懿能够超越曹魏王朝的其他谋臣文人，成为窃国大盗的根本原因。曹操父子有许多谋臣，比如荀彧、郭嘉、贾诩、陈群、蒋济等都没有长期掌握某一方面的武装，虽然他们的官爵和司马懿不相上下，可真实权力都不能和司马懿相比。最后篡国的是司马家族，而不是其他大臣家族。

三

青龙二年（234 年）年初，蜀汉丞相诸葛亮率军 10 万攻魏。曹魏大将军司马懿率军在渭水筑垒阻击。这一仗打了大半年都不见分晓，主要原因是司马懿天天高挂免战牌，诸葛亮数次挑战，司马懿均坚壁不出。

司马懿部下将领忍受不了无所事事的日子，对蜀汉的日日叫骂挑战更是义愤填膺，多次集体要求出战。起初司马懿或严词驳回或好言相劝，就是不准出战。军营里的不满情绪越来越强，战斗热情越来越高，司马懿渐渐有点受不了了。诸葛亮又来火上浇油，派人给司马懿送来“巾帼妇人之饰”羞辱司马懿不是个男人，激他出战。司马懿似乎被激怒了，气愤地向曹睿上表请战。蜀汉将士听说了，都很兴奋，觉得司马懿这回总要出来了吧？诸葛亮则说：“彼本无战心，所以固请者，以示武于其众耳。将在军，君命有所不受，苟能制吾，岂千里而请战邪？”这只是司马懿想搬出皇帝来制止将军出战的伎俩而已。果然，曹睿不同意司马懿出战，还派了以耿直著称的老臣辛毗杖节来到军前当监军，节制司马懿。辛毗来了以后，司马懿的火气顿时大了许多，面对诸葛亮的挑战常常和部将们站在一起主张出击。好几次，司马懿都带兵冲出了营帐，只怪辛毗杖节立在营门，以身阻挡司马懿出兵。曹魏军中的不满情绪日渐浓重，不过司马懿始终没有出战，还取得了重大战果：蜀汉相持不下去，主动退兵了；而迫切寻求决战的诸葛亮则死在了军中。

诸葛亮死后，魏蜀边界安静了下来。司马懿因为抗蜀大功于青龙三年（235 年）升任太尉。

此时的司马懿已然是朝廷的第一功臣兼能臣，名声很大。东汉末年军阀混战时，公孙家族据有辽东。这个割据势力对曹魏政权虚与委蛇，时叛时降，保持着半独立的地位。公孙渊在曹睿时代公然独立，与东吴势力相呼应。司马懿顺便带得胜之师讨伐公孙渊。决战前，孙权给公孙渊写信：“司马公善用兵，变化若神，所向无前，深为弟忧之。”孙权忧虑的一点没错，公孙渊哪是司马懿的对手，几个回合下来就全军覆没，政权灭亡了。

就在司马懿聚敛越来越大的权势之时，曹睿对司马懿产生了怀疑，曾经问陈矫："司马公忠正，可谓社稷之臣乎？"虽然提问的前提是司马懿"忠正"，但既然认为他"忠正"为什么还要怀疑他是不是"社稷之臣"呢？陈矫的回答非常干脆："司马公在朝廷众望所归，对社稷是否有利，臣就不知道了。"正是在这种怀疑思想下，曹睿景初二年（238年）病危的时候，最初确定的顾命大臣群体是以叔叔、燕王曹宇为首，包括领军将军夏侯献、武卫将军曹爽、屯骑校尉曹肇、骁骑将军秦朗共同辅政。里面几乎清一色的曹氏宗亲，而将司马懿排除在外。其中曹宇与曹睿虽然是叔侄，因为年龄相仿，从小就一起玩大的。可是曹宇只当了四天大将军，就坚决要求辞职，曹睿的意思也发生了改变，同意曹宇辞职，亲手否决了最初的顾命大臣集团。其中的关键在于刘放、孙资乘曹睿病危之时，屡屡篡改诏令，迫使燕王等人无所适从。而司马懿紧急入京抢位置。曹睿最终让太尉司马懿与大将军曹爽一起接受遗诏辅佐少主、年仅八岁的曹芳。

曹芳即位，司马懿加封侍中、录尚书事，总督中外诸军，和曹爽共执朝政。曹爽是曹真的儿子，算是司马懿的晚辈，加上的确缺乏政治经验，因此凡事尊重司马懿的意见，遇到政策难题、边界战争等棘手的事情都推司马懿出面主持。司马懿把这些事情处理得都很好，尤其是把来犯的东吴大军打得屁滚尿流，权势进一步巩固。司马家族陆续有子弟十一人封侯，司马懿本人食邑万户，部属门生遍布朝野。

这时候，作为皇室的曹爽兄弟看到了危险：内外倾心、掌握实权的司马懿已经威胁到了曹魏的皇权！（这一点曹植老早就意识到了。）于是就出现了曹爽势力对司马懿发动突然袭击，夺其实权，排挤司马氏的势力。从正始八年（247年）开始曹爽兄弟"专擅朝政，兄弟并掌禁兵，多树亲党"，司马懿进入了政治冰河期。表面上，司马懿装出行将就木的样子，暗地里联络势力蓄养死士，伺机反扑。曹氏宗室因为长期被闲置，短期内难以聚拢强大的势力。正始十年（249年），司马懿终于抓住曹爽兄弟麻痹大意的机会，发动了"高平陵政变"。

高平陵政变是曹魏政治的分水岭，之前曹魏政权掌握在曹魏皇室手中，之后司马家族开始了谋权篡位的进程。

司马懿的崛起，有他个人的原因。比如他真的很能干，能力很强，连中国人公认的聪明绝顶的诸葛亮都没打败他；他的忍耐力很强，遇到挫折和困难能够坚韧耐心地克服，迎来柳暗花明，这从他政坛的三个低谷期中能够看出来；司马懿还是一个现实的政治人物，铁腕执政，甚至有点残忍。在战场上屠城，将政敌诛灭满门，司马懿都干过。司马懿一路走过来，绝不像上面介绍的那样曲折雪白，而是踏着成千上万人的鲜血过来的。比如在如何处理曹爽集团问题上，司马懿认为“春秋之义，‘君亲无将，将而必诛’。爽以支属，世蒙殊宠，亲受先帝握手遗诏，托以天下，而包藏祸心，蔑弃顾命，乃与晏、飏及当等谋图神器，范党同罪人，皆为大逆不道”，坚持将所有在押人等族诛。结果，曹爽兄弟，党羽何晏、邓飏、丁谧、李胜、桓范、张当等人都被夷灭三族。在讨平辽东时，司马懿竟然大开杀戒，将尸体堆积成山号为京观。总之，司马懿是个挺冷酷凶残的人，西晋王朝胚胎孕育时期便充满血腥。

司马懿崛起的外部原因，除了对蜀汉的战争便利他获取牢固的权势根基外（有人怀疑司马懿举全国之力，没有把兵少将寡的诸葛亮打败，是在“养寇自肥”），曹魏王朝对宗室的限制也为司马懿篡权打开方便之门。曹丕心眼小，对宗室不太放心，对宗室防范太过，就更不用说让他们掌握实权了。这就让原本可以成为皇室屏障，关键时刻捍卫皇室的宗室全体毫无力量。司马懿掌权后，进一步将宗室都集中在洛阳，暗中软禁。司马家族的篡位之心暴露后，忠于曹魏的外姓军队只是在扬州等地发起了零星的反抗，很快就被司马懿父子扑灭了。司马懿还借机向涉及的宗室亲王大开杀戮，后者却毫无还手之力。

篡国不是一代人的事情，需要几代人的努力。没有得力的儿子，老子的篡国成果可能半途而废。司马懿幸运地有两个好儿子：长子司马师和次子司马昭。哥俩继承了父亲的精干坚韧和残忍，继续推动曹魏向西晋转化。西晋建立后，司马懿被孙子司马炎追尊为晋宣帝。

四

王朝命运在高平陵改变

一

景初三年（239年）魏明帝曹睿去世。年幼的侄子齐王曹芳即位。

经过一番权力暗箱操作，司马懿和曹爽两人共受遗诏成为辅政大臣。曹睿的意图是希望在身后形成功臣和皇族共治的局面。司马懿是三朝老臣，功勋卓著，是功臣集团的代表；曹爽出身曹氏宗族，血统高贵，是皇族势力的代表。

曹爽是个“权二代”，崛起全靠他的父亲曹真。曹真是曹操同族子弟。曹真的父亲曹邵是最早随曹操起兵的元老之一，不幸早年阵亡。曹操收养了曹真，和曹丕等人一起教育培养。曹真长大后南征北战，屡立战功，开始显贵。曹丕死时，设计了曹真、陈群、司马懿“三驾马车”同受遗诏辅政的权力割据，其中曹真任大将军，为首辅。曹睿在位时，曹真因为主持对蜀作战，再升迁为大司马，赐“剑履上殿，入朝不趋”的待遇，达到了臣子能够达到的最高权位。曹真这个人，能力其实一般，除了苗正根红这个优势外，终生小心谨慎，恪守臣子之道，对曹氏祖孙三代忠心耿耿。

曹真死后，长子曹爽继承了父亲的爵位，另外五个儿子羲、训、则、彦、皑皆封为列侯。曹爽可以看作是父亲曹真的翻版，年少时以“宗室”、“谨重”这两个特点为人所知。曹睿从小和同辈、同龄的曹爽走得很近，关系亲密。曹睿即位后当然要依靠曹爽这样的同族兄弟兼发小了。曹爽顿时平步青云，宠待有加。平坦的履历虽然让曹爽积累了一定的行政经验，但显然不能参透政治的实质，领悟政治的技巧。

和司马懿相比，曹爽非常清楚无论资历、功劳、能力还是在朝臣中的威望和根基，自己都不能与同朝辅政的司马懿相提并论。当年，司马懿和曹真一起领兵作战的时候，曹爽还在玩捉迷藏呢。曹爽敬重司马懿年德并高，用对待父亲的礼节礼遇司马懿。虽然自己爵位在司马懿之上，曹爽凡事不敢专断，都和司马懿细心商量。司马懿对曹爽这个晚辈也比较满意。两位辅政大臣一开始还相安无事。

然而曹爽毕竟是在蜜罐里长大的贵族公子哥，还没有学会珍惜，不懂真正的谦虚谨慎。没过多久，曹爽贵族公子的性情就显露出来了。他不像刚主政时那般勤勉政事了，身边也逐渐聚集了何晏、丁谧等贵族子弟。这些人虽然能力不济，但从小就在争权夺势的大环境中耳濡目染，劝说曹爽不要将权力与他人分享，要独断专行。其中何晏就多次劝说曹爽："司马懿有政治野心，而且很得民心，我们怎么可以对这样的人推诚委权呢？"说一两次，曹爽没有反应；说的人多了，说的次数多了，曹爽心里的小九九就活动了。他也想专权，也有皇族的尊贵心。最终，曹爽决定首先对司马懿发动进攻。

曹爽让二弟曹羲替自己上表，请皇帝转任司马懿为太傅。太傅虽然地位崇高，但并不直接指挥部队，也没有直接负责的领域，完全是虚职一个。曹爽这一招"明升暗降"，让根本没有防备的司马懿措手不及，只好接受"升迁"，乖乖交出兵权和政权。辅政大臣依然是两个，曹爽依然对司马懿保持着礼貌。但所有的政务都不经过司马懿了。司马懿干脆长期称病，不上朝了。

大获全胜的曹爽立即开始人事大调整。他让二弟曹羲任中领军，三弟曹训为武卫将军，控制了京城洛阳的军队，负责皇宫的警卫；五弟曹彦任散骑常侍，另两个弟弟曹则和曹皑以列侯身份出入宫禁，控制曹芳。同时，曹爽还将因"浮华交会"而在曹睿时期遭贬抑的何晏、邓飏、丁谧、毕轨等纨绔子弟重新启用，各任要职，作为心腹。

我们一起来看看曹爽所用的都是些什么样的人。何晏是曹爽集团的重要人物。他本是汉末大将军何进的孙子。他的母亲尹氏，已经嫁入何家，生下何晏了，还被曹操抢走，做了曹家的夫人。有人怀疑何晏是曹操的私生子。何晏从小在宫中长大，后来娶了公主，和曹家的关系既密切又尴尬。平日里，何晏"动静粉白不去手，行步顾影"，还公开好色，是扭捏作态的奶油小生和派头十足的公子哥儿的混合体。当然，何晏也有好的一面：对老庄学说很有研究，是盛行于魏晋的"玄学"的早期代表人物。大凡有点小成就的公子哥都好卖弄，何晏就尤其缺乏自知之明，到处炫耀自己的才学。曹丕特别憎恶他，每次都不呼何晏的姓名，而叫他“假子”，毫不留情地揭何晏的老底。就这么一个人，曹爽将朝野的选举大权交给了他。

集团的另一个重要人物邓飏字玄茂，很小就因为与李胜等人浮华虚夸闻名于京师。邓飏这个人还贪财好货，在宫中担任职务的时候暗中许诺授予臧艾显要官职。臧艾就将父亲的小妾送给了邓飏当作礼物。京师里流传段子说：“以官易妇邓玄茂。”邓飏几乎都是这么来推荐提拔官员的。

何晏等人专政后，共同私自分割洛阳、野王典农屯田系统的桑田数百顷，还将汤沐地等吞为私人产业。按照现在的话来说，就是“私分国有资产”。他们不仅窃取官物，还公开向地方州郡索取贿赂。相关部门慑于他们的权威，不敢抗拒。何晏等人与廷尉卢毓素来不和。卢毓的属下官吏有小过，被何晏等人抓住把柄，穷究卢毓的责任。何晏在没有做出结论之前，迫不及待地派人收取了卢毓的印绶，然后再向朝廷奏闻。对位列九卿的人何晏都敢猖狂如此，他们作威作福的程度可想而知。

曹爽个人饮食车服，拟于乘舆；尚方珍玩，充牣其家；妻妾盈后庭，还私取曹睿生前的才人七八人和将吏、师工、鼓吹、良家子女三十三人到自己家伎乐。后来曹爽的胆子越来越大，伪作诏书，发才人五十七人到邺台，让曹睿的婕妤教习为伎；擅取太乐乐器，武库禁兵供私家使用。这些都是侵犯皇室，大逆不道的罪行，曹爽都肆无忌惮地做了。他还建造窟室，在四周陈列绮疏，多次和何晏等人在其中饮酒作乐。曹羲非常担心哥哥的行为，多次劝谏曹爽要收敛言行，约束心腹。他多次劝到伏地哭泣不起的地步，曹爽就是不听。

曹爽执政几年间最主要的举动是发起伐蜀之役，想借机建立军功。久经战阵的司马懿知道军事并非曹爽所长，且伐蜀时机亦不成熟，劝曹爽不要贸然轻起战事。立功心切的曹爽被美妙的政治前景迷惑了，执意在正始五年（244 年）亲赴长安，征发六七万军队进击蜀国。结果因为后勤供应不上，劳民伤财，民怨沸腾，结果无功而返。

司马懿将这一切都看在心里，暗中筹划。他虽然被剥夺了实权，但影响力依然存在。门生故旧中好多人掌握着军队和政权，心向司马家。司马懿打败的政治对手多了去了，这一次他也自信一定能取得最后的胜利。司马懿所缺的就是一个合适的进攻时机。

二

曹爽比一般的纨绔子弟还是要强很多。他对司马懿并非没有防范。

荆州人李胜依附曹爽后才平步青云。一次，李胜由河南尹任上调任荆州刺史。虽然级别没变，但荆州地处对吴国斗争的最前线，军事政治地位重要，李胜也算是升了半级。曹爽对终日称病在家的司马懿不放心，就让李胜去探探司马懿的底细。司马懿曾经镇守荆州，李胜就以新官赴任、向前辈请教的名义去司马懿家辞行。

李胜没料到司马懿几年不见，憔悴异常，都离不开下人的搀扶了。李胜很谦虚地向司马懿陈述了自己功劳浅薄，横蒙特恩，回到本州担任主官，特地来向司马太傅拜辞，请太傅多多指教。司马懿根本就没回答，而是慢腾腾地让两个婢女侍候穿衣。他颤巍巍地拿起衣服，没拿住，衣服滑落；他又指指自己的嘴巴，表示口渴要喝水。婢女进了一碗稀粥，司马懿持杯饮粥。结果像不会喝水吃饭的婴儿一样，司马懿把粥流得到处都使，沾满前胸。

李胜不禁神情愍然，眼泪在眼眶中打转。他对司马懿说："今主上尚幼，天下还要仰仗太傅。大家都在传说太傅旧病复发，想不到您的身体差到了这样的程度！"司马懿好久才缓过劲来，气息相属，用极其微弱的声音说："我年老多疾，死在旦夕。使君这次去并州就职，并州和匈奴邻近，你要好自为之。今日与你相见，恐怕今日不复相见了，令人伤感啊！"李胜连忙说："太傅，我这次是回本州任官，并非并州。"司马懿满脸茫然地问："噢，原来你刚从并州回来啊，辛苦了！"李胜见司马懿胡言乱语，只好提高声音说："我去荆州，非并州也。"他回头问在场的司马懿长子司马师："太傅病得这样了啊？"司马师痛苦地点点头。

司马懿在司马师和下人的反复说明下，才恍然醒悟，对李胜说："我老了，神情恍惚，不解君言。如今你荣归故乡担任刺史，多建立功勋。今日与君一别，我自顾气力转微，要与你永别了。"说着，司马懿怅然泪下，司马师忙上去帮父亲擦去眼泪。司马懿顿了顿，指指司马师、司马昭兄弟对李胜说："这是我的两个儿子，希望与君结为好友，希望你日后看到我的面子上多多照顾。"说完，司马懿又流涕哽咽。李胜也欷歔长叹，回答说："我一定从命。"最后，李胜以参加追悼会的肃穆神态，与司马懿父子动情告别。

李胜辞出后马上跑到曹爽府上，报告说：“司马太傅语言错乱，口不离药，南北不分。最后，他还将两个儿子托付给我，分别时依依不舍。”说完，李胜感叹道：“司马懿的病看来是好不了了。”曹爽也感叹了一番，但心里非常高兴。司马懿一死，再也没有人会对自己构成权力威胁了。曹爽集团再也不把司马懿放在眼里。

三

正始十年（249）正月初六，魏帝曹芳按照惯例到高平陵（今河南洛阳东南）祭扫魏明帝曹睿的陵墓。曹爽和弟弟曹羲、曹训、曹彦都随驾前往。整个集团几乎是倾巢而出。

曹爽党羽、大司农桓范劝阻说：“大将军兄弟总万机，典禁兵，不宜全部外出。如果有人关闭城门发动政变，怎么办？”曹爽很不高兴地说：“谁敢造反！”他执意率兄弟亲信出发前往高平陵。桓范选择独自留在洛阳。

在曹爽集团倾巢而出的前一天夜里，司马懿的小儿子司马昭彻夜难眠。这天夜里，父亲郑重告诉他第二天将会有决定司马家命运的大事件发生，要他抓紧时间休息。司马昭不知是兴奋或是激动或是紧张，在床上辗转反侧。而哥哥司马师，早已参与了父亲的谋划，一上床就鼾声如雷。

曹爽等人一出城门，“久病”的司马懿就披挂上阵，带领两个儿子跨马冲出了家门。司马师在暗中早已准备了三千死士，这时纷纷发难。城中许多官员都是司马懿的旧同事、旧部下，见状多数加入司马家的队伍，少数采取观望态度，对动乱无动于衷。司马父子关闭了洛阳城的各个城门，之后司马师和司马昭又带人占据了武器仓库及皇宫。控制了洛阳城后，司马懿命令高柔假节、代理大将军一职，以王观代理中领军，分别夺取了曹爽和曹羲的军权。曹氏兄弟还在洛阳城中留有许多中下级军官和数量可观的军队。但军营群龙无首，接替的又是朝廷三公九卿，这些官兵没有反抗，很轻易地转化成了司马懿家族的军事力量。

一切准备就绪后，司马懿带领朝廷重臣入宫，向皇太后郭氏上奏曹爽祸乱宫廷内外的种种劣迹，事事有据可查，桩桩可以置曹爽于死地。这些都是曹爽平日不注意的后果。郭太后无话可说，追认了司马懿之前叛乱行动的合法性，并授权司马懿成立一个“专案组”，查处曹爽集团的不臣不法行为。有了郭太后的批准后，司马懿在远在城外的曹芳上表，将曹爽的罪行一一列举，并亲自带兵占据了洛水桥头，迎接曹爽可能的反抗。

高平陵的曹爽被司马懿的突袭打懵了。接到司马懿给皇帝曹芳的上奏后，曹爽手足无措。司马懿还未全部控制洛阳时，曹爽府上的司马鲁芝和辛敞就突围而出去向曹爽报信。曹爽完全可以及时应对，但他就地踌躇，和手下反复商量，最后“憋”出来两个应对措施。第一是在高平陵地区草草扎营；第二是调拨了周边几千屯田兵增加自己的守卫。小家子气的曹爽没有想如何去积极应对司马懿的进攻，而首先考虑自己的守卫问题。他那几千兵马和一小群显贵停留在高平陵，不是坐等覆灭，是什么？

司马懿也料到曹爽兄弟几个人没什么拿得出手的对策。他最担心的就是还留在洛阳城里的曹爽党羽桓范。司马懿封锁洛阳后就立刻以郭太后的名义征召桓范，要任命他为中领军，拉入自己的阵营。桓范也想过投入司马懿阵营，司马懿以权力高官来引诱，桓范怎么能不动心呢？但儿子劝他说，皇帝车驾还在外面，曹爽集团还有极大的力量，胜负难料。儿子劝桓范不如出城去和曹爽等人会合，争取做个平乱的功臣。桓范觉得儿子的建议提自己规划了一条更好的道路，下定决心突出城去。

桓范单人匹马冲到洛阳的平昌城门，城门已闭。守卫的门候司蕃是桓范以前的属下。桓范把他叫出来，举起手中的令牌一晃，矫旨说：“皇上有诏召我去高平陵，你快开城门！”司蕃半信半疑，就向桓范求见诏书。桓范严厉训斥他说：“你难道不是我的故吏吗，现在何敢如此放肆？皇上的诏书，也是你这样的人能看的吗？”司蕃被老上司的气势给压倒了，让人打开了城门。桓范策马迅速出城，回过头来对司蕃说：“太傅造反了，你快跟从我去勤王吧！”司蕃顿时傻眼了。

司马懿得知桓范出城后，认为：“桓范虽然善于出谋划策，曹爽却肯定不会采用桓范的计策。”旁边的太尉蒋济也认为：“桓范是很聪明，无奈驽马恋栈豆，曹爽不能用好桓范。”司马懿为了稳住曹爽，先派弟弟司马孚前往高平陵，以皇帝曹芳在外不可露宿为由，送帐幔、太官餐具等给曹芳使用；又接二连三地派曹爽平时的好友去做说客，告诉曹爽说自己只是为了夺权，并无意相害。高平陵那一边，司马懿的使者陆续到达。他们将司马懿的话原般告诉了曹爽，安抚他，还带来了太尉蒋济的书信。信中又重复了承诺，说，司马懿只想夺取曹爽集团的权力，并不加害性命。劝说的人多了，曹爽逐渐相信了这些承诺。

这时候，桓范来到了高平陵。桓范看曹爽情绪动摇，建议说：“临难反扑是人之常情。大将军可以调动天下兵马，洛阳周边就有不少部队；高平陵距离许昌不过一天的路程，许昌的武库足可以支持大军的用度；我身为大司农，又带来了印绶，足可以筹集大军的粮草。大将军应马上拥戴皇上南下许昌，宣布讨伐叛逆司马懿！”

桓范“南下许昌，讨伐叛逆”的建议，汇聚了曹爽手中的所有优势：第一，曹爽还掌握着小皇帝曹芳。这就让曹爽占据了政治权威的最高点，也是司马懿不敢对高平陵发动进攻的主要原因。第二，曹爽等人印信都带在身边，权力依然在手，完全有调集军队和司马懿一战的能力。其中曹爽、曹羲兄弟两人有权调动天下兵马讨伐司马懿；桓范作为大司农，可以合法调拨军事物资。第三，高平陵离重镇许昌不远。许昌从东汉末年曹操迎立汉献帝于此后，经过数十年的政治、经济耕耘，已经成为了中原的大据点，粮草充足、城池雄厚、地位崇高。曹爽占领许昌，进可以凭借许昌讨伐洛阳；退可以做长期割据与司马懿争雄的打算。南下许昌，就可以汇聚曹爽的所有优势，只此一招就能瞬间改变局势。

曹爽对桓范的建议犹豫不决。曹羲也沉默无言。桓范知道曹爽身边就算曹羲还是明白人，便对曹羲说：“事情已经很明白了。您读书是为了什么，难道不就是为了在今天这样关系门户安全的关键时刻下定决心吗？”曹爽兄弟还是沉默不言。桓范再对曹羲说：“您现在还能指挥洛阳城南的驻军，如果调拨他们护驾，快的话半天就能到达许昌。皇上驾临，许昌肯定要开门相迎。匹夫被逼急了，还知道劫持一个人质，有强烈的求生欲望；现在我们和天子相随，可以号令天下，谁敢不应？”曹爽和曹羲兄弟等人还是默然不从。最后，大将军曹爽好不容易才憋出一句话来：“诸位勿急，让我好好想想。”

当晚，曹爽在高平陵度过了一生中最漫长的一夜。曹爽从来没有遇到过如此紧要艰险的政治选择。一边是司马懿的承诺，一边是冒险的政治搏斗，这一夜，曹爽始终无法合眼。

第二天五更天，初升的太阳照耀在高平陵上。周围的人早早就聚集在曹爽的营帐里面等待着大将军最后的决定。营帐里聚拢的人越来越多。曹爽看看大家，猛地将案上的佩剑掷在地上：“太傅之意，不过是争权。我交出权力，仍不失作富家翁。”桓范一下子哭了出来：“曹大将军生了你们这群猪！想不到我今日要受株连族灭了！”曹羲等人默然无声。桓范哭着离开了营帐，孤独地策马返城。

曹爽随即将司马懿弹劾自己的表章上奏了曹芳，主动请求免去自己的官职。曹芳只是尚未成年的少年，并不理解其中的利益关系，就将曹爽解职。曹爽交出了大将军印绶，送给司马懿。送印使者即将出发的时候，主簿杨综拉住曹爽提醒说：“大将军您一交出此印，恐怕就性命难保了。”曹爽摇头说：“太傅不会失信于我的。”

郊祭高平陵一行就此草草收场。曹爽陪伴着曹芳，君臣默然返回洛阳。曹爽出城时，仪仗遮天，护卫如云，许多人将郊祭看做是和曹氏兄弟拉关系的好机会，随从甚多。回城时凄风惨雨，那些附会富贵之徒随走随散，临近洛阳时只剩曹爽兄弟孤零零的几个人了。

经过洛水上浮桥的时候，曹爽原本还想和司马懿打个照面，可是司马懿看都不看他一眼。曹爽兄弟满怀惆怅地回家去了。桓范遇到司马懿，下车向司马懿叩头，说不出话来。司马懿问他：“桓大夫为什么要走到这一步呢！”桓范依然说不出一句话来，默默走开。

曹爽回到他的府第后立即被软禁。司马懿调拨了洛阳八百平民将大将军府团团围住，并在四角建高楼密切监视。曹爽被软禁后，计穷愁闷。但他非但没有反省思过，也没有谋划反扑，竟然到后园中玩弹弓。府外高楼上的平民见到曹爽就高喊：“前大将军向东南方向走了！”曹爽这才没了玩兴，和几个兄弟共议对策。大家思考的都只是对自己的处置问题。因为苦于不知道司马懿的真实意图，曹爽给司马懿写了一封信，说府上的存粮不多了，请求司马懿支援一些粮食。司马懿二话不说，马上送来大米一百斛和充足的肉脯、盐豉、大豆等。曹爽兄弟自以为得计，都很高兴，认定自己肯定是死不了了。

暗地里，司马懿早已任命了之前受曹爽集团迫害的卢毓来“追认”曹爽集团是如何大逆不道。欲加之罪还何患无辞，更何况曹爽等人劣迹累累。司马懿、卢毓不分昼夜地严刑逼供，最后审出了一个“原大将军曹爽预谋本年三月兵变篡位”的大案子来。

这些幕后审讯都是背着曹爽集团进行的，只对一个人开放。他就是何晏。司马懿让何晏参与了对曹爽集团的审查工作。何晏还以为是司马懿重视自己，审讯起曹爽同党和自己先前的同伙来穷凶极恶，还提供了许多有价值的审讯线索和证据，希望能给自己开脱。在结案时，司马懿说：“要族诛八家。”何晏将曹、丁、邓、李等人数了一遍，只有七家，就说只需要族诛七家就可以了。司马懿坚持说：“必须族诛八家。”何晏突然头皮一麻，怯生生地问：“难道也包括我何家？”

正月初十日，司马懿以谋反罪将曹爽兄弟及其亲信何晏、邓飏、丁谧、毕轨、李胜、桓范等下狱。这一天距离桓范劝曹爽兄弟千万不要倾巢出发去高平陵只有五天时间。

政变过后的第二个月，曹芳任命司马懿为丞相，并给予司马懿奏事不名的待遇。司马懿独立掌握了曹魏的政权，为后来“司马昭之心，路人皆知”局面的出现打下了扎实的基础。

高平陵政变其实是一场并没有多大悬念的政变。政变斗争的双方（司马懿和曹爽）能力高低一看即知。曹爽只是因为凭借较高的起点和突然袭击，取得了最初权力斗争的胜利。但他所代表的集团堕落无能，政治上极端幼稚，被老谋深算的司马懿抓住机会，一招毙命。当然曹爽集团内部也有能人（桓范），曹爽在政变中也有翻牌的机会，但他们的出身和性格注定了他们最后失败的命运。

五

竹林七贤来了！

一

正始九年（248 年），24 岁的嵇康带着家眷从都城洛阳来到河内郡山阳县（今河南辉县、修武一带）寓居。这本是历史长河中很细微的一次人口流动，却在中国文化史、思想史上起到了惊天动地的杠杆作用。此举引发的历史光芒贯穿将近两千年的时空，至今让我们炫目不已。

嵇康和山阳的结合，是资源的强强联合。嵇康，谯郡铚县（今安徽濉溪）人，出身贫困家庭且早年丧父，通过勤奋刻苦的学习，长大后精通文学、玄学、音乐等，成了当时文坛的领袖之一。史载他“身长七尺八寸，美词气，有风仪，而土木形骸，不自藻饰，人以为龙章凤姿，天质自然”。中国的政治体制喜欢将体制外的青年才俊纳入到体制中来，以免他们成为体制的敌人。曹魏朝廷就喜欢上了表里俱佳的嵇康，有意笼络，嵇康很顺利地迎娶了曹操曾孙女（一说孙女）长乐亭主为妻，成了皇亲国戚，官拜中散大夫。这个官职更多的是象征意义的，后人查不到嵇康去官署施政的记录，只是习惯性地尊称他为“嵇中散”。而山阳县，地形俊胜。“天下之脊”太行山的南端就始于山阳县。这块顶着天下脊梁、矗立在中原核心的小县城里，曾经上演许多重大历史事件。山阳是春秋时期诸侯逐鹿中原的焦点地区；前朝汉光武帝刘秀据有河内而后完成中兴大业；他的子孙、东汉最后一个皇帝汉献帝禅位于曹魏后被贬至此地，封为山阳公，在魏明帝青龙二年（234 年）死在山阳。

当年才十岁的嵇康，不可能对汉献帝的死有深入的理解。之后嵇康逐渐长大，从民间走上朝堂，经历的事情多了，对十多年前死在山阳的汉献帝有了更深的理解：他是残酷政治斗争的牺牲品。环顾朝堂，嵇康看着司马懿父子的势力蔓延开来，侵蚀种种实权，而可能与之抗衡的曹爽等人志大才疏，还浑然不觉。有识之士都预料到，一场你死我活的搏杀即将开始！嵇康在感情上亲近曹魏皇室，他毕竟是曹魏的女婿、是曹魏赐予他荣华富贵的，但嵇康不愿意参与司马氏和曹氏之间的明争暗斗。因为权争之中充满阴谋、虚伪、血腥和其他肮脏的东西，嵇康不愿意为之，也自认为没有能力为之。

身在朝堂又不愿意和黑暗政治同流合污，嵇康只能自我放逐，把目光投向了山阳——在那里，前朝皇帝被拉下龙椅后默默度过了余生。

来到山阳境内，嵇康并没有在县城中寻找宅邸。那不符合他自我放逐的本意。嵇康在山阳城外东北约二十里、白鹿山南一处泉水边，盖起了寓所。住宅四周原本有竹子，嵇康又加种了不少，形成了一片竹林。竹子的洁身独立、高节洒脱、疏疏淡淡、不慕虚华，都让嵇康心驰神往。

青山脚下、流水岸边的这片竹林，吸引了与嵇康志同道合的精英分子纷至沓来。

紧随其后走入竹林的是38岁的陈留尉氏（今河南开封）人阮籍。

阮籍是建安七子之一阮瑀的儿子，曾任步兵校尉，世称“阮步兵”。

从阮籍的成长轨迹和以往思想来看，他似乎都不至于走入竹林，和嵇康一起清谈隐居。从小，阮籍就接受了正统的儒家教育，抱有积极入世、建功立业的心态。他曾登广武城，观楚汉古战场，慨叹：“时无英雄，使竖子成名！”而他，阮籍，自然就是那个没有出现的“英雄”。阮籍也看到了现实政治的黑暗，看到了种种和圣贤教诲不符的事实，可他认为这恰恰是现实需要儒家教化、需要他这样满腹经纶的人才的表现。遗憾的是，当阮籍真正进入官场，沉浮十数年后，不得不承认现实政治像墨一样黑，黑得让他完全看不到理想的彼岸在何处。经历了震惊、迷茫和痛苦之后，阮籍学会了逃避，学会了明哲保身和谨言慎行。就在当年，曹爽征召阮籍出任自己的参军，要拉他进入曹氏集团。阮籍不愿意被捆绑在任何派系的战车上，便托病辞官归里，找嵇康来了。

第三个走入竹林的是43岁的河内怀县（今河南武陟西）人山涛。

山涛和嵇康一样是孤儿，也一样是从贫苦中自学成才的。他的之前人生经历比嵇康、阮籍要曲折得多，直到四十岁才做了官，当了郡主簿。眼看仕途有所起色了，山涛忧虑地发现了隐藏在平静下面的暗潮。一天夜里，山涛和同事石鉴（这人后来成了西晋的太尉）共宿，半夜踢醒石鉴说：“现在是什么时候了，还在这里睡觉！你知道司马太傅卧病不出，有什么问题吗？”石鉴睡眼惺忪地回答：“皇上让太傅回家养病，关我们什么事情！”山涛骂道：“咄！马蹄声起，眼看就要刀光剑影了，怎么会没事呢！”出于对现实政治的不满和不安，山涛也选择了弃官而去，寻找一寸宁静之地，安心思考生活。

嵇康、阮籍、山涛三人构成了竹林中最初的交谈核心。三人之中，嵇康年纪最小，可以算是其他二人的子侄辈，但凭借精深的学问、崇高的声誉和皇亲国戚的光环，成了领袖。三人之中，山涛年纪最大，生活最为窘迫。家里全靠夫人韩氏操持破衣粗食，山涛一次和妻子打趣说：“夫人忍忍饥寒，等我日后位列三公，不知道夫人能不能做好高官太太？”山涛又对妻子说：“眼下能做我的朋友的，就只有嵇康和阮籍了。”韩氏很好奇，很想看看他们。一天，嵇康和阮籍来山涛家做客。韩氏劝山涛将两人留下来住宿，夜里韩氏在墙壁上挖了个洞，观察嵇康和阮籍，听他们彻夜长谈。朋友走后，山涛就问妻子有什么感受，韩氏坦率地说：“你的才智、情趣，和嵇康、阮籍相比，差远了！只有你的见识、气度，勉强还能和他俩比一下。”韩氏的判断，也是一般人的观点。在竹林交谈的核心中，才情声望都推嵇康为首，阮籍次之，山涛又次之。

二

阮籍的侄子阮咸，听说叔叔和几个世外高人躲在竹林中，饮酒高歌、畅谈不休，非常羡慕，缠着叔叔介绍自己进入了这个小圈子。

别看阮咸是阮籍的侄子，名声并不在阮籍之下，和叔叔并称“大小阮”。阮咸为人狂放，不拘礼法，尤其弹得一手好琵琶。唐代后，人们根据阮咸琵琶的样式制造了许多复古琵琶，为与西域传入的琵琶相区别，干脆将复古琵琶称为阮咸，简称“阮”。可见，阮咸的琵琶功夫了得，影响了上千年。

阮咸和叔叔阮籍这一系，家里比较穷，居住在道南。居住在道北的阮姓同族都很富有。七月七日，北边的阮家在院子里晒衣服，都是纱罗锦绮。阮咸就在院子里架起杆子，挂了许多布衣烂衫。人们问他为什么把贫困的家底都亮出来，阮咸自嘲道：“未能免俗，聊复尔耳！”他的未能免俗，不是攀比，不是附庸风雅，而带有一种朴素的真实，是真性情的表露，远比富裕的同族们的炫耀高贵得多。既另类又真诚的阮咸很快就被三人核心接纳了。

此外，河内怀县（今河南武徙西南）的书呆子向秀和沛国（今安徽淮北）人刘伶也加入了清谈行列。刘伶是个不折不扣的酒鬼，最擅长喝酒和品酒，还专门写了篇《酒德颂》谈喝酒的好处。他长期酗酒，都得了病。一次，刘伶酒病又一次发作，还要妻子拿酒来喝。妻子哭着把酒都洒在地上，摔破了酒瓶，恳劝他说："喝酒伤身，你看你都喝出病来了！你一定要戒酒了！"刘伶就回答："好，戒酒！可是，靠我一个人的力量没法戒酒，必须在神明前面发誓，才能戒得掉。麻烦你准备酒肉祭神吧。"妻子信以为真，准备酒肉供在神像前，刘伶跪下来祝告说："天生刘伶，以酒为名；一饮一斛，五斗解酲。妇人之言，慎不可听。"说完，他抢过神像前的酒肉，大口喝酒，大口吃肉，结果又喝得酩酊大醉。

刘伶长得又矮又小，而且容貌极其丑陋。一次他喝醉了酒和人吵了起来，对方卷起袖子就要揍他，刘伶很镇定地说："我身子像鸡肋一样细小瘦体，哪能受得了老兄的拳头啊。"对方听了大笑，也不揍他了。但是他的运气不会总是这么好，慢慢的得罪的人多了，刘伶的人际关系就越来越差了，他也越来越不与人交往，对人情世事默然相对，只是喝酒而已。奇怪的是，刘伶和阮籍、嵇康两人却很投机，一见面就有说有笑。很自然的，他也加入了竹林中的谈话。

竹林的名声散播出去后，山东琅琊人王戎闻风而来。王戎的年纪很小，比嵇康还小 10 岁，比山涛少了 24 岁，走入竹林的时候还只是个 14 岁的毛头小子。

别看王戎年纪很小，却是神采飞扬的神童。他出生于山东琅琊的官宦人家，从小聪慧，学问日益精进，善于清谈。王戎对老庄清静无为的学说很喜爱，也是嵇康的崇拜者。直到老年，王戎回忆起嵇康来还说："与嵇康居二十年，未尝见其喜愠之色。"阮籍认识王戎也比较早。王戎的父亲王浑担任尚书郎时和阮籍是同事，王戎也跟着父亲住在官舍中。每一次，阮籍去拜访王浑，话不投机说不了几分钟，却对小小的王戎很聊得来。两人一谈就是大半天，成了忘年之交。阮籍很不客气地对王浑说："你儿子清俊绝伦，你根本比不上他。和阿戎说话，比合你说话有趣多了。"王戎的崇尚清静和清谈，更多的是出于年少时候纯美的理想，其中还掺杂着丝丝叛逆的情绪，缺少山涛、嵇康、阮籍等人对现实无望之后的谨慎与逃避——王戎压根就还没进入社会。其实，王戎内心对功名利禄并没有免疫力，相反对花花绿绿的世界充满了好奇心。因此，阮籍虽然喜欢王戎的聪慧和清谈，对他的人品并不看好。

几个人里面，王戎是最晚参加竹林清谈的。他刚来，阮籍就高喊：“有俗人来败坏我们的兴致了！”王戎淡淡地反驳说：“你们这样的人，还有谁可以败坏你们的兴致呢？”

就这样，山阳城外竹林中的7位常客：嵇康、阮籍、山涛、向秀、刘伶、王戎、阮咸，时常聚首，畅饮高谈，醉了就卧倒泉边，醒来继续清谈歌唱，世谓“竹林七贤”。

三

竹林七贤，不仅仅是竹林中的7个人，代表了魏晋一代知识分子的苦闷和挣扎。

首先，竹林七贤都是黑暗现实的逃避者。从东汉末期开始，现实主义政治和弱肉强食的思想在政坛上横行，后来蔓延到社会的各个领域。曹魏建立后，仁义道德虽然重新被提倡，被树立为意识形态的旗帜，但起实际作用的依然是务实残酷的斗争法则。而另一面，曹魏朝廷又不能回复两汉统一时期的强大权威，不能控制社会的方方面面（连天下都统一不了）。这就为知识分子的独立自由思考，留下了空间。知识分子多数是读圣贤书成长起来的，信奉仁义道德，多数人崇尚公正自由的生活。当他们满怀抱负地入世之后，理想和现实之间的巨大鸿沟让他们迷茫、徘徊和痛苦。他们找不到填平鸿沟的方法，又不愿意继续受到残酷现实的压迫，只能选择了逃避，躲进了竹林。竹林七贤的核心嵇康、阮籍和山涛都是如此。

其次，竹林七贤表面上是礼教的背叛者，却是礼教真正的信奉者。后人谈起竹林七贤，第一印象往往是他们离经叛道、惊世骇俗的做派。人们都说竹林七贤“弃经典而尚老庄，蔑礼法而崇放达”。为什么他们好老庄学说呢？因为老庄的清静无为、效法自然，对知识分子有着天然的吸引力。当高官厚禄变为让知识分子放弃独立和思想的诱惑，当仁义道德变为黑暗政治的遮羞布，当一切规则、规范和礼教变为幌子、棍子和刀枪的时候，现存社会的制度和说教还值得信赖和遵奉吗？既然被朝廷和普通人都奉为宝典的制度规章不值得信赖，逃避而去的知识分子便躲进了道家的无为和清谈之中。在嵇康他们之前，夏侯玄、何晏、王弼等为代表的“正始学派”也对现实失望，完全步入了虚无。他们把老庄的虚无主义倾向发挥起来，崇尚世界本无（令人不解的是，正始学派的主要人物都参加了曹爽集团，介入了曹魏与司马氏的争斗）。竹林七贤则把老庄学说中的“自然”发挥开来，讲求一切顺其自然，追求无拘无束的个人生活。

无拘无束的生活表现在竹林七贤的“放达”上。阮籍有言：“礼教岂为我辈而设？”而阮咸曾和姑姑家的鲜卑婢女私通，母丧期间听说鲜卑婢女要随姑姑到远方去了，阮咸穿着孝服、骑上毛驴就去追，后来载着那个婢女一起回来。阮咸还说：“人种不可失！”原来鲜卑婢女已经怀了他的孩子，这在魏晋时期可是惊世骇俗的事情，阮咸还高调宣布。阮氏族人都善于饮酒，阮咸和族人喝酒，都不复用常桮斟酌，用大瓮盛酒，坐在地上大口大口喝酒。一次有一群猪来找大瓮，把酒当水喝起来，阮咸也无所谓，趴着和猪群一起喝酒。酒鬼刘伶有次赤身裸体的接待客人来访，客人责问他，他说：“我以天地为宅舍，以屋室为衣裤，你们为何入我裤中？”很多人凭此来批评竹林七贤，攻击他们行为放荡不守礼法，进而攻击他们不忠不孝。实际上，竹林七贤才是真正的忠孝仁义的尊奉者。比如阮籍就是个孝子，但他母亲逝世的时候，阮籍正与人下围棋，棋友说不下了你去办丧事吧，阮籍却坚持把围棋下完，之后还喝了二斗酒。这些事情看起来都是阮籍不孝的证据。可阮籍喝完酒后就号叫一声，吐血数升。母亲要下葬了，阮籍又吃了一个蒸肫子，喝了二斗酒，然后又号叫一声，吐血数升，整个人“毁瘠骨立，殆致灭性”。可见阮籍的悲痛已经深入血液骨髓，不是一般的痛苦了。裴楷去吊丧，看到阮籍醉醺醺的，散发箕踞，直愣愣顶着客人看，既不招呼也不搭理。裴楷吊唁完毕就告辞而去，别人问他：“吊丧的时候都是主人先哭，客人再行礼。阮籍都没哭，您为什么要哭着行礼啊？”裴楷真正理解了阮籍，说：“阮籍是方外之士，不崇礼典。我就是个俗人，还要行仪自居。”可见行为方式的不同，并不能掩盖阮籍深沉的悲痛。悲伤不一定要用痛哭流涕来证明，忠君爱国不一定要高喊口号，同样，孝顺、仁慈、关爱、忠诚等价值观也无需按照统一的标准来表现。竹林七贤已经对社会现存制度，包括礼教都抛弃不用了，他们有自己的方式来表达内在感受，表示好恶。在这方面，阮籍的“青白眼”是个很好的例子。阮籍看到现实中蝇营狗苟的钻营之人，就翻白眼，爱答不理的。嵇康赍酒挟琴来访，阮籍就立刻翻回青眼，热情相待。人们都应该像裴楷一样，不能机械地按照传统礼教的标准来要求竹林七贤照做无误。

他们七个人在竹林中酗酒、吃药、弹琴、对弈，高谈阔论，谈论的话题涉及理想与现实的差距、个人和社会的关系、如何对待自然等等。这些问题千百年后来，一直困惑着知识分子。竹林七贤给出了自己的答案，包括逃避残酷的现实、保持纯洁自然的心灵、追求自然的生活等等，也都吸引着后来者，让后来者从中汲取了不少思想资源。不管后人认同不认同他们的言行，七个人洁身自好，保持独立自由的状态的精神，给后人树立了崇高的榜样。从这个角度说，竹林中的清谈虽然是务虚的，却有着穿透时空的强大力量。

需要指出的是，尽管竹林中的七个人都崇尚独立自由，都信奉道家哲学，但思想并不完全一致。这种不一致表现在处理个人和仕途的关系上。嵇康、向秀、刘伶等人是完全藐视政治权威，纯粹地遵从心灵的召唤，要过自然本真的生活。而山涛、王戎两人虽然听到了内心的召唤，知道自由独立的生活的可贵，但是同时他们心灵深处还有世俗的呼唤，知道如何去做社会认同的“正确”的事情。现实中有许多后一种知识分子，他们知道真善良，也有理想，却选择做“正确的事情”。思想的不同，在外界环境的刺激下，导致了竹林七贤的散去。

那些竹林中的清谈，只维持了一年多时间。正始十年（249 年）爆发了高平陵政变，曹爽集团血流成河，标志着曹魏王朝的支持力量消失殆尽。“万事贵无”的何晏在积极参与政争的同时，也曾显露出消极避世的态度，可惜未能脱身而出，最终落得个家破人亡的下场。“正始学派”跟随曹爽，随着曹氏的失败整个学派归于沉寂。而原先动荡不明的政局一下子明朗起来，司马家族成了不可撼动的胜利者。竹林七贤中的山涛、王戎等人陆续走出林子，当官去了；阮籍的思想底子是入世的儒家的，而非出世的道家，迫于压力也接受了朝廷的征召。嵇康、向秀等人还经常在竹林中聚会，可光景大不如前了。

六

这不是嵇康一个人的悲剧

一

一群人在竹林中清谈是无害行为，还符合“低碳生活”的要求，但曹魏朝廷不会允许竹林七贤的存在。

因为在他们看来，知识分子聚群清谈是“反动行为”。清谈的话语体系是非官方的，行为是反礼教的，竹林清谈的存在就是对权威的无声反抗，对朝廷的藐视。政府权力的一大特性就是强盛的蔓延能力，从政府延伸到社会各个领域。“普天之下莫非王土，率土之滨莫非王臣。”皇帝和官吏们希望将社会各个方面、各色人等都管理起来，容不得政府权力存在空白。嵇康、向秀等人坚持在竹林中避世清谈，对政治漠不关心（没有批评），对主流意识形态离经叛道（尽管皇帝和达官显贵们自己也不真心信奉），很快就引起了司马氏的注意。考虑到在之前的政治斗争中，嵇康等人并没有站在自己一边（也没有站在曹爽一边），又考虑到竹林清谈的影响力越来越大（这不是和司马氏争夺民心嘛），司马氏便将嵇康等人视为眼中钉，肉中刺了。

这里又暴露出中国古代政治的一大弊病：知识分子对政治的冷漠和无声反抗，根源在朝廷，而不在知识分子。如果朝廷能够革新政治、唯才是举，建立清明的大环境，想必知识分子都会走出竹林，为朝廷所用。可朝廷极少有自我反省的精神，拒绝承认自身的错误（有的时候，自我认错会对既有权力结构造成毁灭性的打击），反而采取打压的方式要铲平竹林，捕捉其中的人才。

享受着自由和自然的嵇康等人，还没有意识到高平陵政变后日益强化的司马氏权威统治，延续着清谈高歌的日常生活。山涛、阮籍等人陆续离去后，嵇康喜欢上了打铁（有说是兴趣爱好，有说是以此赚钱糊口），向秀偶尔陪嵇康去洛阳打铁。山东东平人吕安放逸而超迈俗人，赶来山阳寻找他们。向秀常约吕安耕田、种菜，收获后拿到市场上去卖，换取酒食。三人走得很近，常常相约出游，观原野，攀山岚，不计远近，整天整夜地不回家，回来后又抱头高谈喝酒。三人之中，向秀比较文静，不像其他两人那样傲世不羁，坚持读书。嵇康和吕安不时嘲笑他。向秀有感于《庄子》在升温，阅读的人很多，却很少有人注解，就沉下心来给《庄子》作注，完成后请嵇康、吕安批评。嵇康等人给予了一致的肯定。

这时候发生了几件事，最终打破了竹林的安逸宁静。先是嵇康将司隶校尉钟会完完全全彻彻底底地给得罪了。钟会是司马氏器重的大官，也是个“官方知识分子”，想结交嵇康，附庸风雅。他穿戴齐整，带着大批人来找嵇康“交流感情”来了。嵇康与向秀正在树荫下锻铁，向秀拉排司火，嵇康挥锤打铁，对热情而来的钟会不理不睬。钟会在一旁看两人打铁看了很长时间，没看到嵇康用正眼看过自己，准备离开。这时嵇康开口了，问：“何所闻而来，何所见而去？”钟会恨恨地回答：“闻所闻而来，见所见而去。”言下之意是你嵇康果然恃才傲物，果然有个性，我们走着瞧。

司马昭做了大将军，要聘嵇康为掾吏。嵇康不愿出仕，离家躲避到河东郡去，驳了大将军的面子。景元二年，山涛由大将军从事中郎迁任吏部侍郎，举荐嵇康接替自己先前的职位。嵇康闻讯，写了著名的《与山巨源绝交书》（山涛，字巨源），高调宣布和山涛绝交。他在文章中称避世清谈是自己的志向，“志气所托，不可夺也”，山涛强己所难，道不同不相为谋，因此单方面宣布与山涛绝交。文章借绝交为名，委婉地批评了社会，比如“每非汤武而薄周孔，在人间不止此事，会显世教所不容”等，说了很多重话，比如“不可己嗜臭腐，养鸳雏以死鼠也”等。

按照嵇康的个性，如此激烈和高调的行为实在令人可疑。不想做官，直接告诉山涛就可以了，有必要弄得沸沸扬扬的吗？于是，就有后人解释说，嵇康这是在保护正处于仕途上升期的好友山涛呢。他知道竹林七贤不容于朝廷主流，宣布与山涛绝交其实是告诉朝廷：山涛被竹林七贤的领袖开除了，以免之前的交往印象山涛的发展。而山涛收到嵇康的绝交信后，也没有发怒，笑笑而已。

话说吕安的妻子非常漂亮。吕安的哥哥吕巽却是好色的奸佞小人，竟然强暴了弟妹。吕安怒气冲冠，准备休妻并起诉吕巽。吕巽就请嵇康从中劝解，并发誓改过自新好好做人。嵇康出面调和，说服吕安将这件事压了下来。不想，吕巽这个卑鄙小人，稳住弟弟吕安后，恶人想告状，向官府控告吕安“不孝”。魏晋都以孝治天下，“不孝”是大罪，当年孔融就是因为“不孝”被曹操诛杀的。吕安于是被抓了，写信向嵇康寻求帮助。吕安不知道是被激愤冲昏了头脑还是别的原因，信中的内容非常偏激，将嵇康的避世上升为反抗官府的举动，认为自己是被陷害的，希望嵇康搭救。嵇康也为吕安激愤不平，先写信与吕巽绝交，再跑到官府为吕安作证。结果，吕安没被救出来（后来被流放西北边郡），嵇康反被收押了。

钟会趁机劝司马昭除掉嵇康。他拿出来的证据就包括言辞激烈的《与山巨源绝交书》。钟会认为：“嵇康，卧龙也，不可起。公无忧天下，顾以康为虑耳。”这条理由是：嵇康才华出众，又不能效忠朝廷（其实是司马氏），所以是危险人物。钟会还造谣说：“康欲助毌丘俭，赖山涛不听。”这里的是毌丘俭忠于曹魏，曾和文钦等人在扬州起兵讨伐司马师，失败后被列入叛臣的行列。钟会说嵇康是毌丘俭的同党，只是因为山涛的阻拦才没有参加叛乱。最后，钟会搬出春秋战国时“齐戮华士”，“鲁诛少正卯”的先例来，建议司马昭以“害时乱教”的名义杀掉嵇康，“宜因衅除之，以淳风俗”。钟会要杀嵇康的三条理由中，这最后一条才算是真实的。司马昭当时很信任钟会，下决心杀害嵇康。

嵇康在狱中，仍然未意识到死亡威胁的到来。他写下了《幽愤诗》，后悔在隐居多年突然插手吕安的事情，看来自己还是没有将老庄的清静无为学到家。原本就是因为对现实政治失望才隐居的，怎么到头来又走入官府，奢望官府能还给吕安清白呢？嵇康决定，出狱后要“采薇山阿，散发岩岫，永啸长吟，颐性养寿”。

有太学生三千人，请求赦免嵇康，愿意拜嵇康为师。这番好意加速了嵇康的死亡。司马昭发现嵇康原来有这么大的支持力量，他那些反权威的行为竟然争取到了这么多年轻人，这还了得。司马昭断然拒绝了学生们的请求，下令立即处死嵇康。

临刑前，嵇康神色坦然。他看看日影，预计离行刑尚有一段时间，便向兄长要来平时爱用的琴，在刑场上抚了一曲《广陵散》。早年，嵇康游历洛西的一天晚上，住宿华阳亭，引琴而弹。夜里，忽然有客人来访，自称是古人，和嵇康畅谈音律，还借嵇康的琴弹了一曲，声调绝伦。这曲子就是《广陵散》。古人将曲子传授给了嵇康，没留下姓名就飘然而去了。之后嵇康一直没将《广陵散》传授他人，今日在刑场上弹奏完毕后，他把琴放下，叹息道：“《广陵散》于今绝矣！”说完从容就戮，时年四十。

二

嵇康临刑前，让儿女去投靠山涛。他依然将山涛当做挚友，山涛也没有辜负嵇康的托孤重任。山涛这个人，虽然在现实中做出了“正确的选择”，但始终保持着自然真诚的心灵。嵇康死后，山涛一直悉心照料、抚养着他的儿女。王戎也对嵇康的子女多有照顾。成语“嵇绍不孤”说的就是嵇康的儿子嵇绍虽然是孤儿，但有山涛、王戎两位长辈的悉心关照，并没有无依无靠。嵇绍长大后，一表人才。有一次有人对王戎说：“昨天我在众人中见到嵇绍，他气宇轩昂如同野鹤立鸡群之中。”这就是“鹤立鸡群”的来历。王戎听说后，感慨地说：“那是你没见过他的父亲嵇康。”

因为山涛的大力举荐，嵇绍很顺利地进入了仕途——西晋的仕途，而非曹魏的。父亲嵇康是反权威的逍遥派，儿子嵇绍却是勤奋积极的晋朝官僚，不知道嵇康知道后做何感想？荡阴之战中（见“八王之乱”），时任侍中的嵇绍跟随晋惠帝司马衷出征。混战中，百官、侍卫纷纷溃散，只有嵇绍冠服凌然，用身体捍卫着晋惠帝，最终被乱箭射死在皇帝的身边。嵇绍的献血溅到了龙袍后，给白痴的晋惠帝留下了深刻的印象。局势平定后，左右要给晋惠帝浣洗龙袍，晋惠帝不肯，说：“此嵇侍中血，勿去。”“嵇侍中血”日后就成了忠臣的指代物。嵇绍虽然没能在反权威方面继承嵇康的衣钵，但忠君报国的行为也没有辱没了家门。

说完嵇康父子，我们来看看山涛和王戎这两位积极投身司马政权的七贤的后半生。

山涛和司马家族有亲戚关系。山涛父亲山曜的姑姑山氏，嫁给了曹魏的粟邑令张某，生下女儿张春华。张春华嫁给了司马懿，为嫡系夫人，是司马师、司马昭的亲生母亲，晋朝建立后被尊为宣穆皇后。山涛算是张春华的表侄子，司马师和司马昭的远房表亲，司马炎的远方表叔。这层亲缘关系摆起来虽然有点绕，但对山涛来讲是不错的政治资源。司马师执政后，对山涛这个表亲很重视，举他为秀才，拜为郎中，后来升任尚书吏部郎。山涛于是倾心依附，为司马家族出谋划策。他要施展才华，必须要有强大的政治后盾，这是每个务实的知识分子必须承认的事实。因此，山涛的选择，我们可以旁观和漠视，却不能横加指责。

山涛在政治上“崭露头角”是在司马昭挑选世子问题上坚定地支持了

司马炎。司马昭当了晋公后，一度想挑选司马攸为世子。山涛主张以司马炎为世子，当司马昭征询他意见时说："废长立少，违礼不祥。国之安危，恒必由之。"司马昭最终挑选了司马炎为接班人。司马炎感激莫名，感到山涛家当面拜谢。等司马炎代魏称帝后，山涛的好日子就来了。他历任侍中，迁吏部尚书、太子少傅、尚书左仆射等，进入了西晋初期的权力核心圈子。

山涛终于获得了施展才华的机会。知识分子为了获得一展拳脚的舞台，必须付出辛勤的努力，做出种种牺牲和妥协。很多知识分子不愿意这么做，山涛经过几十年的努力，终于获得了这样的舞台，在此后的几十年中负责晋朝的人事工作。他选用官吏，既秉承晋武帝司马炎的意旨，又亲自考核评价，时称"山公启事"。在漫长的人事工作中，山涛经手的那么多官员升迁降黜，几乎都做到了实事求是，考核没有偏离实际。《晋书》说，山涛负责人事期间提拔的官员中，只有陆亮一个人出了问题（受贿）。而当初坚持要提拔陆亮的是司马炎本人，山涛反对重用陆亮，最后司马炎不得不亲自下诏任命。山涛发现陆亮受贿了，立即将他撤职了。对于山涛的工作，可以用"任人唯贤"，"大公无私"来评价，他因此在朝中享有很高威望。

西晋朝野崇尚奢华，官僚贵族们一个赛一个的穷奢极欲。而山涛对自己约束甚严，身居高位还保持俭朴的生活，家里没有美女仆人，拿到的俸禄和获得的赏赐都接济亲朋好友。因为他掌管着官员的升迁，许多人向他行贿，山涛一概拒绝。鬲县县令袁毅是个大贪官，同时向公卿大臣大肆行贿，谋求赞誉和升迁。他向山涛行贿丝百斤。山涛不愿意和公卿大臣们格格不入，给人特立独行的感觉——这是他和嵇康不同的地方，就收下了贿赂，藏在阁上。后来，袁毅事情败露，遭到廷尉的审判。他送出去的贿赂，每一笔都遭到追索。山涛取下丝交给办案人员，上面有多年积存的尘埃，印封如初。凡此种种，山涛的行为实属不易，说明他始终坚持着心中的理想，没有向现实妥协，和黑暗政治同流合污。从这个意义上来说，他延续了竹林七贤的风范。

山涛活了八十多岁，多次以年老多病辞官，都没有得到批准，最后在司徒的位置上强辞，才被准许回家养老，最后死在家中。

王戎在西晋也做到了司徒的高官。和山涛不同，王戎的政治高位时通过明哲保身、阿谀求全得来的，对朝政也没有什么贡献，颇令人不齿。

王戎在政治高峰的时候，正是贾南风揽权、八王之乱的时期，对于贾南风废杀太子、赵王司马伦杀贾南风等事，王戎都保持了沉默。在八王之乱中，晋室面临空前危机，王戎位高爵显，身当国家重任，应该有所作为却没有丝毫作为、没有一句意见，在各派力量中虚与委蛇，做“老好人”，得以官运亨通，位至司徒。他把主要精力放在了敛财上。王戎性格极其吝啬，做了高官厚已经田园遍及天下，还天天拿着算盘昼夜算计财产，贪得无厌。侄子结婚，王戎只送了一件单衣。自己女儿出嫁，需要用钱，竟然要向王戎借款。王戎借给女儿数万铜板后，天天念叨，女儿回家省亲见状，赶紧把钱还上，王戎这才放松下来。家中的李树产的李子质量不错，王戎都拿出去卖了换钱，可又怕别人得了种子种出好李子来，在卖之前给李子钻孔把核挖出来再出手。如此算计的结果是王戎的区宅、僮牧、膏田、水碓无数，富贵一方，可他还每天和夫人在烛光下盘算蝇头小利。

如果说王戎身上还有什么当年竹林清谈的风范的话，那就是他还有真情实感。对金钱的变态爱好当然算不上是积极的真情实感了，话说司马炎时期王戎、和峤同时遭遇大丧。和家准备了隆重的丧礼，和峤痛哭着迎接丧客。而王戎却不准备丧礼，拖着骨瘦如柴的身子呆呆地坐在床上，也不搭理丧客。司马炎对大臣刘仲雄说：“你去看过王、和二人吗？我听说和峤悲哀过度，让人担心啊！”刘仲雄说：“和峤虽然丧礼周到，但神气不损；王戎虽然没有礼节，但伤痛已经融入了他的骨髓。臣觉得，和峤是生孝，王戎是死孝；陛下不应担心和峤，倒是要担心王戎能够挺过来。”在这里，呆呆坐在床上的王戎，倒还有几分竹林七贤的味道。

三

嵇康被杀，透露出了朝廷对竹林七贤这类反权威言行的镇压态度，顿时天下知识分子战战兢兢。七贤中的其他人物尤其担心，不得不对朝廷权威有所退让。

竹林七贤灵魂之一的阮籍，出来当官比较早，却始终没能融入官场之中。钟会多次向他询问时事，想套出阮籍的破绽来，治他的罪。阮籍只有拼命喝酒，用酣醉来抗拒钟会恶毒的骚扰，没让敌人找到把柄。司马昭对阮籍还是相当客气的，曾经想让儿子司马炎娶阮籍的女儿，两家结为儿女亲家。面对这么大的诱惑，阮籍的对策还是醉酒，酗酒大醉了 60 天，愣是让司马昭找不到提亲的机会，联姻一事不了了之。

阮籍和官场格格不入，又不能像之前那样远离官场回归竹林，其中的痛苦只能默默承受。好在阮籍颇能自己在官场中找乐子，留下两段潇洒的故事。一次，阮籍从容对司马昭说："我曾游东平，非常喜欢当地风土。"司马昭大喜，以为阮籍想去东平做点实事，当即任命他为东平相。阮籍骑着毛驴去上任了，做了两件事情：第一是把东平官府的围墙给拆了，让官吏和老百姓们能内外相望，不再相互隔断；第二是废除了东平繁复的法令，清简政令。十多天后，阮籍又骑着毛驴走了，不做东平相了。他听说步兵校尉官署中有佳酿，贮酒三百斛，又自荐担任步兵校尉。到任后，阮籍并不处理军务，终日在官署内饮酒宴会。

阮籍在政治上比较大的举动是司马炎在篡夺曹魏政权的时候，公卿大臣们推举阮籍来写劝进书，推举司马炎称帝。这是大是大非的站队问题，阮籍不答应不行。答应后，阮籍迟迟不愿意下手，继续用酒精麻醉自己。到了大臣们来取劝进书的时候，阮籍醉趴在案子上酣睡。被叫醒后，阮籍在案子上挥毫写成，没有改动就交了上去。全书言辞清壮，得到了好评。也许是司马炎对阮籍的劝进书很有好感，虽然不断有人攻击阮籍不拘礼教，卫道士们视阮籍为异类，司马炎每次都保护他，使得阮籍得以善终。

晚年的阮籍，说话越来越空虚玄远，坚决不臧否人物、不谈时事。他常常自己驾着车，任意游走，行至路穷处便放声大哭。在大哭中，阮籍才能释放内心的悲凉和痛楚。

山涛掌管官员升迁，对阮籍侄子阮咸的评价很高："阮咸贞素寡欲，深识清浊，万物不能移。若在官人之职，必绝于时。"他提议重用阮咸。但晋武帝司马炎认为阮咸酗酒成性，不予重用。中书监荀勖校太乐，用古尺更铸铜律吕来调声调，调好后乐声很好听。荀勖也很得意。阮咸不以为然，指出了荀勖所调太乐的一些问题。荀勖就忌恨阮咸，在司马炎面前进谗，阮咸被外放了始平太守。后来发现了周朝时的玉尺，是天下乐声的正尺。荀勖用它来核准自己调校的太乐，果然发现了阮咸指出的那些问题，方才知道阮咸音乐才华远在一般人之上。

嵇康被杀后，向秀不得不结束隐居，进入洛阳为官。司马昭就问他："听说你有箕山之志，为什么还来洛阳呢？"箕山是山名，传说尧要让位给巢父、许由，二人不愿接受，就隐遁在箕山，所以箕山之志就是隐居之志。向秀回答："巢父、许由都是狷介之士，我并不羡慕他们。"这明显是违心的话，估计连司马昭也不相信向秀的回答，但他对向秀的主动低头和委曲求全的态度非常认可，放过了向秀。在曹魏和西晋时期，向秀历任散骑侍郎、黄门侍郎、散骑常侍，在位不干事，领一份薪水，表明姿态而已。司马昭死后，向秀极不得意。一次，他经过山阳嵇康旧居，看到物是人非，写下了极其隐晦的《思旧赋》一文，揭露了黑暗政治与恐怖权威下自己战战兢兢的心态，想哭祭挚友又不敢哭出声来，只能“思旧”一下。向秀最后死在了散骑常侍的职位上。

醉鬼刘伶也不得不出来做官，做到了建威参军的闲职。晋武帝泰始年间，刘伶曾经上书，主张“无为而化”的老庄学说，被斥为无益之策。他的命运也最坎坷，遭到了罢官。回乡后的刘伶，加重酗酒，最后可能死于酒精中毒。《晋书》说他后期经常乘着鹿车，抱着酒壶，吩咐仆人提着锄头跟在车子后面，说：“如果我醉死了，就地把我埋葬了吧。”

七

国家在发展，旗帜在变色

一

三国时期，曹魏王朝的基础最好、起点最高，又执行了正确的发展战略，在南北方的对抗中取得了最终的胜利。遗憾的是，最终坐享胜利果实的却是司马家族。

第一代皇帝曹丕时期是曹魏政治平稳发展的时期。曹丕本人文采出众，落笔成章，也执行了一些利国利民政策。比如在他刚继承曹操爵位的时候，下令说："关卡渡口是用来通商旅的，池塘林苑是用来抵御灾荒的。在这些地方设立禁令，课以重税不符合便民的原则。因此要解除池苑的禁令，减轻关卡渡口的税率，全部恢复为什一税率(10%)。"另外，针对汉末皇权衰微导致政权颠覆的教训，曹丕特别警惕防范宗室、后宫专权。曹丕制定了羁绊藩镇的严密制度，还严厉限制太监、嫔妃和外戚干政擅权。曹魏的防范制度很成功，整个王朝始终没有出现宗室或后宫专权的情况。

但是曹丕为人轻浮，按照现代干部评议的标准就是做事不够稳重。他想建立自己的武功，不顾劝谏进行巡游般的南征，沿途犒赏军民。来到长江边上后，曹丕说了句："嗯，东吴看起来果然是难以轻易拔除了。我们退军吧。"倒显得有几分可爱。司马懿和曹丕关系密切，因此在曹丕统治时期，他才真正开始掌握实权。

总的来说曹丕还是位不错的君主。文人气质让曹丕做了些轻浮躁动的事情，好声色享受，但尚能自抑，没有带来大坏处。曹魏在曹丕时期获得了稳定发展。

曹丕死后，曹睿即位。曹睿因为是甄宓的女儿，随着甄宓的失宠，地位一度危险。也许是因为曹睿脾气禀性与曹丕差不多，曹丕最终还是传位给了曹睿。

曹睿在位，干出了一些政绩。他常说：“刑狱攸关天下性命”，朝廷断大狱，曹睿经常亲临旁听。曹睿在对蜀汉作战中委政于司马懿，时刻关注，并多有杰作。诸葛亮第一次出祁山的时候，有人以为蜀军缺乏辎重，粮草必然接济不上，蜀汉必然不击自破，朝廷不需要犒劳军队。还有人想收割上邽一带的生麦，以免被诸葛亮收割了。曹睿都不听从，前后多次派兵增加司马懿的军力，又派人保护上邽一带的生麦。司马懿后来与诸葛亮在上邽周边相持，最后还是仰仗那些小麦作为军粮。可见曹睿在军事筹划方面还是非有眼光的。诸葛亮最后一次驻屯渭南与司马懿相持，司马懿以持久战取得了最后的胜利，诸葛亮死在阵中。司马懿因为对蜀战争的胜利逐渐掌握了军队实权，同时获得了巨大的声望。

但是曹睿滥用民力，大兴土木，追求享受。他在洛阳大修宫殿，建造了昭阳、太极等巍峨壮观的宫室。太极殿，高十多丈，上面又建造了翔凤殿。曹睿还在芳林园中造陂池，楫棹越歌；又在后宫建立八坊，在其中储备美女才人，品秩待遇和百官一样。曹睿挑选知书识字的女子担任女性尚书，处理朝廷的奏折。后宫美女歌伎，多达数千人。曹睿就在这个安乐乡中游戏饮宴，让博士官马钧制作司南车，制造水转百戏供后宫娱乐。在这里介绍一下马钧，他复制了已经失传的指南车，还制作的翻车，解决了从低处向高处送水的问题，大大便利了农耕灌溉。马钧可算是魏晋时期科技发明第一人。

百姓为了满足曹睿的兴致，误农时，重徭役。杨阜、高堂隆等大臣纷纷多次向曹睿进谏。曹睿对付劝谏者有自己的办法，就是耐心听完，优待进谏的人，但就是不改正自己的缺点。太子舍人张茂在吴蜀边界战事不断，将领们不断征战的情况下，对曹睿大兴宫室，热衷于玩饰，赏赐无度导致府库空虚，又抢夺民女充斥后宫的行为上书劝谏。曹睿读完张茂的奏章，夸奖了几句，提升张茂担任散骑常侍的虚职了事。

就在曹睿造土山、种香草的时候，已经是三朝老臣的司马懿长年领兵在外，成为帝国的军事支柱。整个曹魏时期虽然没有出现宗室和后宫干政的情况，却出现了大臣专权的危险。

曹睿没有儿子，大臣们建议他在宗室子弟中过继几个儿子，作为继承人。曹睿不听，偏偏收养了一个来历不明的曹芳做儿子，并由他继位（当年曹操的父亲曹嵩也是来历不明，被大太监曹腾收养才姓的曹）。曹睿临终遗命司马懿为太尉，与宗室大臣曹爽共同辅政。曹爽是曹真的儿子，他为了夺权，表面上推举司马懿为太傅，私下却行架空之实。司马懿于是称病，不预朝政，消除了曹爽集团的戒心。249 年，曹爽陪同曹芳出洛阳城，拜谒魏明帝陵墓。司马懿一举收集旧部，封闭城门发动政变，诛杀曹爽集团各人，夺取了朝廷大权。史称“高平陵之变”。

晋朝建立后，这场事变被描述为曹爽等人趁曹芳生病，开始出现了无君不臣之心，密谋推翻曹氏政权，危及社稷，并将篡位计划提上了议事日程。司马懿为了拯救国家和曹氏家族，发动了政变。为此他杀了曹爽及其亲信的整个家族，还株连至反对自己的力量。

事变后，司马懿独掌朝政。曹芳封他为丞相，将他的封地增加到 12 个县，邑二万户，并且授予他奏事不名的特权。该年 12 月，朝廷给司马懿加九锡之礼，授予他朝会不拜的特权。司马懿觉得时机尚不成熟，坚持推让了九锡。司马懿抛弃虚名务求实利，致力于整个家族的权势建设。司马懿的孙子和侄子都受封为列侯，家族封侯者 19 人。

二

司马家真正露出篡位谋天下的野心是在司马师废曹芳的事件上。司马懿病死后长子司马师继续掌权。司马师比父亲要外露凶狠，一心要建立司马王朝。司马家族的专权和司马师对曹芳的紧逼不仅使曹芳极为不满，也遭到了部分大臣的反抗。中书令李丰与皇后的父亲、光禄大夫张缉等图谋以太常夏侯玄为大将军，替代司马师，再逐步清除司马家族的势力。但他们没有躲开司马师的耳目，结果事情败露，凡是牵涉其中的人都被诛杀。也许是杀人实在太多了，司马师同时还大赦天下。在清理了朝臣后，司马师正式向皇帝进攻，逼皇帝废黜了皇后张氏。

曹芳的不满是可以想见的。他将自己的这种不满流露了出来，结果遭受了更大的打击。

半年后，司马师决定检验自身的力量，要废去曹芳，另立新帝。他先是去见皇太后，逼太后下令：“皇帝曹芳年纪大了，却不处理朝政机，整日耽淫后宫内宠，荒唐丑谑；迎六宫家人留止内房，毁人伦之叙，乱男女之节。曹芳不忠不孝，日益悖逆，已经失去了做天子的资格，不能再做皇帝了。现在朝廷要告于宗庙，曹芳重新归藩为齐王，以避皇位。”

司马师马上拿着皇太后令，召集公卿大臣会议。群臣大惊失色，又不敢做声。司马师流着泪说："这是皇太后的命令，诸君对王室有什么看法？"

群臣只好回答："昔日伊尹为了商朝放逐了商王太甲，霍光废黜昌邑王以安定汉朝。为了安定社稷抚慰四海，之前两代都有先例。今日之事，全听司马明公的。"

司马师要的就是这句话："诸君既然这么推重我司马师，我怎么能推脱躲避呢？"于是，司马师就带着群臣，以朝野代表的身份操持起整个废立大事来。他先是按照西汉霍光的先例，派人去收曹芳的玺绶，通知曹芳以齐王身份归藩；又派司徒高柔为使节，告祀宗庙，通知曹家列祖列宗有关废立的事情。

当天，年仅 23 岁的曹芳迁居西宫。司马师派人持节护送他前往河内重门。曹芳立齐王府在重门，开始以藩王的身份度过自己的后半生。

《魏略》记载司马师操作废黜曹芳的时候，派遣郭芝入宫禀告皇太后。当时曹芳正在皇太后身边。郭芝对曹芳说："大将军要废黜陛下，立彭城王曹据为新皇帝。"事已至此，曹芳默默地离开，皇太后很不高兴。郭芝说："太后有子不能教。现在大将军决心已定，同时率兵在宫门之外，以防不备。太后现在应当顺应大将军的意思，没有其他可以说的了！"太后对郭芝的逼宫非常恼火，说："我要见大将军，我还有话说。"郭芝坚决地说："为什么要见呢？太后只需要速速取来玺绶就可以了。"太后没有办法，只好交出玺绶。不久，废帝曹芳来向太后辞行。曹芳涕泪交下，悲伤地从太极殿南行，永远离开了皇宫。群臣只有几十个人流泪相送，其中就包括悲不自胜的司马孚。司马孚是司马懿的弟弟，在嗜权的司马家族史中是个另类，让亲戚们头疼不已。

曹芳走了不久，司马师又派人来。太后说："彭城王曹据，是明皇帝曹睿的弟弟，我的小叔子。现在立他为皇帝，我的地位怎么处理？这么做，难道是想让明皇帝绝嗣吗？高贵乡公曹髦更合适。曹髦是文皇帝曹丕的长孙，明皇帝曹睿的侄子。按礼，小宗有继承大宗的规定。我小时候见过高贵乡公，立他为新皇帝更合适。"

司马师于是重新召集群臣商议，最后大家决定按照皇太后的意思迎高贵乡公为新皇帝。司马师表示同意，可能他觉得年幼的曹髦不会对自己构成大的威胁。当时出去迎接曹据即位的太常已经出发，两天后到达温县时被紧急召回。朝廷最终改迎了曹髦。

司马师废曹芳的盛大演习获得了巨大的成功，也向天下暴露了司马家族的篡逆之心。忠于曹魏王朝的力量发动了多次反对司马懿父子的反叛。先是都督扬州诸军事王凌发动反对司马懿的叛乱，兵败自杀身亡。接着镇东将军毌丘俭、扬州刺史文钦再次起兵，连接东吴反叛。司马师正病重，忍痛亲征，斩杀毌丘俭，传首洛阳，文钦逃奔东吴。继任的扬州主将诸葛诞几年后又起兵反司马家族，杀扬州刺史乐綝，再次占据淮南一带反叛。司马昭亲征，攻陷寿春城，斩杀诸葛诞。客观说，三国后期内政都不清净，内斗不息。但司马家族通过三次扬州战役，血洗反对派，止住了内争。曹魏的内乱起得急，也消得快，并没有对司马家族造成沉重打击。

司马父子执政，改变了前两代大兴土木，滥用民力和府库积蓄的弊政，继续大力推行富国强兵的战略。可以说，曹魏的国力持续增长，旗帜却逐渐更换颜色。

八

曹髦的儿戏政变

一

公元260年的一天傍晚，洛阳城突降急雨。雨点由疏转密，天空一片灰暗，间或有雷霆闪电。与宫外噼里啪啦的雨声相呼应，皇宫中也是一片鼓噪，人呼马嘶，兵器相交。原来是魏帝曹髦“见威权日去，不胜其忿”，决定出宫亲手杀掉权臣司马昭。曹髦带着冗从仆射李昭、黄门从官焦伯等宫廷侍官下了陵云台，穿上铠甲，挑了兵仗，集合宫中士兵，要出讨司马昭。

宫中顿时大乱。侍中王沈、尚书王经、散骑常侍王业闻讯赶到。曹髦见三人到来，不等他们开口，大声诉起苦来：“司马昭之心，路人所知也。我忍受不了他的羞辱了，不能坐等被他废黜。就让我们君臣在今天解决此事。今日当与卿自出讨之。”

王经诚恳地劝谏道：“昔日鲁昭公忍受不了专权的季氏，结果败走他方，失去国君之位，为天下取笑。现在国家大权操纵在司马家族已经很久了。朝廷四方都有司马家的亲信爪牙，人们不顾逆顺之理已非一日。皇上的宫廷宿卫兵甲寡弱，怎么能够作为成大事的依靠呢？兵势一旦发起，就好像病情可能非但没有祛除，反而会加深！甚至可能出现难以预料的灾祸。请皇上详加考虑啊。”曹髦听到如此冷酷的现实分析，胸中怒火熊熊燃烧。他掏出怀中的板令狠狠地掷在地上，厉声说：“我意已决。即使事败身死，又有什么可怕的呢？”

曹髦抛下三人，匆匆告别太后，率领宫中宿卫、官僮数百人，敲起战鼓，出云龙门而去。王沈、王业两人见此，决定去向司马昭汇报投诚。他俩招呼王经一起去告密："事已至此，我等不能自取灭族之祸，应该前往司马公府自首，以免一死。王尚书同去否？"王经回答说："主忧臣辱，主辱臣死。你们俩去吧，我不去了。"王沈、王业见劝不动王经，快步出宫，抄小路报告司马昭去了。

这一边，曹髦率领着数百僮仆，鼓噪而出。皇帝身披新甲，坐在车驾之上，手持宝剑，大呼杀贼，激励士气。中国历史上还是第一次出现皇帝亲自提到上阵与大臣拼命的情景。司马昭的弟弟屯骑校尉司马伷正好有事入宫，在东止车门遇到震怒的曹髦和宫中的乌合之众，大吃一惊。曹髦左右大声呵斥他，司马伷一行慌忙躲避而走。曹髦"旗开得胜"，对这次肉搏的前途更有信心了，于是他喊得更响了。随从们受到感染，旗帜和兵器也挥舞得更欢了。

在皇宫南阙下，得到消息的司马昭党羽已经在中护军贾充的率领下，集合军队，列阵迎战了。司马父子常年掌握军队，集合的军队战斗力自然不是曹髦的乌合之众可以比拟的。贾充见到宫中缓缓出来一支不伦不类的军队，嗤之以鼻。他主动反击，带兵自外而入，扑向曹髦军队。曹髦的军队见状就溃散后退了。

曹髦急了，高喊："我是天子，谁敢拦我！"，挥舞着宝剑，左右乱砍。司马一边的将士见小皇帝赤膊上阵，不知所措，只好小心躲避，不敢进逼。宫中士兵和仆人们见状，又聚集起来，向宫外继续前进。两边军队保持若即若离的距离，开始胶着。曹髦认为这是上天保佑曹家，自己身为天子，天下无敌，更加起劲地舞剑向前冲。

司马家一边的军队慌乱躲避，形势开始不利于司马昭了。在司马一边的太子舍人成济跑过去问贾充："事情紧急了！中护军，怎么办？"贾充恶狠狠地说："皮之不存，毛将焉附。司马家如果失败了，我们这些人还会有好下场吗？还不出击！"他对周围的士兵高喊："司马家养你们这些人，就是用在今天的。今日之事，没有什么可以迟疑的。"成济略一思考，说："没错！"接着挺起铁戈，向曹髦刺杀过去。

曹髦毫无防守之力，被成济的长矛从胸中进去，于背部出来，血溅宫墙，当即身亡。这位被称为"才同陈思，武类太祖"的小皇帝以这种罕见却可以理解的，高贵而又屈辱的方式结束了自己年仅20岁的生命。一场宫闱惊变就此结束。

曹髦是中国历史上第一个赤膊上阵、亲手去刺杀权臣的皇帝，但是他失败了。古代历史上的另一位个人英雄主义皇帝是北魏的元子攸。他虽然杀了权臣，但并没有解决权臣当国的问题。相对于当国权臣来说，生长深宫的皇帝最大的武器就是自己的血统。“皇帝”的金字招牌还是可以吓住绝大多数人的。比如曹髦在打斗中，他的皇帝光芒就起了相当大的作用。遗憾的是，这是他们唯一的武器，而且是不断钝化的武器。随着权臣权势的巩固和人们对皇室的失望，皇帝的光芒就逐渐暗淡了。更要命的是，对于那些权臣的党羽来说，他们的利益是与皇帝的利益截然相反的。成济之所以敢在众目睽睽之下刺杀皇帝，就是因为被贾充点拨出了这一点。

二

曹髦本来是无缘于皇位的，而仅仅是高贵乡公。六年前（曹魏嘉平六年，即 254 年），魏帝曹芳被司马师废黜，降封为齐王。曹髦因为是曹丕嫡孙，被选为新皇帝。当时曹髦才 14 岁。虽然年少，但是由于过早目睹了家庭变故、宫廷争斗和皇室日衰的政治现实，他显露出了与年龄极不符合的成熟和世故。正史艳称他“才慧夙成”，“有大成之量”。

曹髦从外地风尘仆仆赶到洛阳的时候，群臣迎拜于西掖门南。曹髦在门口下轿，要向各位官员回拜还礼。礼宾官员阻拦说：“礼，君不拜臣。”曹髦回答说：“我并未登基，现在也是人臣。”最后，曹髦在城门口向群臣恭敬还礼。进城来到皇宫止车门前，曹髦又下轿步行。礼宾官员又说：“天子有资格车驾入宫。”他又说：“我受皇太后征召而来，还不知所为何事。”曹髦步行到太极东堂，拜见太后。曹髦谨慎得体、大方稳重的言行赢得了朝野的称赞，史称“百僚陪位者欣欣焉。”

曹髦不仅会说话办事，而且个人能力非常出众。古代考察一个人的能力主要是看他对儒家作品的理解程度和在书画方面的造诣。曹髦虽然年纪轻轻，却能在太学里与年长的儒者们谈论《易经》、《尚书》及《礼记》，而且还能谈出新意来。同时曹髦还是古代历史上数得着的画家，画迹有《祖二疏图》、《盗跖图》、《黄河流势图》、《新丰放鸡犬图》、《于陵仲子像》、《黔娄夫妻像》。评论家说他的作品：“其人物故实，独高魏代。”

也许是个人素质之高，让曹髦觉得自己应该承担起兴复皇室的重任。为了收复已经涣散的人心，革清政治，曹髦在即位初就派遣侍中持节分巡四方，观察风俗，慰劳百姓，纠察失职官员。他以身作则，一改祖父辈大兴土木奢侈享乐的风气，“减乘舆服御、后宫用度，及罢尚方御府百工技巧靡丽无益之物。”为了赢得军队的好感，曹髦多次下诏哀悼军队伤亡的将士，安抚那些饱经战火创伤的地方。但是他能做的也仅仅是这些象征性的举措而已，司马昭牢固掌握着朝廷实权，曹髦还是逃脱不了金丝笼中鹦鹉的命运。中兴的欲望和现实的压抑之间的巨大差距造成了曹髦心理失衡，加上血气方刚，他就上演了赤膊上阵身亡殉位的一幕。

在曹髦刚登基的时候，司马师曾经私下问亲信："新皇上是什么样的一个人呢？"一旁的钟会回答说："才同陈思，武类太祖。"钟会是大世族大官僚家族出身，他将曹髦与曹植和曹操的文才武略相比，可见对曹髦的能力评价之高。司马师听完，轻声说道："如果真像你说的这样，社稷有福了啊。"实际上，他用凝重后悔的眼神注视着弟弟司马昭，心想："这回，我们哥俩可能选错了人。"

现在曹髦在进攻的路上被自己的党羽当众刺死了，司马昭听到消息后大惊失色，喃喃自语道："天下将怎么看我啊？"

司马昭所谓的天下其实是指天下的世族大家们，没有权臣会对普通小百姓的感受投入过多的关注。东汉开始兴起的世族势力在三国曹魏时期得到了膨胀，他们拥有强大的政治经济力量，一些家族世代垄断某些官职。司马家族本身就是大世族，又是依靠北方世族的支持上升起来的政治势力。现在小皇帝暴亡，而且是被自己间接杀死了，世族大家们怎么对待这件事，司马昭心中没底。

司马昭先跑到宫里去，对着曹髦的尸体放声大哭了一场，然后下令召集贵族百官，商量对策。他毕竟对突然的变故心虚，极需要将这件事情尽快摆平。他下令收殓皇帝尸首，开始操办丧事。多数贵族百官都应召来到皇宫，像什么事情都没有发生一样，对皇帝的"驾崩"悲伤欲绝。少数贵族官员没有来到，其中就包括大世族出身的陈泰。

司马昭极需要所有世族的支持。他一而再再而三地派人去召陈泰入宫，理由是皇帝突然驾崩需要会集大臣商议，双方都知道真正的原因是什么。司马昭不需要说什么，多次派人催请就是他最明显的态度了；陈泰也不需要问什么，去还是不去也是他最明显的态度了。最后，陈泰还是去了皇宫，这是天下政治力量对比的客观结果。

司马昭紧张地握着陈泰的手，问道："天下将怎么看我啊？"

陈泰冷静地回答说："斩贾充，才能稍微平息天下人的议论。"

这段对话发生在两个政治高手之间。司马昭开门见山地刺探陈泰对自己支持的要价。陈泰不追究皇帝的真正死因，只是要求杀贾充以谢天下。他要求杀贾充既是对曹魏王朝做个交代，也是寻个心理安慰。整个对话简洁而直入主题。但是贾充是司马昭的心腹，为司马昭解决了曹髦进攻的难题，是有功之臣。更重要的是，贾充也是一大世族。杀贾充来掩饰自己的罪行对司马昭来说，代价太大了。因此他不同意陈泰的要价，他还需要贾充这个得力助手协助完成代魏的过程呢。

因此，司马昭又问陈泰：“杀其他人，行吗？”

陈泰坚决地说：“但见其上，不见其下。”皇帝的死事关重大，只能杀官居高位的人，而不能找一两个喽啰顶罪。

司马昭决定抛开陈泰，强硬摆平这件事情。他高声宣布：“成济弑君，罪大恶极，应诛灭九族！”

成济当时正站在司马昭一旁，可能还在想着自己会接受什么样的奖赏，万万没想到等来的会是这个结果。他当即急了，大声嚷起来：“成济只是奉命行事而已，罪不在我！”

司马昭不等成济说出更难听的话来，示意将他立即拖出去。兵士涌上来，堵住成济的嘴，架了出去。成济全家因刺穿曹髦的那一矛当即被族诛了。司马昭再以为臣不忠，祸乱朝政的名义将没有向自己报信的王经族诛。接着，司马派势力迅速地筹办起皇帝的丧事来。

必须承认，司马昭对此事的处理并不完美。他以杀戮来掩盖弑君的真相，反而给人掩耳盗铃、自欺欺人的感觉。从王经死的时候到现在，曹髦死亡的真相一直就不是什么秘密。司马懿的弟弟、司马昭的叔父司马孚当时就反对侄子的处理方法。曹髦遇害初期，百官因为司马昭的态度不明，没人敢奔赴现场悼念皇帝。司马孚却第一时间赶到现场，抚着小皇帝的尸体大哭，边哭边说：“杀陛下者，臣之罪。”

司马孚与其他人人云亦云地参加丧礼不同，上奏要求追究杀君主谋之人。司马昭不理会自己的叔叔。当时太后和司马昭商量，以平民之礼埋葬曹髦。司马孚坚决反对，拉着一批大臣上表要求以王礼安葬曹髦。最后太傅司马孚、大将军司马昭领衔，众大臣将此事定性：“故高贵乡公悖逆不道，自陷大祸。现在朝廷依西汉昌邑王因罪被废的先例，以平民之礼埋葬他。臣等身居高位，却没有避免这样的祸乱发生，真是肝胆破裂。太后仁慈过隆，臣等心有不忍，特加恩以王礼安葬高贵乡公。”也就是说，曹髦死后被称为他之前的封号：高贵乡公。他的死被归为他的道德缺陷，是咎由自取。因此朝廷将他废黜，以平民之礼安葬。但因为太后可怜他，所以升格为亲王的葬礼。

几天后，高贵乡公曹髦在洛阳西北三十里的瀍涧之滨安葬。没有贵族和大臣送行，没有旗帜礼乐，整个行列只有几乘破败的车辆。有许多百姓围观，指指点点。有人说：“这就是前几天被杀掉的天子。”说完，有人掩面而泣。南朝的裴松之在注释这段历史的时候，感叹地说：“司马昭做得太过了，这哪是王礼安葬啊？”

九

前人种地后人收

一

曹髦儿戏政变失败，曹魏王朝已经在实质上灭亡了。司马昭杀死了皇帝，竟然没有人质问一下，就被轻易遮盖过去了。司马昭党羽遍布朝野，从司徒尚书令到太守县令都在唯司马昭马首是瞻。强弱对比和人心向背，可见一斑。司马昭之心，路人皆知！

曹髦的死，是突发事件，不在司马昭的计划之内。司马昭尚未准备好走到前台，决定迎立常道乡公曹奂为新皇帝。曹奂的辈分很高，是曹操的孙子，燕王曹宇的儿子，与曹睿是同辈，是曹芳和曹髦的叔叔。258 年，曹奂受封安次县常道乡公。司马昭派去迎接曹奂的使节是自己的儿子司马炎。司马炎因迎立之功升任中抚军，进封新昌乡侯。这是曹奂与司马炎的第一次见面。

260 年夏六月，司马炎进封大将军司马昭为相国，封晋公，封地为十个郡；朝廷还给司马昭加九锡之礼。司马家族旁支的子弟中还没有封侯的人全部封为亭侯，赐钱千万，帛万匹。司马昭表示退让，这样大规模的封赏行为才没有付诸实现。六月份还发生了一件小事。汉献帝的夫人到那时才逝世，曹奂亲自过问了这位逊帝夫人的丧事。曹奂派人追谥夫人为献穆皇后，以汉朝皇后之礼安葬献穆皇后。

263 年夏四月，肃慎向曹魏贡献楛矢、石砮、弓甲、貂皮等物品。天子让人把这些都送到大将军府去。按礼，周边国家和民族朝贡的贡品，只有天子才有资格接受。司马家族接受贡品此举，将替代之心明示天下了。

肃慎朝贡的小事被当年发生的大决策给掩盖了。当年司马昭派钟会、邓艾、诸葛绪率大军分三路攻蜀。姜维当时正避祸陇上沓中，率军退回剑阁抵抗钟会军。在东部两路没有进展的情况下，西路的邓艾从陇上轻装出阴平道，冒险越过七百里无人之地，突发奇兵攻下江油、涪城、绵竹等城池，进逼成都。蜀汉后主刘禅派诸葛亮之子诸葛瞻率军阻拦，诸葛瞻兵败身亡。刘禅闻讯出降，蜀亡。

最初钟会出伐蜀汉的时候，西曹属邵悌对司马昭说："钟会这个人不可信任，不能让他出征。"司马昭笑着说："取蜀易如反掌。但是讨论的时候众人都反对讨伐，只有钟会与我的意思相同。灭蜀之后，北方的将士人心思归，蜀汉的遗民心怀震恐，即使钟会有异志，也无能为力了。"事态的发展完全在司马昭的预料之内。由此可见司马昭的政治眼光和能力。中国古代历史上的多数权臣都是能力出众的个人，相反末代皇帝中很少有可与之匹敌的人选。

264 年三月，司马昭因为灭蜀的大功劳被封为晋王，增封十个郡。晋国辖地达到二十个郡之多。两个月后，曹奂追加司马懿为晋宣王，司马师为晋景王。司马家族完成了王室谱系的建设。同时司马昭通过朝廷制度改革来加强自身权威。他奏请司空荀顗定礼仪，中护军贾充正法律，尚书仆射裴秀议官制，太保郑冲总负责，曹魏开始建五等爵位。

司马昭本来想死后将权力传回哥哥司马师一系去，经过亲信劝谏后，他犹豫再三，最终立中抚军、新昌乡侯司马炎为晋王世子。

265 年春二月，有藩属贡献贡品，再次归之于相国府。四月，南深郡泽县出现甘露祥瑞。这一切似乎都预示着本年是一个不平凡的年份。五月，司马昭走到了距离皇帝宝座的最后一级台阶。曹奂命司马昭配十二旒的王冕，建天子旌旗，出警入跸，乘金根车、六马，备五时副车。晋王王妃晋封为王后，司马炎由世子改称太子。遗憾的是，司马昭的生命也开始走向了末路。朝廷为此大赦，希望挽回相国的生命。然而到了八月，相国、晋王司马昭还是死去了。司马昭生前，曾经有人劝说他称帝。司马昭指指司马炎，然后对劝说他的人说："魏武帝曹操也没有称帝。"他给自己的人生定位就是做曹操这样的幕后英雄，也的确给太子司马炎留下了扎实的政治基础。

二

在司马昭逝世的当月，襄武县传言出现了一个巨人，有三丈余高，足迹长三尺二寸，白发，黄单衣，黄巾。这个巨人拄着拐杖说："今当太平。"

司马炎就是在这样的传言中继承父亲爵位，总摄朝政的。一切都非常平稳，就像父亲当国时一样。九月朝廷大赦。接着司马炎建立了晋国的官员系统，以司徒何曾为丞相，以骠骑将军司马望为司徒，征东大将军石苞为骠骑将军，征南大将军陈骞为车骑将军。之后，司马炎再为司马昭举办了隆重的葬礼。

期间，康居、大宛进献的名马，依然是送到相国府中。朝廷的说法是为了嘉奖相国司马家族的怀柔万国安定天下的功勋。

一切都很明朗，最后的受禅只是程序问题了。《晋书》和《三国志》中都对最后的禅让仪式一笔带过。我们综合各本史书和《三国演义》的描写，能够大致还原当日的情景：

司马炎与何曾、贾充等亲信商议前途举措。贾充等人劝道："魏国天数已尽。臣等去劝说曹奂不可逆天而动，按照汉献帝的先例重修受禅台，具大礼禅位与晋王。晋王您应该上合天心，下顺民情，早登大位。"司马炎在亲信的劝说中下定了最终的决心。

曹奂不是傻子，非常清楚自己就是魏国的末代皇帝了。随着司马家族势力日益飞扬跋扈，曹奂心惊胆战地等待着最后审判的来临。这一天，司马炎率领何曾、贾充等人，没有得到召见便进宫来。曹奂慌忙起身迎接。司马炎问他："魏国的天下是谁在出力维持？"

曹奂回答说："皆赖晋王父祖三代之力。"

司马炎点点头。贾充冷冷地说："陛下文不能论道，武不能经邦。天下深知魏室已经失职很久了，而归心于晋王一家。陛下何不禅位于才德出众的司马家族？"

曹奂虽然将这最后的判决设想了许多次，但真正面对这样的结果还是不能立即接受。他一下子懵在那，不能言语，许久才点头默认。贾充等人立即修筑受禅台。大家挑选了十二月甲子日作为受禅典礼的举行日。

当日，文武大臣和藩属使节云集受禅台周围。曹奂孤孤单单地捧着传国玉玺，站在台上，默然地看着周边的一切。45年前，他的伯伯曹丕就是这个台上的主角，等待着汉献帝把玉玺交过来。现如今，他也成了主角，不过处在汉献帝的角色上。群臣都在恭请晋王司马炎登台，没有人在关注他。司马炎在众人的瞩目中缓缓地登上台来。曹奂将玉玺传给他，走下台去，穿上官服站在群臣的列首。司马炎则端坐台上。曹奂带头跪拜司马炎，行君臣大礼。群臣在他行礼后，三呼万岁，也行起君臣大礼。这一刻，中国换了统治者。

《三国演义》中有贾充执剑令曹奂伏地听命的情节。贾充狐假虎威，说的一段话值得后人回味。他说："汉建安二十五年，魏受汉禅，至今已经45年了。现在曹魏天禄已终，天命转移到了晋室。司马氏功德弥隆，极天际地，即皇帝正位，以绍魏统。新朝封你为陈留王，出居金墉城。立即起程，非宣诏不许入京。"这段话突出了因果报应的意味，也表现了司马家族的无情。

时任魏国太傅的司马懿弟弟、司马炎叔祖父司马孚见到此情此景，在曹奂身前跪倒哭泣说："臣司马孚，生为魏臣，终身不背魏。"情景感人。司马炎因为司马孚是本家长辈，也不能将他怎么样。司马炎的亲信慌忙将他拉开。

司马孚这个人温厚廉让，读了很多经史方面的书，是个君子。汉末乱世中，司马孚与兄弟几人有时也处在危亡之中，但是他粗茶淡饭，与世无争，坚持读书不倦。司马孚成年后，正直清白，从不与人结怨，也没担任什么实职。朋友曹植负才傲物，司马孚就劝他不要锋芒太露。曹植起初不听他的话，在经过沧桑岁月的洗礼后，终于觉得司马孚的话是对的。两人保持了终生的友谊。司马懿父子执政后，司马孚因为是血亲，位居高位。但是司马孚对哥哥侄子们的执政是有意见的，常常自我退损，不参与纷争。孙子辈的司马炎图谋受禅的过程，司马孚也没有参与。司马师、司马昭对这个忠于魏室的叔叔很头疼，但又不敢进逼，只能进封他为长乐公。司马炎即位后，更是不敢进逼。

话说受禅礼完毕后，司马炎回到洛阳皇宫，在太极前殿正式宣布登基，国号为晋，改元泰始，大赦天下。司马炎定都洛阳，史称西晋。司马家族最后成为天下的主人。

曹奂禅位后，降封为陈留王；魏氏诸王都降封为县侯。曹奂的陈留王规定位在三公上。晋朝割十县土地三万户人口建立陈留国。曹奂上奏可以不称臣，接受诏书可以不拜，依然保持天子车服和饮食，郊祀天地的时候继续使用魏国正朔。晋太元十二年又规定，陈留王排位在皇太子之上。司马炎对曹奂还算宽大，不像后世受禅的皇帝一样对逊帝刀杀药毒，而是让曹奂平稳地度过余生。他和汉献帝刘协都算是结局比较好的逊帝了。

曹奂逊位时年仅20岁，被安顿在金墉城（今洛阳市内）居住。不久，司马炎又命曹奂迁居邺城。曹奂在邺城又生活了36年，于302年病死。曹奂死后谥号为元帝。史家还习惯称他为常道乡公。这位末代皇帝被葬于邺城东南 5 公里处，现在临漳县习文乡赵彭城村西还有曹奂墓封冢。这个陈留国在曹奂死后依然保存。后来晋朝大乱，中原陷入异族之手。曹奂的后代跟随西晋王朝南迁，继续做东晋的臣子。陈留国在南方复国，传国到南齐。

司马孚一直坚持自己的信仰和忠诚。西晋建立后，朝廷规定没有就藩的亲王是不能设置一系列王国的官属的。司马孚被封为安平王，但留在首都，没有直接治理封地，没有必要设置完备的官属，但是司马炎特许他配置完备的安平王国官员，作为皇室亲善的榜样。司马孚的辈分实在太高了，内有亲戚，外有交游，经常入不敷出。司马炎就又给他增加了两千匹绢的俸禄。每到朝会的时候，朝廷特允许司马孚乘车上殿，司马炎亲自出宫殿在台阶下拜迎。司马孚坐定后，司马炎亲自捧觞上寿，行家人礼，而不行君臣之礼。

司马孚虽然在新的王朝里备受尊崇，但不以为荣，常常面带忧虑神色。每次皇帝司马炎向他行家庭拜礼的时候，司马孚都要跪地阻止。临终，司马孚交代的遗令几乎就是自己写给自己的墓志铭："有魏贞士河内温县司马孚，字叔达，不伊不周，不夷不惠，立身行道，终始若一，当以素棺单椁，敛以时服。"（魏国忠臣温县司马孚，字叔达，一生不偏不袒，安身立命，恪守道德，始终如一。死后用薄棺材和平常的衣服入殓即可。）司马孚死于泰始八年（272 年），时年 93 岁。这在古代中国，算是极其高寿了。司马孚对魏国的忠贞固然是信仰使然，其中更有对自家在夺权过程中残杀过度的反对和担忧、后怕的情绪作用。

十

三家归晋

一

西晋建立后的头 15 年，都没有统一天下，而是和江南的东吴隔江对峙。

孙权晚年，东吴赋役苛重，吴国社会矛盾加剧。晚年的孙权“性多嫌忌，果于杀戮”，搞得朝臣人人自危。孙权死后，统治阶层争夺权力，爆发了一连串的宫廷内争和帝位更迭，国家开始陷入混乱。孙权之后是孙亮，孙亮之后是孙休。孙休临死时，指定丞相濮阳兴、左将军张布为顾命大臣，让他们辅助太子继位。当时蜀汉初亡，东吴南部交阯叛乱，国内震惧，人人贪得长君。濮阳兴、张布看到太子年幼，竟然违抗孙休遗诏，迎立孙权之孙乌程侯孙皓为皇帝。264 年，孙皓称帝。他虽然是成年人，但胡作非为，丝毫没有扭转东吴的内忧外患，却让混乱进一步加剧。

孙皓是出了名的暴君，还动不动就敲碎大臣脑袋，杀人如麻。濮阳兴、张布很快就后悔了，可惜还没找到后悔药就被孙皓砍了脑袋。孙皓还豪奢铺张，尽情享乐，好酒色兴土木，搞得吴国“国无一年之储，家无经月之畜”，人民揭竿而起，朝臣离心离德。孙皓对西晋的威胁，毫无戒心，还好大喜功，主动派兵攻晋，但多因草率而无功。名将陆抗认为晋强吴弱，不止一次上疏反对主动攻晋，要求加强备战，他还预见到晋兵会从长江上游顺流而下，特别要求加强建平（今湖北秭归）、西陵（今湖北宜昌东南、西陵峡口）的兵力。可孙皓迷信长江天险可保平安，从未认真在战备上下功夫。

269 年，西晋派大将羊祜坐守军事重镇荆州，主持对吴作战。羊祜坐镇荆州后，减轻赋税，安定民心，采取了“以善取胜”的策略。羊祜每次交战都告知东吴时间，从不发动袭击。对于主张偷袭的部将，羊祜一律赏酒灌醉。西晋部队越境抢粮作为军粮，但每次都留下相同价值的绢作为交换。羊祜游猎的范围也往往局限于西晋境内。同时，羊祜向吴军大施恩惠。由于孙皓挥霍无度，部队士兵常常领不到军饷，连饭也吃不饱。羊祜命人向吴军送酒送肉，瓦解吴军。这样，不时有吴军前来投降，羊祜下令说：吴军来要欢迎，走要欢送。有一次，吴将邓香被晋军抓到夏口，羊祜部下坚持要杀掉，羊祜不但不杀邓，而且还亲自为其松绑，把邓送了回去。有时，吴军狩猎打伤的野兽逃到了晋军领地，晋军也把这些野兽送到吴军帐内。因此，东吴和西晋两军不像敌人倒像是友军，和睦共处。东吴官兵大多对晋军抱有好感。

羊祜的对手是镇守江陵的东吴大将陆抗。陆抗出身东吴世族，孙皓对陆抗非常客气，除了不采纳劝谏外，放手让他负责西段军事。陆抗到任后，积极采取守势，巩固长江防线。

陆抗和羊祜两人交手，多数是在打“心理战”，留下了许多惺惺相惜的佳话。陆抗一次生病竟然向羊祜求药，羊枯马上派人送药过来，并说明这是自己新配制的药，还未服，先送给陆大将军吃。部将担心其中有诈，劝陆抗勿服，陆抗认为“羊祜岂鸩人者”，放心服下。同样，陆抗送给羊祜的酒，羊祜也饮之不疑。这看似奇怪，实际上却是两军在打道德战、士气战，比的是心理素质。陆抗就告诫将士：“彼专为德，我专为暴，是不战而自服也。各保分界而已，无求细利。”陆抗掌军时，东吴并未在心理战上分毫输给西晋。

陆抗在勉力维持，孙皓又在后面捣乱。贪小便宜的孙皓多次派军入侵晋国边界，取得一些小成绩，沾沾自喜，大吹大擂。陆抗认为此举惊扰边界百姓，有弊无利，上书劝谏说：“宜暂息进取小规，以畜士民之力，观衅伺隙，庶无悔吝。”孙皓还是不采纳，相反对陆抗和羊祜的做法很不理解，派人责问。陆抗回答：“一邑一乡，不可以无信义，况大国乎！臣如果不这么做，正是彰显羊祜之德，灭了我方威风。”

但孙皓还是给陆抗带来了大麻烦。凤凰元年（272 年）夏天，暴戾无道的孙皓逼反了陆抗的部下、昭武将军、镇守西陵的步阐。步阐世代为将，不忍孙皓迫害，以本部兵马和西陵城向晋武帝司马炎投降，并送侄子为人质，向西晋求援。司马炎任命步阐为卫将军，兵分三路予以支援：命荆州刺史杨肇进入西陵协防步阐，命车骑将军羊祜率五万军队进攻江陵，命巴东监军徐胤率水军进攻建平。西陵是四川出三峡的第一站，也是东吴长江防线的最西站。它的沦陷，将动摇整个长江防线。陆抗抽调西线各处兵马，日夜兼程进围，要不惜一切代价夺回西陵。

到了西陵，陆抗不急着攻城，而是命令各军在西陵外围构筑高墙，割断步阐和西晋援军的联系。筑墙的工程量巨大，时间又紧，东吴官兵昼夜筑围，非常辛苦。诸将多又怨言，纷纷劝陆抗说："现在三军锐气正盛，可以速攻步阐，不等西晋救兵来西陵城就能攻下。何必大造围墙，浪费劳力和物资呢？"陆抗说，西陵城地处险要，之前又把城墙修得牢固无比，还储存了大量粮草和守城器械，都是陆抗亲自督办的。现在如果一味猛攻，不仅城池攻不下来，等西晋援军来了就要内外受敌，没法抵御了。宜都太守雷谭不听，言辞恳切，请求进攻。陆抗为了让大家了解实情，同意雷谭带部分军队攻城，结果大败而归。众将这才相信西陵是块硬骨头，转而抓紧修筑围墙，在西晋援军带来前将西陵城团团围住。

西陵战斗还胶着着，羊祜的五万大军到达江陵了。众将请求陆抗去江陵督战。陆抗再次力排众议，以为江陵的情况和西陵类似，城墙坚固兵精粮足，西晋短时间内攻不下来。即使敌人占领了江陵，孤城也守不住，损失不大；如果西陵落到西晋手里，整个长江防线就破了，"吾宁弃江陵而赴西陵，况江陵牢固乎？"所以，陆抗坚持赶赴西陵督战。当年年底，西晋杨肇部终于抵达西陵，徐胤的水军也进抵建平。陆抗分兵防守这两支敌军，还派人防备羊祜南渡、拦截徐胤水军顺流东下，自率大军依靠抢险修好的围墙与杨肇对峙，以待战机。

吴将朱乔、都督俞赞失去信心，叛逃晋军。陆抗说："俞赞军中多旧吏，知道我军的虚实，我常担心某地防守有漏洞，敌人知道后肯定会先攻此处。"陆抗连夜撤换那处地方的军队，替换上精兵强将。第二日，杨肇集中兵力进攻拿那个防区弱处。陆抗指挥反击，打败晋军。僵持到年关将近，杨肇计穷，在夜幕掩护下逃走。陆抗怕追求后围城力量空虚，被步阐出城袭击，所以只擂鼓佯作追击。杨肇却被吓破了担子，丢弃铠甲狂逃。陆抗只派出一队轻兵追击，竟然将晋军逼回四川。羊祜本来就是掩护军队，知道主力失败后主动撤兵。

西陵最终被西晋各军抛弃，陆抗开始督率军队猛攻狂打，很快就攻克了西陵，俘杀步阐及其部属数十人，全都诛灭三族。城内数以万计的胁从者被赦免。陆抗重新修治了西陵城池后，陈军东还。虽然凯旋，陆抗却"貌无矜色，谦冲如常"，因功加拜都护。

凤凰三年（274 年）西晋益州刺史王濬在巴蜀大造战船，训练水军。部分造船材料和木屑顺流而下，被东吴守军获得。吴建平太守吾彦取之以呈孙皓说：“晋必有攻吴之计，宜增建平兵。建平不下，终不敢渡。”当时陆抗已经病重，仍坚持上书说：“西陵和建平两城是国家的屏障。如果敌人泛舟顺流而下，瞬间就能到达这两地，我军根本来不及救援。此乃社稷安危之机，非徒封疆侵陵小害。臣父陆逊曾以为西陵是国家的西门，若有闪失，非但失一郡，整个荆州都不再为东吴所有。如果西陵有事，我们当倾全国之力争之。臣所统地区方圆千里，四处受敌，外御强敌，内怀百蛮，内在已经弊端重重，羸弱不堪，难以待变。乞求朝廷加以充实，补足疆场受敌的损失，让臣所部兵马满员八万，省息众务，信其赏罚。如果军队不增，制度不改，而欲克谐大事，此臣之所深憾也。臣死之后，乞以西方为属。”陆抗抱病直言，深深忧虑局势，隐隐中看到了东吴兵败国亡的命运。但强烈的责任感让他不能不犯颜直谏。可悲的是，孙皓对陆抗、吾彦的建议和警告，一概不予重视。孙皓依然置之不理。陆抗在当年死去，从此东吴再无良将。

羊祜苦心经营荆州，志在灭吴。但陆抗在世时，他知道不容易成功，就没有发起进攻。陆抗一去世，羊祜便上疏请命伐吴。他说：“今江淮之险不如剑阁，孙皓之暴过于刘禅，吴人之困甚于巴蜀，而大晋兵力，盛于往时。”羊祜预测灭吴要比灭蜀容易。贾充、荀勖、冯紞等人竭力反对伐吴。司马炎将伐吴之议搁置。羊祜闻讯感叹：“天下不如意事，十常七八，天与不取，岂不令人抱憾！”咸宁四年（278 年），羊祜抱恨去世，临终举荐杜预继任。

二

西晋内部在伐吴问题呈现出完全相反的两派意见。贾充、荀勖等人明确反对伐吴，认为东吴有长江天险难以取胜，当年曹操率几十万得胜之师就大败而归。在之前的历史上，还没有人征服过长江天险。贾充、荀勖等人精于权谋，争权夺利是高手，却疏于大势，不是大气的政治家。他们这一派人掌握着中枢实权，和司马炎关系很近，所以在伐吴问题上占据了上风。

顺带说一句，西晋的天下由阴谋篡位而来，开国君臣并无经过征战磨砺。大臣中有很多贾充、荀勖这样的人，政治操守和素质都欠佳。

张华、杜预、王濬等伐吴派，一再上疏求战。咸宁五年(279年)，益州刺史王濬上奏："臣作船七年，日有朽败；臣年七十，死亡无日。"西晋建立已经14年了，王濬等伐吴将领等待多年，实在是再经不起岁月的无情流逝。杜预也从襄阳七次上疏，尖锐地指出贾充等人既不同意出兵伐吴，又说不出用兵必败的理由，只因为一些大臣反对用兵就耽误天下统一大业，实在不应该。杜预的奏折递到之时，司马炎正在和张华下棋。张华见了，推开棋盘说："陛下圣武，国富兵强，吴主淫虐，诛杀贤能，当今讨之，可不劳而定，愿勿以为疑！"没有不想一统天下的皇帝，司马炎更是开国皇帝，本来就有意伐吴，如今被伐吴派一激，终于下定了伐吴决心。

当年，备战多年的晋军大规模伐吴。20万晋军水陆并举，杜预率荆州之兵在湖北渡江，司马伷、王浑等率军东出江淮，王濬率益州水军出三峡顺江而下。司马炎任命贾充为大都督，统帅伐吴各军。贾充缺乏军事才干又对伐吴没有信心，推说自己年老体弱不肯受命。司马炎坚持不收回成命，说你如果不帅兵出战，朕就要御驾亲征了。贾充无话可说，只好赴任。

各路晋军直扑东吴。却说荆州东吴在巫峡钉下了无数个锋利无比的、长十余丈的铁锥，中间用粗大的铁链相连，封锁了江面。王濬的水军先用大竹排放入长江，在船上载了无数根长数丈、麻油浇灌的火炬，点燃火炬后引燃竹排，用熊熊烈火烧断铁链。就这样，东吴长江的防守设施被一个个排除了。荆州吴军斗志瓦解，在王濬和杜预水陆夹攻下望风披靡。杜预率军攻克江陵后，荆州郡县大多投降，杜预率军南下，王濬则挥军东进。在东边，太康元年(280年)正月，长江北岸已经能看到王浑所部晋军。孙皓这才慌张起来，急令丞相张悌等率兵三万渡江迎击。结果晋军大胜，张悌等人战死。吴国上下慌作一团，三月王濬的水军逼近建业，孙皓遣游击将军张象率水军万人抵抗，无奈吴军斗志全无，望旗而降。张象败后，孙皓还拼凑了2万人的部队，竟然在作战的前夜都逃亡了。至此，吴国无兵可战，首都建业被各路晋军团团围住。

东吴只剩下投降一条路了。投降的时候，孙皓要了个小伎俩，分别遣使奉书于王濬、司马伷、王浑三处求降，企图挑拨离间从中渔利。离建业最近的是王濬、王浑两军。出兵前，司马炎规定王濬的水军在荆州受杜预的节制，到扬州后受王浑的节制。收到降书后，王浑以议事的名义要王濬停止进军。王濬不顾王浑的节制，在三月十五日率部鼓噪进入建业，抢占了头功。孙皓面缚出降，东吴灭亡。西晋统一了全国。唐代大诗人刘禹锡的《西塞山怀古》专门描写东晋灭吴之役："王濬楼船下益州，金陵王气黯然收。千寻铁锁沉江底，一片降幡出石头。人世几回伤往事，山形依旧枕寒流。从今四海为家日，故垒萧萧芦荻秋。”

孙皓投降前后，作为各路晋军统帅的贾充驻扎后方，对前线战况并不了解。王濬的大船都开进了建业，孙皓都投降了，贾充还上奏，认为春天来了，江南低湿，担心晋军爆发疾疫，建议立即班师。如果晋军战败了，“虽腰斩张华不足以谢天下！”奏疏递了上去，前方传来了吴国投降的捷报，贾充追悔莫及，怕司马炎怪罪，慌忙跑到洛阳请罪。司马炎也没有处分他。

孙皓投降后，司马炎封他为归命侯。见面时，司马炎对他说：“朕设此座待卿已久。”孙皓回答：“臣在南方也设有等候陛下的座位。”一旁的贾充想献媚，故意揭孙皓的短，想让他难堪：“听说您在南方凿百姓双眼，剥百姓头皮，这算是什么刑罚？”他以为孙皓必定惭愧请罪，不料孙皓冷言相向：“我这是用来惩罚那些弑君的叛逆的。”这句话反倒戳到了贾充的痛处。他不就是杀害曹髦的元凶吗？贾充顿时满面羞惭，无言相对。司马炎也没有处分孙皓，一笑了之。

司马炎虽然是西晋的开国帝王，统一了大乱分裂近百年（184 年至 280 年）的神州大地，但靠的是祖父和父辈奠定的政治基础，靠的是北方强大的经济基础。他本人就是个平常之人，没有过人的胆略，也谈不上有什么才华。重臣何曾对家人评价司马炎：“吾每宴见，未尝阅经国远图，惟说平生常事。”

还有一个段子，说司马炎曾问司隶校尉刘毅：“朕可与汉朝哪一个皇帝相比？”刘毅不客气地答道：“汉桓帝、汉灵帝。”司马炎见刘毅将自己比作东汉昏君，大为惊奇：“我还不至于那么差吧？”刘毅答道：“桓灵二帝卖官鬻爵，可钱进了国库，陛下却将卖官的钱占为私有，如此相比，恐怕你还不如桓灵。”刘毅的指责十分尖锐，司马炎也没有生气，反而笑道：“桓灵时没有人说这话，如今朕有直臣，远胜于他们了。”可见司马炎还是比较宽容开明的，能听得见谏言，可惜左耳进右耳出，听了以后没有行动。

总体来说，司马炎资质平常，很大程度上适应了当时社会的需要。国家经过半个多世纪的分裂后重新统一，恰恰需要一个不折腾、安静治国的守成之君。司马炎的个性宽松和政治上的无为，适应了现实的要求。南北统一和若干经济恢复措施，使西晋初期的社会经济逐年增长，国家赋税收入逐渐充裕，人口逐年增加。从西晋灭吴的太康元年（280 年）到司马炎临死前一年、太康十年（289 年）的这十年，也被艳称为“太康繁荣”。

十一

太子是白痴

一

西晋初年，全天下都知道晋武帝司马炎的太子司马衷是个白痴。

司马衷的白痴是先天性的，是那种一眼就能看出来不正常的白痴。他从少就不会正常走路，快十岁了还口齿不清，分不清楚大豆和大米的区别，更谈不上读书写字了。

有两件事，可以说明司马衷白痴到了什么程度：

第一件事是说在一年的夏天，成年以后的司马衷带着随从到华林园去游玩。走到一个池塘边，一行人听到池塘里传出咕咕的青蛙叫声。司马衷觉得很奇怪，于是便问随从："这些咕呱乱叫的东西，是为官呢还是为私？"随从们听到这样的问题，心里觉得好笑，可嘴上又不知道怎么回答才好。也许是其中一个随从对司马衷的白痴问题习惯了，急中生智说道："在官家里叫的，就是为官的；若在私家里叫的，就是为私的。"司马衷觉得很有道理，频频点头。

第二件事情说的是一年天下灾荒，饿殍遍野；百姓流离失所，出现许多饿死的人。在朝廷上，自然有大臣议论起这件事情来。司马衷突然发问说："这些人没有饭吃，为什么不去吃肉粥呢？"大臣们哭笑不得。但对于司马衷来说，米饭和肉都是他日常吃的，现在没有饭吃了，为什么不去吃肉呢？

这么一个明显弱智、连生活都不能自理的人怎么就成为太子了呢？

司马衷是司马炎和杨皇后嫡生的次子。司马衷的哥哥司马轨早夭，司马衷很自然地成为皇位的第一继承人。他被立为太子时，只有9岁。史书上没有任何有关司马衷立太子争议的记载。也许对于一个9岁的孩子来说，还没有接触朝廷大臣；而且太子年纪也小，反应迟钝一点也并不被视为大事情，所以群臣没有就司马衷被立为太子一事提出疑问。同时司马衷的生母是皇后，正得到司马炎的宠爱，大臣们也没有人公开反对。随着司马衷开始长大，难以掩饰的智力缺陷暴露了出来。人们不禁在心中发问：太子将来能否胜任天子宝座？是不是应该及时更换太子？

最先对司马衷的能力提出怀疑的是他的父亲司马炎。

史载："帝以皇太子不堪奉大统，密以语后，后曰：'立嫡以长不以贤，岂可动乎？'"可见司马炎认为自己的这个儿子胜任不了统治天下的重任，曾经悄悄地和皇后透露了想更换太子的意思。但是杨皇后非常袒护司马衷，劝丈夫说："自古以来，立嫡长子，而不考虑其能力高低。这样的老规矩怎么能更改呢？"晋武帝的另一个宠妃赵氏得到了杨皇后的好处，也跟着为司马衷说好话："太子司马衷只不过是幼时贪玩，不长进。小时候就显露出超常能力的人毕竟是少数。太子将来必大器晚成，继承大统。"耳朵根软的司马炎被枕边风一吹，也就打消了更换太子的意思。

朝野大臣对司马衷也不满意，希望替换太子。

咸宁初年（275年），司马衷到了出居东宫的年纪，开始接触外廷大臣。随着太子独立建立东宫，朝野对其能否治理国家的怀疑越来越重。咸宁二年，晋武帝患病，病情还挺严重。朝野一度开始考虑最高权力转移的问题。多数人属意于司马炎的弟弟、齐王司马攸，希望以司马攸来取代弱智的司马炎。齐王妃是贾充的长女。河南尹夏侯和就对贾充说："你的两个女婿（司马衷也是贾充的女婿），亲疏相等。但是'立人当立德'，希望你能够参与更立太子的行动。"贾充默默不答。后来晋武帝病愈了，听说这件事，将夏侯和调任为有名无实的光禄勋（原来的河南尹掌握首都及周边地区的政权），并夺去了贾充的兵权，公开表示对太子司马衷的支持。司马炎如此处理，一时间朝野上下不敢再提太子能力的问题。

就在大多数朝臣明哲保身，对太子一事默不作声的时候，少数几位重臣以自己的方式进行了劝谏，试图让司马炎相信司马衷能力太差，实在不是做皇帝的料。有着灭蜀大功的卫瓘就是其中之一。史载："惠帝之为太子也，朝臣咸谓钝质，不能亲政事。"卫瓘很想劝皇帝废掉太子，但每次想开口的时候，都找不到合适的时机和话题。后来有一次司马炎在陵云台举办君臣宴会，卫瓘装着大醉的样子，就势跪在晋武帝的榻前说："臣有些话想启奏皇上。"晋武帝就说："你想说什么呢？"卫瓘三次都欲言而止，最后只是用手抚着晋武帝的座位说："此座可惜了啊！"晋武帝非常聪明，一下子就明白了。他将错就错地说："你真的是喝得大醉了。"卫瓘从此闭嘴，不再就太子废立一事说话。侍中和峤是另一位勇敢提出太子废立意见的大臣，只是他采取的形式非常直接。和峤怎么看司马衷都觉得是一个白痴，就趁自己经常陪侍皇帝左右的时候说："皇太子有淳古之风，这是好事；但是现实是非常复杂的。恐怕将来就不仅只是陛下的家事。"司马炎闻言，采取的对策是默然不答。

大臣们的劝谏多少还是对晋武帝产生了影响。他对群臣的意见虽然可以视为不见，或者采取间接的手段打压下去，但他作为西晋王朝的开国帝王，不可能在关系到子孙后代、帝王万世之业的事情上马虎从事。没有比他这个父亲兼皇帝更明白司马衷的实际情况。司马炎觉得再测试一下已经长大的太子的实际能力。

司马炎测试方法就是派遣几位朝臣去考察太子，看太子是否能否承担统治大任。他选中的朝臣是和峤、荀顗、荀勖三位侍从近臣。司马炎说："太子近日入朝，我看他有所长进，你们三人可以一起去拜访太子，谈论世事，看看太子的反应。"三个人就按照皇帝的吩咐去做了，回来的时候顗、勖两个人都称太子明识弘雅，诚如明诏，没有问题。和峤则说："圣质如初耳！"（还是和以前一样白痴）司马炎很不高兴，离席而去。

司马炎决定亲自试验一下太子，考考傻儿子处理政务的能力。一次，晋武帝将东宫大小官属都召到身边来，为他们举办宴会。暗地里，司马炎密封了几件疑难的政务，让人送去给太子处理。他的想法是：我已经将太子身边所有的人都支走了，现在就只能由太子自己来处理这几件疑难问题了。如果处理得好，就证明了太子的能力没有问题。如果处理不好，就是太子无能了。

司马衷连五谷都分不清楚，哪能处理疑难政务，只能呆呆地看着父亲送来的文件。正当他要将空白纸送还给父亲的时候，太子妃贾南风非常害怕，忙找了外人来做枪手，帮傻丈夫作答。估计她请来的是迂腐的学者，在回答的时候旁征博引，义正词严，慷慨激昂。贾南风看了回答，非常满意。但是给使（宫中的侍从）张泓在旁边看了以后，提醒说："太子不学无术，这是皇上非常清楚的事情。现在的答诏广泛引用，文才飞扬，皇上肯定怀疑是否是太子亲自写的，并且追究作弊的人，根本过不了关的。还不如直接用大白话把问题给说清楚呢。"贾南风大喜，忙对张泓说："来，你帮我好好回答，成功了与你共享富贵。"张泓平素有些小才，现在用大白话把所有疑难都说清楚了，再让太子抄写一份。

司马炎看了太子抄的张泓的答案，觉得虽然用语简陋粗浅，但还是将所有问题都谈到，谈清楚了，很高兴。他先将太子“处理”的政务交给太子少傅卫瓘看。卫瓘先是非常吃惊，进而异常惶恐。大家都知道卫瓘先前有废立太子的意思，现在见此，忙称万岁。事后，贾充曾暗地里派人告诉女儿贾南风：“卫瓘老奴，几破汝家。”从此，司马炎对司马衷基本感到满意。废立太子的风潮再也没有出现过。

司马衷太子的位置巩固的另一个原因是他生在了一个好儿子司马遹。司马炎非常喜欢孙子司马遹，这为司马衷太子之位的巩固加分不少。皇孙司马遹乖巧聪慧，司马炎一度想将皇位传给司马遹，因此易换太子的想法也就更加淡薄了。

西晋之后有传闻说司马遹其实是司马炎的私生子，所以司马炎特别喜欢司马遹，同时为了掩饰自己的过错，也为了传位给私生子，所以才巩固了白痴儿子司马衷的太子之位。

这得从司马遹的生母谢玖说起。谢氏容貌清秀，美丽大方，很小就被选入晋武帝后庭作才人。司马衷 9 岁被立为太子的时候，朝廷就开始准备挑选太子妃的人选了。“武帝虑太子尚幼，未知帏房之事。”也就是说，司马炎怕自己的白痴儿子不知道儿女之事，决定先派个人给司马衷性启蒙。司马炎挑选的就是自己身边的才人谢氏。谢才人陪伴司马衷一晚，就怀孕了。性情残忍嫉妒的贾南风成为太子妃后对东宫的嫔妃随意杀戮，独独对谢才子不敢胡来。谢才人也知道自己的处境，请求回到了司马炎身边，然后生下了司马遹。司马炎对司马遹非常宠爱。几年后，司马衷进宫朝见父皇，看到一个三四岁的小孩子和自己的几个弟弟一起玩耍，非常可爱，便走过去拉着那个小孩傻笑起来。晋武帝远远望见，走到司马衷跟前，对司马衷说：“这是你的儿子啊。”这段事情被记载在《晋书》中，引来了后人无数的猜疑。

二

除了司马衷这个白痴外，难道司马家族就没有其他智商正常、能力出众的政治继承人了吗？

有。那就是司马炎“明德至亲”的胞弟、齐王司马攸。司马攸为人“清和平允，亲贤好施，爱经籍，能属文，善尺牍”，声名良好，“才望出武帝

（司马炎）之右”，不论血统还是能力都有继位的资格。司马炎的儿子不行了，为什么不传位给亲弟弟呢？

齐王司马攸是晋武帝司马炎同父同母的弟弟。当年，司马炎的父亲司马昭见哥哥司马师没有儿子，就把自己的二儿子司马攸过继给了哥哥做儿子。后来，司马师逝世了，司马昭掌权成为晋王，期间多次想把二儿子司马攸立为世子。当时司马昭每次见到司马攸，都拍着自己的座位亲昵地用小名招呼二儿子说：“桃符，这是你的座位啊。”史载司马攸“几为太子者数矣”。

司马昭老的时候，一度非常想把自己的权力重新转移给哥哥司马师一系，也就是传给司马攸。说到底，传给司马攸也就是传位给自己的亲生儿子，司马昭非常希望能够见到这样的结果。但是左右亲信何曾、贾充等人死死劝谏司马昭说：“中抚军（指在魏国担任中抚军，新昌乡侯的司马炎）聪明神武，有超世之才。他发委地，手过膝，此非人臣之相也。”他们坚决反对将权力转移回司马师一边。司马昭见亲信的反对，加上司马炎毕竟是嫡长子，能力也不错，最终打消了以司马攸为继承人的念头。但是在司马昭临死的时候，他还挣扎着向司马炎、司马攸兄弟讲解汉朝淮南王、魏朝陈思王与当兄长的皇帝之间不相容的故事，劝诫二人友爱相扶。司马昭更是拉着司马攸的手让司马炎好好对待弟弟。

司马炎的母亲王太后临死的时候，也流泪对司马炎说：“桃符性急，而你又不慈爱。我死后，恐怕你们兄弟不能相容。希望你这个当哥哥的能够友爱自己的弟弟，勿忘我言。”

司马炎成为晋武帝后，封齐王司马攸“总统军士，抚宁内外”。司马攸在政治实践中立了许多功劳，威望越来越高。司马攸对晋朝以及自己封地内的官吏、人民恩养有加，“时有水旱，百姓则加振贷，十减其二，国内赖之”。他做人“降身虚已，待物以信”，并不时劝谏晋武帝务农重本，去奢即俭。到了司马炎的晚年，各位皇子年弱无力，而太子司马衷又是明摆的弱智。朝臣内外大多属意于齐王司马攸继位。

司马炎的确像父母担心的那样，对人不够宽容，即使是对亲弟弟也一样。司马攸的功劳和威望的增加让司马炎总觉得是对自己的威胁。他并不希望将皇位传给弟弟。当时晋武帝左右一些反司马攸的大臣则抓住皇帝的心思，进行了迫害司马攸的活动。中书监荀勖、侍中冯紞等人害怕晋武帝死后司马攸继位，对自己不利，就老在晋武帝耳边说司马攸的坏话。他们说：“陛下万岁之后，太子不得立也。”晋武帝大惊，问：“为什么？”荀勖就乘机说："朝内朝外官员都归心于齐王，太子又怎么能得立呢？陛下如果不信，可以假装下诏书让齐王回到封地去，肯定会出现举朝以为不可的局面。"冯紞也进一步说："陛下让诸侯归国，这是国家制度。亲人理应遵守。皇上至亲莫如齐王，他应该首先响应命令离开京城回自己的封地。"晋武帝对弟弟的猜忌被这几个人的话语给挑逗了起来，认为他们的话很有道理，于是下诏令，先是把济南郡划入齐国封地，增加了弟弟的封地，再是封侄子、司马攸的儿子司马蹇为北海王，又赠六槽之舞、黄绒朝车等仪物，最后命齐王司马攸回封地就藩。

诏书下达后，朝中王浑、王骏、羊琇、王济等一帮大臣纷纷切谏。大家认为齐王是皇上至亲，应该留京辅政。一些大臣还抬出司马昭、皇太后的遗命，引经据典，劝晋武帝收回成命。司马炎不听，认为"兄弟至亲，今出齐王，是朕家事。"

齐王司马攸当时正在生病。他知道哥哥猜忌自己，也知道荀勖、冯紞等人与自己不利，就上书乞求去为死去的生母王太后守陵。司马炎不允许，还连下诏书催促。眼见催促就藩的诏书一道比一道急，司马攸急火攻心，病势加剧了。司马炎却更加怀疑弟弟是在装病。为了查明弟弟是否真的生病了，他不停地派宫中御医到齐王府诊视。御医们久在皇帝身边，自然知道晋武帝的心思。他们为了自身的利益，回宫后都禀告说齐王身体安康，并没有生病。司马炎自然是相信弟弟在装病，对司马攸越来越不满了。

司马攸的病情一天比一天沉重；司马炎催促上路的诏书一天比一天多，一道比一道严厉，没有丝毫回旋的余地。司马昭夫妇生前担心的事情终于发生了。司马攸性情刚烈，见事情无法挽回，就挣扎着挽上一身新朝服，梳洗穿戴停当，入宫面辞晋武帝。他虽然病得连路都走不稳了，精神疲惫到极点，却还强装着仪表，举止如常。晋武帝见了，更加认定弟弟是在装病了。在宫中，兄弟二人例行公事，司马攸辞行回封地去了。没几天，病入膏肓地司马攸就在路上吐血身亡，年仅 36 岁。

司马炎接知齐王的死讯，才知道司马攸不是装病，真的是病死了。他不禁悲从中来，恸哭不已。毕竟齐王是自己的至亲。冯紞却开导司马炎说："齐王矫揉造作，聚拢天下人心。现在他暴病身亡，是社稷之福。陛下不必如此哀痛。"司马炎想想，被说中了心理，也就停止了哭泣。

朝廷为齐王举办了隆重的葬礼。临丧之时，司马攸的儿子司马冏伏地嚎哭，控诉御医指证父亲无病，耽延了诊治。司马炎脸面无光，也就顺坡而下，处死了先后派去为齐王诊病的御医。一场皇位继承的较量就以司马攸的彻底失败告终了。

三

在太子位更易的较量中，司马炎是胜利者。但是没有出场的司马衷也是胜利者，而且是更大的胜利者。

白痴司马衷太子之位的确立和巩固，是许多原因的相互作用的结果。比如杨皇后对晋武帝的劝告，贾充及其党羽对司马衷的支持，太子妃贾南风的精明，皇司马遹的聪慧等等。但是晋武帝司马炎作为决策者本身构成了最大的原因，要为白痴皇帝的出现承担主要的责任。司马炎受主观意愿的影响，偏听偏信。一方面，他坚持嫡长子继承制度，即使看到了儿子的弱智，也下不了更换的决心。在后宫妃子的鼓动下，他从心理巩固了司马衷的太子地位。另一方面，即使面临着更优的选择，司马炎出于阴暗心理，排斥他人，只相信自己一脉的继承者。

很奇怪的是，司马衷自己却毫无作为，轻易地成为太子并巩固了地位。也许他对周边的这一切明争暗斗都毫无感觉，但是他的出身和婚姻关系却决定了他后半生的命运。

在中国古代根植于血统原则的世袭制度下，皇位继承就是如此的有趣。它看重的不是一个人的能力和威望，而完全是基于血缘的身份。即便有人想改变血缘的强硬标准，也很难阻止像司马衷这样的白痴成为新的皇帝。

司马炎强迫齐王司马攸就藩的时候，驸马王济除了自己陈情外，还和另一个驸马甄德一起发动各自的妻子，也就是公主入宫规劝父皇司马炎收回成命。面对哭泣的女儿们，司马炎发怒说："朕和齐王是兄弟至亲，齐王就藩是朕的家事，甄德、王济怎么能屡次让老婆来哭哭啼啼的！"王济是司马炎非常喜欢的女婿，才气逼人招人喜欢，如今也因为这件事情被贬官外放。

不久，司马炎又想召回心爱的女婿，就对和峤说："我想痛骂王济一顿，然后给他加官晋爵，如何？"和峤提醒他，这不是一个好主意。结果，司马炎还是召回了亲爱的女婿王济，痛骂了他一顿，然后问他："你惭愧吗？"王济回答："民谣说，哪怕只有半尺布一斗粟，兄弟也要共同分享。每次我听到这句民谣，就为陛下感到可悲。其他人能令亲友疏远，臣不能使陛下兄弟亲爱，感到有愧于陛下。"司马炎闻言，采取了一贯的应对方法：默然不语。

十二

斗富大赛

一

西晋武帝和惠帝年间，洛阳城里有一个高调的超级富豪，叫做石崇。

一个人是不是富豪，不是自己说了就算的，也不是由他的银行存款数目决定的。富豪是从比较中产生的。那个衬托出石崇富裕程度的冤大头，就是晋武帝司马炎的舅父、贵戚、后将军王恺。

王恺饭后用糖水刷锅，石崇就用蜡烛当柴烧；王恺做了四十里长的紫丝布步障，石崇便做五十里的锦步障；王恺用赤石脂涂墙壁，石崇便用花椒砌墙。反正石崇什么都不求最好，只求比王恺家的“更好”。石崇和王恺长期居住在洛阳同一座城市里，抬头不见低头见，石崇在三个日常生活小事上长期赛过王恺，让王恺很不爽。第一件事情是豆粥很难煮，石崇招待客人的时候，想吃豆粥，只要吩咐一声下人就能把豆粥端上来。王恺家就做不到。第二件事情是即使是在冬天，石崇家也能吃到绿莹莹的韭菜碎末儿。石崇家仿佛有蔬菜大棚，能够生产反季节蔬菜。第三件事情是石崇和王恺出游的时候，暗中铆劲看谁能先返回洛阳城。石崇家驾车的牛跑得像鸟一样快，每回都把王恺远远甩到后头。王恺在这三件事情上老输给石崇，觉得特别没面子，又找不到原因，就暗中买通了石崇的一个家人追问原因。石崇的下人揭秘说：“大豆的确很难煮成粥，石家事先将大豆煮熟研成末保存起来，等客人来的时候，把豆末投入白粥，就成了豆粥。冬天吃韭菜末并非全是韭菜，而是混杂了韭菜根末的麦苗碎。牛车的快慢，全靠驾车者，石家的驾车者从不约束牛，听凭牛撒开蹄子跑，所以跑得快。”王恺知道秘诀后，照搬到自己家来，于是在以上三件事上都能和石崇一争高低。石崇发现后，恼怒得很，查遍所有原因才发现是下人走漏的消息，气得把下人杀了。

晋武帝司马炎知道石崇和王恺斗富后，决定帮助舅父王恺打败已经占有优势的石崇。

司马炎可是拥有全天下的财富。他从皇家的珍藏中挑选了一株珊瑚树赐给王恺。那珊瑚高二尺许，枝条繁茂，树干蔓延，世所罕见。王恺获得如此珍宝，大肆渲染，遍示众人。石崇也跟着大家带王家去参观御赐珊瑚，只见他拿起一个铁如意就砸向珊瑚树，珊瑚树应声而碎。王恺惋惜极了，又认为石崇是嫉妒自己的宝贝，声色俱厉地斥责石崇。石崇漫不经心地回答："这有什么可惜的，我现在就还给你。"石崇吩咐下人把自家珍藏的珊瑚树都搬到王恺家来。结果原本是王恺举办的"珊瑚展览"变成了石崇的"炫富大会"。石崇珍藏的珊瑚树单单三四尺高的就有六七株，株株条干绝俗，光彩曜日，像司马炎赐给王恺那样的珊瑚树都算是小的了。石崇爽快地告诉王恺，看上哪株就搬走，咱俩还谁跟谁啊？

经过如此惨烈的一役，王恺不得不承认石崇比自己富裕。其他人更是甘认下风。石崇的"西晋首富"的桂冠算是摘取了。

超级富豪的生活不是一般人能够想象的。比如他们压根就不和人群住在一起，而是自己开辟出一片土地来造城堡、建庄园。石崇就在洛阳城外洛河北边的"金谷"造了别馆，取名"梓泽"，一般的迎来送往和交往应酬都在里面举行。石崇圈了好大一块地，有山有水有良田，依照地势高低筑台凿池，建筑了百丈高的崇绮楼，高到"极目南天"的地步。在园子里，石崇"财产丰积，室宇宏丽"，生活享受极尽奢华，"丝竹尽当时之选，庖膳穷水陆之珍"。总之是晋朝人能够想到的吃穿住行、山珍海味和乐器玩具都能在石崇家找到。

石崇养了数以百计的美女。这些美女都穿着刺绣精美无双的锦缎，装饰着璀璨夺目的珍珠美玉宝石。石崇要求侍女都要嘴含异香，以便讲话的时候能够让话语喷香扑鼻。石崇又在象牙床上洒沉香屑，让所宠爱的姬妾踏在上面，没有留下脚印的赐宝珠一百粒；留下了脚印的人就要节制饮食，以使体质轻弱。

石崇这个首富当得太高调了，连晋武帝司马炎都很好奇，很想到石崇的别馆里看看究竟。为了不至于被石崇比下去，司马炎在穿着上颇费了一番心思。他把外国进贡的火浣布制成衣衫，穿着驾临石崇家。到了石家，石崇的衣服倒是非常平常，但是石家的下人家奴五十人都穿着火浣布做的衣衫。

大臣刘寔出身贫寒，小时候砍过柴喂过猪，长大后位列公卿还保持着朴素的生活习惯，走路上班，骑马出行，到别人家做客能自己动手的绝不劳费他人。一天，刘寔去石崇家做客，想上厕所了，就自己找了过去。他推开一家看似厕所的屋子的门，差点没被里面的香气给熏出来。刘寔定睛一看，发现自己进入的是一座美轮美奂的建筑，里面摆放着绛色的蚊帐，精美的垫子、褥子和各式香水、香膏、香袋，屋里还有十多个穿着锦绣，打扮得艳丽夺目的婢女列队侍候。刘寔还没反应过来，这些婢女就拿着漂亮的衣服迎上来，要给他换衣服。刘寔赶紧退出来，转身遇到石崇。刘寔苦笑着说："抱歉抱歉，我误入了你家的卧室。"石崇回答："刘大人搞错了，那是我家的厕所。"

二

现在的问题是：石崇的财富是怎么来的？

《晋书·石崇传》只有一句话涉及这个关键问题的答案，说的是石崇在荆州刺史的任上"劫远使商客，致富不赀"。想象一下，荆州地区的最大长官，竟然指使人抢劫远方的使节和过境的客商，以保护者身份行强盗之实，那将是怎么样的情景？石崇这个荆州刺史都公开上路抢劫了，更别说贪污受贿中饱私囊等小儿科的腐败行为了。荆州辖有现在的湖北、湖南地区，东汉末年刘表占据这块富庶之地割据数十年，如今石崇在荆州搜刮地皮多年，自然是赚饱赚足了。

除了荆州刺史，石崇一生宦海沉浮，担任过职务无数，许多还是辖地管人的肥缺，其中不乏捞钱的机会。我们可以看看石崇的为官履历。他在二十岁出头就担任了修武县令，很快就被召为散骑郎，镀了几天金就荣升城阳太守，很快又因为伐吴有功封安阳乡侯。不知道石崇在伐吴时立下了何功？城阳在今山东江苏沿海，距离前线还有段距离，石崇这个城阳太守可能为西晋的水师提供了若干后勤支持，也可能是伐吴成功司马炎大封功臣中的一员而以。期间，石崇因病辞去太守职务，没过几天又被任命为黄门郎，很快被提拔为散骑常侍、侍中。晋惠帝司马衷即位后，石崇担任南中郎将、荆州刺史，领南蛮校尉，又加鹰扬将军衔；然后出任太仆，征虏将军，假节、监徐州诸军事，镇守下邳；最后返回朝廷担任卫尉，与潘岳等人投靠贾皇后。贾氏出行，石崇只要遇到了，都主动下车让路，对着贾氏扬起的尘土叩拜。《晋书》直指石崇“其卑佞如此”。

像石崇这样没有政绩却劣迹斑斑，没有操守却人品低下的人，为什么在西晋王朝屹立不倒、官运亨通呢？

石崇不是一个特例，而是代表了一个群体。那就是西晋的勋贵权威群体。

石崇的父亲石苞，在晋武帝时曾官至大司马。石崇凭着父亲的光环进入仕途。在传记中，石崇多次提到“先父之恩”、“先父勋德之重”。西晋初年有许多石崇这样的贵戚子弟。司马家族出于招揽人心，篡夺天下的考虑，对权贵和皇室成员采取了宽松优厚的笼络政策，造就了整整一个勋贵权戚群体。石崇只是其中一员而已。

西晋王朝可算是中国历史上获得天下最容易的朝代。西晋的建立是司马家族从一个阴谋走到一个阴谋的成功过程。从高平陵政变司马懿扫除曹爽势力开始，司马家族再也没有遇到大的危机。之后除了忠于曹魏王朝的势力在扬州发动了两次反对司马势力的起义外，整个曹魏王朝相对平静地被司马家族篡夺了。曹魏的大臣和精英分子们集体转向司马家族，得到的是司马家族对他们世代高官厚禄的回报。

曹魏的建立者曹丕和西晋的建立者司马炎都是继承家族遗产，逼前朝把天下禅让给自己的。不同的是，曹丕亲身经历了东汉末年的乱世，本人还在乱世中奋斗过；而司马炎则完全是在富贵乡中塑造出来的，他不知道创业的艰辛和天下的疾苦。因此，司马炎及其时代是一个弥漫着安乐和享受的时代，是石崇和王恺等贵戚斗富、皇帝在一旁助阵的时代。盘旋在西晋王朝顶端的是一群和社会现实和普通百姓相对脱节的“食利者阶层”。这个群体的典型特征就是荣华富贵来得非常容易。许多人是含着金汤匙降生，富贵唾手可得。他们没有经历过创业的艰辛，没有在社会底层挣扎的经历，甚至没有经历过残酷的权谋斗争。可他们却把持着一个朝廷，是西晋王朝开创时期的领导阶层。

食利者的荣华富贵得来全不费工夫，这注定他们不会珍惜，只会率性地挥霍。

比如石崇就有两次看似荒诞的罢官经历。一次是石崇被征为大司农，他得知后没等征书到手就擅自卸去了原来的官职，被罢官。还有一次是石崇去徐州监督军事，到任后与徐州刺史高诞争酒相侮，被免官。一般人看似再普通不过的职业规则，懒散的石崇都做不到，难怪要被罢官了。可人家不怕，反正过几天马上会被官复原职，说不定还会加官晋爵，石崇就是再被罢官几次也无所谓。谁让他试“食利者阶层”呢，不需辛劳就能坐享其成？

于是，“食利者阶层”的奢侈和挥霍也可以理解了。西晋王朝，社会风气“性奢豪，务在华侈”，权贵人家“帷帐车服，穷极绮丽，厨膳滋味，过于王者”。我们现在能够看到的是西晋墓葬，规格和陪葬品比曹魏时期突然高出了一大截，出现了“厚葬”风气。太康六年王恺的时候，葬在柏谷山，大营茔域，葬垣周长四十五里，松柏茂盛。

晋武帝司马炎本人就生活奢华，带了一个坏头。据说司马炎后宫佳丽数万人，他难以选择宠幸哪位佳丽，经常乘着羊车到处转悠，拉车的羊停到哪里司马炎晚上就临幸哪位佳丽。

司马炎分别和太原王家和琅琊王家联姻，把公主嫁给了太原王家的王济和琅琊王家的王敦。王济也是巨富。当时洛阳地价极高，王济却有能力在洛阳买地作大型马场。别人的马场用黄沙铺地，王济则用金银铜钱铺地，王家马场因此被称作“金沟”。有一次，司马炎临幸女婿家。王济家百余名婢女穿着绫罗绸缎伺候司马炎，所有的供馔都盛在琉璃器里——当时琉璃还只能通过西域从西方进口，普通人家能有一两件小琉璃玩意就了不得了。司马炎对这样的排场都自叹不如，心里很不是滋味。吃饭的时候，司马炎觉得王家的猪肉蒸得非常鲜美，就问女婿是怎么做的。王济轻描淡写地说：“猪崽是用人乳喂的。”司马炎闻言，大惊失色，放下碗筷拂袖而去。

琅琊王家的发达晚于太原王家，同是驸马的王敦当时还比较贫寒。一天，王敦进宫，找厕所方便。他发现厕所里有一个装饰漂亮的漆箱，好奇地打开一看，发现里面装的大红枣，闻闻还有淡淡的香味。王敦大为感慨，到底是帝王之家啊，连厕所里都摆放果品。于是，他一边方便，一边把箱子里的红枣都消灭了。这事很快传为洛阳城里的笑谈。原来，那红枣不是用来吃的，而是用来塞鼻防止异味的。王敦不知道许多富贵人家都在厕所里放红枣，专用名是“厕枣”。

西晋社会的豪奢，到达了这样的程度。

三

西晋王朝的短命，和“食利者阶层”的不珍惜和任意挥霍行为大有关系。

话说曹魏王朝对皇室成员限制非常严格。曹操、曹丕父子都有多疑的毛病，对同族兄弟采取了严格的防范措施。曹丕对弟弟曹植的防范，尽人皆知了。其实不但是曹植，曹魏王朝对所有诸侯王和皇室成员都严密控制，不允许他们带兵、干政。诸侯王围猎甚至扩充数量极其有限的卫队都需要报告朝廷。西晋王朝对此大不以为然，认为曹魏王朝的覆灭和对皇室成员的严格限制大有关系，因此厚待司马皇族，广植诸侯王。西晋的皇室诸王有封地有军队，发号施令，权力大得很。司马氏诸王也是典型的“食利者”。他们脑子里除了享受荣华富贵，就是追求更大的荣华富贵，最后同室操戈，爆发了“八王之乱”。

而石崇最后也死于他高调的富豪生活。

石崇原本依附贾氏。“八王之乱”初期，贾皇后被诛，石崇因为是贾氏一党而被罢官。石崇一点都不担心，罢官后依然在他的安乐窝里过着高调的奢华生活。赵王司马伦、孙秀等人一度专权。孙秀听说石崇的宠妓绿珠美艳，派人来求。石崇勃然大怒：“绿珠是我的，不能给别人。”孙秀派了几次使者，石崇都不给。孙秀大怒，刚好石崇的外甥欧阳建和司马伦有隙，孙秀就劝司马伦诛杀石崇、欧阳建。石崇则与潘岳、欧阳建暗中联络淮南王司马允、齐王司马冏对付司马伦、孙秀，事败被杀。

武士来抓石崇的时候，石崇还在高楼上歌舞欢宴。武士冲到了门口，石崇还满不在乎地说：“我不过是流徙交州、广州而已。”长期的“食利者”心理让他连最基本的危险意识都丧失了。结果，石崇全家，包括老母、兄弟、妻子、儿女 15 人，无论长幼辈都被杀。石崇时年 52 岁。他的巨额珍宝货贿田宅奴仆都被罚没。

临刑前，石崇叹道：“这是小人贪图我的家财。”行刑者反问他：“你既然知道多财害命，怎么不早散之？”石崇哑口无言。

十三

悍妇乱政不得了

一

在司马衷的一生中，贾南风的身份是妻子，但更像是司马衷的幕后操纵者。

贾南风是西晋开国功臣贾充的女儿。太子司马衷要娶亲的时候，许多人推荐贾充的女儿。晋武帝司马炎则想为傻瓜太子娶另一个功臣卫瓘的女儿为妃子。他告诉杨皇后："卫家的女儿和贾家的女儿，优劣实在是泾渭分明。贾家夫人好妒残暴，生子不多，生的女儿又黑又丑、身材短小。卫家夫人贤惠，多子多孙，生的女儿白皙漂亮，身材修长。你说该选谁呢？"但是杨皇后平时被贾氏及其党羽包围，收了很多好处，听了很多好话，坚持要娶贾氏的女儿。大臣荀顗、荀勖两人又在外面起哄，说贾充女儿的贤惠和美丽。司马炎考虑到贾、杨、荀等家都是朝廷的支柱重臣，这才改变主意，决定迎娶贾充的女儿。

一开始，司马炎选择的是贾充的小女儿、12岁的贾午。可是贾家女儿长得太小了，贾午连结婚礼服都撑不起来。没办法了，新娘换成了15岁的姐姐贾南风。就这样阴差阳错，贾南风嫁给了比自己小两岁的司马衷，成了皇太子妃。

事实证明杨皇后、荀顗、荀勖等人完全是瞎扯。贾南风身材矮小，面目黑青，鼻孔朝天，嘴唇朝地，眉后还有一大块胎记，完全和"美丽"两字不沾边。从她日后的表现来看，贾南风的脑子里根本就没有"贤惠"两个字。贾南风的母亲郭氏是有名的悍妇和醋坛子，看到丈夫贾充俯身抚摩保姆怀中的孩子就以为丈夫和保姆关系暧昧，竟然杀了保姆。她连续杀了两个保姆，两个亲生儿子因为找不到保姆而夭折了。贾充被郭氏管得服服帖帖的，连女人都不敢多看一眼。贾南风深得母亲郭氏真传。

史载结婚后，贾南风“妒忌多权诈，太子畏而惑之，嫔御罕有进幸者。”她不仅其貌不扬，而且生性残酷。当时东宫中有一些宫女已经怀了太子司马衷的孩子，贾南风就用戟投掷孕妇的腹部，怀孕的婴儿就随着刀刃堕地。据说贾南风还亲手杀掉左右侍女数人。贾南风又爱吃醋又有手段，将司马衷弄得服帖帖的，其他宫妃都很难接触到司马衷，成为东宫一霸。

晋武帝知道情况后，开始觉得贾南风不宜做太子妃。

当时的皇后是司马衷生母杨皇后的堂妹杨氏。杨皇后临终前曾请晋武帝迎娶她的堂妹。晋武帝流着眼泪答应。于是出现了新的杨皇后。这位新的杨皇后继承了堂姐对晋武帝的掌控能力，也继承了堂姐与贾家的良好关系。晋武帝又是先将有意废除贾南风太子妃地位的想法告诉了杨皇后。新的杨皇后忙劝晋武帝：“贾充有大功于社稷，是朝廷重臣，其家即使有罪也应再三宽赦，更别说他的亲生女儿了。太子妃现在还太年轻，正是嫉妒任性的时候，皇上不该以其小过掩其父大德。”晋武帝的毛病就是很容易被枕边风吹倒，这次又很容易得打消了废贾南风的主意。外戚杨珧在这件事情上也起到了巨大作用。他提醒晋武帝说：“陛下忘贾公闾耶？”意思是提醒皇帝不要忘记了贾家在帮助司马家篡夺曹魏政权上的功劳。最后废太子妃之事不了了之。

可见，贾南风因为晋武帝的优柔寡断和父亲贾充在西晋政权中的显赫权势坐稳了太子妃的地位。于是司马衷继续害怕她，又受她的诱惑，离不开她。太熙元年（290 年）4 月，晋武帝去世，太子司马衷即皇帝位，是为晋惠帝。贾南风顺理成章被册封为皇后。晋惠帝依然黯弱无能，很自然的，国家政事都由贾南风干预。

如果说晋武帝在世的时候，贾南风还不敢太过分张扬，压抑着自己的欲望。那么现在司马衷即位了，贾南风将欲望和所有的劣性都暴露了出来，而且是彻底地暴露了出来，在历史上写下了许多不堪的记录。

首先是在个人作风上，贾南风广树面首，将后宫弄得乌烟瘴气。《晋书》记载贾南风荒淫放恣，与太医令程据等人淫乱宫廷。后来她不满足于朝廷的面首，开始将目光投向了民间。洛南有个盗尉部小吏，容貌端庄漂亮，可惜只是衙门的厮役而已。突然有一天，这个小吏披金戴银，出手阔绰起来。这在官场中是很显眼和招人嫉妒的事情。于是很多人就怀疑他暗中盗窃财物，主管的尉官也怀疑这个小吏是盗贼，将他捉拿起来侦办。刚好贾南风一个亲戚家里被盗了，听说抓了盗贼，就过来旁听审讯，希望能挽回损失。审讯的时候，小吏坦白说："之前我在路上遇到一个老妪。她说家里有人得了疾病，占卜师说要找一个城南的少年来驱病，所以她想暂时麻烦我去帮忙治病，还说必有重报。于是我就跟着去了，上车下帷，藏在簏箱中，大概走了十几里路，过了六七道门，簏箱才被打开。我忽然看到楼阙好屋，华丽壮观。我就问这是什么地方好，旁边有人说是天上，还用香汤给我洗浴，供应我好衣美食。我又见到一个年纪大约有三十五六岁的妇人，身材短小，皮肤青黑色，眉后有疵。她挽留了我好几个晚上，共寝欢宴。临走的时候，是这个妇人送我这些东西的。"审讯的官员和贾南风的亲戚听到坦白后，都知道是贾皇后招这个少年去宫中偷欢了，惭笑而去。尉官也了解其中玄妙，将这个小吏释放了事。这个小吏还算是幸运的。当时贾南风在外面找了很多男人入宫，完事后就将这些奸夫杀死，只有这个小吏，因为贾南风很喜欢他，才活着放他出去。

其次是在政治上。贾南风掌握了大权后，将朝廷变成了地狱。在太子妃期间，贾南风就已经暴露出了凶残的本性，只是因为尚未掌握朝廷大权，所以没能施展出来。这种性格的人，往往在掌权后会将凶残成倍的夸大出来。贾南风掌权后，为了巩固惠帝的统治地位，也为了一己私心，甚至有的时候是情绪导致，开始滥杀无辜，草断朝政。

贾南风渴望的是权力。那么，她是怎么做到独揽大权的呢？

二

晋武帝灭吴统一天下之后，就不像之前那样勤政了，多数时间沉浸在酒色之中，朝中事务依赖外戚杨氏。当时杨骏、杨珧、杨济位居三公，时号称"三杨"，可谓权倾朝野。司马炎临终的时候，担心傻儿子掌握不了天下，要给他安排辅助大臣。杨皇后召集相关大臣入宫，口宣帝旨，任命自己的父亲杨骏为太尉、太子太傅、都督中外诸军事、侍中、录尚书事，从此内外大权完全集中到了杨骏一人的手中。当时司马炎还没死呢，据说杨皇后趁他神志不清的情况下求旨骗来的。杨骏在皇后女儿和一帮人的帮助下，就这么成了辅政大臣。

司马衷即位之后，杨骏辅政，凡朝中之事，必亲自过问，"百官总己"。杨骏害怕朝野上下出现不利于自己的阴谋，也为了镇压异己力量，任命外甥段广、张劭为近侍，还让同党统领了禁兵。杨骏知道贾南风性情强悍，难以轻易压制，心理也有些畏惮。“后欲预政事，而惮骏未得逞其所欲，又不肯以妇道事太后。”杨骏规定诏书先由自己认可，再通过女儿杨太后交给傻瓜皇帝盖章，不经过贾南风之手。

贾家和杨家的关系很好。外戚杨家帮了贾南风许多忙，尤其是两位杨皇后在巩固司马衷和贾南风的地位上出力不少。但是贾南风一点都不感激杨家，反而恨死了阻碍自己掌权的杨家人。

早在晋武帝挑选辅政大臣的时候，尚书褚契、郭奕就上书说：“杨骏小器，不可以托付社稷之重。”武帝不以为然。杨骏也是烂泥扶不上墙，专权后把国家治理得一团糟糕。他大肆封赏朝廷内外人士，以为这样就能提高支持率。对于许多重要政务，杨骏并没有成熟的想法，频频失误，而对内外臣工甚至宗室诸王态度强硬，排斥任何潜在权力威胁，在朝廷上出现了“公室怨望，天下愤然矣”的局面。与杨骏交往密切的孙楚劝杨骏说：“公为外戚，居重位，握大权，辅弱主，应效法前贤至诚谦顺之道，不应独断专行。宗室诸王，分藩裂土，拥兵势重，您不与他们共参大事，内怀猜忌，外树私党，恐怕大祸临头的日子不远了。”但杨骏对旁人苦口婆心的劝说充耳不闻，依旧我行我素。

贾南风发现杨氏在朝野的行为已经激起了多数人的反对情绪，决心利用反对杨骏的势力铲除杨氏，自己上台。贾南风暗中联系汝南王司马亮，请他发兵讨伐杨骏。司马亮是司马懿的第四子，辈分极高，老成持重，不愿意听从贾南风指挥，拒绝出兵。贾南风又秘密联系楚王司马玮。司马玮是皇帝司马衷的弟弟，年轻气盛，有勇无谋，同意带兵讨伐杨骏。

元康元年（291 年）的一个深夜，傻乎乎的司马衷被从被窝里拉起来，贾南风党羽李肇、孟观两人报告说杨骏谋反，要求皇上下诏书命楚王司马玮诛杀杨骏。当时在宫中的段广是杨骏的外甥，听到后跪在司马衷跟前一个劲地叩头为舅舅辩解，请皇上仔细考虑。司马衷哪里能想清楚那么复杂的问题，半睡半醒中在草拟好的诏令上签字了。

司马玮随即带兵包围杨骏府邸。杨骏的府邸是原来曹爽的老家，他现在也和几十年前曹爽一样犹豫不决。主簿朱振认为这是贾皇后和少数几个人做的，建议杨骏集合家丁冲入东宫挟持皇太子，再召集忠于杨氏的兵马，反过来消灭贾南风等人。杨骏不敢冲击宫禁，只寄希望于党羽、左军将军刘豫率兵来救援。

左军将军刘豫是个老实人，在率大队军马救援杨骏的路上遇到了右军将军裴頠。裴頠是贾南风党羽，骗他说杨骏已经逃跑出城去了。刘豫慌了，忙问自己怎么办。裴頠建议他去向廷尉“自首”。刘豫连这鬼话都信了，放弃军队，真的跑去自首了。结果，杨骏待在家中束手就擒，被司马玮的乱军杀死。包括杨家老少在内的数千人被杀，府邸被焚毁。事后，杨骏全族及党羽杨珧、杨济、张劭、李斌、段广、刘豫、武茂、杨邈、蒋骏等人和他们的家族无一幸免。

杨太后得到凶讯的时候，宫廷已经戒严了。她想救父亲，苦于没有办法，最好只好写了“救太傅者有赏”的丝帛射出宫外。不幸的是，贾南风的党羽拾到了帛书。贾南风因此称呼杨太后参与“谋反”，矫诏废杨太后为庶人，徒于金墉城（不是一座城，而是在洛阳角落的一座冷宫）。第二年，杨太后被迫害致死。

除掉太傅杨骏和杨太后以后，老资格的汝南王司马亮为太宰，同样老资格的卫瓘为录尚书事，两人共同辅政。

司马亮认识到了诸王威胁皇室和自己的权威，决心削弱诸王的权势。他力主“遣诸王还藩”，也就是要把各位王爷分割限制到封地上去。卫瓘也完全赞成此举。这就引起楚王司马玮对汝南王司马亮和卫瓘的极大不满。而贾南风任命了司马亮之后也后悔了。因为司马亮推行的集权也制约了她这个皇后的权力。而卫瓘很早就反对立司马衷为太子，现在对贾南风的恶劣行有所批评，贾南风把卫瓘也恨得咬牙切齿，决心铲除司马亮和卫瓘二人。

贾南风找的还是楚王司马玮。司马玮诛杀杨氏，立有大功，现在却要遭到司马亮等人的限制，内心严重不平衡，又一次答应了贾南风。永平元年（291 年）的又一个深夜，贾南风又让司马衷下密诏，授权司马玮惩办“图谋不轨”的汝南王亮与卫瓘。司马玮接到密诏后，对司马亮和卫瓘的府邸发动突袭。结果，司马亮和卫瓘死于乱刀之下。

两位辅政老臣死于非命，第二天早上消息传出后，朝野震动。大臣张华等人指责楚王司马玮矫诏擅杀，要求解散城中的乱军。贾南风顺水推舟，告诉司马衷楚王司马玮拥兵作乱，形同谋逆，应当斩首。司马衷再次不辨真假，在诏书上签了字。头脑简单的司马玮就这样成了替罪羊，身首异处。

先是一出“借刀杀人”，再来一场“卸磨杀驴”，贾南风初出政坛，就精彩不断，取得了全胜。障碍一个个被除掉，贾南风从幕后走到了前台，轮到她独揽大权了。贾南风大肆委用亲信、党羽出任要职，将朝廷完全置于自己控制之下。她的凶残、胡为，使她成了中国历史上最残酷最顽劣的皇后之一。

三

对于贾南风的所作所为，司马衷无动于衷。因为他智商太低，理解不了许多事情。

前文提到，在司马衷即位前就多次有人向晋武帝提出司马衷的能力问题，怀疑他不能治理政事。果不其然，司马衷继位后一直大权旁落，成为受人摆布的傀儡。

《晋书》载："及居大位，政出群下，纲纪大坏，货赂公行，势位之家，以贵陵物，忠贤路绝，谗邪得志，更相荐举，天下谓之互市焉。高平王沈作《释时论》，南阳鲁褒作《钱神论》，庐江杜嵩作《任子春秋》，皆疾时之作也。"也就是说在司马衷当政时期，纲纪大坏，贿赂公行，社会动荡。朝廷上的官员相互推举，就像是拿官职买卖一样，为人不齿。天下沸腾，很多人写文章讥讽时事。司马衷对这一切都一无所知。

贾南风可以为所欲为了，唯一不如意的就是没有生育皇子。为了有男性继承人以便长期有效地控制朝政，贾南风诈称自己怀孕了，在衣服里填充上东西伪装怀孕迹象。她深居内宫，不见外人，暗地里把妹夫韩寿的儿子韩慰祖收养起来，作为所谓的"皇子"。有了假冒的皇子后，贾南风还有一个障碍，那就是现任太子司马遹。

司马遹很聪明，很得祖父司马炎的喜欢，可惜当了太子后沾染了糜烂的宫廷恶习，乐衷游乐，喜欢在宫中设市肆做买卖。太子属官劝司马遹注意言行，司马遹就变着法子地戏弄他们。贾南风就利用了司马遹不知轻重、轻率贪玩的弱点。元康九年（299 年）的一个冬夜，宫中突然传来消息说司马衷病重，要求太子觐见。司马遹入宫后，没有见到父皇，只有宫女端来三升酒，说是皇上赐给太子的。司马遹轻率地喝了下去，喝得酩酊大醉，神志不清。这时，有人拿着一篇表文让司马遹照样抄写一遍。迷迷糊糊中，司马遹抄了一份。谁知，这是一份以太子名义写的逼宫信，要求司马衷退位，不然就要造反。贾南风拿到手后，作为太子谋反的证据，要求严惩。

司马衷本来就糊涂，如今看到儿子司马遹写了大逆不道的表文，就同意了贾南风的处理意见：赐死司马遹。公卿大臣们大多对表文的真实性将信将疑。此事关系重大，有大臣建议核对字迹。核对来核对去，既不能证明造反的表文是伪造的，也不能证明是真实的。贾南风一定要将司马遹处死，部分大臣坚决不同意随意处死太子。最后，贾南风退了一步，要求废太子司马遹为庶人。大家通过了这个折中的意见，司马遹也被送到金墉城囚禁起来。贾南风的让步是为了更进一步的迫害司马遹。不久就有一个小太监“投案自首”，供认曾与司马遹谋反。随后，司马遹被押到许昌的旧宫幽禁起来，情况进一步恶化。

贾南风自以为对手都被扫清了，可以乾纲独断、为所欲为了。

却说贾南风许多党羽是靠赤裸裸的利益关系联系在一起的。右军将军、赵王司马伦和大臣司马雅、孙秀等人也是野心家，靠向贾南风献媚逐步掌握权力。他们不满贾南风胡作非为，又觊觎更大的权势，立即臭味相投串联了起来。

赵王司马伦是司马懿的第九子，有辈分有兵权，就是没有人品。司马雅、孙秀与他串通，准备借太子司马遹兴风作浪，推翻贾南风。孙秀提出了一个歹毒的计划，设计让贾南风先除掉司马遹，然后再借口为司马遹报仇，起兵除掉贾南风。于是，司马伦等人故意宣扬有人要匡复太子废掉皇后。贾南风知道后自然感到恐慌，干脆一了百了，决定除掉太子。永康元年（300年）三月，贾南风矫诏派宦官前往许昌旧宫毒杀司马遹。无奈司马遹被废后，唯恐遭人谋害，异常小心谨慎，足不出户，连饮食都自己动手。宦官找不到下手机会，只好撕下伪装，直接逼司马遹吃下毒药。司马遹当然是坚决不肯，最后被宦官用药杵活活打死，年仅23岁。司马遹的死，天下震动。宗室诸位王爷对贾南风擅杀废太子的行动普遍很愤怒。赵王司马伦乘机秘密联络了梁王司马肜（司马懿第八子）、齐王司马冏（司马攸之子）共同政变。

四月三日深夜，司马伦、司马冏等人在宫中内应的帮助下，秘密率兵入宫，劫持了晋惠帝司马衷。司马伦依样画葫芦，报告皇后贾南风无法无天的种种劣迹，要求皇上下诏惩办贾南风。司马衷还是难辨真伪，在别人递过来的诏书上签字了。

齐王司马冏带兵擒拿贾南风。贾南风见状大吃一惊，问：“你来干什么？”司马冏高喊：“奉诏收捕皇后！”贾南风更吃惊了：“诏书都是我写的，你奉的什么诏？”司马冏也不搭理，绑了就往外押。跌跌撞撞中，贾南风终于想明白了，问司马冏：“这是谁挑头的？”司马冏直言：“赵王和梁王。”贾南风闻言，悔恨不已：“拴狗当拴颈，我只拴住了你们的尾巴，才会有今天。只恨当年没先杀了那两条老狗（赵王、梁王按辈分是贾南风的叔祖），今日反被他们咬了一口。”世间没有后悔药吃，贾南风被废为庶人，也成了金墉城的住客。党羽被一网打尽。几天后，司马伦再次有样学样，派人给贾南风送去毒药。贾南风被毒死了。

《晋书》给贾南风盖棺定论："南风肆狡，扇祸稽天。初践椒宫，逞枭心于长乐；方观梓树，颁鸩羽于离明。褒后灭周，方之盖小。妹妃倾夏，曾何足喻！中原陷于鸣镝，其兆彰于此焉。"贾南风乱政祸国，这个评价是客观公正的。

十四

八王之乱：同室操戈何其匆匆

一

贾南风死后，赵王司马伦大权在握。

司马伦有了权力不好好用，竟做起了当皇帝的美梦，要抢自己的侄孙司马衷的皇位。一方面是司马伦个人政治野心膨胀，另一方面是孙秀等人撺掇的。反对司马伦称帝的部分大臣很好处理，司马伦等人排列武士一吓唬，再拉出去几个挑头反对的大臣砍头，基本就没有反对的声音了。司马衷就更好对付了。永宁元年（301 年）初，司马伦把死去多年的老父亲司马懿搬了出来，说司马懿托梦要他做皇帝，让晋惠帝司马衷禅位给他。司马衷这个皇帝本来就当得痴呆，对寻常话都没有分辨能力，更不用说司马伦的鬼话了。于是，又一场禅让上演了。司马衷成了太上皇，搬到金墉城住去了。

司马伦废惠帝自立，完全是利欲熏心，上台后除了大肆封赏，没有任何方针政策。上自赵王的亲信党羽，下自王府的奴卒厮役都封官晋爵，朝廷之上顿时高官充盈。西晋的官员冠服要用貂尾装饰。因为突然封赏了大批官员，整个洛阳城储存的貂尾都不能满足新官员官服制作的需要，只好找狗尾巴来代替。成语“狗尾续貂”由此而来。服装不够倒是其次，许多新晋官员连印信都没有。因为国库储蓄根本不足以支撑司马伦的滥封，朝廷没有足够的金银给新封的人铸造印信。这些司马伦的党羽因此被讽刺为“白版之侯”。

司马伦篡夺了侄孙司马衷的皇位，在西晋政治发展过程中具有转折意义。之前的种种变乱，贾南风也好、杨骏也好、司马亮和司马玮也好，他们的争权夺利都没有逃脱宫廷政变的范畴，再怎么闹毕竟范围有限，和老百姓生活实际差距甚远。司马伦的篡位就不同了。它引起了天下的讨伐，迅速演变成席卷大地的战争和杀戮。二十多年后，一个庞大的帝国就土崩瓦解了。

司马伦篡位后，齐王司马冏最先反对。司马冏参与了司马伦的政变，是诛杀贾南风的大功臣，事后却被司马伦排挤出了洛阳，去镇守许昌。政变收益分配严重不均，司马冏本来心里就不平衡，凭什么我出力你享受啊？而且你现在还大模大样地自己做了皇帝，更不像样了！于是，司马冏联络镇守各大城市的宗室诸王一起讨伐司马伦。镇守邺城的成都王司马颖、镇守关中的河间王司马颙起兵响应。战争爆发了，从此以洛阳为中心的北方地区成了战场。

这场战争一直延续到公元307年晋武帝第二十五子豫章王司马炽称帝，改元永嘉为止。因为战争主要内容是西晋宗室诸王之间的内讧厮杀，发挥主要作用是汝南王司马亮、楚王司马玮、赵王司马伦、齐王司马冏、成都王司马颖、河间王司马颙、长沙王司马乂、东海王司马越等八位王爷，因此被称为“八王之乱”。

战争首先突破了洛阳一地的范围。篡位后的司马伦面对多位亲戚的围攻，调兵遣将分头迎击。前线还没有分出胜负，洛阳城中发生了内乱。部分禁军不看好司马伦，觉得他必败无疑，“将功赎罪”杀死了司马伦，迎司马衷复位。司马伦同党被诛灭。

战胜后的司马冏、司马颖和司马颙三人面临着同样的问题：如何分赃。

司马冏是首倡之人，出力最多，战后被重新当了皇帝的司马衷任命为大司马，掌握朝政。这样的安排，两位响应的藩王起初并没有意见。但是权力的腐蚀作用太大了，司马冏掌权后也开始独断专行，排斥他人。司马衷没有子嗣，存在挑选继承人的问题。成都王司马颖和长沙王司马乂都是司马衷的弟弟，都希望当“皇太弟”，等傻哥哥哪天死了来个兄终弟及。司马冏不愿意这两位已经成年又掌握兵权的王爷当继承人——那样显然会削弱司马冏的权势，就操纵册立了司马衷的侄子、年仅8岁的司马覃为皇太子。这一下，司马颖、司马乂和司马冏的关系破裂了。

新一轮的战争是太安元年（302年）底，感到分赃不均的河间王司马颙挑起的。他讨伐司马冏得到了司马颖的响应。但胜利果实则落入了当时在洛阳城中的长沙王司马乂的手中。司马乂判断司马冏气数已尽，抢先杀了司马冏，掌握了政权。

河间王司马颙、成都王司马颖更不干了。明明是我们俩出了力气，怎么最后让司马乂捡了便宜。第二年，两人合兵讨伐司马乂，司马颙命都督张方率数万精兵自函谷关向洛阳推进，司马颖调动大军二十万从西向东进攻洛阳。前线正打得热闹，洛阳城里又先失火了。当时在城里东海王司马越和部分禁军对司马乂失去了信心，合作擒拿司马乂，将他交给张方。张方将司马乂烧死。

这一回合结束后，成都王司马颖担任了丞相，成了胜利者。但他盘踞在老窝邺城专政，遥执朝政，又废掉太子司马覃自己当了皇太弟，一时政治中心由洛阳移到邺城。这就侵犯了在洛阳的东海王司马越和禁军将领的利益，引发不满。他们的优势是手里掌握着皇帝。于是，司马越率领禁军挟持晋惠帝司马衷北上进攻邺城，讨伐司马颖。不幸的是，司马越在荡阴（今河南汤阴）一战中被司马颖杀得大败。不仅皇帝司马衷成了司马颖手中的俘虏，司马越本人都差点当了俘虏，仓皇逃往封国东海（今山东郯城地区）。

司马颖先放下喘息未定的司马越不管，派军占领了洛阳。正当他取得大胜利之时，后院起火了。并州刺史司马腾是司马越的弟弟，他和幽州刺史王浚联兵，从北往南攻破了邺城。司马颖只好退踞洛阳。可怜的洛阳城经过反复这么多轮的政变和杀戮，每经历一次就血流成河，已经变成断壁残垣的空城了。司马颖在洛阳根本没吃的，将士们只能把人肉和马肉掺在一起充饥。没办法，司马颖只好挟持晋惠帝，放弃洛阳奔赴长安。成都王司马颖和河间王司马颙两派力量就在关中合并一处了。

永兴二年（305 年），司马越卷土重来，从山东起兵进攻关中，击败司马颙。第二年（306 年），司马越迎晋惠帝回到洛阳，并杀死司马颖、司马颙等人，独揽大权。宗室诸王大规模的内讧自此才基本平定下来。司马越笑到了最后。

二

历史上宗室诸王内部争权夺利的时间屡见不鲜，但像西晋的各位王爷这样大动干戈，天天动刀动枪，杀得生灵涂炭、天昏地暗的，则仅此一例。

这是西晋王朝制度性的积弊。西晋建立后，晋武帝认为曹魏灭亡的重要原因就是没有广树藩王，危急时刻没有人捍卫皇室。于是西晋大封宗室，并且给予这些宗室军政实权。数以十计的司马家族子弟被封为王爷。受封的诸王并没有去藩镇，而是留在京师兼任各种实职。西晋的公卿大臣中有许多是宗室王公。有些藩王还掌握有相当的兵权，包括指挥中央禁军——禁军在政变中发挥了关键作用。与曹魏猜忌宗室诸王不同，西晋王朝听任各位王爷参与政务，相互交接联络，很少加以限制。诸王的存在反而威胁到了西晋皇权。

制度性问题放大了宗室诸王之间的个人恩怨和利益纠葛。其实内讧诸王中，除了赵王司马伦品行不好外，其他各位王爷人品都还可以，一些人的声望还很高。比如东海王司马越年轻时就誉满天下，为人谦虚又乐于助人，受到普遍的尊敬。但是没有一个好的制度调节他们内部矛盾，相反宽松的环境和过大的权力很容易让他们选择暴力解决。比如楚王司马玮，从小就不受父亲司马炎喜欢，长大后被封的地盘和利益最少，心里不满。他慷慨响应贾南风两次号召，充当枪手，本意是借机名利双收，并非要置天下于水火之中。遗憾的是，杀戮一旦开始，血腥味就会四散开来，超脱个人的控制范围。这是宗室诸王无奈和可悲的地方。比如那个品行不错的司马越就被认为“此人乱天下”，最后死于战火，尸骨无存。

八王之乱持续了 16 年。参战的亲王远远不只 8 人，起主要作用的是八位亲王。这些藩王相继败亡，西晋统治集团的力量也消耗殆尽。在战争中，百姓被杀害者众多，社会经济破坏严重。在洛阳 13 岁以上的男子全部被迫服役，城内米价贵到一石万钱，不少人饥饿而死。人民又重新陷于苦难的深渊，掀起了大规模的流亡的浪潮。尤其是诸王利用少数民族的贵族参加这场混战，造成了严重的后果。如成都王颖引匈奴刘渊为外援，让其长驱入邺；东瀛公司马腾引乌桓羯人袭击司马颖，让其乘机入塞；幽州刺史王浚召辽西鲜卑攻邺，短暂统一后，西晋王朝出现了分裂的趋势。原来隐伏着的民族矛盾迅速爆发。最后是汉化归附的匈奴民族起兵灭亡了西晋。

在整个八王之乱过程中，作为皇帝的司马衷反倒是一个旁观者。他成了造反谋逆者的争夺的目标和军中俘虏，几度易手，颠沛流离，受尽惊吓。除此之外，司马衷所有做出任何有用的决定，没有发出任何声音。

但是人非草木，即使是司马衷这样的弱智也多少在乱世中显现出人性正常的一面。散骑常侍司马威依附赵王司马伦。司马伦要篡位的时候，司马威奉命来逼司马衷退位，还动手夺了皇帝玺绶。司马伦篡位后任命司马威为中书令。司马伦失败后，晋惠帝重新成为皇帝。一干人议论对失败者的处理问题。处理司马威的时候，大家本来想放他一条生路（估计都是一路货色）。这时候，一向沉默不语的司马衷说话了："阿皮（司马威的小字）捩吾指，夺吾玺绶，不可不杀。"司马衷毕竟是皇帝，既然皇帝发话了，群臣们不好违抗，杀了司马威。

在成都王司马颖与东海王司马越混战的过程中，司马衷一直被裹胁在军中。他的处境极其危险。一次大战，司马衷脸上给砍了一刀，身中三箭，周围的侍从都跑光了，只有侍中嵇绍用自己的身躯护卫了司马衷。两个人被乱兵包围，士兵们上来就要杀嵇绍。晋惠帝这时候大喊："侍中是忠臣，你们不许害他。"乱兵却说："奉皇太弟（指司马颖）之命，我等只不伤害陛下一人。"结果嵇绍被乱刀砍死，鲜血溅到了晋惠帝的衣服上。司马衷后来安全了，依然穿着被鲜血染污的衣服。侍从们要他把衣服换下来清洗。晋惠帝却说："这是嵇侍中的血，为什么要洗呢。"这话听起来傻乎乎的，其实包含着乱世难得的正义光芒，成了司马衷留在历史上的正面名言。南宋的文天祥在《正气歌》里还特地提出"为嵇侍中血"。

306年，司马越的军队攻入长安，大肆抢劫，二万多人被杀。这年九月，司马颖被俘后被杀。11月庚午，晋惠帝于长安显阳殿去世。司马衷极可能是被司马越毒死的，据说他在死前吃下了一块毒饼。晋惠帝死后葬太阳陵。豫章王司马炽被司马越立为新皇帝，史称晋怀帝。

《晋书·惠帝纪》评论晋惠帝司马衷："不才之子，则天称大，权非帝出，政迩宵人……物号忠良，于兹拔本，人称袄孽，自此疏源。长乐不祥，承华非命，生灵版荡，社稷丘墟。古者败国亡身，分镳共轸，不有乱常，则多庸暗。岂明神丧其精魄，武皇不知其子也！"司马衷的弱智给刚建立的西晋王朝带来了极大的危害。

西晋迅速衰亡的责任在司马衷，更在他的父亲司马炎。司马炎优柔寡断，既不愿意得罪扶持司马家族夺取天下的杨家、贾家等勋臣势力，又受到枕边风的影响，不能坚持己见。而且厚待放任藩王势力发展的制度就是司马炎制定的。说到底，司马家族不是通过底层革命夺取的政权，而是靠政治权谋篡国夺权的，终究不敢和权贵家族和藩王势力翻脸。这是西晋王朝从娘胎里带出来的毛病。

十五

文人不合时宜

一

晋惠帝太安二年(303 年),河北邺城发生了一起冤案。成都王司马颖大开杀戒,将南方世族代表陆机、陆云、陆耽三兄弟,还有陆机之子陆蔚、陆夏等人斩首,诛灭了陆家满门。时人孙惠评论说:“不意三陆相携暗朝,一旦湮灭,道业沦丧,痛酷之深,荼毒难言。国丧俊望,悲岂一人!”

一个家族的衰亡为什么值得一书呢?因为吴县陆家是江南氏族的代表,在东吴时期出过陆逊、陆抗等丞相显贵。它的兴亡折射出了西晋王朝的政权移转和人才困境。

东吴末年,孙皓曾问丞相陆凯:“卿家有几人在朝为官?”陆凯回答说:“二相五侯十将。”孙皓赞叹说:“盛哉陆家!”西晋初年,北方贵族卢志大庭广众之下问陆机:“陆逊、陆抗是你的什么人?”陆机回答说:“如同你和卢毓、卢珽的关系一样。”卢志正是魏朝司空卢毓的孙子、魏朝卫尉卿卢珽的儿子。晋朝人极重避讳,陆机和卢志两人互称对方父祖名讳,从此结下深仇大恨。诚然这件事情是由卢志挑衅而起的。卢志敢在大庭广众中直呼陆家父祖姓名,从反面表明吴县陆家传到陆机这一辈已经门庭下降,大不如往昔了。陆家衰落最主要的原因是东吴政权的灭亡。任何政治世家都需要依托一定的政权,离开了政权的庇护就成为无源之水无土之木了。东吴灭亡后,连孙皓都称赞不已的江东第一家陆家就丧失了所有的封爵和地位,成为新王朝的平民百姓。无可奈何东吴灭亡,作为“亡国奴”的陆机兄弟就只能受到北方贵族的奚落了。

陆机兄弟面临着如何适应新朝以及如何从中重夺权柄的艰巨任务。

从能力上看，陆机具有复兴家业的很大希望。史称陆机："身长七尺，其声如雷。少有异才，文章冠世。伏膺儒术，非礼不动。"可见陆机长得魁梧高大，还精通文章儒术。东吴灭亡的时候，陆机年纪尚轻，在吴亡后十年时间里他和弟弟陆云隐居吴县华亭（今上海郊区）老家，闭门苦读。勤学苦读的结果是陆机、陆云兄弟成为著名文人，诗词歌赋出色。同时代的文人张华称赞陆机："别人写文章的时候都恨自己才少，你写文章的时候却担心文才太多，涌出难以控制。"陆机还把对政治的理解融入了作品之中。陆机在吴亡后写了《辨亡论》，"欲述其祖父功业"，探究东吴灭亡的原因，总结经验教训。这在西晋刚统一的政治环境下，陆机的行为是相当冒险的。而他得出来的结论是用贤乃兴国之本。之后，兄弟俩经常追思家族功业，如《陆机集》中有《思亲赋》、《述先赋》和《祖德赋》三篇，《陆云集》中也有《吴故丞相陆公诔》、《祖考颂》等文章。政治的文字之旅让陆机、陆云的决心更加强烈：恢复祖辈的荣耀，复兴家族！

西晋初年的华亭还是一片没有开垦的处女地，远处海天一色，近处满目滩涂，中间点缀着若干芦苇丛和飞翔而过的白鹤。陆机、陆云兄弟徜徉在家乡的土地上，追思过去，畅想未来。他们有高贵的出身、美妙的诗文、满腔的抱负和朴实的心灵。如果东吴还在，他们又会走上父祖济世报国的老路。但是政权更迭了，他们遇到了新问题，老路走不通了，他们必须像眼前的白鹤一样去更广阔的政坛上搏击长空。于是，陆机、陆云兄弟俩与家乡告别，在公元 290 年来到洛阳——新王朝的首都。

陆家兄弟为什么要入洛呢？一年前，晋武帝司马炎下诏"内外群官举清能，拔寒素"，陆机兄弟是应召前往。"生亦何惜，功名所叹"，他们是来建功立业，光宗耀祖的。

陆机兄弟对前途的期望值很高，也做了精心的准备。刚到洛阳之时，兄弟俩造访了太常张华。当时当官还需要高官引荐征辟，恰好张华也是文人，很欣赏两个晚辈，一见如故。交谈中，张华诚恳地指出陆机不论说话还是遣词造句，都带有浓重的南方口音，希望他改正。新王朝毕竟是北方王朝，陆机兄弟必须要过语言关。所以陆家兄弟回去后就开始学习洛阳官语。驿站里伺候官员的仆役为洛阳人，陆机、陆云就向这些下人学洛阳话。张华又指出洛阳正流行玄学，如果新人不事先揣摩玄学难免无法应对一些场合。陆机、陆云又开始啃玄学相关书籍。最后，张华出面做了陆机、陆云两兄弟的推荐人。太傅杨骏辟陆机为祭酒，不久转为太子洗马、尚书著作郎。陆云成为了吴王的郎中令，不久出任浚仪县令。陆云到任后为政肃然，将一个号称难治的县城治理得井井有条，深得百姓爱戴。

吴县陆家是江东的头号名门望族，陆机、陆云兄弟入洛带动了江东士人的入洛潮。南方士人纷纷北上求仕，吴郡陆、顾、张各家，会稽贺、虞等大姓皆有人北上，门第稍低的各家子弟应召北上的更多。这对于南北交流也好，对于新政权巩固对南方的统治也好，都有好处。作为先行者，陆机兄弟在举荐乡里，照顾老乡仕途方面费尽心机。陆云曾写信对陆机说："近日得到洛阳的消息，某某得了骠骑司马，又云似未成，已访难解耳。某某做了司马参军，此间复失之，恨不得与周旋。某某拜访了大司马。"他俩对同乡的官运仕途如同自身，患得患失。陆机曾将戴若思推荐给赵王司马伦，称他是"东南之遗宝，朝廷之贵璞"。贺循是东吴名臣之后，入晋后历任阳羡、武康两县县令，多有政绩，但朝中无人，久久不能升官。陆机就拉人一起上书推荐贺循，认为他的才望资品可担任尚书郎，贺循后来升为太子洗马、舍人。

陆机、陆云兄弟为什么对同乡仕进这么热心肠呢？陆机、陆云出身江东的名门领袖，自觉有提携同乡其他大族的责任。而心中对东吴政权隐隐的怀念，也让陆机、陆云兄弟将东吴旧地的名门子弟当作一个整体，希望能够一起在新的王朝共荣共进。

陆机兄弟对新政权是热心的，但是新政权并没有张开火热的胸怀。

晋武帝司马炎一再下诏令"吴之旧望，随才擢叙"，可只是在开空头支票。南方士人的仕途坎坷地位，而且遭受北方贵族歧视。陆云在给同乡杨彦明的信中也承认："阶途尚否，通路今塞，令人罔然。"所以南方豪杰之士大多隐居不仕。

陆机、陆云初到北方，认为自家门第高贵，颇有与北方规则抗衡的念头。"初，陆机兄弟志气高爽，自以吴之名家，初入洛，不推中国人士。"陆机兄弟拜见王济。王济指着案上的数斛羊酪问陆机："你们江东有什么可以和它相比吗？"这是带有轻蔑的问话，像怀疑乡巴佬的见识一般。陆云回答说："有千里莼羹，还有未下的盐豉！"这还算好的，卢志先前的挑衅要过分得多。出卢家门后，陆云对陆机说："何至于闹得这么僵呢？他可能真是不了解我家底细。"陆机愤怒地说："我父亲、祖父海内知名，岂有不知？"说完，陆机狠狠地骂卢志"鬼子无礼"。传说卢志的远祖卢充曾误入鬼府，与崔少府的亡女结婚生子，所以陆机骂卢志是鬼子（鬼的子孙）。北方士人没有陆机那样高谈理想抱负的，最多是聚在一起谈谈宇宙和人生，谈谈物动心动等虚幻的话题。他们根本不关心陆机所说的那一套。在屡屡受挫之后，陆机等人不得不面临现实：北方贵族并不友好，自己也很难融入北方政坛。

南北相隔百年后，差异越来越大。江东远离中央集权，个人思想比较宽松自由。而北方经过东汉末年、曹魏时期的不断思想整肃，从孔融杨修等人的死到"竹林七贤"受的迫害，北方文人受到了政治的摧残，不得不与政权妥协，放弃政治上的独立思考。从曹魏早期的王朗开始到荀勖、贾充之流，为人不齿的文人反而显达于世。陆机等人没有经受过思想洗礼，更没有见过思想迫害，很难理解北方社会相对沉闷又追求虚幻的清谈的逃避态度。他们还没学会在政治夹缝中求生存。而陆机、陆云兄弟门第越高、抱负越大、思想越朴实，受到的伤害可能就越大。

事实上，许多南方士人来北方后很快就察觉到了政治气氛不对，折返家乡。顾荣、戴若思等人就都劝陆机与其在北方郁郁寡欢，不如回老家。陆机依然相信自己的才华和名望，自负地要实现匡世救难的志向，没有听从。家族未兴，何来衣锦还乡？

二

很多人痛心地看到陆机、陆云兄弟变了，变得急功近利、攀附富贵，中了权力之毒。

陆机变得"好游权门，与贾谧亲善"。这个贾谧是贾充的外孙，贾充守为子嗣。贾家出了贾充、贾南风，贾谧又"权过人主"，整家人声名狼藉。正因如此，贾谧为捞取声名，招揽名人雅士。陆机、陆云投身其门，被列入"二十四友"[1]，为正人君子所诟病。有陆机、陆云的崇拜者坚持说陆机兄弟此举是被迫的。既然陆机选择留在洛阳追求功名，就不存在被迫与否一说。陆机、陆云并非一定附逆，但依附权贵自古以来都是文人发迹的终南捷径。陆机和贾谧相互利用，未尝没有可能。

遗憾的是，贾谧这棵大树并没有给陆机兄弟带来多大功名。相反却给兄弟俩开了一扇仕途之门，两人从此在一个个权贵之间徘徊。

八王之乱爆发，陆机投靠了赵王司马伦。司马伦辅政后，陆机被引为

1 指晋惠帝时以文才而屈节出入于贾谧之门的石崇、欧阳建、陆机、陆云、刘琨、左思、潘岳等二十四人。

相国参军，并因参与诛杀贾谧一事立功，赐爵关中侯，进而为中书郎。但司马伦这个人并不比贾谧好到什么地方去。赵王司马伦性极贪鄙，才能极其平庸，杀人夺权却是一套一套的。辅政后，司马伦妄想更进一步，篡位当皇帝。陆机竟然参与了赐司马伦九锡的诏书和司马伦禅让诏书的写作，被视为大逆不道之举。赵王司马伦败亡后，齐王司马冏以陆机附逆，写作九锡文和禅诏的罪名将他投入狱中准备杀头。成都王司马颖、吴王司马晏等人相救，陆机得以不死。出狱后的陆机声名下降，侥幸逃生的他本应该对仕途有所醒悟，洒脱返回故土也不是不可以。但陆机投靠了成都王司马颖，选择继续留在政治漩涡之中。

成都王司马颖相貌堂堂，但贪婪残暴，优柔寡断，性情多变。陆机怎么越投靠越投非所人呢？可悲之处就在于，文人能够选择投靠对象的能力是非常有限的。就像现在的大学毕业生一样，挑选工作单位的可能性越来越小，关键是看哪家会接纳你。陆机屡受排挤，还经历了一次牢狱之灾，对营救自己的成都王感激之情溢于言表。加上司马颖正处于势力上升期，陆机又从他身上看到了复兴王朝和家族的希望，因此进入成都王幕府当了名参军。而弟弟陆云在浚仪县令的岗位上干得好好的，却老被嫉妒自己的太守训责，愤而辞官，也被哥哥陆机拉入了成都王司马颖的幕府，任清河内史。陆机不久被司马颖升为大将军参军、平原内史。此外，陆家弟弟陆耽、南方士人孙惠、孙拯等都进入了司马颖幕府。其中陆机二人参预机要，是成都王幕中南方士人的核心。这群南人追随成都王颖，其主要目的还是为了乘乱建功立业。

陆机、陆云兄弟在司马颖手下干得很认真，很起劲，无奈幕府内的权力结构太复杂了。

司马颖宠爱宦官孟玖，卢志又在幕府中担任左长史。孟玖曾打算让老父亲当邯郸县令，陆云坚决反对，说：“担任大县县令必须具备一定资格，怎么可以任用宦官之父？”孟玖的弟弟孟超被安排为司马颖麾下的将领。孟超放纵部属大肆抢掠，陆机逮捕了肇事官兵，孟超率骑兵一百余人冲进陆机营帐抢走犯人，还骂陆机是南蛮。孙拯劝陆机寻机诛杀孟超，陆机没有同意。相反孟玖等人恨死了陆机、陆云兄弟，必欲除之而后快。

仿佛是回光返照，事事不顺的陆机突然被司马颖任命为后将军、河北大都督，统帅成都王麾下二十余万兵马，讨伐在洛阳的长沙王司马乂。陆机欣喜若狂，自从东吴灭亡之后陆家还是第一次领军，而且是如此重大的任务。陆机兴奋地判断建功立业的机会来了！

出征前，司马颖向陆机许诺："如果功成事定，当封卿为郡公，位列台司。将军勉之矣！"

陆机说："历史上齐桓公任用管仲，建九合之功；燕惠王怀疑乐毅，结果功败垂成。今日之事，在公不在机也。"

可见陆机对自己的能力很自信，但对战斗结果不太自信。他怕司马颖用己而疑己，更担心司马颖设置得出征将领队伍。陆机是主帅，但有冠军将军牵秀、北中郎将王粹分兵协助。王粹、牵秀等主要将领根本出身北方贵族，不仅不听从陆机指挥，作战时还从中作梗。他们联合孟玖、卢志等人，严重限制了陆机施展拳脚。司马颖用了陆机，同时又用了一系列的宵小之辈，怎能不让陆机担心呢？同乡孙惠劝陆机让位给王粹，陆机又犹豫不决，最终不愿放弃荣华富贵的希望，领兵奔洛阳去了。

果然战斗一开始，孟超就不听指挥，贪功冒进，全军覆没。成都王大军在洛阳郊外被打得溃败而逃，几乎全军覆没。兵败回来后，全军上下非但不总结经验教训，反而开始推卸责任，寻找替罪羊。南方来的、与北方政治空气格格不入、看起来上蹿下跳的陆机等人就是最好的替罪羊。卢志趁机向司马颖进谗言，说陆机有异心，故易战败。司马颖不分青红皂白，将陆机、陆云等南方士人逮捕下狱。

江统、蔡克、枣嵩等上书司马颖，为陆机鸣不平。"如果要为战败负责，诛杀陆机一人就足够了。有关陆家等人叛逆的事情，应该列出证据，不可草率。等证据确凿了，再诛杀陆云等人不迟。"司马颖迟疑不决，拖了三天。蔡克直接指出这是宦官孟玖等人迫害陆云的丑行，远近无人不知。求情的人多了，都言辞恳切。司马颖流露出了宽恕陆云等人的表情。一旁的孟玖赶紧把司马颖扶进后房，催促他火速诛杀陆云、陆耽，诛灭陆家三族。陆机知道难逃一死，反而流露出潇洒大度来，洋洋洒洒写下长信，给成都王司马颖，然后从容受刑，面不改色。

为了搜集"证据"，孟玖对孙拯严刑拷打，直到血肉模糊、骨头外露孙拯都坚称陆机冤枉。最后孟玖等人不得不杜撰了一份假口供。司马颖本来对诛杀陆家的事情感到后悔，现在见到孙拯认罪状，竟然大喜，夸奖孟玖说："要不是你忠心，怎么能追查出这等叛逆阴谋来。"司马颖此举完全是为自己脱罪。他糊涂成这样，陆机等一代名士屈身相随，真是令人扼腕叹息。

陆机临刑曾对弟弟陆云感叹："欲闻华亭鹤唳，可复得乎？"是啊，华亭海边远眺海天一色的壮阔美景，仰头看蓝天中只只飞过的白鹤，听那声声鹤唳，这样的日子曾经享受过，也多次有机会回去重温，可惜一一错过了，现在已成绝响。功成名就的热望、复兴吴县陆家的责任感，让天性高傲、才华横溢的陆机陆云兄弟为人奋斗终生。他们赶上了一个坏时节，锋芒毕露又不懂委曲求全，不懂韬光养晦，更不会识人。后人评价陆机“不知机”，急功近利，贪图名利，最终赔上了性命，赔上了整个吴县陆家。

李白《行路难》第三首感叹道：“华亭鹤唳岂可闻，上蔡苍鹰[1]何足道。君不见吴中张翰称达生，秋风忽忆江东行。且乐生前一杯酒，何须身后千载名。”“华亭鹤唳”从此成为形容陆机这样不合时宜的权力败客的专用词。

1 秦朝丞相李斯因“谋逆”罪被满门抄斩。临刑前，李斯想起当年当平明百姓时在家乡上蔡城东门外打野兔的事儿，对儿子说：“吾欲与若复牵黄犬俱出上蔡东门逐狡兔，放鹰纵犬，岂可得乎！”父子相对哭泣而死。

十六

五胡十六国

一

西晋有过短暂的统一，在政绩上几无建树可言。尤其是在民族问题上，它曾经有机会解决日益严重的少数民族内迁问题，却毫无作为。

在广袤的中国北方，各个少数民族从两汉时期就可以陆续内迁，成了历代王朝必须面对的问题。到西晋建立初年，内迁各族遍布从幽州（今河北、京津地区）、并州（今山西）到司隶（今陕西）、凉州（今甘肃、宁夏、青海等地）的广大地区，深入益州（四川地区）、冀州（河北地区）等地，繁衍生息。汉末魏晋时期的连年征战，华北的汉人背井离乡，向江淮和江南地区迁徙，空出来的土地都被少数民族占据。到西晋初年，北方一些郡县的少数民族人口比例超过了半数。他们虽然开始汉化，部分也从事耕种，但还保留着挎刀跃马的习俗和部落的形式，有事相互声援连接成军。对中央王朝来说，这些少数民族很危险。因为仅从地理位置上看，各个少数民族呈半月形包围着长安、邺等重镇，并威胁着首都洛阳。

当时北方各个少数民族统称为“胡族”，其中最强大的有五大民族：匈奴、鲜卑、羯、氐、羌，并称“五胡”。

匈奴人兴起于蒙古高原，是中国北方的古老民族，一度统治着东起辽水西到西域的北方大地，从战国时就开始侵扰中原，是中原政权的大患。长城就是为他们修的。汉武帝时，匈奴遭到沉重打击后，开始衰落，进而分裂为南北匈奴两部。其中南匈奴在汉宣帝时入关投降汉朝，西汉王朝将他们安置在并州、司隶等地。南匈奴逐渐在并州离石的左国城（今山西吕梁离石区）建立了王庭。东汉时，北匈奴继续遭到重创，部分沿着欧亚大陆消失在了西方，不愿意远迁的部众则南下投降了汉朝，也被安置在上述地区。东汉王朝对匈奴安抚与分治并用；曹操则将匈奴分为东西南北中五部，各立酋长为都督，基本上延续了东汉的战略。匈奴民族和汉族的融合时间最久，上层人士汉化很深，很多人担任朝廷官员。

羯人，是归化匈奴的一支，被安置在上党郡的羯室（今山西左权县）。他们和汉人的差别比较明显，百姓多高鼻深目，有欧洲人特征，还保持游牧生活。

鲜卑人兴起于东北，晚于匈奴人。匈奴人在中原王朝的打击下西迁或者南附，空余出来的土地被鲜卑人填补。鲜卑人凶悍强干，很快成了塞外大地的霸主。但是鲜卑民族的发展历史较晚，曹魏时期，鲜卑贵族轲比能曾想统一鲜卑各部，结果被幽州官员诱而杀之。到西晋初年鲜卑民族还部落林立。各部落以酋长的姓氏为号，分别有慕容、拓跋、段、宇文、秃发等部落，其中以慕容和拓跋两个部落最为强大。

氐和羌都属于西南夷，地处益州和凉州之间（甘肃东南、山西西南）。三国时期，曹魏和蜀汉都利用氐人和羌人来为己所用，拉拢来攻击对方。许多人被强制迁徙关中各郡。到西晋时期，氐人主要分布在武都郡（今甘肃成县）、略阳郡（今甘肃秦安），人数远少于匈奴和鲜卑。羌人的分布大致相同，但人数更少。不过在魏晋南北朝时，这两个小民族却扮演了大角色。除了这五大民族外，还有乌桓、丁零等其他少数民族。

西晋王朝面对越来越严重的民族问题，却没有提出可行的政策，除了奴役各个民族、扣押各族人质外听任各族恣意发展。地方官员奴役各族，横征暴敛，除了把逃亡百姓的税赋强加在少数民族身上外，还强征异族子弟入伍、肆意打骂、拆散家庭。民族矛盾激化。乱世中，少数民族百姓们的生活压力本来就大，如今日子更难过了，开始倾向造反。少数民族的叛乱贯穿了西晋始终。元康四年（294年），并州匈奴人郝散起兵攻上党。两年后，其弟郝度元联合关中各郡的羌、氐族百姓起兵反晋，打败太守、刺史多人。各族人民纷起响应，还推齐万年为帝，拥兵数十万。关中震动，西晋朝廷不得不集结大军镇压，直到元康九年（299年）正月才粉碎起义军，俘杀齐万年。起义被镇压后，山阴令江统有鉴于民族问题危重，深感四夷乱华，写作了《徙戎论》，为我们留下了当时人思考的第一手资料：

晋惠帝时“关中之八百余万口，率其少多，戎狄居半”。少数民族“非我族类，其心必异，戎狄志态，不与华同”，毕竟少数民族的心理和习俗都与汉族不同，难免起纠纷。江统吸取之前少数民族和汉族屡起纠纷、朝廷费力镇压的教训，建议将胡族百姓迁出汉族区域，“今我迁之，传食而至，附其种族，自使相赡，而秦地之人得其半谷，此为济行者以廪粮，遗居者以积仓，宽关中之逼，去盗贼之原，除旦夕之损，建终年之益。”“夫为邦者，患不在贫而在不均，忧不在寡而在不安。以四海之广，士庶之富，岂须夷虏在内，然后取足哉！此等皆可申谕发遣，还其本域，慰彼羁旅怀土之思，释我华夏纤介之忧。”

江统的建议是因噎废食的做法，因为朝廷没有解决好内迁少数民族的问题就要把他们全部赶出汉族区域，代表了一大批朝野官员的观点。说起来简单，但没有可操作性。少数民族内迁生活了上百年，突然要他们全部抛家弃土，回到传说中的塞外故乡去，势必激起各族的仇恨和反抗。江统的意见递交上去后，晋惠帝看不懂，掌权者则忙于争权夺利，将之束之高阁，没有下文了。各族继续恣意发展。

胡族武装之所以没有酿成大祸，只是因为西晋王朝实力尚在，还不是随起随落的少数民族军队能够倾覆的。八王之乱的空前内讧，掏空了西晋王朝的躯体。晋军损失惨重，镇不住胡族武装了。实力天平开始朝着有利于五大民族的方向倾斜。

二

就在八王厮杀得不可开交的时候，关中、陇西一带的百姓挣扎在生死线上。

元康后期，当地连年荒旱。听说四川天府之国粮食充足，元康末年，天水、略阳、武都等郡数万户百姓携家带小，南下“就谷”，希望能讨口饭吃。其中有汉族人，但主要是氐族人，在巴蜀北部形成了连绵的流民潮。在应付沿途管理刁难盘剥，组织流民移动协调纠纷的过程中，略阳氐族人李特、李庠、李流兄弟辈推举为流民的首领。李特兄弟雄壮有力，家境不错，曾在西晋王朝中担任过中下级军官，有政治经验又仗义疏财，很适合担当流民首领的角色。前后两任益州刺史赵廞和罗尚将汹涌而来的流民潮视为洪水猛兽，对素有威望的李特兄弟等人必欲除之而后快。矛盾就这么产生了。301 年，李特兄弟利用流民的无助和怨怒，在绵竹（今四川德阳北）聚众起义，正式拉开了少数民族大规模反叛的序幕。

之后，北方和巴蜀地区先后出现了 20 个割据政权，主要的有 16 个国家：前凉、后凉、南凉、西凉、北凉、前赵、后赵、前秦、后秦、西秦、前燕、后燕、南燕、北燕、夏、成汉。其中只有前凉、西凉、北燕三国是汉人政权。此外，还有代国、冉魏、西燕、吐谷浑四国因为地小时短，没有计算在内。这些政权主要为少数民族政权，在长达130多年的时间里此起彼伏反复交战，直到北魏统一北方为止。历史上将这一时期称为“十六国时期”。

十六国起于301年的李特兄弟起义，但因为起义局限于巴蜀一地，没有直接撼动西晋王朝。史学界通常将三年后（304年）匈奴贵族刘渊独立称王视为十六国的开始。

匈奴贵族为什么姓刘呢？因为匈奴人汉化后，搬出汉高祖刘邦“成亲”制度，自认为汉朝皇室的外甥，冒姓刘氏，以汉室后裔自居。这也说明匈奴贵族汉化之深。刘渊就从履历上看和汉族人无异，从小就酷爱读书，拜上党名士崔游为师，遍习《诗经》、《周易》、《尚书》等儒学经典，又博览《史记》、《汉书》和诸子学说。当时乡党品评人物入仕的风气很盛，刘渊就得到了当时太原名流王昶、王浑等人的器重。加上射艺精熟、膂力过人、体貌伟岸，刘渊的前途一片光明。

但是刘渊却不能像同学一样入仕，因为他是匈奴人。曹操分匈奴为五部，其中的左部帅为刘豹，刘渊就是刘豹之子。曹魏咸熙年间，刘渊作为人质，留居洛阳。齐王司马攸见刘渊文武双全且得到众人推崇，就劝哥哥司马炎杀掉刘渊，不然恐怕并州不得安宁。幸亏司马炎和司马攸的关系不好，没听弟弟的建议，刘渊才幸免于难。根据后来的史实看，司马攸对刘渊的评价不太准确：刘渊不仅让并州不得安宁，还直接推翻了西晋王朝。

西晋很快进入乱世，各派势力都借重匈奴武装，刘渊虽然是人质却在很长时间里成了各派拉拢的对象。杨峻辅政时，署刘渊为建威将军、匈奴五部大都督。刘渊原本在匈奴中威望很高，如今更礼贤下士轻财重义，幽冀的人才纷纷不远千里依附匈奴，让匈奴力量进一步壮大。司马颖逐鹿中原，想以匈奴为外援，拜刘渊为北单于、参丞相事。他败退长安时，急需重振军势，让刘渊回并州招募匈奴助战。刘渊很高兴地返回左国城。

刘渊一去不复返。匈奴贵族见西晋朝廷呈现崩溃之势，开始策划“兴邦复业”。刘渊的族祖父刘宣就宣称：“昔我先人与汉约为兄弟，忧泰同之，自汉以来、魏晋代兴，我单于虽有虚号，无尺土之业，自诸王侯，降同编户。今司马氏骨肉相残，四海鼎沸，兴邦复业此其时也。”刘渊一道左国城就被五部匈奴推为大单于。匈奴人尚存的部落形式很快就组织起了数万军队。西晋永兴元年（304年），刘渊自称汉王，以恢复汉朝号召天下。匈奴连续祭天，大祭汉高祖刘邦、光武帝刘秀和昭烈帝刘备，还追尊刘禅为孝怀皇帝，起点很高，一开始就摆出要与西晋争夺天下的架势。

匈奴起兵，起到了领头羊的作用。汉人王弥、羯人石勒及鲜卑人陆逐延等纷纷拉起队伍造反，名义上公推刘渊为主。中原很快不复是西晋的天下。

我们先说刘渊政权的发展情况。他们很快打败并州的西晋势力司马腾。战火和激烈的民族矛盾让并州的汉族百姓生活绝望，集体组织起来要去冀州“乞活”。“乞活”二字，从字面上就很悲壮，就是为了生存而背井离乡四处闯荡，为了一顿饱饭不惜血汗乃至生命。并州流民组织成“乞活军”，司马腾率领他们东去流亡冀州。刘琨继任为并州刺史，无力回天，只能据守并州西北部部分城池。刘渊很快据有河东全境，在永嘉二年（308 年）正式称帝，迁都平阳（今山西临汾），国号为汉。匈奴汉朝建立后，一心要攻占“故都”洛阳。刘渊派子侄刘聪、刘曜等人率精骑进攻洛阳，遭到东海王司马越的拒阻，没有攻下。永嘉四年（310 年）夏天，刘渊病死。

刘渊在位仅两年，也没有将匈奴汉朝推向强盛，但为异族的后来者树立了起兵和建政的榜样。

三

刘渊死后，儿子刘和继立为帝。刘和能力不论，品德很差，“内多猜忌，驭下无恩”。卫尉刘锐、宗正呼延攸等人因为没有被刘渊委托为辅政大臣，怀恨在心，就怂恿刘和诛杀刘聪等功勋卓著的宗室。事机不秘，刘聪知道后，率军反攻皇宫，杀死刘和、刘锐、呼延攸等人。

刘聪是刘渊的第四子，汉化程度很高，除了通读儒家经典外，还精通兵法，写得一手好字好文章。他留下了诗百余篇，赋颂 50 余篇。

刘聪杀刘和自立为帝，将匈奴汉朝推向了强盛的巅峰。刘聪执政时期，有两大成就。首先是在制度建设上做出了努力。汉朝虽然是匈奴王朝，刘聪深知要长治久安，非采用汉族的政治制度不可。于是他创建了两套行政体制，用游牧民族的“单于”制度治理匈奴各部，用汉族的公卿制度治理汉人，并吸纳汉人进入政权。刘聪努力的方向没有错，但很不彻底，政权基本上还掌握在匈奴贵族手中，还保持着残暴的特性。《晋书》称汉朝：“终为夷狄之邦，未辨君臣之位。”匈奴等胡族和汉族民众的矛盾依然很严重，汉朝的统治很大程度上是形式上的。王弥、石勒等强藩在东方拥兵自重，阳奉阴违，刘聪也奈何他们不得。这注定了匈奴汉朝虽然有许多开创性成就，也在形式上统一了华北，但很快就崩溃了。

刘聪的第二大成就是灭亡了西晋，开疆拓土。他派遣族弟刘曜联合中原的王弥、石勒武装，采取农村包围城市的方式，将黄河南北乃至江淮一带的西晋城池陆续攻克，孤立洛阳。永嘉五年（311 年），困守洛阳的司马越和晋怀帝不和，率领大批王公大臣和晋军主力离开洛阳。途中司马越忧郁而死，余部被石勒武装包围屠杀。西晋王朝最后的主力丧失了。同年，刘曜、王弥、石勒合兵攻破洛阳，杀王公大臣等三万人，俘晋怀帝司马炽，押送平阳。刘聪封怀帝为会稽郡公。这就是“永嘉之祸”。第三年，关中西晋残余拥戴司马邺为皇帝，又支持了四年。建兴四年（316 年），司马邺向刘曜投降，被送至平阳为奴。至此，西晋灭亡。此时的北方大地，基本上是匈奴汉朝的天下。北方只有零星地区还在忠于西晋的官吏手中，分别是并州刺史刘琨、幽州刺史王浚与河西的张氏势力。刘聪对刘琨发起了进攻，又命石勒进攻幽州刺史王浚。王浚被石勒杀害，刘琨兵败投奔鲜卑段氏被杀。

取得这些成就后，刘聪开始骄傲享乐起来。刘聪统治后期以荒淫著称，他正式立了四位皇后，此外佩皇后玺绶者又有七人。刘聪沉湎于后宫之中，不理政事，常常出外游打猎或干脆在宫中昼夜游戏。汉朝政务很快紊乱，出现党争。刘聪立弟弟刘乂为皇太弟，而以儿子刘粲为丞相。刘粲能力出众，当了丞相以后把能力都用在了骄奢专政和远贤近佞上。中护军靳准是个野心家，想浑水摸鱼，就百般亲近刘粲，怂恿他对付皇太弟刘乂。建武元年（317 年），刘粲诬陷刘乂谋反，刘聪不辨真伪就相信了，废杀刘乂及其官属，坑杀 15000 人，平阳城的街巷为之一空。刘粲被立为太子。刘粲还杀害了投降的晋帝司马邺。

刘聪、刘粲父子享乐无度，朝野贿赂公行，纲纪败坏，政权迅速走向衰败。汉朝有功之臣不用，奸佞小人飞黄腾达，内部矛盾激烈。中山王刘曜占据关中地区，王弥旧部曹嶷占领山东，石勒占据河北，都保持半独立地位。朝廷能实际控制的地方，也就是现在山西陕西河南三省交界的狭窄地区，只相当于之前的三四个郡的地盘。

东晋太兴元年（318 年），刘聪病死。他历位八年，把王朝推向了高潮又推上了下坡路。

太子刘粲即位，以靳准为大将军、录尚书事。刘粲以为万事大吉，终日游宴后宫，军国大事都由靳准裁决。靳准也以为万事大吉，把刘粲抓起来，一条条数说他的罪名，杀了刘粲；又把居于平阳的刘氏宗室无论老幼都斩于东市。靳准自号大将军、汉天王，遣使向东晋称藩。

平阳城大乱了，觊觎最高权力的雄藩刘曜和石勒马上拉上队伍，行动起来。

中山王刘曜是呼声最高的匈奴王朝继承人选。刘曜很有冒认的祖宗刘备一样的外表，据说他也“垂手过膝”，而且性格“与众不群”，也像刘备。两人都读书求博不求专，喜欢射技，有“神射手”的称呼。刘曜是刘渊的养子，在刘渊、刘聪时代战功累累。大功有三：一是在河南一带攻城略地，孤立了洛阳；二是在永嘉之祸中会同石勒、王弥攻破洛阳；三是进攻关中，攻克长安，俘获晋愍帝。此后，刘曜盘踞关中，听到靳准叛乱后亲自带军赶赴平阳“平叛”。平阳还没走到，刘曜在途中借口“众望所归”，登基称帝。这是318年的事情。

石勒也正从河北带兵赴平阳，半途听说刘曜抢先当了皇帝，又接到刘曜对自己大将军的任命，勃然大怒。石勒不听刘曜的命令，催军急攻平阳。城中，靳准为部下靳明所杀，靳明出城投降刘曜。石勒更加生气，攻下平阳，抢占了刘聪原先控制的大部分地区。

刘曜同石勒顿时剑拔弩张。石勒咄咄逼人，刘曜处于弱势。刘曜在关中有后顾之忧，面临陇西张氏的威胁，同时军队数量和战斗力都逊于石勒。刘曜主动示弱，封石勒为赵王，封地是东方的24个郡——反正地盘早就在石勒手里，不需要刘曜拨地盘。第二年（319年），刘曜定都长安，改国号为赵，史称前赵。石勒的赵政权史称后赵，与刘曜常相攻伐。

北方进入了“两赵对立”的混战阶段。

十七

当割据胜地巴蜀遇到流民枭雄

一

蜀道难、难于上青天。四川地区自古有天险可恃，群山峻岭将富庶的天府之国与中原和江南隔绝开来，是个割据立国的好地方。每逢天下大乱，朝廷权威衰微之时，野心家和枭雄们纷纷将觊觎的目光投向这一地区。晋惠帝元康六年（296 年），当李特从汉中经过剑阁进入四川，看到悬崖夹道、“一夫当关万夫莫开”的险要形势的时候，大为惊叹。他叹息道：“刘禅有如此之地而面缚于人，岂非庸才邪！”

在李特身边，流民 10 余万人正衣衫褴褛扶老携幼，缓缓行进在川北的栈道山路之间。之前，关中爆发氐族暴动，混战一场，又赶上饥荒，略阳、天水等六郡的老百姓纷纷逃亡汉中躲避并“乞食”。这些老百姓中有氐人、羌人，也有汉族人。氐族出身的李特和哥哥李庠、弟弟李流、李骧一起加入了逃难的大军。老百姓逃到汉中后，发现本地的情况也不太好，就进一步南下四川，寻找生机。李特曾在州县当过军官，胸怀谋略，所以看到剑阁的雄浑险要后大发感慨。他的一声感慨，得到了兄弟和周边青壮年的附和。大家都惋惜蜀汉亡于曹魏。

随着十多万流民和隐藏起来的豪杰的涌入，西晋在四川的统治变得岌岌可危了。

益州官员的首要对策就是对流民进行疏导，有效组织起来，免得动乱社会。可当时的益州刺史赵廞却不这么做，而是琢磨着这么利用流民实现自己的割据梦想。赵廞看到西晋内乱，而四川偏远，就起了割据之心。刚好赵王司马伦政变废杀皇后贾南风，召赵廞去洛阳担任大长秋，派耿腾取代他。赵廞是贾南风的亲戚，接到通知后心中恐惧，干脆正式起兵造反。他依靠的生力军就是关中流民。流民因为生活无着，常常为了生存而扛枪当兵。赵廞开仓放粮，接济流民的同时将他们编组为军队，任命李庠、李特兄弟为部将，杀死了接任的耿腾。这是永康二年（301 年）初的事情。

李庠率领的流民武装，没有旗帜和繁琐的纪律，行军打仗全靠李庠的表率，令行禁止，阵势严正。赵廞看了心中忌惮，找了个机会将李庠抓住杀害。杀了李庠后，赵廞竟然还想利用流民武装，前去笼络李特、李流等人。李特在哥哥死后，在绵竹聚集七千余人的流民武装，向赵廞的政府军发动进攻，消灭了十分之八九，一路攻进首府成都。赵廞众叛亲离，带着家眷乘船逃跑，途中为人所杀。四川大乱的时候，朝廷已经任命罗尚为新的益州刺史查办赵廞。李特刚刚和赵廞大战一场，急需休整的时候，罗尚已经带兵七千进入了四川。李特无力抵抗，不得不扮演西晋的忠臣，派弟弟李骧奉迎政府军，并献给罗尚珍玩财宝。罗尚也就默认了李特起兵杀戮赵廞的行为。

罗尚有心安定四川，但也找不出处理流民问题的好方法。他想出来了"遣送回籍"的馊主意来。先不是关中饥荒战乱流民回去后衣食无着，就说经过几年的流浪后，流民已经四散到巴蜀各地充当劳力、当兵打仗，遣送一事不具备操作可能。然而罗尚依然在七月下达了强制流民返乡的命令。十数万流民闻讯忧心忡忡，不知如何是好。益州官员又沿途设关卡，掠夺流民的财物，增强了矛盾。李特三番两次为流民求情，要求罗尚宽限时日，先是要求等待秋收以后再遣返，后来又因为当年水雨将降年谷未登乞求再宽限时日。流民们都非常感激，自觉不自觉地以李特为首领，唯他马首是瞻。

罗尚认定李特等人是在拖延时间，采取更加严厉的政策逼走流民。官府张贴公告，悬赏缉拿李特兄弟。李特早有异心，觉得借机把事情闹大，派弟弟李骧暗改布告为："能斩获六郡首领李、任、阎、赵、上官及氐、叟酋长首级的，赏布一百匹。"这一改，把罗尚的打击面从李特兄弟扩大到了各大流民首领（李、任、阎、赵、上官），甚至连氐、叟（这是四川本地的少数民族）等少数民族首领也在打击范围内。矛盾一下子被激化了，所有流民武装和少数民族都拥戴在李特兄弟周围，决心与罗尚为敌而自保。李特在旬月间招募了两万军队，于是修缮甲胄训练士卒，磨刀霍霍。

罗尚也不是庸庸碌碌之人，入蜀后已将部队扩充到了数万人。他见流民武装不断增长，决定先下手为强，派出精锐步骑三万人，偷袭流民大营。李特事先得到情报，设下埋伏严正以待。晋军冲入流民大营后，发现营寨中空无一人，情知中计，可大军已经进营一半，冲在前面的要后撤，后面的不知虚实还一个劲往前冲，乱作一团。李特帅伏兵从四面包抄过来，晋军死伤惨重，狼狈逃跑。大胜口，六郡流民共推李特为镇北大将军，假借西晋皇帝的名义封官拜爵，正式建立独立的武装，浩浩荡荡占据广汉，造起反来。罗尚无力回天，只能固守成都，同时向朝廷求援。罗尚为人贪婪腐败，为政苛刻，而李特施舍赈济，提拔贤才，主政肃然有序，很快得到四川百姓的认可。民谚说："李特尚可，罗尚杀我。"302 年，李特打败了河间王司马颙派来的援军。303 年，李特亲自领兵进攻成都。罗尚部队一触即溃。蜀郡太守投降，献出了成都外城，罗尚只守着内城，遣使求和。

胜利在望，李特不合时宜地骄傲轻敌了起来。因为战乱和收成不好，四川本地百姓也结村筑堡，自卫自保。李特大军处于优势，本地武装纷纷表示归附。李特因为军粮不足，就分派流民到各个本地村垒里"就食"，这就分散了自身力量、埋下了流民和土著的矛盾隐患。弟弟李流提醒李特，土著未必真心归附，应该让本地的大姓豪族派遣人质过来，作为约束。李特不以为然。益州从事任睿趁机建议罗尚："李特侵暴百姓，又分散流民到诸村堡，骄怠无备，是天亡之也。我们可以暗中与各村约定时间，内外偷袭李特，破之必矣。"罗尚欣然答应。任睿又假装投降李特，李特问他城中虚实，任睿谎称："城里米谷快吃完了，只剩货帛。"李特信以为真，警惕更加松懈。任睿请求回家省亲，李特也答应了。任睿转身就去游说各个土著武装一起偷袭李特。恰好西晋朝廷为挽救益州局势，从荆州调水军三万逆江而上救援罗尚。各个土著武装原本首鼠两端，见罗尚援兵到达，纷纷同意出兵偷袭李特。而李特为了阻挡荆州的援兵，又不得不分兵抵挡，力量再次削弱。罗尚趁机猛攻李特大营，各处土著居民联合出兵，流民武装大败溃散，李特阵亡。四川形势为之一变。

李特的弟弟李流收拢残余力量，继续与罗尚对抗。他率李特的儿子李荡、李雄与罗尚军死战，扭转了败退的局面，把罗尚军队逼回成都闭门自守。不幸的是，李特的长子李荡驰马追击过程中触倚矛重伤而死。李流见兄长、侄子相继战死，而荆州援军节节逼近，对前途丧失信心。部下李含劝李流投降，李流竟然心动了。侄子李雄见叔叔要投降，自告奋勇要去迎战荆州援军。李流被年轻人的勇气所激励，决定放手一搏，对李雄说："你如果能打败晋军，三年后我让位给你。"李流并且把军权交给李雄，让他节制各部奋勇作战。李雄抖擞精神，先集中军队猛攻晋军遏制住敌人的气焰，使罗尚紧紧龟缩在成都不敢外出，再攻占郫城作为大兵营。但是流民武装的处境依然不妙。四川连年战乱，百姓筑垒自保、城邑皆空，流民武装既没有持续的后勤供给又和土著百姓隔膜很深，始终处于半饥半饱的流动作战状态。只有争取四川百姓的支持，李流、李雄叔侄才能站稳脚跟。怎么才能争取四川民心呢?

二

罗尚方面也在琢磨这个问题。参军徐轝向罗尚推荐一个人：范长生，建议罗尚委任范长生为汶山太守。范长生是谁呢?

范长生是魏晋时期的奇人，据说活了100岁。他本是涪陵丹兴(今四川黔江)人，家族是当地大族。蜀汉初期涪陵百姓叛乱，诸葛亮讨平后，迁徙百姓充实成都。汉末，张道陵在四川地区开创了“天师道”，蜀汉时期在成都一代盛极一时。天师道是原始道教，讲求与世无争，提倡个人修行，能够给饱受战乱与生活之苦的百姓们以精神慰藉，在乱世的土壤中滋长蔓延。不仅是汉族百姓，就是氐族和羌族百姓也纷纷入教信奉。范长生年轻时代就加入了天师道，并逐渐成为了魏晋时期的宗教领袖。他长期住在成都西山(青城山)，聚集千余家信众百姓独立生活和修行。其他没有上山的百姓也尊重范长生的说教和博学，像神一样敬服他。

罗尚对范长生没有兴趣，也许是他不愿意和范长生分享权力，所以拒绝了参军徐轝的建议，后者愤愤不平，觉得罗尚缺乏眼光胜利无望，跑去投降了李流。作为见面礼，徐轝向李流推荐了范长生，说如果争取到范长生的支持流民武装的军粮不解都给得到解决。李流果然决定重礼交好范长生，派徐轝去青城山请范长生站出来说说话，支持一下。范长生同情流民，不尽答应倾向流民武装，还亲自出山，以天师道首领的身份号召四川百姓支持李流。流民和四川百姓之间的矛盾顿时缓解，范长生并且亲自为流民武装筹集粮秣，招募兵马。流民武装力量大增，声威复振。

李流对李雄之前的反降劝告开始信服了，觉得这个侄子稳重有勇有谋，有长者之德，逢人便说：“兴吾家者，必此人也。”他要求儿子们尊奉李雄，还公开立李雄为继承人。李流的身体很不好，局面改观不久就病逝了。李雄继任为主。

李雄是李特的第三子。母亲罗氏，曾经梦见双虹自门升天，一虹中断，生下了长子李荡。后来罗氏在汲水的时候突然打瞌睡，梦见大蛇绕身，醒后竟然怀孕了，怀胎十四个月才生下李雄。相士曾预言，罗氏的两个儿子如果有一个先死，那么剩下的那个儿子必能大贵。李荡之前战死了，这个预言就应在了李雄身上。李雄身材魁梧，容貌出众，乡里都很器重他。道士刘化预言：“关陇之士皆当南移，李雄有奇表，终为人主。”这句大逆不道的话，足可以要了刘化和李雄的命，因为西晋统治衰微也就没有人去追究了。

话说李雄继位后，罗尚以为他年轻好欺负，趁机出兵攻打。李雄正好扬威，大败晋军。叔叔李骧又攻犍为，断绝了罗尚的粮道，晋军士气大减。李雄乘胜急攻成都。如今的流民武装今非昔比，既有斗志高昂的流民又有土著百姓的支持，罗尚连战连败，在一个夜里偷偷逃往四川东部，留下牙门将罗特固守。罗尚前脚刚走，罗特就开门投降，李雄攻克成都。占领成都，标志着西晋的益州地方政权被推翻。李雄又主动造访青城山，来到范长生穴居处，请表示要迎立范长生为君。范长生坚持推辞，再一次申明了对李雄的支持。永兴元年（304 年），李雄称成都王，正式建立割据政权。范长生下青城山来到成都表示祝贺，李雄出城门迎接，执版延坐，拜他为丞相，尊称“范贤”。范长生劝李雄称帝。两年后（光照元年，306 年），李雄称帝，顶国号为“成”，史称成汉政权。李雄进一步尊范长生天地太师，封西山侯。成汉政权可以看做是以氐族贵族统治，得到四川百姓支持的割据王朝，在十六国中享国最长。

成汉建立后，向北驱逐西晋的梁州刺史，占领汉中；坚守四川东部巴郡的西晋益州刺史罗尚不久病逝，土地被李骧攻占；西晋宁州刺史投降成汉，南中之地也成了成汉领土。至此，成汉疆域占有益州、梁州、宁州大部地区，相当于现在的陕西南部、四川大部和云贵部分地区。

三

成汉地区在李雄统治的 30 年间成了世外桃源，在乱世中做到了“夜不闭户路不拾遗”。之不可谓不是一个奇迹。

李雄是怎么做的呢？史称李雄“为国无威仪，官无禄秩，班序不别，君子小人服章不殊”。简单地说，李雄执政就做到了一条原则：清静无为，与民便利。西晋末期造成天怒人怨的主要原因就是官府统治残暴，苛捐杂税太多，李雄只要反其道行之就能安定民心，富国强民。所以李雄废黜西晋复杂而残暴的政令，简行约法，奉行简单方便的原则。成汉政权是流民建立的，最清楚田园荒芜百姓流离失所的痛苦，李雄注意农业生产。四川本来就是天府之国，农业生产条件优越，只要政府能保境安民、当政者与民方便，农业生产迅速恢复，几年后就呈现出繁荣景象。范长生的涉世思路是“清心寡欲，敬天爱民”，劝告李雄“休养生息，薄赋兴教，切莫穷兵黩武”。李雄把这个执政思想奉行了 30 年。范长生活了超过 100 岁，青城山建立了长生宫为其专祠。此山因范长生的缘故，开始显赫，道观林立，成了四川名山。

李雄的善政，源于李雄个人宽容和善的性格。苻成、隗文两人曾是李雄的部将，后来叛变投降了罗尚，在流民武装最艰难的时刻来攻打李雄，曾经手伤李雄的生母罗氏。四川平定后，苻成、隗文二人又来求降，李雄准许了，并没有因为历史问题罪责二人，而且还厚加待纳。成汉政权刚建立的时候，国库空虚，李雄一度允许卖官鬻爵，百姓进贡金银珍宝多就能得官。丞相杨褒进谏：“陛下为天下主，当网罗四海，何有以官买金邪！”李雄立即采纳，果然停止卖官。李雄曾醉酒，责罚了中书令和太官令。杨褒又劝谏：“天子穆穆，诸侯皇皇，安有天子酗酒逞凶的！”李雄也能虚心接受。李雄喜欢出去走走，没什么事也出去逛逛，杨褒就在骑马持矛跟着。李雄好奇地问他干吗，杨丞相说：“陛下要以天下为重，不能像我这样乘马持矛，跑快了跑慢了都可以出差错。”李雄虚心纳谏，马上勒马回宫，不再轻易外出。

在外交上，李雄处置也很得当。成汉外交的基本原则是：和平相处，不出头不折腾。割据西北凉州的张骏以东晋藩镇自居，可和江南没有领土相接，要借道成汉政权和建康进行公文和人员的往来。李雄与人方便，从不阻拦凉州和东晋朝廷的往来。张骏借道的同时，顺便对李雄展开“统战”，劝李雄去尊号，向东晋称藩。李雄回信说：“我被士大夫所推为帝，本无心于帝位。我的志向是：进思为晋室元功之臣，退思共为守藩之将，扫除氛埃，以康帝宇。可惜啊，晋室陵迟，德声不振，偏安东南。如果晋室能够复兴、一统天下，我一定奉土称臣。”一次，巴郡告急，说东晋在集结大军企图进攻成汉。李雄竟然高兴地说：“我还担心石勒跋扈，司马睿难以对抗，想不到还能对我用兵，令人高兴。”当然了，李雄没有与东晋兵戎相见，始终向东晋示好。对于中原、西北各个割据政权也一样，李雄都谨守天险，与世无争。

有了稳定的外部环境，农业逐渐恢复后，在草长莺飞二月天，四川的孩子们又可以去读书了。李雄办学兴文教，鼓励人文，文治和武功一样的可圈可点。

《晋书》评价李雄治下的成汉政权“时海内大乱，而蜀独无事”，“事少役稀，百姓富贵，闾门不闭，无相侵盗”。这是相当高的评价了。

十八

永嘉之祸

一

晋武帝司马炎一共有 25 个皇子，其中最小的第二十五子叫做司马炽，太熙元年（290 年）被封为豫章郡王。司马炽的豫章王是遥领的，没有“就藩”（到封地去），留在洛阳做京官。八王之乱爆发后，司马炽自然没有实力参与同室操戈，而是冲素自守，不交宾客，不问世事，一心攻读史籍。他这么做，获得了意想不到的两大效果：一个是得到了舆论的好评：“多好的王爷啊，一点名利心都没有，就知道学习！”另一个效果是等八王之乱沉寂下来后，司马炽成了幸存的司马炎的三个儿子之一（另两个是晋惠帝司马衷、吴王司马晏）。

光熙元年（306 年），东海王司马越毒死惠帝，挑选司马炽继位，次年改元永嘉。司马炽就是晋朝的第三个皇帝，历史上称为晋怀帝。

司马炽和永嘉时代就这么稀里糊涂地被推上了历史舞台。

司马炽在皇帝生涯的多数时光里就是个傀儡，朝政全由司马越把持。司马越以太傅身份辅政，兼任了华北六州的刺史或者州牧，并拉拢大世族王衍为太尉，在朝野到处安插亲信。晋怀帝司马炽原本就没有根基，如今更没有可能施展拳脚了。

司马炽即位前，和中庶子缪播关系很好，即皇帝位后任命缪播为中书监，任缪胤为太仆卿，此外还叫来舅舅、散骑常侍王延和尚书何绥、太史令高堂冲协助自己处理机要事务。这是司马炽能够拼凑起来的可怜的班底。司马越对这个力量微弱的小帮派也不能容忍，在心腹刘舆、潘滔等的劝说下诬陷缪播等人“谋反”，派将军王秉率领三千兵士进入皇宫，当着司马炽的面逮捕缪播等十余人。司马炽眼巴巴看着自己的班底被一网打尽，唯有叹息流泪而已。最后，缪播等十余人被全部斩首。司马越分析了八王之乱以来皇帝被藩王利用的历史，觉得屡次变故的根源在于宫殿侍卫力量的人心向背。为了将司马炽彻底控制在手掌中，司马越决定重组宫廷侍卫。当时宫廷中的武官都封了侯，司马越就上奏请求将有侯爵身份的宫廷侍卫全部罢免。很快，司马炽身边的武官都被解职，司马越改派右卫将军何伦、左卫将军王秉带领几百名东海国的士兵担任皇宫禁卫，等于是将司马炽看管了起来。

司马越个人权力巩固了，洛阳城的形势却不太妙。八王之乱的恶果充分显现了出来：晋朝的精锐部队损失殆尽，洛阳府库空虚，而匈奴、羯族等少数民族武装纵横黄河南北，晋朝地方郡县望风披靡。洛阳城就好像是一艘装饰华丽、却缺乏水手和给养的大船，周围全是凶神恶煞般的异族小舢板；司马越就是大船的舵手，面临的问题已经不是大船驶向何方的航向问题了，而是如何保证洛阳不被异族武装攻陷的生存问题。他想到的办法就是派出羽檄征调地方军队入援京师，号召藩镇和地方将领们勤王。在求援问题上，皇帝司马炽和权臣司马越的利益是一致的。使者临行前，司马炽叮嘱使者们，要他们转告地方守臣：“现在增援，洛阳可能还有得救；晚了，洛阳就没有了！”华北、西北的部分州县，南方的大部分州县都还在晋朝官吏的手中，但是他们势孤力单（高度中央集权和连年征战的结果），而且自顾不暇（自身也面临异族武装或者农民起义的问题），都不具备增援洛阳的能力。山涛的儿子、镇南将军山简镇守襄阳，有心报国，派出一支小规模的部队前往洛阳，不想走到宛城的时候被当地流民武装消灭了。而派出援兵后，山简自身力量削弱了，不得不闭城自守，后来干脆弃城南逃。另一个有心增援的人是荆州刺史王澄。他的刺史官职是司马越任命的，而且族兄王衍还在洛阳城中，所以派部队前往洛阳。当山简失败的消息传来，王澄害怕步其后尘，赶紧召回部队，一心保境安民。其他地方官员，情况也类似。所以，司马炽望眼欲穿，没看到一个援兵进入洛阳。

在绝境中坚持了三年多，洛阳的情况更加不妙了。异族武装力量越来越强大，朝廷能控制的郡县越来越少。太傅司马越丝毫没有改变朝廷困局，又揽权专政，大失所望。永嘉四年（310 年），司马越阵营意识到这样下去迟早要完蛋，就有谋士建议道：与其在洛阳坐以待毙，倒不如集合城里尚有战斗力的军队，向外发展，也许能打开一片天地。司马越接受了这个带有冒险性的建议，穿上戎服去向司马炽辞行。他借口讨伐石勒（石勒正在横扫黄河以南和汉水以北地区），要率军向兖州、豫州方向发展。司马炽忧心忡忡地说：“现在胡人日渐逼近首都，洛阳官民斗志全无，朝廷社稷正倚赖太傅支撑。你在节骨眼上，怎么可以远离洛阳，孤立首都呢？”司马越辩解道：“臣此次出战，如果能够幸运地击破贼军，则国威可振，总比坐待困穷要好。”应该说，司马炽和司马越对时局的看法各有各的道理。晋朝发展到这一步，要么坐以待毙，要么侥幸取胜。

当年十一月，司马越孤注一掷，集合在洛阳城内外的四万军队，声称讨伐石勒，向许昌开拔而去。太尉王衍担任军司，与司马越同行。洛阳官民见司马越军队要弃城而去，人心惶惶，多数人都想搭上司马越这艘救生船逃离势必沉没的洛阳大船，于是各显神通往军队里面挤。到最后，四万军队膨胀成人数超过十万的逃难大军，里面有大大小小的洛阳各级官吏、家眷、富翁和其他关系户、难民等等。一路上尘土飞扬、人声鼎沸，有拖家带口的、有丢三落四的、有被百姓打乱行伍队列的部队、也有在百姓队伍中横冲直撞的骑兵，场面蔚为壮观。

当然，司马越也没有完全放弃洛阳——毕竟它是帝国的首都，毕竟晋怀帝司马炽还有政治号召力。他留下了王妃裴氏、世子司马毗在洛阳，并留亲信龙骧将军李恽、右卫将军何伦率少量军队守卫城池，以防万一。

等庞杂混乱的出征部队都消失在了远处的尘土中，洛阳城顿时变为了一座死城。官署中的大多数官吏、军营中的大部分士兵，都随司马越走了，衙门没有人守卫，治安没有人维持，最恶劣的是横七竖八的尸体都没有人去埋葬。每天都有人逃离死城。不愿意走和不得不留下的人，也忙于掘壕沟筑工事，以求自保。

司马越此行，能否幸运地击败石勒呢？晋朝的前途又如何呢？

二

晋怀帝司马炽对司马越的冒险出征，义愤填膺。司马越前脚刚走，司马炽就于永嘉五年（311 年）正月给东边的青州刺史苟晞发去密诏，任命他为大将军讨伐司马越。

晋朝的天下，已经分崩离析了，各块尚在晋朝官吏手中的领土，像淹没在异族和农民武装的海洋中的一座座孤岛。大的势力，在黄河以北主要是并州刺史刘琨和幽州刺史王浚、在江南主要是琅琊王司马睿、在关中地区主要是南阳王司马模，苟晞是晋朝在黄河中下游硕果仅存的地方实力派，是司马炽讨伐司马越的唯一人选。

苟晞是职业官僚，身经百战才跻身高位的，有着奋斗成功后的老官僚的精明和市侩。他见朝政日乱，担心有祸害上身，花了很大力气交结达官显贵，每次得到宝物都往洛阳的亲贵家里送。他在兖州时，驻地离开洛阳五百里，苟晞怕送往洛阳的土特产到达时候不够鲜美，挑选了千里牛，每天凌晨驮着礼物出发晚上回来，日夜不休，用心良苦。苟晞靠此在乱世中求生存谋发展。在政治上，苟晞是个不折不扣的强权者，建立了庞大的官署和幕僚系统，专断辖区内的人事，追求战功，对付异族武装和流民起义毫不手软，日加斩戮，流血成河。兖州、青州一带百姓哭不堪命，暗地里骂苟晞是“屠伯”。

苟晞的青州刺史是司马越任命的，司马越还封他为郡公。两人的关系一度很好。如果能够深入合作，司马越有可能借助苟晞的实力，在黄河下游站稳脚跟，和石勒、王弥等人决一雌雄。遗憾的是，两人的关系在司马越出洛阳前，不幸破裂了。司马越的亲信潘滔、刘望等人诬陷苟晞，可能是想夺苟晞的官职；苟晞生气了，向司马越要潘滔等人的脑袋，又向司马越建议了几项人事变动，司马越一概没有答应。苟晞于是认为：“司马越为宰相，不能平定叛乱，使天下淆乱，我怎么能坐视不顾呢？今将诛国贼，尊王室，匡扶天下的霸业可成！”他移告诸州县，公布司马越的罪状，宣布和司马越决裂。司马炽正是看中这一点，让苟晞去讨伐司马越的。主观上，苟晞有讨伐司马越，甚至取代司马越的心思；可惜他在客观上已经自顾不暇。流民武装领袖王弥所属的曹嶷部队之前大举进入青州，志在占领领土长期经营。苟晞抵抗得很辛苦，节节败退，部队日渐零落，完全没有力量讨伐司马越，两面作战了。他能做的，就是在文字上积极响应司马炽的号召，对司马越口诛笔伐。

离开洛阳后，司马越的日子也不太好过。所谓的讨伐石勒，不过是逃离的借口而已。全军上下，从司马越到普通士兵，都没有战胜石勒的信心。不幸的是，二月，石勒大军从汉江北上，朝着司马越部队的方向冲杀过来。司马越匆忙躲避，向东方逃去。当月，石勒占领了重镇许昌。三月，司马炽又公开发布诏书，讨伐司马越。司马越还截获了苟晞和朝廷往来讨伐自己的文书。在石勒、司马炽、苟晞三方的巨大压力下，东海王司马越觉得自己走投无路了，对前途完全丧失了信心，心力交瘁加上急火攻心，死在了项城。

司马越死后，官民们要推举太尉王衍为首，率领大家谋出路。王衍不敢担当如此大任，百般推辞说：“我年少时就没有做官的欲望，这些年来全是熬资历才升迁到如今的地位。今天的大事，怎能让我这样一个没有才能的人来担任统帅呢？”他要推举随军的襄阳王司马范为新首领，司马范坚决不答应。最后实在没办法，王衍心不甘情不愿地继承了司马越的位置。

王衍，山东琅琊人，在琅琊王家的兴起过程中起到了重要作用，日后琅琊王家在南方的发达，实在应该感谢他。从年轻时代起，王衍就精通玄理，擅长清谈，专以谈论《老子》、《庄子》为事。清谈时，王衍喜欢手持白玉柄的尘尾，手和玉柄的颜色一样白皙。虽然是玄学大师，王衍却没有留下系统的言论，就连只言片语也很少。主要原因是他纯粹是为了清谈而清谈，没有成熟的观点，经常谈着谈着觉得话语有什么不妥的地方，就随口改过来。世人称之为“口中雌黄”。正如他承认的，因为资历老家底硬，王衍被视为士族的首领。在人品和能力上，王衍都没有称道的地方。他的夫人郭氏是个悍妇加守财奴，连亲友的钱财都要贪霸。王衍对郭氏的贪财很鄙夷，坚持口中不提“钱”字。郭氏偏要试试他究竟会不会说钱，就让奴婢用钱绕床一圈，把王衍围在床上。王衍醒来后看到钱，大喊：“把这些堵着我的东西拿走！”在政治上，王衍没有丝毫建树，专谋自保，甚至不惜为了讨好贾南风而牺牲女儿的婚姻（王衍的女儿原本许配给了愍怀太子，王衍看贾南风不喜欢愍怀太子，竟然悔婚）。可就是他，连续担任尚书令、司空、司徒等宰相级的高官。王衍年轻时曾去拜访山涛，山涛对别人评价王衍道：“王衍看起来很不错，然而亡国败家的，正是这样的人！”

王衍当了东海王部众首领后，有三条路可以走。第一条路就是回归洛阳，和司马炽汇合，号令天下，与叛军对抗，维持困局；第二条路是与其他晋朝势力汇合，比如与苟晞的青州势力抛弃前嫌合兵一处谋求自保，或者继续往东南方向发展，渡过长江去与司马睿的势力汇合（与其他势力汇合似乎难度很大）；第三条道路是就地占领郡县，准备后勤和工事，以之为根据地防御敌人谋求发展。应该说，这三条路都不失为现实的选择，在石勒军队逼近的情况下都具有危险性。然而，王衍做出了匪夷所思的选择：对司马越的死秘不发丧，扶着灵枢向东海进发，准备在司马越的封地安葬他。于是，王衍为首，以襄阳王司马范为大将军，全军向东踏上了尘土飞扬的征途。

石勒亲自带人追赶东海王的部队，最终在苦县追上了。石勒的部队只有两万人，而王衍统帅的有十万之众，可这十万之众抱着逃难的心离开洛阳，中途又经历首领更迭、漫无目的地在河南游荡，士气越来越消沉。将军钱端勉强出兵与石勒作战，战死，引起了全军大崩溃，十几万人被石勒的军队围困住了。兵无斗志，大家从东跑到西又从西跑到东，都在寻找逃生的缝隙，却没有一个人思考抵抗。石勒指挥军队射杀晋军，将一场决战简化成了屠杀。一圈圈的人被射死，尸体一层压着一层，“相践如山”。十多万西晋的官吏、军队和家眷就这么消失了。这可是西晋在北方最后的主力。

石勒下令焚烧司马越的灵柩，给司马越极为恶劣的评价：“此人乱天下，吾为天下报之，故烧其骨以告天地。”石勒是西晋末年黑暗政治的受害者，他是有资格说这话的。王衍等几十名权贵成了俘虏，石勒把这些人都叫到跟前。除襄阳王司马范神色自若拒不畏死外，其余的人都纷纷哀求石勒饶命。石勒倒没有马上大开杀戒，而是询问王衍许多朝廷往事。王衍陈说了西晋败亡的原因，但解释责任不在自己，并说自己年轻时就不喜欢参与政事，只求避祸保身。王衍甚至劝说石勒称帝（当时石勒还是匈奴汉朝旗帜下的将领）。石勒对王衍强言狡辩卑躬屈膝的行径极为不屑，怒喝道：“你名声传遍天下，身居显要职位，年轻时就得到朝廷重用，如今头生白发了，竟然还说没有参与朝廷政事呢？天下残破不堪，正是你这类人的罪过！”把俘虏押下去后，石勒对参谋孙苌说：“我行走天下多年，从来没有见过如此无耻的人，还应该让他活下去吗？”孙苌说：“王衍一定不会为我们尽力，杀这样的人有什么值得可惜的呢？”石勒不屑于用刀杀他，就命令士兵在半夜里推倒墙壁把王衍等人压死了。据说王衍临死前，终于忏悔道：“我们虽然赶不上古代贤人，但如果平时不崇尚浮华虚诞，勉力来匡扶天下，也不至于落到今日的下场。”

留守洛阳的司马越王妃裴氏和党羽何伦等人，听到司马越去世的噩耗后，仓皇无措，竟然弃城南逃。洛阳最后一丁点武装力量被他们带走了，这就好像是一片枯黄的叶子被抽走了最后一丝绿色。何伦等人也没有逃远，很快就被石勒的军队拦截住了。一场接触战过后，何伦、东海王世子司马毗等人都被乱军杀死。王妃裴氏被掳掠卖掉，若干年后辗转来到了江南，才恢复了身份。当时司马睿已经在江南称帝，他是司马越的党羽，裴氏当年对他也多有照顾。所以，司马睿为司马越举办了象征性的葬礼，并把自己的儿子过继给司马越。这些都是后话了。

三

话说司马越势力被铲除后，洛阳的情势危如累卵。

荀晞看到洛阳无兵无粮、敌人兵临城下，势必陷落，上表奏请迁都，还派出由数十艘船只组成的船队，运送了五百名士兵、上千斛谷米进入洛阳。同行的荀晞使者请求司马炽前往仓垣（今河南开封东北）避难。这也许是挽救朝廷免于覆亡的最后机会。

司马炽非常愿意迁出洛阳。但公卿大臣们坚决反对，他们有的担心迁到荀晞的地盘后自己官爵不保，朝廷可能被荀晞所控制；有的则舍不得洛阳的府邸家财。结果，司马炽和大臣们争论了好久，没有马上就走。几天后，形势越来越紧张，再不走就要被匈奴人抓走了。司马炽不想再争论了，决心逃亡。他找不到车子，就徒步出宫，身边只有几十名官员、宫人跟从。君臣一行人在洛阳大街上竟然遭遇盗匪抢劫，狼狈异常，只得返回宫殿。没有一定的力量保护，司马炽君臣是没有能力，也没有胆量逃出洛阳城去了。城外，刘曜、王弥、石勒各部叛军，正不断逼近。

六月十一日，叛军从南边进入洛阳城，将官署、宫殿的珍宝、美女抢劫一空。司马炽在宫殿中被俘（一说在逃往长安的路上）。皇太子司马诠、吴王司马晏、竟陵王司马楙、尚书左仆射和郁、尚书右仆射曹馥、尚书闾丘冲、袁粲、王绲、河南尹刘默等被杀，百官士庶死者三万余人。史称“永嘉之祸”。洛阳城经过八王之乱和此番洗劫，成为一座废墟。

永嘉之祸的发生，是西晋开国以来种种矛盾累积的恶果。晋武帝司马炎时期的大臣何曾曾悲观地预测王朝很快就会覆灭，对儿子们说：“你们还能够免祸。”指着孙子们说：“他们一定会遭到国难。”何曾判断的依据是司马炎君臣聚会的时候，都是谈家长里短、谈如何享受，没有一个人在关心国计民生。这样的王朝这么能长久的了呢？即使何曾这样有先见之明的人，也要对王朝覆灭负责。他们何家一顿饭吃几万钱，还说没有下筷子的地方，本身就是穷奢极欲的统治阶层的一员，对国家发展毫无裨益。如果没有八王之乱的内乱，西晋可能还能多维持几年，八王之乱的爆发，大大加快了王朝的灭亡。果然到永嘉末年，何曾一家已经没有子孙留存在世了。

永嘉三年（309 年），匈奴人判断“不出三年，必克洛阳”，他们果然做到了。

十九

西晋被彻底埋葬

一

永嘉之乱在事实上宣告了西晋王朝的覆灭，但北方晋朝的残余力量又惨淡经营，勉强把晋朝的旗帜在北方多扛了几年。

永嘉之乱中，皇帝被俘，皇太子遇害，宗室亲王 48 人遇害，但是司马炽的儿子、豫章王司马端奇迹般地从乱军中逃了出来。他隐约记得大将军苟晞要迎接父皇司马炽前往仓垣，逃出洛阳后就拼命向东跑，还真让他跑到了仓垣。苟晞得知洛阳的惨状后，先和部下大哭了一阵，然后尊司马端为皇太子，建立西晋的临时政府。因为司马炽还活着又不能行使职权，所以司马端这个皇太子只能代行皇帝职权（承制）。司马端承制任命苟晞领太子太傅、都督中外诸军、录尚书。苟晞树起大旗后，带着临时政府从仓垣迁移到蒙城（今河南商丘东北）驻扎，希望能走出危局。

苟晞出身孤微，如今位至群臣之臣，志颇盈满，不顾时局艰难追求起享受来了。他有奴婢将近千人，侍妾美女数十名，终日累夜不出户庭，纵情肆欲。对外，苟晞刑政苛虐，部下阎亨劝谏他要勤奋振作，苟晞大怒，杀了阎亨。另一个部下明预在家养病，抱病劝谏苟晞："朝廷正当危难之机，明公亲禀庙算，将为国家除暴。阎亨美士，奈何无罪一旦杀之！"苟晞大："我杀阎亨，关你什么事，竟然抱病来骂我！"这样一来，部下为之战栗，再也没有人劝阻苟晞的荒唐行为了。西晋临时政府大失人心，加上又遇到疾疫、饥馑，将军温畿、傅宣等人纷纷叛变投敌。苟晞实力迅速削弱。

苟晞在危难时刻打起朝廷大旗，完全有可能把北方还忠于皇室的人士、反对异族统治的人士聚拢在自己周围，可惜白白浪费的机会。很快，在石勒的进攻面前，荀晞地盘越来越少。最后蒙城被石勒偷袭攻陷，荀晞被俘。石勒先任命他为自己的司马，一个多月后又杀了他。皇太子司马端在乱军中下落不明。

话说洛阳沦陷的时候，司马炽的侄子、12 岁的秦王司马邺也逃了出来。司马邺跑到密县（今河南密县东南），遇到了舅舅、朝廷司空荀藩。荀藩收留了司马邺。巧的是，前豫州刺史阎鼎是西北天水人，在密县纠集了数千流民，准备返回西北故乡。荀藩去找阎鼎，阎鼎毅然决定保护秦王，延续王朝血脉。全靠这支流民武装，司马邺暂时稳定了下来。

荀晞势力覆灭后，离司马邺最近的我方势力就是关中的司马模了。永嘉之乱发生时，晋朝将军赵染投降了刘聪，引匈奴刘粲的部队进攻长安。司马模战斗失利，竟然献出长安投降了，还是被刘粲处死。司马模的儿子司马保继立为南阳王，坚持作战；关中未曾失守的一些地方官吏也纷纷坚持抵抗。忠于晋室的军队和刘曜、刘粲交战，连连得胜，包围了长安。永嘉六年（312 年）四月，刘曜、刘粲等人坚守不住，放弃长安逃跑了。阎鼎与关中众人联络，双方一致拥戴司马邺。司马邺随即进入长安。九月，阎鼎等人推举司马邺为皇太子，建立了新的临时朝廷。这个小朝廷一建立就陷入了内战，两大支柱河南的流民武装和关中的郡县武装相互不买账。阎鼎与关中诸将争权，抢先痛下杀手，无奈力量不济，遭到关中诸将群起攻之，兵败被杀。

可怜的晋怀帝司马炽被俘后，被送往平阳。匈奴首领刘聪对他的态度很好，封他为左光禄大夫、平阿公，次年又进封为会稽郡公。当然了，这些官爵都是虚的，司马炽实际上处于被软禁状态。一次，刘聪对司马炽说："爱卿为豫章王时，朕曾经由王济介绍，认识了爱卿。爱卿当时说闻我名久矣，还把自己所制乐府歌展示给朕看，对朕曰：'闻君善为辞赋，试为看之。'朕当时与王济都背了篇《盛德颂》，得到卿家的夸奖。爱卿又引朕到皇堂赌博，朕得十二筹，卿与王济都只有九筹。朕赢了，爱卿还送给朕柘弓、银研。爱卿还记得吗？"刘聪一口一句"朕""爱卿"的，表面看来是叙旧，是恩宠，可对前朝皇帝司马炽来说，却是莫大的讽刺。而司马炽只能回答："微臣怎敢忘记，只恨当日没有早识龙颜。"刘聪又说："卿家骨肉相残，何其甚也？"司马炽再放低身段，回答："此殆非人事，皇天之意也。大汉将应乾受历，故为陛下自相驱除。且臣家若能奉武皇之业，九族敦睦，陛下何由得之！"司马炽只能奉承匈奴人建立的汉国取代司马家族的晋朝是“天命所归”。尽管司马炽战战兢兢，一心委曲求全，刘聪还是对他起了杀心。永嘉七年（313 年），刘聪命令司马炽在正月的朝会上穿着奴仆的青衣，给大家倒酒。晋朝的侍中庾珉、王俊等人见状号哭不止。刘聪杀心更重了，随即派人毒死司马炽。司马炽死时只有 30 岁，葬处不明。晋朝秘书监荀崧曾对人说：“怀帝天姿清劭，少著英猷，若遭承平，足为守文佳主。而继惠帝扰乱之后，东海专政，无幽厉之衅，而有流亡之祸。”一个守成之才，偏偏在社稷飘摇、权臣当道的时候被推上皇帝的宝座。这不仅是他个人的不幸，也是王朝的不幸。

晋怀帝司马炽遇害的消息传到长安，司马邺不用再“承制”了，登基称帝，是为晋朝的第四个皇帝晋愍帝。

二

司马邺即位后，最大的手笔（也可以说是唯一的手笔）就是决定对匈奴汉国发动“总攻”。根据五月司马邺发布的诏书，这次总攻的目的是“扫除鲸鲵（指汉），奉迎梓宫（怀帝的棺木）”，收复中原；具体安排是兵分三路：幽州王浚和并州刘琨出兵 30 万直取匈奴都城平阳，任命南阳王司马保为右丞相，率兵 30 万保卫长安，任命琅琊王司马睿为左丞相，率兵 20 万进攻洛阳。整个计划雄心勃勃，规模宏大，可惜无异于是痴人说梦。晋朝哪里还有 80 万军队啊！三路之中，情况最好的是江南的司马睿，估计把正在和南方异己势力作战的军队拼凑一下，能有几万之众；情况最不好的是关陇一带的司马保，地方残破，朝不保夕，不要说 30 万军队，连三千人估计都没有。

接到诏书后，真正采取行动的只有并州刺史刘琨。刘琨一向爱国，苦于手头没有军队，就向北边的鲜卑部落“借兵”。汇合了鲜卑援兵后，刘琨勇敢地向平阳进攻了。匈奴人迎头抵抗，鲜卑人惧战退兵。刘琨只能无可奈何地跟着撤退了。有人把祖逖北伐也算在响应司马邺总攻号召的行列中。但他只能算是部分南迁的中原人士出于恢复家园目的的自发行为，只得到了司马睿象征性的支持（可能是司马睿也要对晋愍帝的诏书敷衍一下）。祖逖北伐的战果离晋愍帝要求的“进攻洛阳”，相差甚远（参见之后的《祖逖北伐》）。

梦境破灭后，现实显得更加残酷。匈奴军队西进侵蚀关中，长安的力量日渐空虚。建兴四年（316 年）八月，刘曜对长安发动总攻，西晋君臣进行了持续抵抗。到十一月，长安外城失陷，君臣退守小城。城中粮草全无，一斗米贵至黄金二两，甚至出现了人吃人的惨剧。司马邺见国家已经到了穷途末路，不愿意连累更多百姓，表示要“忍耻出降，以活士民”。有大臣痛哭流涕，拉着司马邺不让他出降。十一日，晋愍帝司马邺按照传统的君主投降仪式，乘羊车，肉袒（去袖，露出左臂）、衔璧（以口衔璧）、舆榇（车子上装着棺木）出城投降。西晋至此彻底灭亡。

刘聪接受了司马邺的投降，将西晋君臣安置在平阳。司马邺被封为怀安侯。一天，刘聪外出打猎，让司马邺穿上戎装，像卫兵一样执戟前导。沿途，老百姓见了，都指点说：“这是原来的长安天子！”有些老人看着司马邺，泪流满面。太子刘粲见状，主张杀掉司马邺以除后患。刘聪没有马上接受。十二月，刘聪大宴群臣，就像当年侮辱晋怀帝司马炽一样，要求晋愍帝司马邺给大家倒酒、清洗杯具。更过分的是，刘聪起身上厕所，命令司马邺执盖随从。在座的不少晋朝旧臣见状流泪涕泣，有的还哭出声来。尚书郎辛宾甚至抢步上前，抱住司马邺大哭。刘聪大怒，命令把辛宾拖出去，立即斩首。几天之后，司马邺也被害死，年仅 18 岁。

关陇残余的南阳王司马保，在司马邺死后自封晋王，企图以王朝正统自立，无奈他志大才疏，加上无兵无将，不久在陇西遇害。晋朝存续的希望，就看南方的司马睿的作为了。

二〇

石勒：从奴隶到皇帝

一

刘曜的前赵，定都长安。石勒的后赵，以襄国（今河北邢台）为都城。两个赵国一西一东，基本囊括了北方，与南方的东晋形成南北对峙。

前后赵这对仇家，一开始却没有打起来，维持了多年的和平。因为前后赵内部都不稳定，需要先处理好内务才有能力对外。

前赵的内部麻烦主要有两个：第一是关中陇右一带的氐、羌等少数民族并不服从匈奴的统治，有数以万计的人接连叛乱反抗前赵政权。刘曜采取安抚和迁徙并举的政策平定叛乱，迁徙 20 余万人充实长安。第二是安定乌氏（今甘肃平凉西北）人张轨趁中原大乱之际，割据凉州建立前凉政权，名义上向东晋王朝称臣，威胁前赵的后方。前赵对张氏政权用兵，虽然没有消灭前凉，但迫使前凉服软称臣。

再说说后赵的情况。说到后赵，得大书特书它的建立者石勒。石勒是并州的羯人，年轻时遇到大灾荒，被当时的并州刺史司马腾抓起来当作奴隶押到山东出卖。这个司马腾是司马越的弟弟，在荒年竟然想出贩卖少数民族为奴赚钱“以充军实”的馊主意来，严重激化了民族矛盾。在山东，石勒表现突出，很有威望。主人最终释放了他。石勒在山东地区游荡了几年，结识了马牧帅汲桑。305 年，石勒和汲桑趁乱集合几十个伙伴，起兵为寇。在民族矛盾激化的背景下，石勒很快就组织了以羯族为核心的武装力量。他和汲桑曾攻下河北重镇邺城，杀死了贩卖过他的司马腾。汲桑战死后，石勒率部投靠了匈奴刘渊。当时匈奴汉朝的力量主要集中在并州、关中和河南地区，在山东、河北地区的扩张主要依靠投靠匈奴的各支杂牌军。

除了石勒，当时东部打着匈奴汉朝的旗号作战的还有王弥的军队。王弥是汉族人，趁乱起兵，军队以汉族人为主，实力足可与石勒相对抗。东部地区基本就是石勒和王弥的天下。他们扫荡了东部地区的西晋军队，并和匈奴的刘聪军队相配合制造了"永嘉之祸"，各自杀戮了数以万计的西晋王公官吏。共同的敌人被消灭后，并肩作战的朋友就变成了敌人。

一山难容二虎。石勒和王弥首先开始内讧。王弥图谋石勒，可惜缺乏政治技巧，思想格局也不高。他幻想通过恭维拍马屁，让石勒放松警惕。石勒在青州大获全胜后，王弥故意写信给石勒说："石公俘获苟晞却赦免了他，何其神勇啊！让苟晞为公左膀，我王弥来做您的右臂，石公就可以平定天下了。"石勒当然不相信王弥的鬼话，开始提防着王弥。王弥军队数量不少，却分散兵力，分兵攻略地方。他亲自领兵南下，和东晋大军在寿春（今安徽寿县）相持，情况不妙，就向石勒求援。石勒当时正在和"乞活军"陈午的队伍鏖战，不想增援王弥。石勒的汉族谋士张宾劝他："您常常担心王弥的掣肘，这次是个解决他的好机会。陈午小竖，何能为寇？王弥人杰，将为我害。"石勒听从张宾的意见，亲自率军增援，击败晋军。王弥轻易以为石勒和自己推心置腹，先对石勒放松了警惕。不久，石勒请王弥赴宴，王弥不顾部属劝阻，贸然前往，结果在席间被伏兵杀害。王弥的部下或散或降。石勒军队成了东部最强大的势力。

石勒和王弥名义上都是匈奴汉朝的大将。石勒擅自杀害王弥，匈奴朝廷严斥，可又不能追究石勒的罪责，只能默认了石勒在东部的独尊地位。石勒名义上仍为匈奴之臣，实际上已独立行动了。

石勒军队起初都是流动作战，没有后方，没有给养，沿途劫掠，是不折不扣的流寇。永嘉六年（312年）初，石勒计划攻克建业，劫掠富庶的东南地区，在江淮地区遭到晋军的层层抵抗。司马睿会集江南兵力防御石勒，江淮地区又连降大雨，石勒军队陷入了困境。饥饿和传染病夺走了半数官兵的生命。石勒真真切切地感受到了没有土地和人民就没有立国之本。环顾天下，长江流域、关中和巴蜀都有主人了，剩下的就只有山东、河北了。石勒毅然回军北上，去争夺河北和山东。汉代以来，河北最重要的城市是邺城（今河北临漳县内），石勒长驱直入进攻邺城，苦于邺城高大牢固一时难于攻下，退而占领襄国。从此，石勒以襄国为根据地，四处消灭河北地区的坞堡，收集粮草和人口充实襄国。石勒在襄国坐大，逼迫北方幽州的西晋残余势力不能等闲视之。西晋幽州刺史王浚集合数万主力，联合辽西鲜卑段匹磾等人进攻襄国。石勒在这场关键战役中，死死支撑了下来，陆续消灭西晋部队，对段氏鲜卑先擒后纵再赠送厚礼重金。段氏鲜卑感念石勒，与他结盟，并收兵撤还辽西。段氏鲜卑从此倾向石勒。王浚见势不妙，撤军北逃。建兴元年（313 年）四月，石勒侄子石虎攻克邺城，冀州尽入石勒囊中。

幽州刺史王浚为晋朝坚守北方的飞地，名为晋臣，长期脱离朝廷起了不臣之心，奢纵淫虐，署置百官，就差割据称王了。石勒依张宾之计，利用王浚割据之心进献厚礼，表示拥戴其称帝，还厚赂王浚的女婿枣嵩。为了麻痹王浚，当晋朝的范阳守将游统暗中派遣使者联络石勒投靠时，石勒杀死使者送给王浚。晋廷为了保持飞地，升王浚为大司马，把幽州、冀州托付给他；升刘琨为大将军，把并州托付给他。晋朝的使者先到襄国。石勒将之视为一个机会，把精锐军队都隐匿起来，在晋朝来使面前故意示弱。再写信给王浚，假称要亲赴幽州劝进；又写信给枣嵩，吹嘘他功劳显赫，要为他请官晋爵。王浚得到使者回报，相信石勒兵力薄弱，轻信石勒劝进的假话，毫无戒备。王浚做着白日梦，石勒却领兵日夜兼程偷袭幽州，兵不血刃地迅速推进到蓟城（幽州州治，在今北京市西南）城下。途中有官员见石勒来意不善，派人报警。王浚竟然杀死报信人，此后再无人报警了。石勒看到蓟城没有防备，担心有伏兵，借口献礼，先驱赶牛羊数千头入城，塞住街巷，让城内一片混乱，然后杀入城去，俘获王浚，押送襄国斩首。幽州也成了石勒的领土。

此后就发生了匈奴内乱，刘曜石勒分立。刘曜要处理关中的麻烦，石勒则要与割据青州的曹嶷作战。曹嶷是汉族人，是王弥的余部。当初王弥分兵派遣曹嶷攻略青州。曹嶷在王弥死后独立于各派势力，在感情上倾向晋朝。石勒为了笼络曹嶷，对他拜将封爵。曹嶷势单力薄，觉得东晋过于遥远难以为援，不得不接受了后赵的任命。原来的青州州治淄博地处平原，难以防守，曹嶷找了靠山临水、易守难攻、交通发达的地方，修建了广固城（今山东青州市益都镇），做了长期坚守的打算。太宁元年（323 年），石勒派遣石虎率步骑四万讨伐曹嶷。曹嶷自知不敌，计划避徙海中保存实力。不想疾疫流行，曹嶷还没成行，石虎大军就包围了广固城。曹嶷投降，押送襄国遇害。攻陷广固城后，残忍的石虎坑杀军民数万人，扬言要杀尽居民。后赵新任命的青州刺史刘征说：“没有居民，我做什么刺史？我干脆回去算了！”这样石虎才留下几百人，交由刘征这个青州刺史统治。青州也纳入后赵版图。

双方内部事务都解决了以后，前后赵开始兵戎相见。

前赵刘曜的军力弱于石勒，便先下手为强，联合东晋军队抢先对石勒发动进攻。东晋司州刺史李矩、颍川太守郭默等人将石勒看做是制造“永嘉之祸”的元凶，都愿意与匈奴联军。东晋太宁三年（326年），前赵联合东晋的北方军队进攻石勒。两赵战争正式爆发。

石勒派石虎迎战。双方在成皋（今河南荥阳）激战，战火蔓延到并州，前赵军队大败。刘曜败归长安，东晋军队或南逃或投降后赵。今天的河南地区完全被后赵军队占领。两年后（328年），轮到后赵军队主要进攻了，石虎率兵进攻蒲阪（今山西永济县）。刘曜亲率精锐驰救，杀败石虎。石虎狂奔数百里地逃到朝歌（今河南淇县）。刘曜乘胜进军，包围了洛阳。后赵军队坚守城池，刘曜就采取掘堤水淹的办法冲灌城墙，洛阳危在旦夕。石勒很重视军情，几乎是倾国而出分兵三路救援洛阳。这时刘曜犯了一个错误，没有在外线部署军队狙击援军，结果导致后赵援军蜂拥而来。见势不妙后，刘曜举止失措，既没有加紧围攻洛阳，也没有后撤进行必要的挽救部署，反而撤围洛阳，将十万大军都排列在洛河以西，和石勒隔河对峙，等于是坐等挨打。石勒主动出击，命石虎等人攻击前赵大军各处，自己也提刀上阵夹击刘曜。前赵大军在这场决定性的战斗中溃败。石勒大获全胜，斩首五万余级。当时是冬天，刘曜骑马从洛河冰面上撤退，结果马坠于冰上。刘曜身上被创十余处，成了后赵的俘虏。石勒让刘曜写信令留守关中的儿子刘熙投降。刘曜却写信要求刘熙：“与大臣匡维社稷，勿以吾易意也。”石勒见刘曜刚硬不降，就杀了他。

刘曜本以为儿子刘熙坚守关中，还可同石勒一搏。实际上主力覆灭刘曜身亡，前赵立即分崩离析。关中大乱，329年正月，刘熙得知父亲的死讯后，竟然逃离长安，躲到上邽（今甘肃天水市）去了。留守长安的前赵军队投降后赵。刘熙这时候又后悔了，在夏天反攻长安，没有成功，将前赵最后的实力也折损了。石虎乘机攻克上邽。前赵亡。

至此，除了辽东慕容鲜卑建立的前燕政权和河西张氏外，石勒统一了北方其他地区。后赵领土东接大海、北到长城内外、西达陇西与张氏政权接壤、南到江淮与东晋王朝对峙。330年石勒称帝。从奴隶到皇帝，石勒创造了一个奇迹，这是只有乱世才有可能的奇迹。他可能是中国历史上出身最卑贱的皇帝。同时期，只有赌棍出身的南朝宋武帝刘裕的经历才能和石勒的奇迹有一拼。

二

石勒是一个有作为的皇帝。他出身少数民族，又当过奴隶，对社会实情和百姓疾苦有切身的感受。尤其是对西晋末年百姓流离失所、流民充斥乡镇的乱局记忆深刻，建立赵王政权后，石勒就留意农业生产，派遣使者巡行州郡，招募流民，劝课农桑。随着后赵政权的稳定，流民相继归附石勒，之前农田荒芜百业凋敝的景象有所缓解。

石勒所代表的羯族整体汉化水平不高，政治体制比较落后。石勒能够认识到汉族政治制度的优越性，在征战过程中吸纳汉族政治文明。张宾是石勒早期任用的汉人谋主，为后赵建立奉献了许多智慧，石勒非常敬重，尊称为“右侯”，凡大事必询问他。张宾死后，石勒一度痛不欲生。石勒不识汉字，就找儒生读书给自己听。一次，儒生读《汉书》，读到郦食其劝刘邦分封六国后人时，石勒大惊，说这样做会天下大乱的。后来听到张良劝阻，石勒连忙说：“赖有此耳。”说明石勒对汉族政治文化已经有了相当的认同。虽然后赵政权也像匈奴政权一样保留了许多游牧民族制度，但已经大量采纳汉族的制度。石勒初起时，对西晋王公大臣、坞堡主及士大夫大开杀戮。后来他逐渐认识到争取汉族上层，尤其是留在北方的氏族豪门的支持的重要性。石勒在俘虏中区分士庶，将士族集为“君子营”，以示优待；在战乱中下令梳理地方家族谱系，明令不准侮易衣冠华族。建立政权后，石勒恢复魏晋以来的九品中正制度，吸收氏族进入后赵政权。河东裴氏、京兆杜氏、清河崔氏、颍川荀氏都有人被后赵政权擢用。氏族大家出于保全性命和家族利益的考虑，在形式上愿意加入后赵政权，却并不能真心地效忠异族统治者。范阳卢堪被后赵委以要职，就一直以屈身事胡为耻，一再告诫子孙，在他死后不要在墓碑上刻上他在异族政权中任职的经历。这一方面和北方汉族人坚持“夷夏有别”、奉南方的东晋为正朔的观念有关，一方面也反映出北方激烈的民族矛盾始终存在。

尽管有所自我约束，石勒骨子里还是个残暴的人，奉行民族压迫政策。石勒忌讳别人提及他的异族出身，后赵法令明确规定：无论说话写文章，一律严禁出现“胡”字，违者杀无赦。百姓们不得不将日常食用的胡瓜改名为“黄瓜”。至于杀戮汉人、强迫移民等措施，更是激化了汉族与少数民族的矛盾。胡族政权在数百年中，从没有真正得到北方汉人的拥戴与合作，以致始终不能在北方建立绝对的权威和牢固的基础。这可以说是少数民族政权虽然迅速崛起开朝立国，却又迅速崩溃的主要原因。

333年夏，石勒病死，遗诏令太子石弘继位。他从极其卑微的起点出发，创下了一份硕大的产业留下子孙，不知道子孙能否发扬光大了？

二一

冉魏：放把火就死

一

石勒死时，后赵的实权被铁腕人物石虎所掌握。石虎是石勒的侄子，为人残暴，善于征战，为后赵的建立立下汗马功劳，本人也逐步掌握了军政大权。石虎野心勃勃，就等着石勒死后自己做皇帝，都布置好武士要抢位置夺权了。太子石弘知道自己不是对手，吓得主动声明自己无才无德，石虎才是真龙天子。但石虎考虑到石勒尸骨未寒，强登皇位容易树敌，恐怕还会受到世人的唾骂，就虚情假意地拥戴石弘称帝。石弘称帝后，完全是石虎的傀儡，封石虎为丞相、魏王、大单于，总摄朝政。石虎将儿子亲信纷纷安排在要害部门，进一步控制了政权，终于在咸和九年（334 年）废石弘，自称居摄赵天王。之后，石虎诛杀了石弘及石勒的其他儿子，从襄国迁都邺城，349 年称帝。

石虎继承了石勒凶残的性格和民族压迫政策，掌权后强化胡汉分治政策，设置大单于统治各少数民族，与汉族的行政管理制度完全分开，又强行规定称汉人为“赵人”，胡人为“国人”，并严禁呼羯为胡。为了充实新首都邺城，石虎强迫各族人民迁往邺及其周围地区。据说石勒和石虎两代人杀戮汉人超过百万，“至于降城陷垒，不复断别善恶，坑斩士女，鲜有遗类”。建政后，石虎故意对汉人征发繁重的赋税与徭役，进一步激化了后赵内部各种矛盾。石虎本人汉化程度不高，对游牧生活很留恋，将黄河以北中原地区的数万平方公里土地划为狩猎围场，规定汉人不能向其中的野兽投一块石子者，否则即是“犯兽”，将处以死罪。结果发生了许多百姓被野兽害死或者吃掉的惨剧，汉人地位竟不如野兽。而石虎对此解释说：

"我家父子如是，自非天崩地陷，当复何愁？"当时"北地沧凉，衣冠南迁，胡狄遍地，汉家子弟几欲被数屠殆尽"。

石虎的荒淫无度、率性胡为，让各种矛盾纠结在一起，把后赵政权推到了火山口上。比如石虎追求个人享乐，在邺城修建宫殿台观，又营建长安、洛阳的宫殿，长期役使百姓超过40万；为征讨前燕，石虎又征召超过50万百姓准备军资。石虎统治期间，徭役繁兴，征调频仍，能够安心从事农业生产的百姓不过十分之二三。令人发指的是，石虎为了充实后宫，强征民间数万女子入宫，如果已经婚配就将丈夫杀死强拉妻子入宫，导演了一幕幕人间悲剧。百姓纷纷用各种形式加以反抗，石虎一味加重刑罚，统治更加残暴。

石虎的家庭生活也一团糟糕。太子石邃因为父皇宠爱弟弟石宣和石韬，担心地位不保而阴谋叛乱篡位，事泄后被杀。石虎立石宣为新太子，却加倍宠爱石韬，再次激化儿子内部矛盾。新太子石宣嫉恨石韬，两兄弟经常发生冲突。石宣残忍地将石韬砍掉手足、刺烂双眼、挑破肚子，石韬惨死。石宣借石韬丧礼的计划，一不做二不休，计划暗杀石虎篡位。石虎知道真相后，用同样的酷刑将石宣处死。石宣之死，是348年的事情。石虎杀太子后，把无辜的东宫官吏、卫士十余万人谪戍凉州。

349年，一万多获罪的东宫官兵被押送到雍城（今陕西凤翔）的时候，发动起义。这场起义点燃了大叛乱的引信，关中各族百姓揭竿而起，加入起义队伍。起义军所向披靡，攻略长安，杀出潼关，人数超过十万。石虎派大司马李农调集重兵镇压，反而被起义军打败。后赵的军队经过一叛一败，元气大伤。石虎不得不利用其他少数民族武装来镇压心腹大患。氐族贵族苻洪和羌族贵族姚弋仲纷纷组织军队，合兵进攻，终于镇压了起义。起义虽然失败了，后赵的根基也被掏空了。后赵自己的军队在重重矛盾中基本失去了战斗力，其他少数民族的武装尾大不掉，开始威胁石虎的统治。石虎生命的最后几年笼罩了一片忧愁和惊恐之中，在349年一命呜呼。

二

石虎死后，诸子争立，骨肉相残，导致帝国分崩离析。第二年（350年），政权落入一个汉人的手里。这个人就是石闵。

冉闵原名石闵，是并州"乞活军"的后代。"乞活军"是特殊年代的产物。西晋末期，北方连年灾荒，大灾之后又赶上瘟疫和之后的八王之乱、五胡乱华，人们最基本的生存条件都丧失了。许多地区赤地千里，饿殍遍野，牛羊猫狗都被吃了，老鼠草根也被刨出来吃了，最后出现了“易子而食”、“人相食”的人间惨剧。人祸接踵而来。比如在并州“寇贼纵横，道路断塞”，又“数为胡寇所掠”，到处是跨马持刀的凶徒，弱肉强食，简直是人间地狱。西晋各级官府“府寺焚毁，邑野萧条”，“郡县莫能自保”，更谈不上保护百姓。于是，数以十万计的暴行四处流徙，寻找一切可以吃的东西和安全的地方。在流荡哄抢的过程中，流民既要抢掠生存又要自卫，逐渐形成了自发的武装组织。军官出身的田甄、李恽、薄盛等人最后将并州流民组织起来，随司马腾“就谷冀州，号为‘乞活’”。这就是乞活军的来历。

乞活军在五胡十六国前期是一支重要的政治军事力量，先是跟随司马腾镇守邺城，与成都王司马颖作战。后来石勒和汲桑杀死了司马腾，乞活军在田甄的带领下，替司马腾报仇，杀死了汲桑。失去司马腾这个首领后，乞活军发生了分裂：一部分在李恽、薄盛带领下投奔了司马腾的哥哥、东海王司马越。司马越死后，这部分乞活军流窜在山东河南等地，与石勒军队多次交战，最后被石勒消灭；另一部分乞活军在田甄率领下前往上党（今山西长治一带），最后也被石勒打败，余部陈午等投降石勒。正宗的乞活军就此消失了。不过日后陆续还有一些流民冒用“乞活”的旗号，悲壮地起兵造反。

传说，投降的陈午部队中，有一个人叫做冉瞻，只有十二岁，却精明能干，很受石虎喜爱。石虎将他收为养子，冒姓石。石瞻后来生下一个儿子，取名“石闵”，石虎认石闵为养孙。还有一种说法是石闵是石虎的养子。虽然说法不同，但石闵原名冉闵，是汉人子孙的史实是确定的。《晋史》描述冉闵“身高八尺，善谋略，勇力绝人，攻战无前”。在后赵时期，冉闵临战都冲锋在前，奋勇杀敌，深受石虎的器重，进而掌握了部分军队。石虎死后诸子争位，当时汉族百姓普遍要求驱逐残暴的羯族统治者，拥护汉族出身的冉闵发动政变推翻后赵。冉闵就是在这样的背景下于350年夺取政权称帝，改国号为魏，建都邺城，史称冉魏。这是十六国时期唯一一个在中原建立的汉族政权。

冉魏政权非常短暂，仅仅存在3年时间。它仅仅依靠部分汉族武装趁羯族内乱仓促建立，统治区域局限于黄河中流的南北地区——其他地区为后赵残余或趁乱割据的其他少数民族占领。就是在冉魏有限的统治区域内，民族矛盾恶化。支撑这个政权的精神动力就是驱逐胡族，光复汉家天下。冉闵本人就是狂热的民族主义者，掌权后就下令邺城城中："今日以后，与官同心者留，不同者各所任之。敕城门不复相禁。"邺城大门昼夜不关，供百姓选择到底是支持新政权还是反对新政权。羯族和其他少数民族惊恐不安，纷纷逃出城去；而汉族人热诚支持新政权，纷纷涌入城来，"于是赵人百里内悉入城。胡、羯去者填门"。汉族和少数民族的矛盾极端激化，百姓互不信任。冉闵见少数民族都不支持自己，杀胡之心顿起。他宣布："赵人斩一胡首送凤阳门者，文官进位三等，武官悉拜门牙。"这便是公开的"杀胡令"。一日之中，数万胡人被杀。积怨已久的汉人大开杀戒，凡是见到眼廓深刻、须发发黄等胡人特征的人一律杀死。被冉魏政权屠杀的胡人估计超过二十万。胡人或者拿起武器自卫，反攻汉人，或者成群结队返迁塞外。华北陷入一片混乱，人们相互攻杀，尸横遍野。各少数民族经过数十年的迁徙征战，依然分布各地，组织相对汉人严密，在杀胡令的威胁下群起围攻冉魏政权。形势很快就对冉魏政权不利了。

冉闵对南方的东晋王朝抱有好感，派遣使者联络东晋，希望联合起来驱逐胡族。东晋君臣对冉闵很不信任，听说冉闵竟然已经称帝，断然拒绝联军的要求。冉闵只能靠奋勇作战来挽救局面。冉闵政变后，石虎的儿子石祗在襄国自立，并起兵讨伐冉闵。351 年，冉闵将后赵残余刘显的部队杀得大败，刘显请降，愿杀石祗以报。刘显回军杀死石祗。352 年正月冉魏攻克襄国。后赵灭亡。连年作战，冉闵赖以征伐的军队疲惫不堪。慕容鲜卑的前燕政权趁乱先攻占幽州，如今又趁机大举进攻冉魏。冉闵又向东晋王朝求援，东晋对冉闵依然没有好感，相反对一再上表称臣的前燕政权很有好感，所以坐视前燕政权步步强大冉魏日日削弱。冉闵集结汉族军民，以 1 万之众抵抗 14 万鲜卑大军的进攻。在决战中，冉闵奋勇冲锋，在敌阵杀进杀出。传说他左手执双刃矛，右手执钩戟，杀死燕兵三百余人，最后马倒被擒，死于燕都龙城（今辽宁朝阳）。同年夏，邺城陷落，冉魏灭亡。

冉魏骤亡后，华北东部地区为前燕占领，关中地区被前秦占领，北方进入了前燕和前秦对立的阶段。

二二

慕容家有内讧传统

一

鲜卑人的祖先居住在鲜卑山（今内蒙古东北），故而称为鲜卑。一般认为鲜卑人是东胡的一支。“鲜卑”一词最早出现在东汉。在《三国志》、《后汉书》中鲜卑与乌桓并称东胡，东汉初年乌桓人大量迁入塞内，与之相邻的鲜卑人也跟着南迁，这些鲜卑部落大多聚居在辽东一带。后来又有鲜卑部落内迁至辽西，因此又有辽东鲜卑、辽西鲜卑之分。慕容鲜卑是辽东鲜卑的一部分。南迁的这些鲜卑部落依然过着豪迈的草原生活，“放马大泽中，草好马著膘”，尚武崇力，聚散不定，呼啸成军。

话说辽东鲜卑一共有三部。慕容鲜卑部位于辽东鲜卑的中部，东西分别为宇文鲜卑和段氏鲜卑所包围，而实力弱于两部。慕容家族的首领莫护跋在曹魏初年率领其部内迁到辽西一带。司马懿讨伐公孙渊时，莫护跋随战有功，被封为率义王，在辽西的昌黎大棘城（今辽宁义县西北）建国。莫护跋家族开始学汉人戴上“步摇冠”，迈着方步走路，被称为“步摇”，后转音为“慕容”。慕容鲜卑以此得姓。莫护跋的孙子慕容涉归也因为协助朝廷征讨立功，被晋武帝封为鲜卑大单于。慕容部又转迁到辽东北部。在不断的迁移过程中，慕容部落越来越接近汉族地区，逐渐汉化。

历史此时赐予了鲜卑族一位杰出的领袖：慕容涉归的儿子慕容廆。

慕容廆小的时候就被誉为“命世之器，匡难济时”。父亲慕容涉归死后，叔叔慕容耐通过政变夺取了部落大单于之位，还派人刺杀慕容廆。年幼的慕容廆只好向南逃开始亡命辽东，幸好被好心的汉人收留掩护才幸免于难。在汉人地区生活期间，慕容廆自觉不自觉地接受了许多汉人的文化和政治智慧，深深烙上了汉文明印记。不久，慕容耐被手下人所杀。慕容族人公迎慕容廆为新单于。

慕容廆上台之初就将从汉人那里学来的智慧运用到了部族的内政外交上。他首先发现了并不被祖先和其他部落重视的西晋王朝的价值，主动遣使觐见晋武帝，接受了晋朝官职，表面上自为藩属，实际上使弱小的慕容部鲜卑获得了"尊王"的金字招牌，多了一重保护；其次，慕容部重金联络其他两部鲜卑。段氏鲜卑是当时辽东各部中实力最强者，慕容廆便迎娶了段部单于的女儿为妻。慕容廆深知，称霸必先图强。中原八王之乱正酣，称王称霸者前仆后继。辽东最强的段氏鲜卑排斥避难而来的中原移民和汉族士大夫。而慕容廆政法分明、用人唯才，很快集中了北方五州的大量流亡士人。慕容廆移居大棘城，教人耕种，制订与汉人相似的法令法规。慕容鲜卑加速了汉化过程，迅速繁荣起来。

晋惠帝太安元年（302 年），慕容部近邻宇文鲜卑的首领宇文莫圭统一了塞外的东胡各部，自称单于，将进攻矛头指向慕容部。气势汹汹的宇文大军进攻慕容部边境各城。慕容廆沉重冷静，亲自迎战，首战告捷。宇文部很快又集结了十万大军卷土重来，将慕容廆包围在大棘城中。一时间，亡国阴云笼罩慕容部落。慕容廆却谈笑自若，说："敌兵虽多，但却毫无章法可言。胜负早在我的算计之中了。诸位只管拼力一战，没什么好愁的！"他激励士气，主动出战。宇文军队多而不精，面对冲击乱作一团，溃败得一塌糊涂。此战，慕容部追击上百里，斩首数以万计。宇文鲜卑不得不远逃塞外，慕容部一跃由弱而强。

慕容廆战后又花了多年时间消化建设已有的疆域，整编训练军队。他采纳汉王朝的郡县制，建立完备的政权系统与机构，设宰相、司马、列卿将帅等官职，同时"起文昌殿，乘金银车，驾六马，出入称警烨。"《晋书》也承认慕容氏政权"皆如魏武、晋文辅政故事"。晋室早已南逃，司马睿在南京称帝，遥拜慕容廆为龙骧将军、大单于。慕容廆继续尊奉东晋为正统，派遣使者通过海路通使东晋，从而以东晋皇命讨伐各部，收敛人心。

慕容鲜卑势力的壮大促成了辽东的晋朝残余势力和高句丽、段氏鲜卑、宇文鲜卑等势力的集体敌视。辽东此时是南迁健康的东晋王朝的一块"飞地"。东晋任命的平州刺史崔毖表面上是本地区的"最高军政长官"，实际上他的话只在衙门里算数。而高句丽和两部鲜卑不愿意慕容鲜卑做大——他们不懂合作共赢的道理，就在崔毖的撮合下组成了四方联军讨伐慕容部，挑起辽东史上规模最大的一战。

晋太兴二年（公元319年），联军浩浩荡荡攻入慕容部的境内。

慕容鲜卑遇到了崛起路上的第一条“大坎”。

四方联军潮水般涌来，很快就将大棘城围得水泄不通。慕容廆知道本部兵马不足以硬碰硬，在战争初期以逸待劳，拼死顶住。慕容廆透过战火，很快就判断出四方联军的致命缺陷。那就是他们的疯狂进攻只是表象，没有一致的战斗目标。宇文鲜卑的斗志最强，段氏鲜卑和高句丽是因妒忌而出兵，而崔毖就是一个空头司令。慕容廆制定了分化瓦解，各个击破的战略。联军毕竟是乌合之众，缺乏统一指挥系统。三国的军队日日围攻大棘城，慕容廆只管闭门固守。联军长期求战不得，没事做就开始互相猜忌。这时慕容廆乘机派人带着牛肉美酒出城，以崔毖的名义犒劳宇文鲜卑军队。宇文部也是太大意了，和来人把酒言欢起来。段氏鲜卑和高句丽看到宇文部与慕容廆联欢，很自然怀疑他们在搞对自己不利的把戏，当即领军退却，在战场上观望起来。宇文部首领宇文悉独官得知中计后恼怒异常。他也不向盟军们解释（有些事情越解释可能越说不清楚），只得尽起本部数万士兵，连营三十多里，单独加紧攻城。

恰巧慕容廆儿子慕容翰的军队从外地回援都城。慕容廆命令儿子回城协防，慕容翰见城内防卫力量足够，认为不如留驻城外充作奇兵，等候时机内外夹攻。于是慕容翰军游弋战场之外。悉独官感觉慕容翰是个祸患，决定分派数千骑兵突袭慕容翰。慕容翰的情报工作做得很好，事先得知了宇文部的偷袭计划，当机立断，派人冒充段氏鲜卑的使臣半路拦截悉独官的骑兵，请求带路，协助打击共同的敌人。宇文部不长记性，又一次轻易信以为真，随同来人闯进了慕容大军的埋伏圈。一战下来，宇文部骑兵全军覆没。慕容廆、慕容翰父子乘胜追击，内外夹击。世子慕容皝率领精锐部队突袭悉独官大营。宇文部溃不成军，三十里连营一片火海。宇文鲜卑被击垮后，晋朝残余势力匆忙撤出辽东，鲜卑其余各部纷纷向慕容部称臣；高句丽之后两次被慕容翰等人击败，从此对辽东事务敬而远之。

慕容廆囊括整个辽东，派使到建康报捷。司马睿顺势封他为平州刺史，辽东郡公。

晚年的慕容廆日子过得很潇洒，主要在辽东操练兵马，偶尔指点一下越来越混乱的天下局势。据说他曾经写信劝东晋名将陶侃——大文豪陶渊明的爷爷率军北伐，消灭匈奴人建立的赵国，表示鲜卑族愿为北方接应。计划没有执行，陶侃和慕容廆先后去世。

二

任何事业的开创都离不开伟大人物的领导。如果伟大人物不止一个，就面临着谁是领袖的选择问题，毕竟领袖只能有一位。

对于迅速崛起的少数民族来说，艰苦的环境和复杂的斗争能够锤炼许多领袖级人物。中国历史上的少数民族在崛起之处总是人才济济，于是也就面临着领袖之争。上天眷顾慕容家族，赐予了他们精明强干的头脑。遗憾的是，慕容家族在立国后就爆发了骨肉猜忌的内讧。

慕容廆病逝后世子慕容皝继位。慕容皝非常猜忌庶长兄慕容翰的功绩和能力。慕容翰于是投奔了夙敌段氏鲜卑。段氏大喜，拥戴着慕容翰要去与慕容皝争国。段氏鲜卑的军队很快涌入慕容部的土地。眼看慕容皝即将大败，慕容翰不忍祖国灭亡，与段氏临阵泪别，跑到宇文部装疯行乞流落街头。段氏鲜卑转胜为败，慕容皝转忧为喜。

那一边，同是慕容廆之子的慕容仁和慕容昭看到慕容皝迫害慕容翰，心里不能不有所"想法"。他俩也是闯荡过刀枪剑雨的，决定狠心杀掉慕容皝，既为自保，也为权力。慕容皝察觉后，先下了手，将两位同胞兄弟杀死。

经过这件事情后，慕容皝开始想念哥哥了。他派人将慕容翰接回了本国。慕容翰不计前嫌，为弟弟攻灭了宇文部鲜卑，并东败高句丽。随着哥哥功绩声望日增，慕容皝再次害怕慕容翰夺位。重燃的猜忌之情迅速膨胀，一次慕容翰受伤在家养病，慕容皝以慕容翰常在家中练剑图谋造反为由，送去毒酒赐死。慕容翰流泪道："今天我死，命当如此。但是中原还被逆贼占领，国家并不平静，我常常以扫平天下，完成父王遗愿来激励自己，现在不能满足心愿了。命也奈何。"说完饮鸩身亡，令人扼腕。

慕容皝死后，子慕容俊继立。冉魏取代后赵，中原大乱，冉闵又大开杀戒激化了矛盾，这给慕容家染指中原提供了可乘之机。349 年，慕容鲜卑大举进攻后赵，夺得幽州，迁都于蓟（今北京）。这个发源于辽东的割据政权从此越过长城，开始进军中原。三年后慕容部击灭冉魏，占有河北，慕容俊正式称帝，定都邺城，国号燕。慕容家族得以在第三代人手中登上了皇位，建立了前燕王朝。前燕在强盛之时基本继承了后赵除关中之外的其他领土。

前燕建国之后，父辈骨肉猜忌的内讧就再次重演。慕容皝的儿子们都能力出众，尤其以慕容俊、慕容恪、慕容霸为最。慕容皝特别喜爱屡立军功的慕容霸，令太子慕容俊非常嫉妒。慕容霸少年时喜欢打猎，有一次从马上跌下来，折断了牙齿。慕容俊登基后，以敬仰春秋时晋人郤缺为借口，命慕容霸改名为“垂夬”，后来又去掉“夬”，定名叫“垂”。“垂”是个非常不吉利的名字，远远不如“霸”字。可慕容霸没办法，只好垂下脑袋听命。慕容俊的老婆吐谷浑皇后以嫉妒强悍著称。慕容垂的结发妻子段氏清廉自守，与丈夫恩爱异常。但是吐谷浑皇后妒忌地寻机将段氏治死，并逼慕容垂迎娶自己的妹妹长安君。慕容垂却喜欢上了段氏的妹妹。恼怒的吐谷浑皇后竟对慕容垂动了杀机。慕容垂不得不委曲求全，韬光养晦，不谈政治，更不去招惹皇帝和皇后。

360 年，慕容俊病死，11 岁的太子慕容暐继位，慕容俊临死前想把小皇帝托付给慕容恪，可又不信任慕容恪，于是试探他说：“我想把社稷交给你。”慕容恪不肯接受。慕容俊假装生气说：“我们兄弟之间何必虚饰！”慕容恪回答：“陛下如果认为臣担当得起天下重任，难道就不能辅佐少主？”慕容俊这才放心，说：“你能像周公辅佐周成王那样辅佐我的儿子，我就完全放心了。”

新皇登基后，慕容恪以太宰身份辅政。慕容恪被后世称为“十六国第一名将”。在他主政期间，燕国不仅稳固了华北政权，还一度攻占了东晋的河南、淮北等地，使国家疆域达到极盛。大名鼎鼎的东晋桓温在 369 年率五万晋军北伐，要来复仇，燕军连败失地。慕容垂临危受命，领兵迎战。他派弟弟慕容德去劫断晋军粮道迫使桓温后撤。慕容垂率军追击，在襄邑大败晋军。据说慕容垂在战斗中采用了最早的“拐子马”和“铁浮图”的战术。好在桓温北伐只是为自己立威，无心再战，逃回江南内斗去了。慕容垂逼退桓温，几乎成了国家再造功臣。

谁想，慕容垂回到家中却得到了心爱的段氏妹妹被吐谷浑太后杀死的噩耗。慕容垂品味到了功高震主的危险。好心人还悄悄告诉慕容垂歹心的吐谷浑太后有将他治死的阴谋。慕容垂只能淡淡一笑，守在家里过起更加谨小慎微的日子。好在他功勋卓著，吐谷浑一时难以在肉体上消灭他。

367 年，慕容恪走到了生命尽头，临死前对少主慕容暐说：“皇叔慕容垂才能胜我十倍，先帝因长幼的次序，用臣辅政。我死后他可做大司马，号令全国军队。如果那样，我国必能一统天下。”慕容恪又叮嘱慕容暐的兄长慕容臧说：“你们的叔叔慕容垂总统六军，人才不可忽视。我死之后，以亲疏而言，应该轮到你和慕容冲。你们弟兄虽然才能出众，毕竟年纪还轻，不见得能够挑得起这副担子。慕容垂是人中豪杰，智谋无人能及。你们若能推举他做大司马，必能一统天下。你们千万不要贪恋官职，不以国家为意。”弟弟慕容评来探望，慕容恪再一次推荐慕容垂，认为如果不加重用，恐怕对国家不利。少主慕容暐兄弟和慕容评等人听了慕容恪的话，却没有遵守。慕容恪死后，皇叔慕容评主政，慕容臧、慕容冲兄弟掌权。

当时的北方格局是前燕和前秦东西对峙。前燕的领土和人口都超过前秦，势力原本强于前秦。慕容恪死后，前燕国势江河日下，这主要是统治阶层无能造成的。主政的慕容评能力平庸，极力搜刮百姓的财产，横征暴敛，连百姓喝水都要交税。贵族官僚大量占有庇荫户，总数超过国家控制的户口，致使国家的赋税徭役减少，府库空虚，士气低落。前燕在短短几年后败落。慕容评等人还将慕容垂看做是潜在的权力威胁，欲除之而后快。一帮人整天想着谋害慕容垂。慕容垂决定效仿伯伯慕容翰，逃亡。他本意是逃往老家龙城，据有燕的旧疆，但没有成功，不得不带了儿子慕容令、慕容宝等投奔了燕国的敌人前秦去了。

慕容垂如此的人生经历已经非常传奇了。也许有人认为慕容垂的一生也大致如此了。可谓是“天将降大任于斯人也，必先苦其心志，劳其筋骨，饿其体肤，空乏其身。”这只算是慕容垂传奇人生的前期。我们会在后面看到他作为主角的表演。

慕容垂投奔的前秦，国势蒸蒸日上。370 年前秦苻坚命王猛率大军攻燕，以慕容垂为先锋，攻破邺城，俘虏慕容暐，灭亡了前燕。北方历史进入了前秦的短暂统一时期。

二三

那个叫王猛的猛人

一

后赵席卷中原的时候，青州北海郡剧县（今山东寿光东南）诞生了一个叫做王猛的汉族人。不幸身逢乱世，王猛年幼即随家人颠沛流离，辗转黄河南北，最后在魏郡（在河南河北交界处）住下。

王猛家贫如洗，为了糊口很小就在外贩卖畚箕。苦难是一所大学，王猛没有自暴自弃也没有随波逐流，而是在困境中学会了读书认字。王猛在艰难困苦之中，博学多才，喜读兵书，学的都是经世致用之学。他没有沾染上魏晋士人普遍的清谈务虚的风气，性格又有些清高孤傲，那些口若悬河的名士们都看不起出身低微又不合群的王猛。不过，就好像那些伟人卑微时总能得到神助一样，王猛虽然不被世俗所喜爱，却得到了世外高人的支持。传说王猛一次在洛阳卖畚箕，一个人要出高价买他的畚箕，因为身上没带钱，请王猛跟他到家里取钱。王猛跟着那人走，一直走到深山里，看到一位须发皓然、侍者环立的老翁。王猛向老翁揖拜，老翁连忙说："王公，您怎么好拜我呀！"那老翁给了王猛十倍于常价的畚箕钱，还派人送行。王猛出山后，回头一看才发现自己入了中岳嵩山。

王猛长大后，很希望满腹经纶能够有施展的舞台。当时，后赵统治着北方大部分地区。王猛来到后赵都邺城，观察有无入仕的可能。羯族统治者、达官显贵们都瞧不起出身卑微的汉族求职者，王猛屡屡碰壁。唯独侍中徐统"有知人之鉴"，觉得王猛与众不同，召他担任自己的功曹。王猛见后赵政权逐渐荒淫，统治者并没有得到百姓的支持，对后赵失去了信心，拒绝了徐统的征召，前往华山隐居。在华山，王猛静观世间风云变幻。

后赵政权果然在不久后崩溃，东部为前燕取代，关中地区被氐族的前秦政权攻占。354年，东晋大将桓温北伐，打败关中的苻健，驻军灞上，与汉人旧都长安一步之遥。关中父老夹道欢迎晋军收复失地，争以牛酒劳军。王猛毕竟是汉人，心中倾向出仕东晋，可又不知道东晋朝廷和桓温的虚实。于是，他身穿麻布短衣，径直前往桓温大营求见。

桓温是一代名士，在待人接物方面有其过人之处。他认真接待了王猛，还请王猛谈谈对时局的看法。只见王猛大庭广众之中，坐在席上一边捉掐虱子，一边纵谈天下大事，滔滔不绝，旁若无人。桓温暗暗称奇，问道："我奉天子之命，统率十万精兵北伐逆贼，为苍生除害，而关中豪杰却无人效劳王师，这是何缘故呢？"王猛直言："桓公不远千里深入敌境，离长安城近在咫尺却不渡灞水攻城。关中豪杰摸不透您的心思，所以不来。"王猛的话，戳中了桓温的心事。桓温北伐本心并非要解救北方百姓于异族统治和战乱频仍的水火之中，而是借北方来提升名望和实力。他之所以没有进攻苻健固守的长安城就是不愿消耗实力。听了王猛的话，桓温默然良久，无言以对。最后，桓温对王猛感叹道："江东没有一个人能比得上您的见识啊！"

因为军中乏食，士无斗志，桓温很快就退兵了。临行前，桓温赐王猛华车良马，授予他都护官职，邀请王猛一起南下。王猛知道在世族横行的东晋自己很难有所作为，追随桓温必将助其篡晋落下污名，于是他再次拒绝官职，回华山继续隐居读书。

几年后，前秦尚书吕婆楼把王猛介绍给了一个人。这个人不能向王猛许诺任何东西，王猛却毅然出山与他结成了牢固的政治同盟。这个人就是苻坚。

二

苻坚是氐族酋长苻洪的孙子。后赵灭刘耀攻占关中后，迁徙了氐、羌十万余户充实关东地区。后赵政权任命本民族酋长为首领加以羁绊，苻洪就是氐族的流民都督，率氐族百姓徙居枋头（今河南汲县）。石虎后期，不得不借助苻洪等少数民族力量维护统治。苻洪大约在这个时候组织起了氐族的武装。石虎死后，冉闵杀戮少数民族，苻洪一度投降东晋。他在冉魏的压力下无法在东方立足，就率领关中流民西归故乡。途中，苻洪被人杀死，其子苻健继领部众，西入潼关。关中氐人纷起响应，苻健很快就攻占长安，割据关中。永和七年（351年），苻健在长安称天王、大单于，国号大秦。历史上称之为“前秦”。

前秦的建国基础非常差。首先氐族是一个弱小的民族，之所以能够迅速在关中建国，主要是靠了后赵大乱关中空虚的情况下得了便宜。前秦建国后，关中其他势力群起反对，统治极不安定；境内偏偏又连续遭遇饥荒和蝗灾，草木凋敝，牛马饿死。建国第三年，东晋桓温大举北伐。苻健率军迎战不利，退缩为长安固守，采取坚壁清野的政策，抢收庄稼，封剿物资，希望能逼退桓温。桓温很快退却了。苻健又花了大力气去镇压境内的反抗。355年，符健病重，临终前嘱咐太子苻生：“六夷酋帅和执政大臣，如果不听你的命令，可把他们杀掉。”苻健的遗嘱是在国内动荡统治不稳的情况下说的，有他的现实考虑。偏偏苻生性格残暴，喜好武艺，将父亲的遗嘱误以为是要他严苛暴政，继位后凶残无比，激化了矛盾。

丞相雷弱儿为人刚直，在朝堂上批评苻生的亲信，苻生竟将他和九子、二十七孙全部杀死。苻生身体不舒服，让太医令程延诊治。程延说苻生吃枣子太多吃出病来了。苻生大怒：“你怎么知道我吃枣子！”立即命令将程延拉出去斩首。一次宴会，气氛不太好，饮酒的宾客不多，苻生借口在宴会上做酒监的尚书令辛牢劝酒不力，当场一箭将辛牢射死。苻生梦见大鱼吃蒲（符氏本姓蒲），又听说长安有民谣说“东海大鱼化为龙，男皆为王女为公”，就把太师鱼遵及其七子十孙都杀了。诸如此类，劣迹斑斑。

苻生的杀戮完全没有标准，只要对谁起疑心或者谁忤逆了他的意思，就毫不犹豫地杀之。大臣为他好，劝他几句，苻生就以诽谤的罪名杀之；大臣讨好他，说他的好话，苻生会认为这是献媚，杀之。为了杀人方便，苻生接见群臣时，旁边的武士弓上弦、刀出鞘，自己则把锤钳锯凿等放在手边，随时准备杀人。最后，朝中人人自危，都希望苻生早死。

我们的二号人物苻坚就在这时出场了。他不仅希望苻生早死，而且要取而代之。

苻坚是苻生的堂弟，受封东海王。两人性格迥然不同。苻坚汉化比较深，为人温文尔雅，从小最受爷爷苻洪的喜欢。他8岁的时候，突然请求爷苻洪聘请两位家庭教师教导自己。苻洪惊喜地说：“我们氐族从来只知喝酒吃肉，如今你有心向学，实在太好了。”他给孙子请的老师教授的是汉族的文化和政治制度，结果苻坚对汉族制度非常了解，期待着自己也能做个开创盛世的明君。苻坚见苻生残暴，有心推翻他，可惜力量单薄。苻坚找尚书吕婆楼商议对策。吕婆楼就推荐了王猛，夸王猛是世间少有的奇才，得他相助可以成就大事。苻坚就通过吕婆楼把王猛请到府里。他们二人虽然没有刘备访诸葛亮“三顾茅庐”的曲折，却像刘备和诸葛亮一样一见倾心、宾主畅谈甚欢。两人在拨乱反正、发展经济和统一天下等等问题上不谋而合。苻坚对王猛的见识、才能和品格都佩服得五体投地，直呼自己发现了第二个诸葛亮。王猛也为苻坚的抱负和设想所吸引，答应结束隐居，辅佐苻坚一起闯荡天下。

就在苻坚积聚力量准备政变的时候，苻生似乎嗅到了什么味道。升平元年（357 年）六月的一天夜里，苻生睡觉前对侍婢说：“苻法、苻坚兄弟也不可信任，明天要把他们杀掉。”侍婢痛恨苻生，连夜跑出来把消息泄露给了苻坚。苻法是苻坚的哥哥，受封清河王。兄弟两人一合计，刀都架在脖子上了，不能再犹豫了，就算力量不够也要孤注一掷，拼死一搏。

于是，清河王苻法、东海王苻坚领头造反，率领几百人就向皇宫杀去。原以为这是一次以弱搏强胜算不大的冒险，可以苻生早已丧失人心，积怨潜伏，就差有人挑头点火了。苻坚等人很顺利地冲进了皇宫。宿卫将士们自动放下武器，有的还倒戈参加了苻坚的政变。苻生当晚喝得酩酊大醉，睡得正熟，听见喧闹迷迷糊糊醒来，还没弄清楚状况就被人捆绑了起来。苻坚宣布将苻生废为越王，软禁起来，不久把他杀死，并杀死苻生的亲信党羽。

政变成功了，苻法和群臣都拥戴苻坚。苻坚于是继位为前秦第三代君主，以王猛为柱石，开始大展拳脚。

三

苻坚、王猛面对的前秦局面，困难重重矛盾纷杂，让人不知道从何下手。

关中屡经战乱，领土小而百姓疲弱，在与前燕、东晋等政权的对峙中处于劣势。前秦内部政治黑暗，权力分散，法令不通；社会缺乏公正，豪强横行，普通百姓承担繁重的赋役；自然灾害频繁，田地荒芜，乡村颓废。种种不利导致官民对前秦政权普遍缺乏信心，氐族的统治很不稳定。说不定，前秦又是一个一闪而过的割据王朝。

苻坚和王猛选定的下手点是整顿吏治。他们认为一切的困难和矛盾都需要官府去解决，所以官府本身的巩固与否、效力强弱直接关系到国政的施展。只有先建立一个强大的中央集权的政府，才能进行其他创举。而整顿的具体方法，就是“治乱世用重典”。王猛上任之初就杀戮不法豪强，苻坚有些动摇，询问王猛国家本来就不稳定，百姓持观望态度，骤然杀戮过重是否对国对民不利？王猛认为，国家贫弱人心不附，恰恰是因为之前政府力量不足，没有让天下看到朝廷的实力与决心。现在要拨乱反正，压制豪强，非下猛药不可。苻坚表示赞同，放手让王猛去“下猛药”。

姑臧侯樊世是跟随苻建杀入关中、建立前秦的氐族豪强，与符氏关系密切。他自恃资历功劳，对苻坚重用王猛非常不满，曾当众骂王猛：“我辈和先帝共兴事业，如今大权旁落。你没有尺寸之功，怎么能执掌大权？这样岂不是我种了田地你收庄稼！”樊世在朝堂上和苻坚说话口气强硬。一次，王猛在旁指责他没有君臣之分。樊世与王猛吵了起来，大发雷霆，竟然捋起袖子就要殴打王猛。被人拉开后，樊世气呼呼地大骂：“不把王猛的脑袋挂在长安城门口，我决不罢休！”苻坚大怒道：“必须杀掉这个老氐，才能整肃百官。”苻坚命令立即斩首樊世。樊世被杀后，氐族贵族非常向苻坚告王猛的状。苻坚一概斥责，甚至在朝堂上鞭打告状的人，公开表示对王猛的支持。从此，前秦公卿以下官吏都畏惧王猛，不敢对他的施政指手画脚了。朝堂为之肃然。

为了压制豪强，王猛兼任了京兆尹（长安的长官）。光禄大夫强德仗着是太后的弟弟，酗酒，豪横，掠人财货、子女，是长安一大祸患。王猛一上任就抓捕强德，根本不向苻坚禀报就将其杀死，陈尸通衢。苻坚得知强德被抓后，连忙派使者前来赦免。可等使者到的时候，强德已经身首异地了。御史中丞邓羌很赞同王猛的强权治政，与王猛通力合作。两人疾恶纠案，无所顾忌，数旬之间杀戮豪强贵戚二十余人。此后，豪强纷纷小心翼翼，夹着尾巴做人，不敢再横行乡里，更不敢与官府作对。王猛施政旗开得胜，前秦王朝权威骤然上升，迅速实现了政令畅通。苻坚感叹：“吾始今知天下之有法也！”

政治改革成功了，王猛迅速着手其他方面的改革。作为统治民族的氐族文化水平较低，即便是当官的氐族人也有许多大字不识几个。苻坚和王猛在统治区大兴文教，恢复儒家思想教学，收氐族和其他民族子弟入学。前秦还规定，俸禄百石以上的官吏必须“学通一经，才成一艺”，不通一经一艺者一律罢官为民。自八王之乱以来，北方还是第一次有人提倡文教。通过这样的强制措施，前秦整体文化水平有了很大提高。

苻坚和王猛非常重视农业。苻坚招揽流民，鼓励百姓安定下来，从事耕种。为了给百姓安居乐业创造条件，苻坚“与民休息”，尽量不打扰百姓。前秦征发贵族豪强的仆役庇户三万多人，在关中兴修水利，让关中许多荒废田地重新得到了灌溉。苻坚亲自参加耕种，他的皇后则在长安郊区开辟田地养蚕，作为天下的表率。

王猛执政，除了政策得当外，政品颇足称道。首先是公平，王猛对跋扈横行、贪赃枉法等事痛下杀手，自己也绝对做到了廉洁自律。即使身居相位，王猛克己奉公，生活俭朴，从不骄横凌人，让人抓不住把柄。其次是高效，王猛通过派遣巡查使者，掌握地方情况和政策落实的情况，及时做出反馈。他本人精力旺盛，工作勤勉，从不让政务拖沓，当日决定的事情晚上就开始推行。关中良相惟王猛，他被公认是魏晋南北朝时期北方最杰出的丞相。

经过苻坚和王猛 20 多年的励精图治，前秦出现了国富民强、安定清平的局面。史载，当时秦境“自长安至于诸州，皆夹路树槐柳，二十里一亭，四十里一驿，旅行者取给于途，工商贾贩于道”。百姓歌唱道：“长安大街，杨槐葱茏；下驰华车，上栖鸾凤；英才云集，诲我百姓。”关中地区迎来了十六国期间最稳定和繁荣的时期。而“兵强国富，垂及升平，（王）猛之力也。”

二四

前秦：我统一北方了！

一

一个政权的外部表现建立在国内发展的基础上。随着前秦国内情况的好转、实力的增长，苻坚开始迈出统一天下的步伐。

天下大乱之时，豪杰枭雄能拉起数千人马便能纵横州县，因为大家的力量都是半斤八两，都在低水平上徘徊，谁都吞并不了谁。可一旦遇到统治坚固兵强马壮的政权，这些纵横州县的草头班子不是四散解体就是缴械投降。前秦衰落的时候，割据各地的小政权不少。王猛大治秦国，小的割据政权自忖混不下去了，纷纷主动投降。匈奴刘氏部、乌桓独孤部、鲜卑拓跋部等就先后降服前秦。367 年，西部羌族叛乱，前凉君主张天锡想浑水摸鱼，出兵扩大地盘，结果遇到王猛亲自率兵平叛。王猛年轻的时候最喜欢读的书就是兵书，行走各地也常常设想如果自己是指挥官该在本地如何布阵攻守，所以王猛不仅是治国的丞相，更是文武全才智勇双全的主帅。张天锡偷鸡不成蚀把米，和叛乱的羌族一起被王猛杀得大败。王猛斩首前凉官兵一万七千级，张天锡缩回河西走廊，奉表向前秦称臣。前秦的外部形势大为好转。

话说苻坚的皇位是从堂兄苻生手里夺来的。苻坚为人宽厚，这在生活交友上是好品格，但在政治上不一定是好事。苻生被杀后，他的弟弟晋公苻柳、赵公苻双、魏公苻廋、燕公苻武四人分别镇守地方。他们四人镇守的都是要冲，直接掌握着军队，威胁苻坚的统治。王猛力劝苻坚除去苻柳等人。苻坚念及堂兄弟之间的骨肉之情，没有采纳。

王猛在西北与张天锡作战的时候，苻柳在重镇蒲坂（今山西永济）起兵反叛，苻双、苻廋、苻武三人同时宣布叛乱。四位公爵同时起兵，气势很大，乱军扬言要一举攻下长安，却没有采取实际行动。第二年（368年）春，王猛从容率军前来讨伐。苻柳以割让要地陕城（今河南陕县，地处三门峡，扼守关中东门）给前燕为筹码，向前燕借兵。当时前燕由慕容评掌权。慕容评才能平庸，主动放弃了这么一个借前秦内讧获利的良机："我等智略，非太宰（指慕容恪）之比，能闭关保境足矣，平秦不是我等之事。"苻廋则写信向慕容垂和皇甫真等明白人求救，说苻坚、王猛都是人中俊杰，前燕君臣不早日取之，只怕日后追悔莫及。慕容垂知道苻廋所言极是，可惜他在前燕自身难保，哪里还能左右出兵大事？

苻柳他们只能靠自己的力量迎战了。苻柳主动迎战，王猛高挂免战牌。他以为王猛怯战，对王猛掉以轻心，留下儿子守城，自己亲率精锐偷袭长安。王猛侦知了情报，暗中派邓羌设伏，将苻柳精锐杀得丢盔弃甲，只剩数百骑逃回蒲坂。苻柳主力损失殆尽，无力坚守蒲坂。城破后，苻柳被杀。其他三位公爵被各个击破，陆续被杀。苻廋被俘后，苻坚亲自审问他为什么造反。苻廋实事求是地说："我的弟兄都谋逆造反了，臣怕受连累而死，所以索性一起造反。"苻坚赐他自尽，没有株连其他人，连苻廋的儿子也被赦免了。苻坚的宽厚就体现在这些地方。

四公爵叛乱被平定后，前秦内外肃清。苻坚、王猛开始四出攻伐敌国。而头号敌人就是东方的前燕了。

前燕的基础比前秦要好得多，经过20多年的发展后却远远落在了前秦的后面。这里面除了苻坚和王猛治国有方的原因外，另一大原因是前燕的内讧。慕容家族的第二代慕容皝、慕容翰内讧过，第三代内讧得更过分，导致一代枭雄慕容垂被排挤到了前秦。而掌权的慕容评等人才能平庸，国内民族和经济矛盾重重，人心不稳，士气涣散。前秦正想着如何吞并前燕，南方的桓温又开始北伐了。这给前秦创造了机会。

369年，桓温北伐的主要目标是前燕，进展非常顺利，七月就攻至枋头。燕都邺城震动。前燕皇帝慕容暐求救于前秦，答应割虎牢关（今河南荥阳汜水镇）以西领土给前秦。前秦的多数大臣目光短浅，反对救援前燕，对前燕败于桓温有幸灾乐祸的感觉。王猛则认为前秦和前燕唇亡齿寒，如果坐视桓温消灭前燕，则前秦大事不妙。他向苻坚建议先出兵与前燕击退晋军，然后乘前燕战后虚弱、缺乏防备再吞并它。苻坚采纳王猛的意见，出兵联合前燕与东晋北伐军作战。九月，燕秦联军大败晋兵，桓温败归南方。战后，前燕毁约，不愿割地给前秦。王猛要的就是一个借口，前燕此举引来了前秦的大举讨伐。虎牢关以西的土地，前燕不是不愿意给嘛，王猛带上三万兵马亲自来拿了。370 年正月，秦军包围秦燕交界处的重镇洛阳。洛阳燕军斗志全无，开城门投降。

370 年夏，王猛统帅杨安等将领，率战士六万大举伐燕。前燕慕容评率兵三十万迎战。面对着五倍于己的强敌，王猛采取四处出击的战略，掌握主动权。他自己一举攻下太行山口的要塞壶关。杨安北上进攻晋阳。晋阳重兵把守，杨安连攻两月没有攻克。王猛即率军驰援。他见晋阳城墙高大坚固，改变策略，督促士卒连夜挖通地道，输送壮士数百人潜入城中。约定时间，城内伏兵鼓噪而出，杀尽守门兵丁，打开城门迎大部队入城。偷袭成功，秦军迅速占领晋阳，俘虏前燕王公和官兵无数，动摇了前燕原本就不顽强的抵抗决心。慕容评的主力，裹足不前。王猛不给慕容评喘息的机会，率得胜之师迅速南下，逼慕容评进行主力决战。慕容评判断秦军孤军深入，不能持久，想拖垮秦军。谁知王猛一心要速战速决，挑选五千精锐骑兵偷袭燕军辎重，放火烧个精光。这把火瓦解了燕军的士气，连坐守邺城的慕容暐都看不下去了，派人严责慕容评。慕容评平日巧取豪夺、贪赃枉法，聚敛了大量财富。慕容暐严令他将财富散发给士兵，鼓舞士气，然后迫令他出战。外有圣旨逼战，内无隔夜粮草，慕容评想不决战都不成，结果仓促决战的结果是燕军大败。慕容评只带少数亲随逃回邺城。王猛长驱东进，包围了邺城。

当年十一月，苻坚以投降的慕容垂为前锋，亲率十万精兵与王猛会师，准备对邺城发动最后攻势。慕容暐、慕容评弃城逃走，大臣开门投降。秦兵占领邺城后，追上慕容暐将其俘获。慕容评逃到高句丽，被高句丽捆绑起来送给前秦。至此，前燕灭亡。

灭亡前燕后，前秦用兵西方。当初大败张天锡时，前秦俘虏了前凉官兵五千人。如今，王猛将这些俘虏全部放回凉州，并捎给张天锡一封亲笔信。在信中，王猛分析了天下形势，前秦已经基本统一北方，铁骑数以十万计，而前凉割据河西一隅，早已元气大伤。王猛为张天锡的利益考虑，劝他纳土归降。张天锡本是小国之君，就怕遇到独步天下的大国，如今偏偏就遇到了蓬勃兴旺的前秦。他寝食不宁翻来覆去了几天，觉得王猛的意见还是最现实的方法。于是，张天锡向前秦投降，前凉灭亡。前秦和平获得了河西之地。在此基础上，382 年苻坚又命将军吕光率军经营西域。吕光攻破焉耆、龟兹等三十六国，俘获大量珍宝和马匹，自东汉以后再次将中原王朝的统治衍生到西域。

在西南方向，前秦也有“意外的收获”。在西部，前秦和东晋原本没有直接对峙，中间隔着一个杨氏仇池政权。仇池杨氏原也是氐族的一个分支，早在蜀汉和曹魏争斗时期就游离在蜀魏之间，西晋末期占据现在甘肃南部和四川北部一隅，割地为王。其国甚小，不包括在十六国之内。前秦强盛后，于 371 年灭仇池。屏障一去，东晋的梁、益二州就直接与前秦对峙了。

与前秦相比，东晋梁、益两州的情况不太乐观。桓温擅权引起了东晋内斗。梁州（主要在今陕西南部汉中地区）和益州（四川大部）远离东晋政治核心，朝廷无暇顾及这一地区。和前秦的生龙活虎相比，对峙的晋军长期武备不修、城池破败。东晋梁州刺史杨亮守土有责，终日满脸愁容，不知如何是好。杨亮认为原仇池地区是南北拉锯的屏障，关系汉中存亡，与其坐以待毙不如冒险出击。于是，杨亮在 373 年主动对前秦发动进攻，试图夺取仇池地区。前秦的梁州刺史杨安反击，打败晋军。晋军冒险行动失败后，引发了恶劣的连锁反应，梁州各郡县长官闻风而逃，引得前秦军队杀入梁州。苻坚敏锐地把握住机会，将这个边界小冲突扩大为全面战争，加派兵力分路南下，志在夺取巴蜀。其中一支秦军进攻汉中。杨亮纠集残军和本地少数民族军队再战，再败，汉中失守。梁州被前秦占领。另一支秦军直扑四川的北部天险剑阁。剑阁由晋梓潼太守（今四川绵阳）周虓防守。周虓文人出身不懂军事，只知道防守郡城，竟然没有派兵扼守一夫当关，万夫莫开的剑阁，导致前秦军队顺利通过天险，包围梓潼。兵临城下，周虓首先想到的是一家老小的安危，竟然率军放弃城池，保护老母幼子夺路向湖北逃去，途中为秦军俘虏。周虓投降。川北形势急剧恶化，益州的东晋官吏也闻风而逃，秦军兵不血刃开进成都。东晋朝廷令荆州军队救援四川，不想荆州军队胆寒，拖延不前，等到秦军占领四川全境后终于把救援的任务给拖黄了。反倒是四川军民不满前秦的统治，各地骚乱、起义不断，前秦邓羌、杨安等花了一年多时间才真正把四川给稳定下来。

至此，前秦基本统一了北方，并占领长江上游地区，疆域达到十六国的极盛。十分天下，秦居其七，剩下的三分在战栗发抖的东晋手中。

二

就在前秦统一北方的前夜，375 年六月王猛病倒了。

苻坚和王猛的关系，真如鱼水。王猛比苻坚大十三岁，苻坚一直以长辈之礼尊敬王猛。王猛病后，苻坚亲自为他祈祷，并派侍臣遍祷名山大川。七月，王猛病情还是转重，弥留之际对前来探望的苻坚留下遗言："晋朝虽然僻处江南，却是华夏正统，目前上下安和。臣死之后，希望陛下千万不可图谋伐晋。鲜卑、西羌等归降贵族终怀二心，是我们的仇敌，迟早要成为祸害，应该逐渐铲除他们，以利于国家。"王猛还嘱咐其子以十具牛耕田务农，其余一无所求。

前秦上下听到噩耗，哭声震野，三日不绝。苻坚三次临棺祭奠，都恸哭不能自已。他对太子苻宏说："上天不让我统一天下，怎么这样快就夺去我的王猛啊！"前秦按照汉朝安葬大司马大将军霍光的最高规格，隆重地安葬了王猛，谥王猛为"武侯"。这个谥号和蜀汉给诸葛亮的谥号一样，取得就是王猛和诸葛亮一样都是国家柱石、勤政无私的意思。

苻坚的成功的确是在王猛的精心辅佐下才取得的。王猛死后，苻坚的许多政治弱点开始放大。

首先，苻坚为政最大的纰漏就是待敌过于宽松，厚待投降和被俘的各割据政权统治者。前凉还没投降的时候，苻坚就为张天锡造好了府邸，等着张天锡入住。张天锡投降后，苻坚立即任命他为尚书，封归义侯，没有丝毫防备。（却说这个张天锡在前秦崩溃后又投奔东晋，因为张家割据凉州始终以晋臣自居，东晋朝廷将张天锡树立为政治花瓶。张天锡在"祖国"东晋的处境和生活质量不太好，远不如在前秦时。不过他总算是十六国亡国之君中唯一一位得以善终的。）又比如前燕被灭亡后，慕容暐等皇室成员都在长安担任了新职，其中慕容暐受封新兴侯，全家人依旧过着锦衣玉食的生活。慕容暐的母亲死了，苻坚竟然以燕国皇后之礼安葬；入宫做了苻坚妃子的燕国清河公主很得苻坚的宠爱，史称"宠冠后庭"。羌族姚氏政权进攻前秦失败，姚苌不得不率部投降，苻坚也允许他继续统领旧部，还予以安置。其他政权的亡国宗室的待遇大抵如此。我们都知道苻坚为人宽厚。害人之心的确不可有，对被俘或者投降的敌人也应该慈悲为怀，这都没错，可是防人之心不可无。苻坚就一点都不防备身边的前敌人，还让他们出任官职掌握军队，埋下了日后帝国崩解的隐患。

其次，苻坚的民族政策处理失误。氐族在五大胡族中人少力弱，要统治广大的北方地区实属不易。为了巩固统治，苻坚采取迁徙氐人分镇四方的政策。他消灭其他割据政权后，往往实行徙民政策，将被征服的鲜卑、乌桓、羌等民族十万户徙至关中，一来充实京畿地区，二来也便于控制。同时，苻坚将关中氐族十五万户移至关东，安置在各个要镇，以此来加强对新征服区的控制。这一进一出，本意是好的，但客观上分散了原本就薄弱的氐族势力。苻坚所能依靠的本民族力量本来就有限，如今又被分散了，一旦遇到反叛难以集中力量。在前秦国势蒸蒸日上、蓬勃发展的时候，这个隐患不会暴露出来，和前一个隐患一起潜伏着。等国势一旦衰微，两大矛盾一起爆发，就会要了前秦的性命。

最要命的是，苻坚没有了王猛的辅佐了，开始“升心独断”，在383年一意孤行，倾全国之力南征，终于爆发了淝水之战。

现在，我们要把北方的局势暂且放到一边，把目光投向南方，将时间拉前几十年，看看长江中下游地区在过去的几十年中的政局发展、社会变迁，看看南方和北方是如何在淝水之战中迎头相撞的。

二五

搞分裂是没有前途的

一

北方和四川陷入混乱的同时，南方的长江中下游地区的某些人也在蠢蠢欲动，图谋独立。与北方因为皇室内讧和少数民族入侵造成的分裂不同，南方的分裂倾向有更为深刻的社会原因。

南方的第一次滑向分裂边缘是在晋惠帝太安二年（303 年），北方八王之乱高潮之时。为了镇压四川李氏兄弟领导的流民起义，荆州（今湖北湖南大部）官府强征青壮年入伍去四川作战。百姓们都不愿意去，官府只知道一味催逼。一个野心家、义阳（今河南新野）人张昌乘机纠合那些不愿远戍的百姓，再笼络南下荆州要饭的北方流民，揭竿而起。张昌顺利地打败荆州官兵，占领了江夏郡，队伍很快发展到数万人。

有记载说张昌是“义阳蛮”，认为他是少数民族人。张昌的军队装束很奇怪，将士们都头戴红帽，拿马尾当胡子挂在脸上，很有少数民族特色。但张昌即便真的是少数民族，也是汉化很深的少数民族后裔。他祖父都在州县为吏，张昌本人的行为方式也完全是汉化的。他改名李辰，鼓吹“会有圣人出来为民之主”，然后找到做过县吏的丘沈，把他改名叫刘尼诈称汉室后裔，立为皇帝。张昌自己做相国，正式开朝建国了！张昌政权趁南方空虚，四处攻略，扩大地盘。张昌亲自北上，进攻襄樊和宛城，杀死司马懿的孙子、新野王司马歆；部将陈贞向南下攻陷武陵、零陵、长沙、武昌（今湖北鄂州）、豫章（今江西南昌）等地；另一个部将石冰东进，在长江下游埋下了巨大的隐患。至此，张昌政权占据了荆、江、徐、扬、豫五州的许多州县，俨然是一个大的割据政权。

南方糜烂，眼看不将为朝廷所有，西晋王朝紧急调年长而干练的大臣刘弘出任荆州刺史，全权负责镇压张昌。

刘弘主要干了两件事。第一是与民为善，消除百姓对朝廷的不满情绪；第二就是破格提拔了一个人：庐江浔阳（今湖北黄梅西南）人陶侃。这后一件事深刻影响了东晋早期历史。

陶侃，出身寒门，少年丧父，家境至贫，与母亲湛氏相依为命。湛氏非常坚强，对陶侃管教很严，日夜纺织甚至割发卖钱培养儿子，希望儿子能够有所作为。陶侃从小严肃勤勉，自强不息，好结交朋友。尽管能力出众、名声在外，却因为出身低贱，陶侃只能出任一些杂役闲差。他先是在县功曹周访的荐引下当过县主簿，后来去洛阳四处求官，受到侮辱，后来补任荆州南部的武冈县令。此时陶侃已经四十多岁了，感叹命运不济，加上与太守关系紧张便弃官回家。以后又当过郡离的小中正。刘弘知人善任，平地一声类，任命陶侃为南蛮长史、大都护，领兵打张昌。陶侃连战连胜，张昌败亡，荆州的叛乱很快就被平定了。刘弘非常高兴，对陶侃说："我从前在羊公（羊祜）手下做参军，羊公说我日后会做到他当时的官职。现在看来，你会做我的后任的。"陶侃时年45岁，刚崭露头角，算是高龄了。

张昌余部石冰还在江东一带发展。西晋建立后，原先东吴的世家大族纷纷在江东占地自守，保存了强大的实力。他们纷纷起兵，自发与石冰作战。义兴（今江苏宜兴）周氏是江东大族中的"强宗"。周氏代表周玘联合另外两个大族贺循、甘卓一齐起兵，攻杀石冰委派的官吏和军队，迫使石冰向北发展，进攻淮南重镇寿春（今安徽寿县）。镇守寿春的征东将军刘准吓得不知如何是好。陶侃的同乡陈敏，和陶侃一样廉洁能干，可惜出身低微，在郡吏位置上徘徊。当时，陈敏恰好在寿春运粮。他自告奋勇，组织运粮兵，再从刘准手里要来了部分正规军，迎战石冰。陈敏指挥得当，作战勇敢，镇压了石冰的军队。朝廷任命他做广陵相。

如果说张昌、石冰的造反还属于传统的农民起义的范畴，那么，南方接下来的又一场大乱则是有着明确政治意图、影响广泛的"独立运动"。

立下大功的陈敏本身也是个野心家，能干又有地盘。永兴二年（305年），东海王司马越用陈敏做右将军、前锋都督。他不看好司马越，借口回江东扩充军队，于当年十二月攻占历阳（今安徽和县），公开反晋，派兄弟陈恢与钱端南取江州（今江西、福建、鄂南）、兄弟陈斌东取长江下游各郡。西晋官吏望风而逃。

陈敏有着强烈的政治目的：割据江南，恢复东吴时期南北对峙的局面。东吴的建立者孙坚父子就是趁北方大乱，夺取江东各郡为根据地逐步发展起来的。巧合的是，孙坚也出身低微，长期在郡吏的位置上徘徊。所以，陈敏对南方各地以“恢复故国”相号召，对江东的豪杰、名士注意收罗礼待。西晋统一后对南方的歧视导致南方各个阶层，尤其是在新王朝仕途不顺的士人阶层，普遍对东吴政权有所留恋，倾向趁北方大乱重新独立。大族甘卓主动向陈敏示好，把女儿嫁给他的儿子；顾荣和陆机、陆云兄弟并称“江南三骏”，在洛阳很不顺利，如今欣然接受了陈敏政权右将军的任命。贺循、周玘两人虽然装病观望，没有加入反叛队伍，但也没有起兵镇压，默认了陈敏对江南各地的占领。江东既定，陈敏自封为都督江东诸军事、大司马、楚公，建立了“楚”政权，加九锡，为称帝做准备。

陈敏安抚了江东地区，只是恢复了东吴一半的领土。位居上游的荆州还在刘弘的控制下。陈敏既以复国相号召又要保障江东安全，计划集中精锐攻取荆州后再登基称帝。陈敏西进的第一关就是江夏郡。江夏太守恰好是陶侃。考虑到陶侃和陈敏是庐江老乡，荆州许多人担心陶侃不可靠。荆州刺史刘弘用人不疑，坚决不调离陶侃。陶侃自己也很担心，又不愿意放弃与陈敏鏖战再立新功的机会，就把一子一侄送到刘弘处做人质。刘弘不接受，说：“匹夫之交，尚不负心，况大丈夫乎！”陶侃大受感动。

江夏一战，陶侃胜，陈敏败。楚政权的攻势被遏止了。

陈敏的失败并不严重，主力尚存。但失败引起的心理反应却给他的政权造成了毁灭性的打击。之前，江东官民支持陈敏立国，心里多少缺乏底气。陈敏凯歌高奏，会提高大家的信心，而江夏的失败一下子抽走了大家的信心。楚政权内部离心倾向增强了。

永嘉元年（307年）二月，原本观望的大族周玘策动陈敏的部将钱广在建业（今江苏南京）举兵反陈敏，并诈称陈敏已经被杀。陈敏发兵赶赴秦淮河，把镇压钱广的任务交给了亲家甘卓。顾荣也开始转向反对陈敏，赶来劝甘卓说：“如果陈敏能够立国江东，我们可以同他合作到底。但你看现在的局势，他有成功的希望吗？陈敏才能平常，政令反复，子弟骄纵，败局已定。我们如果再接受他的官爵，事败之日我们的头颅就会被送往洛阳，上书‘逆贼顾荣、甘卓之首’，遗臭万年，岂不可耻！”甘卓于是装病，派人接女儿回家，并毁坏秦淮河上的朱雀桥和渡船，宣布讨陈。陈敏亲自带领一万多兵马和甘卓隔秦淮河对峙。甘卓这边的将士大喊：“我辈为了相信顾丹杨、周安丰（陈敏任顾荣做丹杨内史、周玘做安丰太守）才愿意替陈公出力。现在二公都不跟他了，你们还跟着他做什么！”陈敏部下面面相觑，犹豫不前。顾荣走到阵前，拿着白羽扇向对岸挥动。将士们一看果然是顾荣，才相信陈敏已经失去了世家大族的支持，纷纷溃散了。（由此可见，江南世家大族们有多大的号召力。）陈敏见大势已去，单骑逃走，在长江边被杀。陈敏的兄弟部将也纷纷被地方人士所杀。江东各地很快“反正”，重新“效忠”西晋朝廷。

陈敏死去刚刚半年，琅琊王司马睿来到了建业。

二

司马睿也是抱着在江南建国的目的来的。但是他的起点实在不高。单单从地盘上来说，司马睿占据的仅是扬州一隅。当时长江中下游从上到下依次为荆州、江州、扬州，大致对应现在的两湖、皖赣和江浙。荆州、江州都听命于洛阳朝廷，已有都督或刺史。没有广袤的土地，没有稳固的上游，司马睿想在扬州下游立国很困难。

江州刺史华轶差不多和司马睿同时来到南方，也是东海王司马越的党羽。他在江州恩威并施，交好江州豪杰士人，收揽南方逃亡来的官民，史载“得江表之欢心”，比司马睿逊色不到哪里去。华轶借口“洛京尚存”，不听从司马睿的指挥（人家本来就是朝廷命官，和司马睿没有上下级关系）。所以，尽管同属一个派系，司马睿一派和华轶势同水火。永嘉五年（311年），司马睿以王敦为都督西征，统甘卓、周访等人逆江而上，企图武力吞并华轶势力。

话说江夏之战后，荆州刺史刘弘病故，陶侃也因为母亲病故辞官服丧去了。一晃几年过去了，陶侃丧期满后，投奔了东海王司马越。司马越任命陶侃督护江州诸军事，华轶也需要借重陶侃的声望和能力，表陶侃为扬武将军，率兵三千屯夏口防备下游。华轶与司马睿矛盾公开后，担任江州刺史参军的是陶侃的侄子陶臻。陶臻认为司马睿会战胜华轶，装病辞官，劝说陶侃：“华轶有忧天下之志，可惜才不足，且与琅琊王不平，恐怕在劫难逃。”陶侃觉得背弃华轶有违忠义，气愤地将陶臻抓起来送给华轶。陶臻中途偷偷跑到建业投奔司马睿去了。为了争取陶侃，司马睿“提升”陶侃为奋威将军，给予“假赤幢曲盖轺车、鼓吹”的待遇。当时朝廷政令不通，藩镇长官各行其是，人事变动向朝廷汇报一下（所谓的“表”），不管朝廷有没有收到同意不同意，就制造既成事实了。陶侃权衡再三，倒向了司马睿阵营，结果导致华轶在王敦等人的进攻面前，兵败身亡。事后，陶侃再升为龙骧将军，实授武昌太守。

司马睿争夺江州德同时，西边的荆、湘两州（拆分荆州南部为湘州）陷入了杜弢之乱中。这是继张昌之乱、陈敏之乱后的第三次南方大乱，再次几乎分裂了南方。

四川大乱后，大批巴蜀居民东迁避难，有好几万家进入荆湘二州。流民常和本地人发生摩擦，又受官府歧视，就推四川人李骧（与成汉政权李雄的叔父同名同姓）造反。当时的荆州刺史是王衍、王戎、王敦等人的族兄弟王澄，是个能说会道却不知军务的公子。流民起义起初规模很小，遭到各地方官府的镇压，李骧不得不向王澄投降。这事本来就这么过去了，王澄画蛇添足，假意答应流民投降，暗中乘其不防偷袭起义军，并株连百姓，屠杀了八千多流民。流民更加怨恨，于永嘉五年（311 年）正月再次推举成都人杜弢在湘州起义。

杜弢领导起义，完全是局势所迫。他祖父和父亲都是晋朝的县令，本人是地方秀才（那时的秀才一州才能推举一人，很金贵），因避四川战乱才迁居荆州。李骧领导第一次流民起义时，杜弢是醴陵县令，率军镇压起义。如今，杜弢却被流民推举为起义的领导人，真是命运多变。他自称梁益二州牧、平难将军、湘州刺史，发兵进攻长沙、零陵、桂阳、武昌等郡。王澄和杜弢作战，屡次败北，却满不在乎。后来，原新野王司马歆帐下牙门将聚众起兵，自称楚公；原荆州刺史参军王冲叛变，自称荆州刺史。王澄这个荆州刺史成了空头司令，才仓皇顺江东下，逃亡建业。司马睿很客气地将他调任闲官（军咨祭酒），任命了河南世族周顗为新的荆州刺史。周顗到荆州，对杜弢之乱束手无策。在江州的王敦势力，于是派遣守陶侃、周访、甘卓等进入荆州镇压杜弢。

建兴元年（313 年），杜弢率军进攻周顗驻地，陶侃前往救援。流民武装擅长远途奔袭和流动作战，不利于硬碰硬的阵地战。杜弢充分发挥这一特点，主动放弃周顗，想趁陶侃大军在荆州的机会奔袭陶侃的大本营武昌。陶侃听说杜弢撤围后，估计杜弢乘虚去袭击武昌了，立即撤军，抢在杜弢前面返回武昌，给予敌人迎头痛击。杜弢的流民武装第一次遭到重创，大败逃向长沙。陶侃派参军王贡到王敦处报捷。王敦喜出望外："若无陶侯，荆州将非国家所有！"他向司马睿推荐陶侃为荆州刺史。陶侃以卑微的出身，在极端重视家世的晋朝、用短短十年时间升任藩镇首脑，创造了一个奇迹。

陶侃乐得有点飘飘然。危险就在这个时候来临了。胡亢造反时，命原南蛮司马杜曾为竟陵太守。杜增勇冠三军，身穿甲胄还能在水中游泳，见胡亢猜忌暴虐连杀部将数人，担心大祸临头，在当年（313 年）暗中联合王冲杀掉胡亢，并吞了荆州方向的乱军武装。陶侃派去报捷的参军王贡返回时，路过竟陵，不知道是立功心切还是胆大妄为，以陶侃的名义联络杜曾，说服杜曾和王冲火拼。杜曾轻易杀死了王冲。陶侃得知变故，召王贡询问。王贡怕陶侃责怪，不敢去，竟然和杜曾合作偷袭陶侃。陶侃大败，连坐船都被叛军钩住，侥幸跳上一只小船才得以逃脱。陶侃因这次惨败被革职。但荆州前线实在找不到比他更合适的负责将领，王敦让陶侃以平民身份执掌荆州刺史职权。

陶侃面对的敌人，分别是北边荆州的杜曾乱军和南边湘州的杜弢流民。陶侃先北后南，先集中军队讨伐杜弢。他和周访联合，屡次战胜杜弢，因军功很快恢复了官职。杜弢的流民武装在几年征战中，损失惨重，后续乏力，托旧时相识的南平太守应詹出面斡旋，希望能投降朝廷，保全性命。杜弢本不愿造反，写的降书言辞恳切优美，司马睿同意了，派使者去受降，还任命杜弢为巴东监军。然而，前线众将贪功，仍不断地向流民进攻。杜弢气愤不过，杀掉受降使者，坚持造反到底。直到建兴三年（315 年）八月，陶侃才击溃流民武装，平定湘州。王贡投降，杜弢逃亡不知所终。

陶侃镇压杜弢后，乘胜北上讨伐杜曾。杜曾不敢恋战，收拢军队北上，围攻宛城。镇守宛城的是都督荆州、江北诸军事的荀崧。荀崧无兵无粮，形势岌岌可危，想向襄城求救又找不到适当的人选。年方十三岁的女儿荀灌自告奋勇，率领几十名勇士，在夜幕掩护下缒出城墙，突围而去。她边打边走，最终摆脱追兵，到达襄城求援。同时，荀灌还以父亲的名义，向周访求援。各支援兵到达，杜曾解围而去。这便是“荀灌娘突围求救”的历史佳话。

杜曾和杜弢不同，勇而无谋，没有远略，并不难平定，只需给陶侃等人些时间。这个时候，官军内部矛盾开始滋生，延误了整个荆州局势。陶侃之前的胜利，离不开王敦的幕后支持。随着陶侃军功鼎盛声名鹊起，王敦左右钱凤等人妒忌起来，开始向王敦进谗。王敦对陶侃的信任大打折扣，也产生了猜忌的心理。他召陶侃相见，要解除陶侃的职务。陶侃部将都劝他不要去见王敦。陶侃坚持去了，果然被王敦扣留，调他出任广州刺史。广州远在南粤，在西晋人眼中是极偏远之地（当时湘州、江州就被认为是边缘之地了），陶侃的这项任命等于是流放。王敦再任命堂兄弟王廙为新的荆州刺史。荆州诸将怨恨王敦处事不公，起兵抵制。王敦认为这是陶侃指使，披甲执矛竟想杀陶侃，犹豫着进进出出好几回。不想，陶侃过来正色对他说："使君之雄断，当裁天下，何此不决乎！"说完，坦然自若地去上厕所。王敦佐吏提醒说，陶侃的亲家周访统兵在外，如果杀害陶侃恐怕再激起周访兵变。王敦这才改变主意，设宴欢送。陶侃连夜出发，赶赴广州。在广州，陶侃平定了南粤的骚乱，做了十年的刺史。每天早晨，他都搬一百块砖到室外，晚上再搬回室内。旁人奇怪，问他为什么这样做。陶侃说："我方致力中原，生活太安逸恐怕以后不堪事，所以坚持锻炼。"这便是"陶侃运甓"的故事，当时陶侃已经是个花甲老人了。

陶侃被排挤走后，荆州将领郑攀、马隽等人为陶侃鸣不平，遭到王敦训斥，便率领军队叛变，加入杜曾乱军。而远在长安的晋愍帝任命的新荆州刺史（司马睿势力在江南任命了一系列人事，都是在形式上向朝廷上个表打个招呼便自行决定了。朝廷并不认可，甚至可能闻所未闻）、一个名叫第五猗的人恰好赶到荆州赴任。杜曾、郑攀等乱军就拥戴第五猗为正派刺史，与司马睿势力的荆州刺史王廙作战。局势更复杂了。建武元年（317年），杜曾连战得胜，大军向江陵挺进。司马睿命周访迎战。周访是陶侃的同乡兼亲家，之前和陶侃并肩作战多年，如今领兵八千，在沌阳（今汉阳西）和杜曾乱军激战。战斗从清晨起激战到傍晚，周访军队渐渐不支。周访挑选八百名精兵，亲自敬酒，鼓励大家死战，先静候不动听到鼓声再行动。杜曾大军涌到周访中军阵前三十步时，周访亲自击鼓，敢死队奋勇出击，大破杜曾的重逢，扭转了战况。周访连夜乘胜追击，把杜曾大军打得溃不成军。战后，周访因功升任梁州刺史，担起了镇压杜曾的主要责任。太兴二年（319年），周访最终攻杀杜曾，俘虏第五猗。

如何处理第五猗，是个难题。第五猗是晋愍帝任命的官，在法律上是正牌刺史。周访向王敦求情，希望不要杀第五猗。王敦不听，照杀不误。因为当时司马睿已经在江南称帝，在王敦眼中，司马睿才是晋室的正宗。

二六

司马睿当皇帝，真不容易

一

木秀于林风必摧之，而混在森林深处的小灌木则是最安全的，有树荫可以遮蔽又不需要承担风险。西晋末年，皇室内讧，多少皇亲贵胄身首异处血流满地，司马炎一系的近支子弟更是损失殆尽。作为皇室远支疏宗的琅琊王司马睿幸存了下来，并发展壮大，在西晋灭亡北方沦陷以后建国江南，开创了东晋王朝。

琅琊王司马睿是司马懿的曾孙，和晋惠帝、晋怀帝同一辈分。司马睿在皇室中的地位很低。他的爷爷司马伷是司马懿的小妾伏夫人所生（伏夫人还生了在八王之乱中火过一把的汝南王司马亮），是庶出的少子，被封为琅琊王。琅琊这个地方大约在今天山东临沂地区，是诸葛亮的老家。司马伷就娶了诸葛亮的族孙女为妻。当时社会上流传“牛继马后”，司马懿正在篡夺曹魏，认为这是在预示牛氏将取代司马家族，于是对朝廷中的牛氏大臣起了疑心。恰好有个大将叫牛金，不幸被司马懿给毒死了。想不到，“牛继马后”的预言应在琅琊王这一支血脉上，第三代琅琊王司马觐的王妃夏侯氏私通小吏牛氏，生司马睿。后来司马睿成了东晋皇帝，可不是“牛继马后”？司马睿的身世之谜虽然对皇室不敬，却被正儿八经地记录在了《晋书》中。

司马睿 15 岁世袭了琅琊王的爵位，整个少年时代和大半个青年时代都是在默默无闻中度过的。他既没有血缘优势，又无权无兵，是一系列政治活动的看客。如果说有过人的地方，就是他能在纷繁复杂的环境中保全自身，一直安然无恙。八王之乱前夕，司马睿“每恭俭退让，以免于祸”。到永兴元年（304年），政治斗争更加尖锐，一件事情把司马睿给牵涉了进去，导致他不能再独善其身了。当时晋惠帝被挟持到邺城，司马睿也跟着去了。东安王司马繇劝掌权的成都王颖对晋惠帝客气优待，司马颖不仅不听还把他杀了。司马睿是司马繇的亲侄子，怕遭牵连，赶紧化装逃走。成都王司马颖下令一切关口、渡口都不准贵人通过。司马睿到达黄河渡口，就被拦住了。情况紧急，幸亏有个叫宋典的随从急中生智，拿马鞭朝司马睿身上一拂，笑道："舍长（看管房子的小吏），官府把你当作达官显贵拘留了，看来你很有贵相啊！"守渡口的官兵信以为真，就把司马睿等人放行了。

司马睿逃亡后，坚定地站到了东海王司马越的阵营一边。永兴二年（305年）司马越授意司马睿去守下邳，并派自己的参军王导给司马睿当助手。王导出身琅琊王氏，是世族大家子弟，眼光独到，看到天下已乱，决心寻找一个可靠的盟友开创新局面。王导找到的这个盟友便是司马睿。他看中了司马睿的低调和没有历史包袱的清白背景。司马睿的封地就是王导的老家，对王氏很有好感，刻意笼络。史称王导"倾心推奉"，司马睿"亦雅相器重，契同友执"。司马睿跟着司马越在洛阳，王导不断劝他脱离洛阳，借口回封国而去东方开辟新局面。这才有了司马睿出镇下邳，王导再跟着来到下邳，开始了两人的搭档生涯。王导和琅琊王司马睿同龄，当年都三十岁。

中原大乱愈加激烈，王导和堂兄弟王敦、王旷（王羲之的父亲）三个人关在小屋子里，嘀咕了半天，觉得中原局面混乱没有可以作为的地方，不如去相对安定的南方东吴古地开辟新局面。于是，王导建议司马睿去东南地区独当一面。司马睿很赞成，向司马越申请移镇南方。朝廷中的王氏兄弟王衍、司马越的妃子裴氏二人被司马睿和王导做通了工作，都鼓动司马越同意司马睿的请求。司马越也想给自己在南方安排一个后路，万一北方不济了可以去东南地区栖身，就答应了。（没想到司马越很快身死覆灭，生前安排的后路成了司马睿的飞来横财。）永嘉元年（307年），司马睿出任安东将军、都督扬州诸军事，和王导拉上一帮子人马，搬到了建邺。

司马睿前往东南，名义上是移镇，其实类似逃亡，带动了北方官民的南逃浪潮，史称"永嘉南渡"。

二

司马睿到建邺时，距离陈敏覆灭才过去半年光景。南方局势也不是一潭静水，世族大家和一般百姓都心存观望，就看着司马睿如何作为了。司马睿到建业大半个月了，竟然没有一个江东士人前来拜访。

建邺是东吴的故都，不是谁坐在这里都能得到东南地区支持的。西晋平吴后，江南童谣称："局缩肉，数横目，中国当败吴当复。""局缩肉"是对司马皇室的蔑称；"横目"就是一个"四"字，"数横目"就说西晋寿命只有四十年左右；四十年后"中国当败吴当复"。而从265年司马炎建立西晋王朝到307年司马睿南下，已经四十年了，恰好天下大乱，很多东南百姓就认为改朝换代的时候到了。又有民谣说："宫门柱，且当朽，吴当复，在三十年后。"这个说得更明白，意思是东吴灭亡三十年后将会复国。东吴是280年灭亡的，三十年后就是310年，离司马睿到建业还差3年。当年陈敏反叛，在东南能迅速掀起大风大浪，和民心反晋思吴有很大关系。琅琊王司马睿要想在东南站稳脚跟，必须安抚本地区的对立情绪，首要便是取得江东大族的支持。

司马睿初到江东，当地人对他很冷淡。那时候的江浙人不像现在这么温文尔雅，民风彪悍得很，同时又像现在一样现实势利。西晋王朝已经分崩离析了，皇室成员在江东士人心中早已大大贬值。而司马睿这个琅琊王又是西晋皇室中的边缘人物。现在，司马睿带着一大帮人逃到南方来，谁又能保证他们能长久在南方立足。铁打的州县，流水的官。司马睿说不定过几年就被人给撤了，说不定连西晋王朝都不存在了呢！所以，江东的世族大姓轻蔑地称司马睿、王导等人为"伧父"，很不礼貌。东南人心不附。王导着急了。对于他们那些南下的北方世族来说，司马睿的命运就是他们的命运。南方土著排斥司马睿就是间接地排斥包括王家在内的北方南下士人们。司马睿在南方站不住脚，王家等人也站不住脚。

于是在南下建邺的一个多月后的三月三日"修禊节"[1]，王导在秦淮河边导演了这么一幕：

司马睿坐在奢华的肩舆之上，在皇家仪仗的簇拥下，缓缓而来。王导、王敦等北方世族和名流都恭恭敬敬地骑马跟随其后。整个队伍威严肃穆又不失豪华热闹，将西晋王朝的泱泱皇室风范展现给了当时在江边过节的江南世人。江东的纪瞻、顾荣等著名大族都在江边搭着席位，占着地盘过节。目睹这一幕，他们的内心受到了极大震撼。皇室骨肉相残之后竟然还能保

1 江东风俗，三月三日去江边洗濯，祈求驱灾避祸。不论是达官贵人，还是平民百姓，都过"修契节"。

持这么威严的阵势；原来司马睿在北方的地位这么高，得到了这么多大人物的支持；原来司马睿等人还知道南方的节日，主动参加，与民同乐。震撼之余，南方人士纷纷拜倒在路旁。司马睿落座后，江东各大族的代表人物纷纷前来拜见。司马睿、王导等人专门挑一些南方人不知道的新闻、礼仪、赏赐来说事，把那些世代居住在江东的世族大家们听得晕头转向的。回家后，世族大家们纷纷感叹，司马睿这批人不可小瞧啊。

紧接着，南方各大人物和名流先后接到了司马睿的聘书。司马睿一下子征辟了一百六十个幕僚，许诺以高官厚爵。司马睿任用顾荣为军司，加散骑常侍，遇到军国大事都向他咨询；任用贺循为吴国内史，将东南核心的吴郡托付给本地人治理。纪瞻、周玘、张闿等江东世族也都被委以重任。东吴灭亡后，江东士人的仕途变得很不顺畅。如今司马睿大施恩惠，迅速将带士人团结在了身边。史载："由是吴会风靡，百姓归心焉。"

在这其中，王导发挥了重要作用。谯国龙亢（今安徽怀远）世族桓彝南渡过江之初，看到司马睿势力微弱，担忧地对同样南渡的汝南世族周顗说："我们因为中原大乱才到此间来求生存，不料官府如此微弱，怎么能维持下去！"后来桓彝见到了王导，交谈之后对周顗说："我刚才见了管仲，再也不担忧了。"（这个桓彝只是个一晃而过的配角，终于太守，却生下了不起的儿子桓温和孙子桓玄，掀起了惊涛骇浪。）王导在建业协助司马睿收拾人心，王敦领兵在外四处攻城略地扩充地盘，扬州、江州、荆州、广州、交州纷纷归附司马睿，南下的其他北方世族共同出力稳固南方政局，很快就打开了局面。对于北方世族来说，他们内部肯定存在争权夺利和党同伐异，但在北有强敌南有土著的不利情况下，拥戴司马睿，同心协力在江南一隅打开局面，是维持各自门第和利益最现实的选择。所以，我们看到在"永嘉南渡"之初的几年里，北方世族空前的团结。这种团结仅此一回，当局面稳固后，北方世族很快起了内讧，触发了多次内战。

在这空前团结期间，北方世族在江南渐渐站住脚跟，稳定下来，而土著的江东世族则受到挤压，不再是南方社会起主导作用的力量了。

西晋末期，义兴周氏、吴兴沈氏领衔江东世族，号为强宗；紧随其后的是吴郡四大家张朱陆顾。北方世族初来，都不敢直接和他们对抗，纷纷避开现在的苏南和太湖流域，深入浙江江西一带圈地占田，发展势力；再其后的有会稽的孔魏虞谢四家。这些家族的势力强大，张昌之乱中石冰侵略江南、陈敏反叛主要是江东士世族，特别是义兴周家起兵平定的。石冰、陈敏之外，有个叫钱瑢的人找出了孙皓的儿子孙充造反，再次企图恢复东吴政权。义兴周家的周玘组织家族力量，再配合乡里民兵就平定了这次造反，史称周家“三定江南”。可见江东世族最初力量之强大。

但是江东世族在东吴灭亡后，就没有统一的组织，也没有进行必要的思想沟通，形不成合力。比如义兴周氏往往是有事就组织军队，打完仗后便解散部队，主要目的是保卫乡土，维护家族利益。始终没有一个强权人物成功领导江东世族与西晋朝廷对抗。

也许是出于稳定多次骚乱后的江南，在“永嘉南渡”初期江东世族没有反抗北方世族的南下，坐视他们逐渐站稳脚跟。等到北方世族开始挤压土著势力的发展空间，江东世族们开始后悔了。周玘被司马睿怀柔任命为吴兴太守，他联络一部分人要杀死北方官员，改用南方人士。机密泄露后，司马睿不敢公开镇压，先调周玘为南郡太守，等他离开吴兴后突然改任他军咨祭酒，不再让周玘掌握实权。他最后忧愤而死，临终对儿子周勰说：“杀我的是诸伧子（吴人对北方人的蔑称），能报此仇，才好算我的儿子。”司马睿明知周玘造反，仍然谥他为“忠烈”。周勰继续父志，联络族人同阴谋起兵反晋。叔父周札不愿意造反，向司马睿告密。司马睿还是不敢公开镇压，利用周家内部矛盾采取暗杀手段镇压了起义。周勰却没有受到惩处，司马睿待之如初，只是日后不再对江东世族委以实权了。这时，江东世族的势力还是强大得让朝廷不敢小觑。

随着统治的逐渐巩固，北方世族在笼络策略之余，采取分化方法让江东世族自相削弱。王敦亲近吴兴沈家，以沈充为心腹和谋主，后来派沈充带兵消灭了义兴周家。沈充依靠王敦势力坐大，一度私铸钱币，还参与了王敦之乱。王敦造反被平定后，沈充被部下所杀。吴兴沈家转衰。周、沈两家内耗衰落，标志着江东世族力量下滑。在整个南朝时期，江东世族都处于北方世族的优势之下。

话说司马睿在南方算是安定下来了，北方则出了大麻烦。316年，匈奴人攻陷长安，晋愍帝投降。司马睿成为仅存的、握有实权的藩镇宗室。残存的晋朝州县，比如北方并州的刘琨、南方扬州荆州江州的王导王敦等人纷纷向司马睿劝进，希望他延续晋室血脉。第二年，司马睿在建康（为了避晋愍帝的名讳，建邺改称建康）称晋王，改元建武作为缓冲。东晋开始了。建武二年（318年）三月，晋愍帝遇害的消息传到建康，王导赶紧劝说司马睿继承帝位。晋王司马睿顺理成章称帝，他就是晋元帝。

据说司马睿刚到建邺的时候，君臣等人连吃一回猪肉都是奢侈的享受。最好的猪脖颈肉自然是司马睿独享，其他人只好眼巴巴看着他吃。那块肉因此被称为“禁脔”。十年后，南渡的北方官民就完全改变了局面，开创了一个新的王朝。司马睿和王导的搭档关系也就升级为了司马睿当皇帝，王导当丞相的政治结构。至此，王导让司马睿势力在南方扎下了根，也让琅琊王家和北方世族在南方扎下了根，奠定了富贵百年的基业。

二七

没有条件创造条件也要北伐

一

祖逖，范阳遒人（今河北涞水人），出身官宦世家，却性情豁达，争强好胜，喜欢耍手腕伎俩，到十四五还大字不识。父亲早死，哥哥们很为祖逖担心，担心他日后破坏官宦世家的名声，或者干脆就当了江洋大盗。尽管家人很担心，祖逖却很受乡党宗族的好评，因为他轻财好侠，慷慨助人，每次看到有困难的人都大把大把地散发谷帛接济，却假称是哥哥们的意思。

祖逖很有成为一代枭雄的潜质。可是“枭雄”是一个中性词，既可以指那些为朝廷荡平群寇藩镇一方的重臣大将，也可以指那些流寇四方涂炭生灵的叛臣大盗。祖逖会是前者还是后者呢？幸亏，祖逖长大后心性改变，开始博览群书，记忆力超群，古今军政都了然于胸，往来京师见者都称祖逖有赞世之才。他开始当官，不过都不是正儿八经治民办公的官职，而是频繁进出各个王爷和权臣的幕府，当的都是些参军之类的职务。大抵上，他是长于处理重要事务或者棘手的事，而不善于坐在衙门里埋头于文山案牍。可惜，王爷们都没能给他施展才能的舞台，埋头于内讧争斗。所以，祖逖的前四十多年都湮没在茫茫人海中，没能露出锋芒来。

祖逖担任司州主簿时，刘琨也担任司州主簿。刘琨比祖逖小5岁，两人都有匡扶国家之心，感情很好，住在一起同被而眠。祖逖、刘琨两人都是俊杰，常常谈论时政，有时通宵达旦，都认为晋朝将“四海鼎沸，豪杰并起”。想到动荡的前景，二人互相勉励，约定“相避于中原”。一天凌晨，荒野响起鸡鸣，祖逖醒来，踢踢刘琨说：“这不是恶声。”于是，两人天没亮就出来舞剑，锻炼身体。“闻鸡起舞”由此而来。刘琨实际能力要弱于祖逖，但因为是汉朝宗室后裔、名冠一时，提拔得比祖逖快，后来成了西晋在北方的支柱。

八王之乱高潮时，祖逖率领亲党数百家从河北向江淮地区逃难。途中，祖逖把所乘的车马让给同行的老弱病残，自己徒步前进，把药物、衣粮都拿出来和大家分享。百姓们见祖逖有权略重义气，公推祖逖为“行主”。所谓“行主”，本质上是北方流民领袖。天下大乱，人口流动频繁，人数众多，形成多股流民潮。流民在迁徙过程中，有各种问题，很容易组织起来。流民组织有领袖，有武装，迁徙到某地定居后常常建造堡垒自守，平时耕种周围土地，有事就收缩回堡垒。这些流民堡垒少的能拉起几百人的武装，多的能拼凑数千军队，遍布江淮地区。各个政权分别委以流民领袖县令、太守乃至刺史职务，笼络流民武装，不至于与己为敌。八王之乱时，多支北方流民武装南下，在江淮地区建立了许多流民武装堡垒，称为坞堡，流民领袖被称为坞主。其中大的武装则南下占领城池，比如祖逖这支武装就进驻泗口，此外还有苏峻、郗鉴等武装入驻徐州、扬州等地。司马睿就任命祖逖为徐州刺史，以为笼络之策。

祖逖进一步带着队伍南下丹徒的京口（今江苏镇江）。在这里，祖逖招揽勇士为宾客义徒，待之如子弟。当时扬州突然大增，出现饥荒，南下流民多为盗窃，攻剽富室。颇有侠气的祖逖睁只眼闭只眼，不闻不问，遇到有流民为官府捕获，祖逖也千方百计解救。因此，祖逖在南下流民中的威望越来越高。

祖逖因为朝廷倾覆，常怀振复之志。北方流民背井离乡流离失所，也有强烈驱逐胡族恢复故土的要求。整个东晋时期，南方都存在强烈的北伐复国的呼声。祖逖虽然不断向南走，但沿途散播调转枪头打回北方区的言论，号召南方各派力量团结起来北伐。在江南稍微站稳脚跟后，祖逖就上奏司马睿，鼓吹北伐：“晋室之乱，并非朝廷无道百姓怨叛造成的，而是由于籓王争权，自相诛杀，导致戎狄乘隙毒流中原。如今，百姓遭受残酷杀戮，人人有奋击反抗之志。大王诚能发威命将，如果让祖逖我统兵北伐，则郡国豪杰必争相来投，沈弱之士欣然拥护，不久国耻可雪。”分析祖逖的这个奏折，他对西晋王朝覆灭很不甘心，认为是少数民族武装趁朝廷内乱侥幸取胜的，现在有民心可用，只要南方同仇敌忾定能光复故土。

司马睿、王导等人肯定清楚南方的北伐呼声。他们并不热衷北伐，因为对于南渡的司马睿政权来说首要的是在南方扎下根去，巩固统治。和江州荆州军方争夺地盘、争取江东世族的支持、调节南下世族的内部矛盾，样样事情都比北伐重要得多。再说，北伐夺回北方故土，对司马睿等人的坏处很明显。首先，司马睿的名望很低，万一哪个重臣大将北伐成功了，名声大涨功高震主，对司马睿有什么好处呢？其次，司马睿是皇室疏宗，万一北伐找到几位皇室血统更近更高的宗室，司马睿往哪里放啊？所以，司马睿、王导力主集中军力物力财力去扩充领土、稳定南方，不愿意分兵北伐。但是北伐的理由很充分，具有不容辩驳的道德力量，司马睿和王导又不便反对。他们能做的只能是口头赞赏，暗地里布置种种障碍，盼望着北伐不要成功。

对待北伐"政治第一位"的指导思想和"阳奉阴违"的做法，司马睿和王导首创，被之后的东晋历代朝廷所继承。

接到祖逖自请北伐的奏折后，司马睿任命祖逖为奋威将军、豫州刺史。豫州（今河南地区）大部分在石勒手里呢，司马睿给祖逖的职位是虚的，需要祖逖自己去夺回。那么司马睿给祖逖多少北伐军需呢？一千人份的军饷，三千匹布，没有一兵一将，没有一副铠甲一把刀。王导向祖逖解释说，我们现在很困难，你就勉为其难，自行招募军队北伐吧。

317 年，祖逖率领百余家跟随自己的北方流民渡江北上，勇敢地开始了悲壮的北伐。渡到长江中流，祖逖敲击着船桨立誓："祖逖不能清中原而复济者，有如大江！"他辞色壮烈，大有壮士一去兮不复返的慷慨悲凉，旁人闻之慨叹不已。"中流击楫"典故在此，如今已成了雄心壮志实践理想抱负的代名词。渡过长江后，祖逖在江阴停留了一会，冶铸兵器，并招募北伐的志愿军。他得到了流民的支持，组织起二千余人的粗糙军队，继续前进。

永嘉南渡后的豫州实际掌握着各支流民武装手中。西晋政府之前笼络坞主张平为豫州刺史、樊雅为谯郡太守，他们是两支最强大的流民武装，此外还有董瞻、于武、谢浮等十几支队伍，各有数百到几千人马，各自为政。祖逖来到后，采取拉拢一派打击一派的方法，大力削弱流民武装。他先引诱谢浮进攻张平，杀掉了张平。樊雅大惊，在一个夜里突袭祖逖，攻破了北伐军的营垒。樊雅拔戟大呼，亲自冲向祖逖的营帐。北伐军大乱，祖逖在危急时刻体现出了枭雄本色，命左右列阵防守，从容指挥部下反击，击破了樊雅。樊雅失败后，联合张平余众继续与祖逖作战；祖逖则联合自封陈留太守的坞主陈川与之对抗。陈川派遣部将李头率兵增援祖逖。双方联军攻克谯城。战斗中李头勇敢向前战功赫赫，战后祖逖得到了樊雅的坐骑骏马，李头很想要却不敢说，祖逖知他的意思后主动送上门去。李头感念祖逖的恩遇，叹息道："若得此人为主，吾死无恨。"陈川知道后，大怒，这不是吃里爬外嘛！他竟然因此杀死了李头，李头的部下四百人逃奔祖逖。陈川更生气了，与祖逖决裂，派兵劫掠豫州诸郡，抢劫人口车马。祖逖指挥军队制止陈川部队的抢劫活动，陆续剿灭抢劫的兵丁，将赃物尽量物归原主，严明纪律，不让北伐官兵留有私产。

陈川自忖战胜不了祖逖，向石勒投降。祖逖闻讯，率众讨伐陈川，石勒派石虎领兵五万救川。祖逖北伐正式进入与外族作战的阶段。这是永嘉南渡以来，晋朝军队第一次与外族军队正面作战。祖逖兵少，追求巧胜，屡次埋伏石虎，取得小胜。双方相守四旬，北伐军的粮草接济不上——他们离江南基地越来越远，军需运输困难，而司马睿政权本身就没给予多少军需支援。祖逖知道石虎的军需也很困难（后赵政权的经济基础不行），就看敌我双方谁先支持不住了。他想出一条计策来，用布囊盛土做出米袋的模样，派千余人佯装运粮，途中令几个人转出疲惫的样子掉队在路旁休息。后赵军队看到后，上前进攻，那几个人赶紧放下米袋逃跑。偏偏这几个人运的米袋装的是真米，石虎检查截获的米袋，误以为北方军粮草充足，顿时对战斗前景失去了信心。石勒得知前线缺粮，派将军刘夜堂赶了上千头驴运粮支援石虎。祖逖在汴水伏击刘夜堂，俘获后赵军粮。石虎更是丧失了坚持吸取的胆气，主动撤军了。北伐军推进到雍丘（今河南杞县）。

此后，祖逖和石勒在雍丘僵持了起来。祖逖多次主动进攻，让后赵的屯戍防不胜防。北伐军侦察兵常常俘虏后赵领土内的濮阳人，祖逖款待后遣归故里。这些人回去后感念祖逖的恩德，陆续率乡里投奔北伐军。陆陆续续北方有五百家投奔祖逖。石勒曾经抽调精骑万人进攻祖逖，希望有所斩获，结果反被祖逖所败，此后陷入被动防守态势，再无主动进攻。

北伐形势一片大好，归附者甚多。当日黄河南北赵固、上官巳、李矩、郭默等流民武装相互攻击，祖逖遣使为他们和解，晓以民族大义和切身祸福。这些流民武装都接受祖逖的指挥。黄河北岸有许多堡垒的坞主不得不送儿子在后赵政权中当人质，不能旗帜鲜明地投靠祖逖。祖逖也悉听尊便，默许他们的"两属"状态，有时还派遣小股部队佯攻这些堡垒，让后赵知道他们没有投靠北伐军。坞主们对祖逖的细心考虑感恩戴德，更加倾心北伐军，后赵政权有什么计划和阴谋事先都偷偷报告祖逖。北伐军的优势更加明显了。

由于祖逖指挥得当，手腕灵活高超，"黄河以南尽为晋土"。

二

北伐的胜利让东晋复国大业，现出了一丝曙光。祖逖收复了河南，现在的山西北部和河北北部一带也还在晋朝残余势力手中。在领土格局上，晋朝力量对河北的石勒政权和关中的刘曜政权形成了夹击的态势。

先前，坚守河北北部的是西晋任命的幽州刺史王浚。王浚利令智昏，自以为掌握幽州天高皇帝远，自不量力，妄想割据，最后被石勒吞灭，遗臭万年。坚守山西北部的就是当年和祖逖一起闻鸡起舞的刘琨，时任并州刺史。刘琨的并州刺史是刘渊在并州建国、司马腾带领山西军民东出“乞活”，并州十室九空的情况下上任的。他在黄河边上组织了几百士卒，边打边走穿越匈奴的领土才赶到晋阳（今山西太原）上任的。刘琨有爱国之心，在晋阳惨淡经营，与刘聪、石勒两派不断拉锯作战。晋愍帝摇授刘琨为司空，都督并、冀、幽三州诸军事，把北方的乱局托付给了他。遗憾的是，刘琨志大才疏，富贵惯了，生性豪奢，又误信谗言，始终不能团结并州军民组建强有力的军队，最终还是被石勒赶出了并州。段氏鲜卑倾向晋朝，刘琨向北投靠了鲜卑，并和段匹磾歃血为盟，结为兄弟，发表檄文号召各族拥戴晋朝。317 年，刘琨派妻侄温峤到建康报告北方情形，并劝司马睿即位做皇帝。临别，刘琨对温峤说：“晋祚虽衰，天命未改，我当立功河朔，使卿延誉江南。”温峤后来果然在江南举足轻重盛誉一时。刘琨听到老友祖逖北伐成就斐然，高兴地致信祖逖：“我夜间都枕着兵器睡觉等天亮，一心期待消灭敌人，如今你跑到我前面去了。”他时刻准备杀敌，天不佑他，第二年被背信弃义的段匹磾杀害，时年 48 岁。他的死意味着晋朝势力在华北地区全军覆没。

刘琨死后半个世纪，桓温北伐遇到一个善于手工的老婢，原来是刘琨的伎女。老婢一见到桓温，潸然而泣。桓温问其故，老婢回答：“桓公酷似刘司空。”桓温十分高兴，出外整理衣冠，再呼老婢进来详细询问。老婢又说：“桓公和刘司空面甚似，恨薄；眼甚似，恨小；须甚似，恨赤；形甚似，恨短；声甚似，恨雌。”意思是桓温还是比不上刘琨。桓温于是褫冠解带，昏然而睡，不高兴了好几日。可见刘琨身后声望之高。

却说祖逖北伐初胜后，立志将河南建设为根据地。他的豫州刺史开始名实相符，为政俭朴节约，自己廉洁自律不蓄私产；劝督农桑恢复农业生产，亲自率领子弟耕耘砍柴；又收葬枯骨，为之祭醊。乱后初定的豫州百姓纷纷拥戴祖逖。祖逖曾置酒大会相亲，豫州耆老流涕放歌："幸哉遗黎免俘虏，三辰既朗遇慈父，玄酒忘劳甘瓠脯，何以咏恩歌且舞。"司马睿不得不提升祖逖为镇西将军。

石勒处于劣势，不敢窥兵河南。他采取务实的通好政策，派人修缮了成皋县的祖逖母亲墓地，写信给祖逖要求相互通使、交市。石勒是不共戴天的仇敌，且被朝廷视为蛮夷，祖逖自然不能与之通使交好。这虽然是形式问题，却关系政治大局。但交市通商有利于南北方百姓，也有利于河南经济的恢复和发展。祖逖耍了个手腕，对石勒的来使置之不理，对南北方自发的通商交往也不加制止，听任互市。河南百姓在互市中获利十倍，民富而政府强，很快河南就公私丰赡，北伐军强盛。祖逖满怀信心地要"推锋越河，扫清冀朔"。

太兴四年（321 年），晋元帝司马睿派戴渊为征西将军、都督司兖豫并雍冀六州诸军事、司州刺史，这就在祖逖的豫州刺史上面加了一道紧箍咒。祖逖认为这是朝廷派来监督他的，对他不信任。祖逖猜对了一半。面对声望和军队都成倍增长的祖逖司马睿不能不心里酸酸的，手心发汗。戴渊出身东南寒门，必须依赖司马睿来获取权势，所以效忠司马睿。司马睿需要的是戴渊。祖逖没有猜到的是，司马睿派戴渊到河南抢夺胜利果实，除了监视祖逖还有分割琅琊王家权势，防范荆州王敦的目的在。祖逖过分关注北伐，几年来对东晋王朝的政治格局缺乏了解，自然不清楚司马睿的第二个目的。祖逖见戴渊是南方人，虽有才望但并不热衷北伐。河南收复后形势大好，如果拖延过久不再接再厉，一旦民心泄气石勒缓过劲来，北伐难度将大为增加。可北伐已经不是自己说了算的，祖逖只能怏怏不乐。

戴渊出镇河南，王敦的反映最强烈，表露出与朝廷公开决裂的态势。祖逖担心朝廷将起内讧，更加拖累北伐大业，忧虑过度而发病。

在病中，祖逖还在筹划进一步北伐。他营缮了武牢城，该城北临黄河，西接成皋，计划建设成向北向西进军的据点；又在河南筑垒，巩固战果，以备北伐失利时坚守。城没修成，祖逖在雍丘病逝，时年 56 岁。豫州百姓若丧考妣，百姓为之立祠。朝廷追赠祖逖为车骑将军。据说王敦久怀逆志，畏惧祖逖的北伐军才不敢与朝廷决裂，听到祖逖死讯后王敦开始肆意作乱。

祖逖原本可以在东晋获得丝毫不逊于刘琨的声望，可惜接替他的祖约日后率领这支流民武装参加叛乱，又投降了石勒，祖家被族诛，间接损害了祖逖的声誉。随着时间的推移，祖逖作为无私的爱国者和无畏的战士越来越得到后人的尊崇。

二八

王与马不敢共天下

一

西晋末年，八王兵戎相见，天下大乱。山东琅琊国临沂（今山东临沂）的王家决定举族迁徙到相对安定的东南地区去。王家的王导即将渡过淮河的时候，担心前途，找到大占卜家郭璞算命。郭璞给算了一卦，说："吉，无不利。淮水绝，王氏灭。"于是王家高高兴兴南下去了，果真如郭璞所言在南方繁衍生息，成为南朝第一大名门望族。

王家的举族迁徙，只是发生在公元 310 年前后的著名的永嘉南渡的一部分而已。

在永嘉南渡中，许多北方的名门望族、朝野大臣带着族人，裹着金银细软，吆喝着家丁下人和家禽家畜，逃过淮河，来到了长江下游沿岸。乱哄哄的这股移民潮，给东南地区带来了近百万新人口。琅琊王氏除了王导外，还有王廙、王含、王舒、王彬等兄弟和王羲之、王胡之、王彪之等子侄辈，统统搬迁到了原来的东吴旧都建邺（今江苏南京）。王家在秦淮河边一条叫乌衣巷的街道里聚族而居。来自陈郡的谢家紧随而来，也搬到了巷子里，和王家作起了邻居。

此时的王家，还只是晋朝若干二流家族之一，和政治权力的关系并不紧密。琅琊王家最大的骄傲是家族道德凛然，家风高尚。王导的曾祖母朱氏是曾祖父的续弦，对王导的伯祖父王祥和祖父王览极尽虐待之能事。王祥两兄弟无怨无悔，真心侍奉后母。朱氏就变着法子地折磨两个孩子。寒冬腊月，朱氏深夜要吃鱼，逼王祥去捉活鱼。王祥跑到河边，开始凿厚厚的冰层，准备捕鱼。不料，冰面自动裂开，两条鲜活的鲤鱼蹦到王祥脚下。

这就是《二十四孝》中“卧病求鲤”的故事。王览则进入了《二十四悌图》，为了防止朱氏给王祥毒死，每次饭前他都替兄弟尝毒。兄弟俩的道德故事感天动地，惊动了以道德作为选拔官员标准的汉朝政府。东汉政府多次征辟两兄弟做官，都被兄弟俩拒绝了。直到年老了，王祥才千呼万唤始出来，出任了曹魏王朝的徐州别驾。这是琅琊王氏家族步入政坛的开始。

可见，王家的政治根基并不深。但他们一来没有“历史遗留问题”，没有政治冤家和夙敌，二来树立了超高的道德标准，把握了官场升迁的利器，官越当越大。王祥、王览两人先后担任了朝廷重臣。等到甘露五年（260 年），司马昭发动政变，杀死小皇帝曹髦的时候，图谋篡位的司马家族已经不得不考虑王家的意见了。当时小皇帝的尸体还没有入殓，司马昭一再催促王祥来商量后事。王祥很聪明，来了后先抱着小皇帝的尸体大哭一场，自责救驾来迟，可又赞同司马昭的后事安排。在这里，王祥给家人树立了既重视道德说教，又注重政治实效的好榜样。王祥死前，对王览说：你的后人会大红大紫的。果然王览的孙子辈飞黄腾达。先是王衍担任了太尉，成为掌权人物，再是王澄出任荆州刺史，王敦出任青州刺史。王衍很得意地说：“荆州有江、汉之固，青州有负海之险，卿二人在外，而吾留此，足以为三窟矣。”王衍这个人平日里不干正事，迎合西晋初年社会思想观念开始从儒家道德向虚幻的玄学转变的趋势，整天拿着一把拂尘夸夸其谈，信口雌黄。暗地里，王衍意识到了危险，早设计了王家“狡兔三窟”的退路，得到了祖父辈的真传。王家政治上崛起的时期，正是西晋八王之乱时期。王衍后来被石勒抓住，压死在墙下。但是王导、王敦等人有了博取进一步荣华富贵的扎实基础。

二

王导这个人，是东晋王朝和琅琊王家的关键人物。他继承了王家做人为善，为政务实的作风。在王朝南迁、万事草创的东晋初期，王导的这一性格和执政思想，适应了形势的需要。一个初建的王朝最需要什么？安定。这种安定既包括政治军事上的安定，也包括人心上的安定。南北方世族势力之间的矛盾，中原少数民族对南方的觊觎，都威胁着东晋的安全。王导觉得，内乱也好，北伐也好，都会给脆弱得经不起折腾的新王朝带来致命的危险。最好的对策就是以不变应万变，不出乱子就好。所以王导的执政核心就一个字：净。调和南北方世族的关系，在政策上清静无为。

王导经常大摆筵席、款待宾客。邻居谢家的小孩子谢安在若干年后依然对王导谈笑风生的形象和王家气氛和恰的酒席留有深刻的印象。一次，南方名士刘真长来拜访王导。时值盛夏，王导正把大腹便便的肚子贴在弹棋盘降暑。他看到刘真长来，忙自嘲自己的不雅动作，说："何乃渹？"渹是南方方言中冷的意思，整句话就是"真凉快"的意思。刘真长出来后，旁人问他："王公这个人怎么样啊？"他感叹："没有什么特别的，只是听到他在说吴语。"小小的一句吴语，一下子就拉近了政府和南方世族的距离。还有一次，众人在长江边的新亭观赏江南美景。周顗感叹道："风景没什么不同，但却只能看到长江，看不到黄河了啊！"想起国破南逃，在座的许多人落下泪来。王导见状愀然变色："当共戮力王室，克复神州，何至学作楚囚，相对哭泣！"王导其实是不赞成北伐的，但他能用一句口号振奋人心，扭转士气，不愧有政治家风度。

朝廷刚成立的时候，国库空虚，只有练布数千端。王导灵机一动，做了一套宽大的布衣服，穿在身上出去走了一圈。结果，朝野官员和建康的士人认定这是服装界的新风尚，纷纷购买练布做衣服。国库中的练布很快就以"一端一金"的高价销售一空。府库充裕了，王导在士人中的号召力也得到了验证。

正是因为王导有这样的号召力，他的思想很言行直接影响了东晋人的世界观和处世态度。王导的执政，客观上"镇之以静，群情自安"，把"静"和"无为"抬到了极高的地位。东晋的政局和人心得到了稳定，但政坛的进取心和事业心也受到了压抑。对于世族大家来说，半静固定的统治符合他们的利益。因为他们是既得利益者，在王导时期扩充了政治和经济利益。可随着时间的推移，我们会看到，世族势力在南朝恶性膨胀，大家族大人物们以清谈玄学为风尚，耻于干具体政务了。南方各大家族(包括琅琊王家)日后的思想转变，多少是由王导推动的。

司马睿登基之日，感慨万分，对王导的辅助和拥立之功深深感激。他竟然在庄严肃穆、百官队列的时候，拍拍龙椅的空处，招呼王导"升御床共坐"。当皇帝哪能是排排坐分果果的事情，王导连忙推辞。司马睿招呼他三四次，言辞恳切。王导眼看再僵持下去，登基大典要泡汤了，只好跪地启奏："如果天上的太阳和地下的万物一样升列高位，苍生到底要仰照哪一个呢？"司马睿一想，原来皇帝是天上的太阳，一天的确不能有二日，这才不再坚持要王导同坐了。民间用一个俗语形象地形容这一幕：王与马，共天下。这句俗语恰如其分地表现了当时王家的权势。东晋初期，司马睿完全信任王导，叫他“仲父”，把他比作自己的“萧何”。王导也经常劝谏司马睿克己勤俭，优待南方，与人为善。司马睿和王导在草创期上演了一场君臣相敬相爱的佳话。琅琊王家也达到了权势的高峰，除了王导担任丞相，王敦控制着长江中游，兵强马壮；四分之三的朝野官员是王家人的或者与王家相关的人。另外，王家在南朝时期出了八位皇后。王导主观上不敢与司马睿共坐龙椅，但说王家和司马家族共享天下，也并不过分。

等司马睿坐稳了龙椅，慢慢开始享受独一无二的太阳的感觉后，开始对“王与马，共天下”的传言产生了酸酸的感觉。王家势力的膨胀侵犯了皇权独尊的敏感神经。司马睿开始暗中限制、削弱王家的势力。他提升重用琅琊王时的王府旧人刘隗和刁协。刘刁两人没什么本事，但对尊马抑王一事不遗余力，不断出头打压王家势力。

王导被疏远了。我们知道王导既为人为善又很务实，面对皇权的打压，他采取了谦抑自守对策，退居家中静观时局变化。司马睿一时也找不到理由，也不想进一步动把王导怎么样。可王导忍得了，堂兄弟王敦就忍不了。王敦和王导是兄弟，性格则截然不同。王导主静，王敦好动。他放荡不羁，性情外露，对王家受到打压愤慨难平，并把怒气表现了出来。鉴于王敦控制着长江中游各州的政权和军队，司马睿派刘刁二人出任地方刺史，企图钳制王敦的势力。这一下，王敦干脆造反了，招呼兄长王含等人带上大军，顺江而下，冲向建康找司马睿等人算账。

对王导来说，司马睿的打压不是什么大问题，王敦的造反却带来了棘手的大麻烦。造反是诛灭满门的重罪。王导赶紧给领军冲在前面的王含写信，劝他罢手。王敦、王含等人坚持造反。王导只得选择鉴定地站在司马睿一边，反对王敦等人造反。王导认为东晋初建，安定是最大的王朝利益；王家还不具备推翻东晋，出头当皇帝的实力，必须依靠东晋政权，才能保持权势。所以，王导从琅琊王氏的安全和最高利益考虑，必须与王敦划清界限，拥戴司马睿。听说刘隗和刁协已经在劝司马睿诛杀王导和王家的所有成员了，王导赶紧带上王邃、王彬、王侃等在朝廷任职的王氏宗族二十多人，每天跪到宫门外候罪。

王家的危险得到了许多朝臣的同情。王导平日经营的人情关系在关键时刻起作用了。尚书仆射周顗就认为：“皇帝又不是神仙，怎么可能不犯错呢？但大臣（指王敦）怎么可以举兵造反？”他决定进宫保王导等人。周顗来到宫门口，王导情急之下冲着他大呼：“伯仁（周顗的字），我一家老小百余口性命都交到你手上了！”周顗是来帮王家的，却不能把它外露出来，让司马睿觉得自己就是来当说客的——这是说服的技巧。所以周顗看都不看王导，从他身边径直进宫去了。在宫中，周顗竭力向司马睿担保王导的忠诚，言辞恳切。本来，劝完皇帝，周顗可以出来安慰王导了。可周顗是个酒鬼，在宫中喝得酩酊大醉才出来。王导在宫外跪了一天了，又向周顗呼救。大醉的周顗还在伪装，这次不但不搭理王导，还转头对随从说："我要杀尽乱臣贼子，换取金印，挂在手肘后！"在这种情况下，换了谁，都会对周顗产生误会。王导就对周顗恨之入骨，不知道他在力保自己，更不知道他回家后还上书力证王家无罪。在周顗等人的力保下，司马睿在宫中召见了王导。王导跪地请罪："逆臣贼子，何代无之，不意今者竟出臣族！"司马睿被感动了，光着脚走下龙椅，扶起王导，拍拍他的手表示绝对相信王导。

王家的危机解决了，不想王敦的军队攻占了建康。刘隗和刁协一个逃亡北方，一个被杀。王敦把持了朝政，官员进推操于其手。王敦因为周顗声望很高，想让他出任三司，特地跑来征询王导的意见。王导没说话。王敦就想降低任用周顗，王导还是沉默。既然周顗不能用，王敦说："那就只有杀掉了。"王导依然不说话，看着王敦下令斩周顗。后来王导从文书中得知真相，大哭道："我虽不杀伯仁，伯仁因我而死。"

王敦的叛乱，并没有给东晋王朝造成太大的伤害。只有少数人死于战乱，朝野官员基本各安其位。司马睿依然做他的皇帝，只是王敦不愿意见他。继续当丞相的王导就在王敦和司马睿之间充当沟通的桥梁，努力维持着朝廷的稳定。对于王敦进一步擅权逼宫的做法，王导坚决抵制。王敦起初也没有自己做皇帝的想法，不久退兵长江中游，局势进一步降温。不想，王敦退兵后身体越来越差，在周边宵小的蛊惑下，重新发兵进攻建康。这次他摆出了倾覆朝廷的样式。王导再次坚决站在司马睿一边，主动挂帅，提兵与王敦叛军作战。王敦随即病死，兄长王含、继子王应被杀，叛乱彻底消除。

王导对策得当，让琅琊王家非但没有没有受牵连，还因讨伐王敦有功得到加官晋爵。王导以司徒进位太保，王舒升湘州刺史，王彬任度支尚书。王家跨过这道坎，保持了天下第一望族的地位。

三

王敦之乱后，王导作为世族大家的代表和朝廷的稳定中坚，继续存在。

王导的老搭档司马睿在王敦第一次叛乱后不久郁闷而死。王导等人拥立太子司马绍即位。司马绍当了三年皇帝，也死了。王导等人又拥戴5岁的皇太子司马衍即位。

司马绍临死前，考虑到继承人年幼，留下遗诏，让太保王导录尚书事，与小舅子、中书令庾亮一同辅政。司马衍即位，司马绍的皇后庾氏以皇太后身份临朝称制。庾亮仗着庾太后的势力，很快就把实权集中到了自己家族手中。尽管王导是三朝元老，皇帝对他下诏书都是用敬语，但王导离实权越来越远了。见惯荣辱浮沉的王导淡然处之。庾亮是个有很多想法的年轻人，雄心勃勃。有人曾经向王导进谗，说庾亮可能举兵擅权，对王导不利，劝王导多加防备。王导说："他若逼我，我就一身布衣服，回家养老去，有什么可怕呢？"后来苏峻起兵叛乱，建康遭焚。朝廷一度考虑迁都，有人建议迁都豫章，有人要求南迁会稽。王导则哪都不去，坚持定都建康。许多朝臣对照王导的恬淡无争，引为榜样。之后尽管东晋屡次出现政治变动，朝廷始终保持了大致稳定，变动也没有波及普通百姓的生活。王导的"静"和"无争"在其中起到了不小的作用。朝廷一有动静，政治一有裂缝，他就上前和稀泥。

东晋朝臣给晚年的王导起了一个雅号：糊涂宰相。原因是王导每年考察官员的时候，都流于形式，考察的结果你好他好大家好。有人有意见，王导就说，害国之鱼我们都能容忍，何必每年纠缠于那些小鱼小虾呢？的确，王导的一生对威胁王朝利益的大问题都采取拖延、打太极的对策，让时间去消化它们，根本就没必要在每年的官员考核上较真。他晚年常说："现在说我糊涂，只怕将来有人还要怀念我的糊涂呢！"

咸康五年（339年），王导病逝，终年64岁。

王导一生最大的成就是建立了"王与马，共天下"的权力格局。他坚定地认为只有司马家族的东晋王朝稳定了，才有琅琊王氏遮风挡雨的地盘。结果王导辅助司马家族为王家赢得了一份远远超过了遮风挡雨需要的大地盘，风光得很，都可以和皇帝"排排坐分果果"了。好在王导是个成熟老练的政治家，恭敬自律，没有反称司马睿"你真是我的刘邦啊"，更没有跑上去坐在龙椅上拍拍司马睿的肩膀套近乎，所以琅琊王家在东晋初期根基日渐深入，繁衍昌盛。

二九

豪杰王敦的"过豪死"

一

西晋末期，豫章郡（今南昌）曾经发生一桩震惊一时的凶杀案。扬州刺史王敦杀害了途径豫章去建邺的堂兄、曾任荆州刺史的王澄。

事情是王澄挑起的。他在荆州当地头蛇当惯了，加上性格桀骜不驯、出道比王敦早，所以在豫章盛气凌人，对王敦很不客气，多有谩骂之语。王敦也是桀骜不驯的人，也很傲慢，竟然对堂兄弟起了杀心。可是王澄功夫不错，随身带有玉枕自卫，还有卫士二十人，如何下手呢？知情者描述是这样的：王敦先招待荆州的卫士痛饮，将他们灌醉，然后向王澄借玉枕"欣赏"。拿到玉枕之后，王敦脸色突变，随即诬陷王澄叛乱，要就地正法。王澄发觉上当，马上扑过来和王敦拼命。王敦被他撕掉了衣带，成功逃脱了。在激烈打斗中，王澄爬上了房梁，对王敦破口大骂，可惜寡不敌众，被王敦带人杀死了。这桩血案将王敦的豪杰性格暴露无遗。

王敦性格的形成有复杂的社会背景。首先，他出身世族大家，拥有很高的政治起点和宝贵的政治财富。世族大家对子孙的影响，一是从丰富的政治实践中得出的经验教训，积累的做事稳重、言行成熟的风范（王导就继承了这点）；二是豪迈爽快，言谈睿智，行为潇洒的风范（王敦主要继承了这点）。其次，当时社会清谈洒脱的风气，对王敦影响深刻。王敦从小就是个潇洒的公子哥，放荡不羁，豪侠仗义，自尊心强，睚眦必报，是那种一眼就能从人堆里看出来的焦点人物。长大后，王敦名列清谈名士行列。在讲述魏晋士人豪爽洒脱风范的《世说新语》一书中，他是当仁不让的主角之一。按照现在的心理分析，王敦是个无畏的破坏者，不为世俗和他人所约束，勇敢直前，所向豪迈。因此日后司马睿可以用他来打地盘定天下。可另一方面，王敦却不是合格的建设者。他破坏了旧的东西后提不出自己的东西，树立新的规范。因此日后王敦位极人臣、出将拜相的时候，却再没有什么作为，鲜有政绩。寂寞的他只能继续破坏下来，最后导致了人生悲剧。

晋武帝司马炎曾经召集当时的名流和世家子弟，讨论伎艺。在座的人都畅所欲言，争着在司马炎面前表现自己，只有王敦一副与己无关、满脸不屑的样子。司马炎注意到这个年轻人，就问他会什么。王敦回答说会打鼓，司马炎就给了他一面鼓。王敦卷起袖子，离开座位，“扬槌奋击，音节谐捷，神气豪上”，旁若无人，自我陶醉起来。当时是满座皆惊，司马炎很喜欢王敦这个相貌不凡、举止雄豪的孩子，就把女儿襄城公主嫁给了他。族兄王衍则让王敦当上了青州刺史。

可并不是所有的人都喜欢王敦，家族内外都有人把他看作“问题少年”。太子洗马潘滔曾评价王敦“处仲（王敦的字）蜂目已露，但豺声未振，若不噬人，亦当为人所噬”。（王敦的样子不是一般人，不是害人，就是被别人害死。）王恺和石崇比富的时候，王恺宴请宾客时都让美女陪酒，如果客人不饮就杀掉陪酒女郎。王敦去他家作客的时候，坚决不喝酒，陪酒的美女悲声哀求，王敦都傲然不视。先后三个陪酒美女都被杀了，王敦一直无动于衷。王导也去了，不会喝酒的他不忍心美女被杀，逼着自己一杯杯喝酒。后来，王敦去石崇家作客。石家的厕所里有十多个婢女充当服务员。她们穿着华丽的衣服，捧着甲煎粉、沉香等东西，服侍宾客上厕所，宾客出来前还给他换上新衣服。客人们一般都不好意思在石家上厕所。王敦却大方地接受婢女们的服侍，脱衣穿衣，喷香抹粉，神色傲然。婢女们私下里议论：“这个客人日后一定做贼！”

贾南风专权，将太子陷害到许昌幽禁。她下令太子离京时，官属不得相送。时任太子舍人的王敦和太子洗马的江统、潘滔等人却不畏强权，公开前往相送。从青州刺史任上调回洛阳担任中书监时，王敦将襄城公主的侍婢都分发给将士，又分发金银财宝给部众后才回到洛阳。可见，特立独行的王敦身上也有令人称赞的一面。

二

王敦这样的人很适合乱世。

八王之乱时，王敦投靠了东海王司马越，转任管辖江东的扬州刺史，在南渡风潮中来到的建业。司马睿移镇建业，短期招他为军咨祭酒，很快复任扬州刺史，负责军事讨伐南方的异己力量。在东晋建立前后的这段时间，王敦建立了卓越的政绩。他勇往直前，纵横长江中下游各州；知人善任，重用陶侃等人数载苦战，肃清了境内的乱匪。因为他掌握军队，能力不俗，更因为王家对东晋王朝的拥戴之功，王敦在东晋初年成为大将军，都督江扬荆湘交广六州军事，被封为汉安侯，控制着长江中游地区，成为东晋最大的实权人物。他和王导，一个在外，一个在内，是朝廷的中流砥柱。

东晋和南朝时期，朝廷的重心是扬州（今江浙）和荆州（今两湖）。两地人口密集、经济发达，又都能制造兵器军械。其中首都建康在扬州，扬州就成了朝廷的中枢；而荆州处于上游，虎视扬州，给建康的朝廷很大的心理压力。如果镇守荆州的大臣再拥兵自重，飞扬跋扈，朝廷和荆州的矛盾就难以避免了。奇怪的是，尽管朝廷对荆州刺史的人选慎之又慎，镇守荆州的大臣不是不听调遣便干脆就是野心家。

东晋建立后，王敦出镇武昌，总管长江中游军事和政务后，飞速膨胀。他既然是豪杰，就是一个闲不住的人。王导的清静无为和朝廷的安然无事，让王敦"淡"出心理问题来了。他不适应处理公文往来的平淡生活。同时，王敦身边聚集了一批别有用心的部属，比如钱凤和沈充等寒门出身的士人，都希望借助王敦的政治飞跃来实现各自的政治梦想。不安分的权臣身边容易聚集奸佞小人，就像有裂缝的鸡蛋容易招来苍蝇一样，这是中国历史的一个小规律。同时王含、王廙等同族也聚拢在王敦，恭维怂恿他，王敦开始骄横专擅起来。

司马睿对王家的猜忌，推动了轻狂的王敦造反。王家势力太强大了，司马睿提拔一批寒族来制约王家的势力。在司马睿的授意下，御史中丞刘隗和尚书左仆射刁协全力抑制王氏势力，暗中作军事部署。戴渊镇守合肥；刘隗镇守泗口，预防王敦顺江东下。皇叔司马承担任湘州刺史，在南边监视王敦。王敦对此愤愤不平，常常在酒后手持玉如意，边击痰盂边吟诵曹操的"老骥伏枥，志在千里，烈士暮年，壮心不已"，最后把痰盂都打缺了口。

王敦开始行动了。他先是上书指责司马睿，为王导抱不平。上书送到建康后，先到达王导手中，老好人王导把它退给了王敦。王敦不甘心，第二次直接给司马睿上书。司马睿看完王敦的上书，更加相信王敦要发兵造反了。王敦毕竟是名门之后，先客气地给刘隗写了一封信。他在信中以国家大义劝说刘隗和自己联手，共扶朝政。“圣上信重阁下，今大贼未灭，中原鼎沸，欲与您戮力王室，共静海内。如果大家同心，帝业得以兴隆，否则，天下永无望矣！”可刘隗是个得志小人，粗鲁地回信说像他这样的朝廷股肱之臣，是不会和王敦同流合污的，他要效忠皇室，做个大忠臣。这分明是把王敦推到了对立面。他忘记了王敦是个自尊心很强的人。王敦果然大怒，决心给刘隗一个去地狱作忠臣的机会。于是，王敦就这么造反了。王敦在武昌兴兵东进，举起的大旗是：清君侧。他说司马睿宠信奸臣，弄得民不聊生，他这才出兵清除奸贼，拯救百姓的。党羽沈充在吴兴起兵响应王敦，叛军迅速推进到建康附近。司马睿派出的刁协、戴渊、刘隗等人，都不是王敦的对手。早在王敦起兵之初，刘隗和刁协就劝司马睿尽诛王氏全族。司马睿离不开王家的支持，没有答应，刘隗等人“始有惧色”。从一开始，这就是一场最高层间的权力游戏，刘隗这样的初学者注定要是牺牲品。三个月后，建康石头城的守将、义兴周家的周札给王敦打开了城门，叛军兵不血刃入城。王敦胜利了！

城破后，刁协和刘隗向北逃亡。刁协年老，随从又逃散了，结果独身被杀死在长江边；刘隗逃亡北方最后投靠了石勒。司马承坚守湘州百余日，兵败被俘，押送建康途中遇害。

王敦攻入石头城后，一时也不知道应该怎么办，放纵士卒劫掠（可见他破多于立）。司马睿陷入狼狈的境地，身边一度只剩下一个警卫将领和两个侍中。防虎反为虎所伤，司马睿事到如今反而看开了：“王敦没有忘记社稷宗庙，则天下尚可共安；如果想要我的龙椅，早点说嘛，我自己会回琅琊去，何必骚扰百姓？”王敦的性格决定，社稷宗庙在他心中没有多少分量，而他又不想尊奉司马睿这个打压王家的皇帝。但司马睿和王敦两个人，谁都不能彻底离开谁。司马睿固然需要世族支持他的政权，各个世族大家也需要司马睿这块招牌来遮风挡雨。各大家族还接受不了王敦替换司马睿登基称帝，王敦也没有南向称君的准备。他没有废黜司马睿，更没有对他动刀子，而是保留了司马睿政权。

司马睿派公卿百官去石头城拜见王敦。王敦丝毫不改豪杰本色、名士风范，坐在上座，先去戏问手下败将戴渊：“之前打仗，你输了。当时还有余力吗？”戴渊坦言：“哪里还有余力，真的是力量不足！”王敦问他：“天下会怎么看我今天的所作所为？”戴渊暗中顶了一句：“见形者谓之逆，体诚者谓之忠。”意思是说，只有真正理解你内心的人还知道怎么回事，从表面来看是乱臣贼子所为。王敦哈哈一笑，夸戴渊是“能言之人”。王敦又对周顗说：“伯仁，你对不欺我！”周顗依然满不在乎地说：“王公举兵，下官亲帅六军，没有成功抵挡住贵军，致使朝廷军队落败。在这一点上，我对不起你！”既然是清君侧，就要杀死几个奸臣。王敦最后挑选了周顗、戴渊杀鸡儆猴，并在朝野职位上安插了若干党羽，从法律上来说，王敦所做的真的仅仅是“清君侧”，没有丝毫违法谋逆之处。司马睿下诏大赦，赦免参与叛乱诸人的罪过，并封王敦为丞相、都督中外诸军事、录尚书事、江州牧，晋爵武昌郡公。王敦对停留在朝廷处理繁琐的政务没有兴趣，打道回武昌，遥控建康。

王敦的这一次叛乱，轻率地置王家于族诛的危险边缘，在家族内部遭到了反对。王导战前劝说王敦、王含罢兵，战后努力做王敦和司马睿沟通的桥梁，尽量让事件平安结束。另一个堂兄弟王彬在王敦杀周顗时，公开去给周顗哭别，哭得悲切异常。王彬见王敦时，并没有一丝悲痛之情。王敦不解，王彬回答：“我哭周顗是情不自禁。”对于王敦，王彬痛批他不义，批得声泪俱下！王敦当场大怒，扬言要杀掉王彬。王导连忙作和事佬，拉王彬跪下谢罪。王彬却说：“我脚有病，在天子面前都不下跪，更别说你了！”王敦差点气背过去，逼问：“脚疼和脖子疼，你选一个！”王彬依然不卑不亢地看着他。王敦毕竟厚道，对同族人很客气，没有把王彬怎么样。

王敦的豪杰性格决定了他做不了政治家。王敦不屑于花时间去学习繁琐的政治技巧、营造各种人脉关系，更没时间像兄弟王导那样参与实际事务。他起兵反对司马睿，是仓促起兵，并没有成熟的设想，更谈不上详细的善后措施了。他的成功只是反证了刘隗等人更加无能，证明了离开王敦等实力人物支持的司马睿政权是多么的虚弱，根本不能说明王敦的强大和正确。掌握了绝对的、硕大的权力又没有奋斗目标之后，王敦迅速腐化堕落。史载“敦既得志，暴慢滋甚，四方贡献多入其府，将相岳牧皆出其门。”他没有收敛张扬的个性，更没有学会稳重地处理好各方面关系，在疯狂享受着从各地搜刮来的珍宝财富和支配人事调动的乐趣。更糟糕的是，王敦宠信沈充和钱凤，听任他们二人胡作非为。这两个人出身土豪，也不是政治家，得势后“大起营府，侵人田宅，发掘古墓，剽掠市道”，把所有得罪他们的人都整死。朝野上下、官僚百姓都希望做尽坏事的沈王等人，顺带也希望王敦集团早点失败才好。

建康的司马睿经过王敦的一大打击后，病倒了，病情越来越重，很快身亡。素来为王敦不喜欢的太子司马绍即位，史称晋明帝。晋明帝憋着一口气，立志铲除王敦，王敦也对晋明帝看不顺眼。江南很快爆发了第二次王敦之乱，仗还在打王敦就因病去世了。具体请见下一个专题《黄须鲜卑儿》。

王敦的命运很悲惨，葬入了坟墓还被挖出来，尸体被戮，脑袋被割下来挂在朱雀桥上示众。王敦是个很有才华，很有个性的人物，是一代豪杰，弄不好还能做个开国皇帝或者割据君主。但他被过于放荡不羁的个性，被要求安定团结的东晋政治大环境给埋葬了。

王敦之后的乱臣贼子，几乎没有人能够做到他那样的豪爽、率性、不羁和惊天动地。王敦因此成为许多雄心勃勃或者蠢蠢欲动的豪杰志士的标杆、榜样。后来人曾说："恨卿辈不见王大将军！"这句话可以看作为是对王敦豪杰一生的莫大评价。

三〇

黄须鲜卑儿

一

司马睿忧愤死后，继位的司马绍是整个东晋时期唯一一个算得上强势和振作的皇帝。

司马绍是司马睿的庶长子，据说生母荀氏是燕赵地区的鲜卑人，出身微贱，当婢女时得到司马睿的宠爱生下了司马绍。司马绍长得不像一般的汉族人，体格健壮，而且胡须发黄。讨厌司马绍的王敦因此叫他“黄须鲜卑儿”。司马睿的虞皇后没有生育，按照“无嫡立长”的原则，司马绍成了皇太子。

司马绍从小聪慧过人，小时候司马睿常常抱他坐在膝盖上玩耍。一次，司马睿问他：“太阳与长安相比，哪个更远些？”司马绍回答：“太阳远，没听说有人从日边来，只听说有人从长安来。”司马睿很惊喜，觉得儿子的逻辑推理能力很强。第二天，司马睿宴请群臣，就想在大家面前炫耀一下儿子的聪明，当众重新问司马绍：“太阳与长安相比，哪个更远些？”不料司马绍一本正经地回答：“太阳近！”司马睿大惊，这么才过了一天答案就不一样了呢？他就问司马绍：“为什么呢？”司马绍抬头看看天空，从容说道：“举目见日，不见长安！”

不过，考虑到司马绍的生母荀氏出身低微，司马睿一度想废掉司马绍改立宠妃郑夫人的儿子司马昱为太子。他的提议遭到了大臣们的集体反对。原因有两个：第一是司马绍个人表现无懈可击。他礼贤下士，雅好文辞，和文士、大臣们的关系很好。王导、庾亮、温峤等大臣与司马绍的关系密切。司马绍曾和王导辩论（当时流行清谈辩论），王导竟然辩不过司马绍。

朝野臣工都喜欢司马绍，而不了解司马昱。第二个原因是东晋朝廷刚刚建立，世族们都要求稳定，不想出现废立太子这样的波动来。稳定的要求，压倒了一切。所以，朝野上下都说废长立幼于理于伦不合，都称赞司马绍聪亮英断，是一位好太子。周顗、王导等大臣更是言辞恳切，为司马绍苦保太子之位。只有刁协支持司马睿改易太子，想从中牟利。司马睿狠狠心，孤注一掷要废司马绍立司马昱。他怕大臣们不奉诏，就想出一条歪主意。司马睿召王导、周顗入宫，等二人来了就派人请他们到东厢少歇。司马睿计划把王导、周顗两个反对最激烈的重臣软禁在东厢，让刁协趁机将废立太子的诏书向大臣颁布，给群龙无首的大臣们一个措手不及。等生米做成了熟饭，王导、周顗等人只能无可奈何。司马睿连诏书都写好了，就等王导、周顗两人中计。周顗嗜酒，常常喝得迷迷瞪瞪的，进宫这天正好迷糊着，拔腿就要向东厢房走去，王导却一把拨开使者，径直走到司马睿面前，问道："不知陛下因何召见臣等？"司马睿支支吾吾说不出话来，半天后从怀中取出一张黄纸诏，撕得粉碎，扬手扔掉。司马绍的太子位就这么保住了。时候，周顗惭愧地慨叹："我常自以为胜过王导，今天才知道我不如他！"

没当上太子的司马昱是司马睿的小儿子，半个多世纪后被权臣桓温重新搬了出来，拥戴为皇帝，史称简文帝。这是后话了。

王敦第一次叛乱的时候，司马绍的太子位第二次受到冲击。王敦占领建康后，没有废黜皇帝司马睿，却要废黜司马绍这个太子。一方面，王敦将以此立威；一方面，王敦不希望强健聪明的司马绍日后当皇帝，对自己不利。于是，王敦召集大家，想以"不孝"的罪名废掉司马绍。他述说了许多司马绍不孝的"罪状"，说："这些都是温峤所说。温峤常在东宫身边，后来担任我的司马，对司马绍一清二楚。"不一会儿，温峤来了，王敦威严地喝问他："皇太子是什么样的人？"温峤回答："小人没法估量君子。"王敦声色俱厉，愤怒地重问温峤："太子怎么能算是君子呢？"温峤还是说："太子才识广博、学问精深，确实不是我这样认识肤浅的人所能评价的。太子能按照礼法侍奉双亲，似乎可称为孝。"顿时，王敦理屈词穷，废太子之事作罢。

322年，24岁的司马绍顺利继位称帝，史称晋明帝。也许是鲜卑血统起了作用，司马绍一改父亲时代庸碌无为的作风，锐意进取，全心全意巩固统治加强皇权。他的当务之急就是铲除上游的王敦集团。

二

司马绍登基对遥控朝廷的王敦来说无疑是个噩耗。王敦凭借强大的实力优势，决定给司马绍来个下马威。太宁元年（323年），王敦讽谏朝廷征召自己，并率大军东移进驻姑孰湖城（今安徽芜湖）。司马绍还没有力量与王敦直接对抗，以退为进，亲手写诏赐予王敦加黄钺、班剑武士各二十人，可以奏事不名、入朝不趋、剑履上殿。司马绍还派侍中阮孚设牛酒犒劳王敦。在这个回合里，司马绍身处弱势，不卑不亢，王敦就是有篡位之心也没有篡位的借口。对于司马绍的犒劳，王敦称病不见。

暂时稳住了王敦，司马绍需要组建自己的势力。司马绍登基前娶世族女子庾氏，继位后以庾氏为皇后，提升妻弟庾亮为中书监，分王导的权势。那在军事上怎么制约王敦呢？司马绍直接指挥的是建康附近的宿卫六军，由纪瞻统辖。王敦第一次叛乱的时候，宿卫六军溃不成军，根本指望他们来镇压王敦。纪瞻也知道自己的部队不中用，就向司马绍推荐了流民首领郗鉴。郗鉴是高平金乡（今山东金乡）人，出身世族家庭，中原大乱时被家乡百姓推为首领避难于峄山（山东邹城境内），抵抗石勒军队的进攻。他固守峄山三年，成为山东地区硕果仅存的晋朝据点，被司马睿遥授为兖州刺史。三年后，郗鉴实在抵挡不了石勒的进攻，率民众南迁，沿途将武装发展为数万人，成为江淮主要的流民武装之一。晋朝君臣在危难时刻想到郗鉴，是因为他是“同类人”：首先出身世族，这点在东晋时期很重要；其次，郗鉴和其他流民领袖不同，并非武人，而以儒雅著称，饱读诗书，和朝臣上的衮衮诸公有共同语言；第三，郗鉴在西晋朝廷做过官，和司马越走得比较近，和司马绍一系是同道中人。司马绍马上引之为外援，任命郗鉴为安西将军、都督扬州江西诸军，率部镇守合肥，给予他统辖各部流民部队的权力。（这个郗鉴后来把女儿嫁给了书圣王羲之，女婿比老丈人要有名得多。）

王敦得知郗鉴镇守合肥，忌惮这支流民武装。他想出了明升暗降的招数，上表朝廷推荐郗鉴任尚书令。尚书令掌握朝政政令中枢，是实际上的宰相，可惜不统军，郗鉴如果担任此职就失去了对本部流民的指挥权。司马绍尚未具备和王敦翻脸的实力，不得不召郗鉴入京就职。郗鉴上任途中经过姑孰，被王敦扣留了。党羽劝王敦杀掉郗鉴，王敦没有听，软禁了郗鉴几个月后最终放他去了建康。

王敦开始留意铲除司马绍倚重的大臣，防备司马绍成就气候。温娇是司马绍倚重的另一位大臣，担任中书令。王敦就要求调温峤回自己幕府担任左司马。司马绍还是只能答应。温娇来到王敦身边后，虚与委蛇，身在曹营心在汉。王敦对幕僚沈充、钱凤几乎言听计从。沈充是吴兴沈氏子弟，企图依靠王敦来提升家族权势，前往东南地区推行王敦的政策。他听命王敦，杀戮义兴周氏，蓄养力量，准备配合王敦夺权。长期在王敦身边的就是钱凤。温峤假意和钱凤交好。钱凤出身寒门，也仰仗温娇提升名望。温娇就逢人称赞："钱世仪（钱凤的字）精神满腹。"钱凤大喜，和温峤成了好朋友，在王敦面前力保温峤。温峤在王敦身边担任左司马有惊无险。

恰好丹阳尹出缺。丹阳尹虽是一郡太守，但因为辖区内有首都建康和长江要害，地位相当重要。温峤有意竞争丹阳尹，借机逃离王敦，就对王敦说："丹阳是咽喉之地，朝廷任命的人不会和明公一心。明公宜自选其才。"王敦觉得有理，就问温峤："谁能够胜任？"温峤马上推荐了钱凤。钱凤以为是温峤抬举自己，投桃报李，推举温峤担任丹阳尹。温峤佯装推辞，王敦不听，奏请温峤出任丹阳尹，为他设宴饯别，暗中嘱咐他窥察朝廷动静。温峤担心走后钱凤回味过来制止自己上任，在宴会上给钱凤敬酒的时候佯装酒醉，用手版击落钱凤的头巾，变脸斥责："钱凤，你是什么人，我温峤祝酒你胆敢不喝？"王敦以为温峤醉了，把双方劝解开。温峤再在向王敦道别涕泪横流，三次出门三次返回，无限眷恋。第二天，钱凤果然想明白了，提醒王敦："温峤与朝廷关系极为密切，并且与庾亮有深交，不能信任。"王敦反而责备钱凤："温峤昨天醉了才斥责你的，你怎么能转身就诋毁他呢！"温峤安然回答建康，把王敦的虚实和阴谋一五一十告诉了司马绍。王敦知道受骗，勃然大怒，大骂温峤。

王敦喜欢侄儿王允之，留他在身边。一天，王允之在王敦的床上休息，听到王敦在外面和部下讨论篡权的计划。王敦突然想起床上还有王允之，赶紧过来查探。王允之早有准备，倒头假睡，还抠出口水沾染被褥床单，让王敦相信自己熟睡多时，骗过了王敦的迫害。后来，王允之回家告诉了父亲王舒，王舒和王导商量后报告了司马绍。所以，王敦的篡位计划在家族内部都没有得到支持，且早在司马绍的掌握之中。

324 年，王敦的身体状况越来越差。人将死的时候，头脑都特别清醒。王敦意识到自己和王家的力量都不能推翻东晋王朝，而在无力推翻朝廷的前提下做个与朝廷不和的权臣是没有前途的。病重的王敦很明白自己的继子王应年纪很小，担心自己死后王应指控不了部队。他给部属设计了上中下三策：上策是解散军队，归身朝廷，保全门户；中策是退兵武昌，屯兵自卫，同时和朝廷和睦共处；下策是趁着自己还活着，集中全力推翻朝廷，万一侥幸就能开创一个新王朝了。钱凤和沈充等人要的是当开国元勋，要的是荣华富贵，一致认为王敦的下策是上策，决定挟着王敦的余威，兴兵作乱。

王敦身不由己，便由着下面的人造反。他自命为扬州牧，并大肆任命党羽为朝官和地方官吏。王敦没有儿子，兄长王含把儿子王应过继给他。现在，王敦假传圣旨拜王应为武卫将军，拜王含为骠骑大将军，让沈充在江东起兵响应。司马绍于是正式下诏讨伐王敦。王敦理当迎战，无奈身体每况愈下，只好委派王含率领水陆大军，气势汹汹杀向建康。第二次王敦之乱爆发。

战争开始后，司马绍着戎装跨骏马，仅带两名随从去王敦大营，仔细侦察营中虚实。当时，王敦正卧床观书，累了以后打盹，迷迷糊糊中梦见太阳在营垒上空盘旋。他心中一动，醒来惊呼："此必黄须鲜卑奴来也！"马上派出轻骑搜索营垒附近。王敦部下士兵也发现有晋军探子侦查，觉得司马绍不是常人，向上报告。司马绍三人很快就被王敦的骑兵追上了。情况紧急，司马绍看到路边有个老太太就把御用的七宝鞭递给她，嘱咐说如果有骑兵追来就拿鞭子给他们看，然后他们又用冷水把马粪浇透才骑马再逃。一会儿，追兵赶到，看到老太太就问有没有看到一个黄胡须的骑马人经过。老太太说看到了，跑过去很久了，说完把七宝鞭拿给追兵看。七宝鞭镶金嵌玉，引起追兵围观，追兵又发现马粪已冷，相信司马绍已经跑远，放弃追赶，怏怏而还。

司马绍回到建康，郗鉴建议朝廷征召苏峻、祖约等入卫京师。司马绍采纳了。苏峻、祖约等人觉得王敦胜算不大，纷纷出兵饮马长江，护卫建康。在军力对比上，王敦并不占优势了。讽刺的是，王导是政府军方面的大都督，总督各军与王敦作战（这也算是司马绍过人之处）。我们知道王导是个头脑很清醒很务实的政治家，知道王敦病重且失去了人心，就坚定地站在了司马绍的一边。他扬言王敦已死，带着建康的王氏家族子弟为王敦发丧，让大家以为王敦真的死了。政府军士气大振，叛军气焰下挫。司马绍适时下诏数王敦之罪，表示除了要治罪王敦和钱凤，"余众一无所问"！

王敦见诏暴怒，病势更加沉重，不能统兵打仗，命令王含起兵。324年秋七月，王含率水陆大军五万杀向建康，攻至长江南岸。温峤则焚烧秦淮河上的浮桥，率军固守北岸。司马绍意气风发，要带兵应战。郗鉴拉住他，建议坚守建康，以逸待劳，等王敦军队锐气过后再联合援兵痛击。司马绍还是组织勇士，夜渡秦淮河偷袭王含大营，大败之。王敦听到王含失利的消息，哀叹："我兄长就是个老婢；门户衰败，大势去矣！"他运起最后的力量，要亲赴前线，无奈病入膏肓，挣扎起来后马上又躺倒在地，寿命将尽了。临终前，王敦叮嘱王应："我死后秘不发丧，一定要把建康打下来！"说完，王敦病死，时年 59 岁。

嗣子王应果然不给王敦发丧，草草埋在营帐中，然后自己去花天酒地，尽量享乐去了。纸包不住火，几天后大军不见指挥和命令，面对晋军的攻势节节败退，渐渐知道王敦真的死了，兵败如山倒。王含、王应和钱凤仓皇西逃。另一个党羽沈充正从东边向建康进攻，无奈大势已去，逃亡途中被旧将所杀，首级传给朝廷。钱凤逃到江州，被地方太守所杀。王含、王应抛弃王敦亲手带起来的军队，一路逃到荆州投靠族人、荆州刺史王舒。王舒不是王敦那样的豪杰，也不是王含那样志大才疏的小人，做出了最平稳的选择：大义灭亲。王舒把王含父子俩痛殴一顿后扔进长江喂鱼去了。王敦势力烟消云散了。

平定王敦之乱是晋明帝司马绍最大的政绩。战后，他果真没有株连他人，冻结对王敦党羽的追究。王敦之乱在战争期间并没有造成大的破坏，战后又没有株连杀戮导致社会动荡，整个南方付出的成本比较少。司马绍处理得当，得到了世族大家和百姓的支持。之后，司马绍一度宠爱美人宋祎。宋祎国色天香，善吹笛，是石崇爱妾绿珠的弟子。宋祎没有名分，且司马绍的宠爱有些过分，群臣纷纷进谏，要求驱逐宋祎。司马绍也能忍痛割爱，竟然问群臣谁想要宋祎。群臣面面相觑，最后吏部尚书阮遥斗胆提出了申请，司马绍还真把宋祎送给了阮遥。

太宁三年（325 年）秋，晋明帝司马绍病死，只有 27 岁。太子司马衍继位为帝，史称晋成帝。

三一

有枪就是草头王

一

苏峻是山东掖县人，是一方世族，担任过郡主簿。北方大乱时，苏峻聚拢了家乡百姓结垒自守，后来在永嘉南渡的大潮中率部众泛海南行来到广陵（今江苏扬州）。因此，苏峻也算是南下的北方世族之一，不同的是苏峻的势力没有体现在官爵和封山占泽上，而体现在始终掌握一支流民武装上。晋元帝司马睿时期，朝廷与北方胡族政权对峙全赖苏峻这样南下的流民武装领袖。苏峻先后担任东晋淮陵内史和兰陵相，既是朝廷命官，又是所统流民的首领。

王敦第一次叛乱的时候，司马睿招苏峻带领部队南渡长江“勤王”。苏峻没有从命，率部在江北观望。对他来说，谁当皇帝并不重要，司马睿和王敦没有什么区别。王敦第二次叛乱的时候，晋明帝司马绍又招苏峻率部“勤王”。这回，苏峻带着部队来了，因为他看到王敦不得人心，勤王有利可图。果然王敦败亡后，苏峻因为立有战功，被提升为冠军将军、历阳内史，封邵陵公。此时苏峻有锐卒万人，器械甚精，东晋朝廷视之为江北重镇，希望他能抵挡来自北方的威胁。不行的是，苏峻自恃实力不断强大，逐渐骄横起来，招纳亡命之徒、隐匿罪犯和流亡户口扩充部队，心怀异志。

太宁三年（325 年）晋明帝司马绍英年早逝，五岁的晋成帝即位。国舅庾亮内靠庾太后，外得世族支持，以外戚身份辅政。苏峻原以为晋明帝会命他为顾命大臣，掌握政权的，不想被庾亮横抢了过去，愤愤不平。庾亮觉察到了苏峻勒兵江北对朝廷的巨大威胁和苏峻的不满情绪，力排众议，征苏峻到朝廷担任大司农，意图通过明升暗降的方式剥夺苏峻的军权。苏峻多次拖延不赴任，又请求去青州荒凉郡县任职，都被庾亮拒绝。庾亮一次又一次地派人催促苏峻上任，最终在咸和三年（328 年）逼反了苏峻。

庾亮这个人，为朝廷利益考虑，有心办成几件事情，可惜做事情不讲方式方法，捅了这么大一个篓子。比如庾亮为巩固皇权，派将军赵胤杀宗室、南顿王司马宗，贬逐晋元帝司马睿皇后的弟弟虞胤，就不稳妥。6 岁的晋成帝好久没有看见司马宗了，偶然问庾亮："从前常常看见的白头公公哪里去了？"庾亮说因谋反被杀了。晋成帝哭了："舅舅说别人造反，便杀了；如果别人说舅舅造反，该怎么办呢？"综合庾亮一生的事迹来看，他有心作为光复晋室皇权，却不知道他所效忠的晋朝皇帝本来就是世族大家们裱糊的一座简易房，用来遮风挡雨而已，没有几个人会出钱出力加固和装饰房子，加上个人素质有限就更不得人心了。庾亮一辈子干的事情，削藩强化皇权也好，支持北伐也好，都没有成功。这不，苏峻就以讨庾亮为名，起兵反晋了。他还邀请同为南下世族兼流民武装领袖的祖约一起造反。

祖约是祖逖的弟弟，在西晋时担任过成皋县令，永嘉末随哥哥祖逖南下。和哥哥热衷北伐不同，祖约主要在司马睿身边做掾属。祖逖死后，祖约接任了哥哥的豫州刺史，统领哥哥留下的武装力量。任命之初，祖约同父异母的哥哥、光禄大夫祖纳就秘密向司马睿进言："我弟弟祖约内怀陵上之心，可以约束他，却不能让他独掌一面，不然恐怕会作乱。"司马睿没有接纳，时人也以为祖纳和祖约因为是异母兄弟，祖纳嫉妒祖约富贵，才有此言。事实证明祖约的确不是做一方藩镇的料，上任后没有驭下之才，祖逖留下的部队军心浮动战斗力大减。王敦叛乱时，祖约率部"勤王"占领寿阳（今安徽寿县），驱逐了王敦任命的淮南太守任台，事后因功封镇西将军，驻屯寿阳，为朝廷的北部屏障。

庾亮执政后，祖约也忌恨晋明帝没有让他当顾命大臣，对庾亮不满。他又多次向朝廷申请开府[1]，遭到庾亮拒绝；他向朝廷申办的许多事情，也遭到了庾亮的否决。祖约身处前线，曾遭到后赵军队猛烈进攻，屡次向朝廷请求增援，结果连一个援兵的影子都没看到；后赵退兵后，朝廷却商议

1 古代高级官员（如三公、大将军等）建立府署并自选僚属，称开府。魏晋之后，开府成为大臣们的一种特殊待遇。

要在南边挖涂塘遏制北方骑兵的进攻，祖约见本部兵马被划为战壕的外面，以为朝廷要抛弃自己，于是恨死了庾亮。（客观地说，庾亮也有不当之处。）

现在接到苏峻的造反邀请，祖约马上响应，派侄子、祖逖的儿子、沛郡内史祖涣和女婿、淮南太守许柳率领本部兵马和苏峻会师。苏峻汇合祖约部队，带上韩晃、张健等将领，浩浩荡荡杀向建康而去。

苏峻和祖约的武装主力是北方逃难的流民，他们久经磨难、进出战场，战斗力远强于南方未经疆场的政府军。庾亮指挥频频出错。先是不听劝告，没有布置坚守江北，接着江州刺史温峤忠于朝廷，请求带兵勤王，庾亮又不准："我更担心荆州的陶侃造反，你的任务是监视陶侃，不准越过雷池（今安徽望江县境）一步。"苏峻反叛进展顺利，屡次战胜晋军，乘风渡过长江，很快占领了建康城外的蒋山。这是五月间的事情。庾亮亲自领兵在建康南门布阵，不了士气崩溃，官兵不断抛弃武器逃散。庾亮只好与几个兄弟上船逃往浔阳（今江西九江）去了。苏峻抓住晋成帝司马衍，逼他迁居石头城（今南京城西）。司徒王导极力争辩，苏峻不听。司马衍哭着登车而行，在一片恸哭声中成了苏峻的人质。

流民武装的缺点这时候暴露了出来，那就是破坏性极强。他们在山上放火，火借风势烧向都市，将建康的台省、诸营、寺署烧为灰烬。建康大乱，流民武装顺利攻陷宫城，苏峻纵兵大掠。东晋朝廷积蓄又布二十万匹，金银五千斤，钱亿万，绢数万匹等，事后统计都被乱军抢劫一空。流民武装还驱役百官，包括著名世族、光禄勋王彬在内的百官被当成苦力捶挞，强迫他们到蒋山做搬运工；乱军抢劫百姓，往往将士人和女子抢得赤身裸体，可怜的人们只能用茅草遮盖身体，连茅草都找不到的就只能坐在地上以土自覆。哀号之声震动建康内外长江南北。苏峻和流民武装迅速失去了百姓的支持，遭到了江南上上下下的反对。

苏峻也做了一些政治建设工作。他劫持了晋成帝，矫诏大赦，除了庾亮兄弟不在赦免范围外，其他人都赦免无罪，希望以此来笼络人心。他自封为骠骑领军将军、录尚书事，"朝廷政事一皆由之"；封远在寿阳的祖约为侍中、太尉、尚书令，酬谢许柳、祖涣等人太守、将军的职位；又派韩晃、张健、管商等部将攻略长江下游各地。

执政庾亮逃到浔阳投靠江州刺史温峤。温峤有救国赴难之心，无奈有心无力。江州是个小州，温峤有兵少将寡不熟悉军事，无力平定苏峻之乱。于是，温峤邀请荆州刺史陶侃出兵同赴国难。

二

终于又轮到陶侃上场了。

陶侃在广州刺史的任上，遇到了王敦两次作乱，虽然两次都明确表示拥护朝廷，并且实际介入，更没有直接与王敦兵戎相对。然而在王敦之乱平定后，司马绍却任命陶侃回任极端重要的荆州刺史一职，还让陶侃都督荆、湘、雍、梁四州军事，等于将长江中游的军政都交付给了陶侃。这是对陶侃莫大的宠信，更是司马绍的精心安排。司马绍致力于加强皇权，采取的手段主要是在世族大家和大臣内部制造权利均势。所以，他提拔庾亮制约王导，在世族内部制造均势；提拔江东士族，在南下世族和江东士族间搞平衡。任命陶侃主持荆州，固然看重陶侃的辉煌经历和崇高声望，更有在寒门地主和世族大家之间、在各大藩镇之间制造均势的打算。同时，司马绍也任命应詹为江州刺史。应詹既是讨王敦的功臣，又与陶侃同在刘弘部下做过官，是双方都能接受的人物。。

庾亮主政后，把削藩的刀子也举到了手握重兵的陶侃头上。应詹正好死了，庾亮就派老世族、和自己关系深厚的温峤出任江州刺史。应詹死前给陶侃写信，希望陶侃能“竭节本朝，报恩幼主”，大约是他看出了陶侃对朝廷的不满情绪。陶侃也和苏峻、祖约一样，满以为自己能被晋明帝指定为顾命大臣，结果发现上台的是庾亮，自然对庾亮不满。苏峻之乱是庾亮处置失当引起的，陶侃很有一种在一旁看热闹的心理。接到温峤的出兵邀请后，陶侃答复说：“我是个疆场外将，不敢越局干预朝政。”温峤多次劝说，陶侃就是不答应。

苏峻这时犯了一个大错误，就是杀害了陶侃的儿子陶瞻。陶侃晚年丧子，悲痛万分，马上戎服上阵，集结部队日夜兼程东下讨伐苏峻去了。

荆州大军先到江州。江州官民都以为陶侃要诛杀庾亮，一为泄私愤，二为谢天下。庾亮有知错能改的优点，主动跑到陶侃面前谢罪，谦虚地承认错误，请求陶侃处分。要知道，庾亮出身北方世族豪门，从小就名声在外，是名士翘楚，竟然主动向寒门小吏出身的陶侃谢罪。陶侃大为意外，惊呼：“庾元规（庾亮字）乃拜陶士行（陶侃字）邪！”既然庾亮引咎自责，陶侃也就冰释前嫌了。于是，陶侃与庾亮、温峤合兵一处，准备收复建康。

我们知道，东晋的重点一为扬州一为荆州。扬州已是苏峻和流民武装的天下，只有同样兵多将精、久经沙场的陶侃和荆州军才有可能与苏峻一战。因此，庾亮和温峤主动推举陶侃为盟主，号令天下讨伐苏峻。苏峻得知陶侃起兵后，分兵抵抗。庾亮率军冲在最前面。北方流民骁勇善战，很快将庾亮的部队打败。庾亮撤退回来向陶侃谢罪。陶侃答："古人三败后胜，君侯才败了二回，当今事急，不宜数而。"诸将知道后，都不以失败为意，继续催军奋战。

却说北方南下的流民武装除了苏峻、祖约两支外，还有在广陵（今江苏扬州）的郗鉴一支。郗鉴拥戴皇室，率本部兵马勤王，向陶侃提出要扼守京口（今江苏镇江），阻碍苏峻从建康向东边州县的侵蚀，得到了陶侃的同意。郗鉴于是自广陵渡江占领京口，对苏峻形成东西夹击之势。之前，长江边上的建康和东边苏南、浙江州县的联系缺乏畅通的渠道，郗鉴经营京口后使之成为建康与东方联系的枢纽。京口开始崛起。

战争初期，苏峻的部队东西抄掠，胜多败少，又有北方祖约遥相呼应，占据优势。勤王诸军胜少败多，不免气馁；温峤的江州军又缺粮，影响了士气，全靠陶侃发挥中流砥柱作用，劝慰众人不要轻举妄动要做长期抗战的准备，又分粮草接济温峤，渡过了最初的困难时期。咸和三年七月，祖约被后赵军攻击，溃败至历阳。九月，晋军烧毁了苏峻大军在句容、湖熟的军需积累，流民武装开始缺衣少粮。战争局势开始逆转了。陶侃率军队急攻石头，触发了决战。苏峻和儿子苏硕、部将匡孝率领八千人迎战。苏峻派苏硕和匡孝带领数十骑进攻晋将赵胤，竟然大败赵胤。这个只能算是特例的小胜利冲昏了苏峻的头脑，他看到赵胤的部队大败而逃，大喊："匡孝能败敌，我反倒不如他吗！"于是，只见苏峻以主帅之躯撇下大部队，也率领数名骑兵向北突击晋军。晋军大喜过望，大批大批地向苏峻几个人涌来，苏峻见无法取胜，准备逃回，不想坐骑失足颠踬。陶侃的部将彭世、李千等望见，用长矛投射，苏峻坠落马下，被晋军追上斩首，遭到剐割肢体、骨骸焚烧的下场。苏峻就这么戏剧性地死了，勤王三军将士都高呼万岁。

苏峻死后，建康的余部推举其弟苏逸为主帅，闭城自守。其子苏硕在战场上搜索苏峻的尸骨，一无所获，大怒之下挖掘庾亮父母墓地，剖棺焚尸。苏峻散布各地的部将不是投降就是逃亡，武装呈崩溃之势，只有部将韩晃知道苏峻死讯后还引兵向建康收缩，企图负隅顽抗。咸和四年正月，历阳被建康攻破，祖约北逃后赵。二月，晋军攻破石头城，苏逸被杀，晋成帝脱险，意味着苏峻之乱基本平定。余部韩晃、张健等又在吴兴等地顽抗了一些年月，最后在晋军和世族武装的联合镇压下失败。

从军事角度说，苏峻之乱的结束标志着东晋初期叱咤风云的流民武装的消亡。之前，流民武装是南方军事力量的主要成分之一，而且是战斗力很强的中坚；之后，南方军事力量转弱，基本为政府武装，没有了流民领袖控制的半独立武装了。

三

苏峻之乱也被称为“苏峻、祖约之乱”，因为祖约也参与叛乱，算得上是流民武装的二号人物。可惜祖约的能力和作为实在太差，没有给苏峻帮上什么忙，参加叛乱中几乎就是自取灭亡。

祖约派侄子、女婿率主力参与苏峻叛乱后，自己的大本营竟然被颍川人陈光的少量军队攻破。侥幸的很，祖约左右有名随从叫做阎秃，长得和祖约很像，陈光误以为阎秃就是祖约，反而放跑了祖约。祖约翻墙逃亡，纠集部队反攻陈光。陈光投奔石勒。祖约许多部将对主帅大为失望，纷纷暗中勾结石勒，约为内应。石勒便趁火打劫，南下进攻祖约。部队溃败，祖约逃奔历阳。南逃后，祖约还想有所作为，派侄子祖涣进攻皖城，希望能占领新地盘，结果祖焕被晋军打败，空耗军力。等到晋军进攻历阳时，祖约无力再战，连夜北逃，余部投降。河南的这支流民武装至此也烟消云散了。

祖约率领数百人投靠石勒，石勒看不起祖约的为人，长期不见他。石勒的谋士程遐就说：“天下粗定，应当显明逆顺，忠君报国者应该奖赏，背叛不臣者应该惩处，这样天下才能归伏大王。祖约这样的人不应该收留，况且祖约来到我们这以后大引宾客，抢夺乡里先人田地，民怨已大。”于是，石勒设计，举办宴席欢迎祖约及其子弟。宴会当日，石勒本人装病不来，只有程遐出面招待祖约及其子弟。祖约敏感地知道这是鸿门宴，可又不知道如果是好，只能今朝有酒今朝醉，大醉而归，抱着外孙痛哭流涕。果然，祖约和亲属百余人在会后遭到屠杀，妇女伎妾都被后赵罚没。

祖逖组建武装的时候，有个奴仆叫做王安，是羯族人。祖逖非但没有歧视王安，还待之甚厚，北伐时祖逖对王安说：“石勒是你同族，你去投奔他吧。我这也不在乎少你一人。”他给了王安厚资，让他回到同胞那里。王安在石勒部下，逐渐积军功为将军，祖氏被族诛时，王安也在场。他偷偷把祖逖年仅 10 岁的庶子祖道重藏了下来，把他安顿在佛寺中。后赵灭亡后，祖道重南归东晋。祖逖家族这才延续了血脉。

苏峻之乱平定后，陶侃因功升为太尉、都督七州军事仍兼荆州刺史，封长沙郡公。刘胤因功升任江州刺史，在咸和五年（330年）被后将军郭默所杀。执政的王导延续和稀泥的方法，默认郭默的罪行，任命郭默为江州刺史。陶侃指责王导的纵容，迅速起兵抵江州，将郭默斩首，自己兼任了江州刺史。实际上，王导默认郭默夺权，未尝没有笼络郭默约束陶侃的意思。王导一贯在中庸的政策表象下尽可能地搞平衡，来维护中央朝廷的稳定。这是他比庾亮高明的地方。而陶侃刚正强硬，表面是雷厉风行地惩办杀人夺权的郭默，实际上也未尝没有争夺江州的意图。占领江州后，陶侃也就控制了长江的上游和中游，权力煊赫不亚于当年的王敦。人们开始担心陶侃会不会成为第二个王敦。经过王敦之乱和苏峻之乱后，朝廷力量大为削弱，可以依靠的勤王藩镇屈指可数，如果陶侃叛乱了，怎么办？

私下里还真有人怂恿陶侃起兵谋取更大的荣华富贵。陶侃一介武人，也对朝廷的一些弊政多加指责，让建康的衮衮诸公慌张了一阵子。不过陶侃始终没有造反，反而在咸和九年（334年）六月上表请求辞职，并且主动派人将官印、节传等送还朝廷。他生病了，不等朝廷同意就离开了荆州任所。离开前，陶侃将军资、器仗、牛马、舟船都造册登记，封闭仓库，等着朝廷派人接收。没几天，陶侃就在前往长沙的途中病逝，享年76岁。东晋朝野松了一口气，都对陶侃充满敬意。

纵观两晋南北朝，陶侃可能是最尽忠职守、大公无私的将领。在举国清谈、现实主义横行的社会中，陶侃终身勤于公事，恭而近礼，整天严肃端坐处理政事。他掌握东晋一半领土的政务和军事，事情头绪很多，但没有一件遗忘疏漏；远近所来书信公文，无不亲笔回信。陶侃办起事来下笔如流，笔无停滞，从来不让前来办事的人在门前等待过久。在他之后，东晋再也没有遇到这样的忠臣干将。

三二

北伐是剂猛药

一

陶侃死后，东晋的军权被外戚庾氏掌握。庾亮经历过苏峻祖约之乱后，掌握了荆州军权，胸中的雄心壮志又开始蠢蠢欲动。他宣称以北伐中原为己任，选择襄阳方向为主攻点，搜集军队准备收复河南。《晋书》的评价庾亮这个人“智小谋大，才高识寡”，大致说他志大才疏，不是干事的料。其实，《晋书》的评价还很委婉。庾亮的缺点不仅是志大才疏，而且还不明世事不通人情。我们知道东晋是建立在各大世族的支持之上的，皇室和世族势力的均衡和斗争推动着王朝的发展。收复中原必将破坏这种均衡，引起上自皇室下自世族势力的阻挠破坏。祖狄就是前车之鉴。庾亮高调地北伐，失败了会耗费东晋的实力，成功了会抬高庾氏势力，打压其他世族。（很多史学家相信，庾氏力主北伐发自私心，目的是借北伐揽权充实家族的根基。）庾亮本来就掌握了地方军权，内部又有庾太后的支持，已经遭到其他人嫉妒了，如今更是成了大家的眼中钉。

所以，庾亮在襄阳意气风发，全力组织北伐军。北伐的道德力量很强，其他世族不方便公开反对，就暗中捣乱。大军未动粮草先行，庾亮向各地征调军需粮草，结果所得寥寥。其他人不给庾亮军队也不给他粮秣，结果整件北伐大事就成了庾亮在荆州的“地方行为”。不巧的是，庾亮北伐的时机也不对。北方的后赵政权还相当强大，庾亮的北伐仅局限在现在的河南南部地区，还屡战屡败。荆州军败了，朝野的冷嘲热讽蜂拥而至。庾亮壮志难抒，郁郁而终，在340年正月病逝。兄弟庾翼继任荆州刺史，庾冰在朝中配合。庾氏依然掌握朝廷实权，继续推动北伐。

342年，22岁的晋成帝司马衍病死。他5岁继位，由母后和舅氏（庾亮、庾翼）主政，经历祖约和苏峻之乱，虽然在位18年，一无所成。庾冰、庾翼力排众议，拥立晋成帝的同母弟弟司马岳。司马岳继位，史称晋康帝。司马岳兄终弟及，表露了庾氏的私心。因为司马岳是庾氏的外甥，他的继位可以方便庾氏继续专权。不幸的是，司马岳继位的第三年（344年）也死了，年仅23岁。

庾冰、庾翼出于私心，继续反对司马岳的儿子继位，主张拥立长君。他们推出司马睿的幼子、曾经和司马绍争夺皇位的会稽王司马昱为新君人选。司马昱为晋成帝、晋康帝的叔叔，按说没有机会登基，一旦登基自然会感激庾氏，再次方便庾氏掌权。以宰相何充为代表的其他世族势力强烈反对。司马岳又不是没有儿子，为什么要搬出皇叔来继位呢？晋康帝临终前，也赞成何充的主张，立2岁的儿子司马聃为皇太子。晋康帝一死，何充等人就抢着发布"遗诏"，拥戴司马聃登基。司马聃史称晋穆帝。庾太后就成了太皇太后，不方便再干政了。而庚氏兄弟在皇位更替上输了一仗，威望和势力都大减。

一个政治人物的作为要以权力的巩固为基础。如今，庚氏的权力根基被削弱了，他们推动的北伐事业也就成了强弩之末。

晋穆帝即位后，庾冰在朝中不像以往那样顺畅了，遭到了其他大族的排挤，不久去世。（庾氏的抗压能力似乎很弱，一遇逆境就生病去世。）荆州的庾翼孤立，不得不将主要精力放到防备朝廷上去。他离开北伐前线襄阳，委托亲信和儿子留守，自己还镇夏口处理与朝廷和其他世族的关系。在夏口，庾翼还不忘修缮军器囤积粮草，为北伐做准备。精神是好的，处境却越来越不顺利。永和元年（345年）夏，庾翼在夏口去世。庾翼的死，标志着庾氏发动的东晋第二波北伐浪潮的落去。

庾翼临终上奏由儿子庾爰之代理荆州刺史。庾氏试图将荆州固定为自家势力范围，其他世族的人嗤之以鼻。朝中根本没有人支持庾爰之。荆州为国家重镇，朝臣一致声称荆州刺史不能为世袭职位。丞相何充就认为："荆楚，国之西门，得人则中原可定，失人则社径可忧，岂可以白面少年当之哉！"他推荐桓温担任荆州刺史。其他大臣纷纷点头，只要不是庾家的人就行。于是，桓温在永和元年（345年）出任荆州刺史，取代庾氏获得了长江中游的兵权。

二

事实证明，何充推荐的桓温并不是好的人选。

桓温是之前出现过的桓彝的儿子，“少有壮志”，以本朝初期名臣刘琨、陶侃为榜样。桓彝在苏峻之乱中遇害，江播是杀父帮凶。父亲死时，桓温才 15 岁，就枕戈泣血，扬言要复仇。桓温 18 岁那年，江播病死了，江彪三兄弟为父亲发丧。为了防备桓温来寻仇，江彪三人都刀不离手。桓温还是混在吊唁的宾客中进了江宅，当堂手刃江彪，并追杀二个弟弟。东晋朝廷对世族子弟的仇杀睁只眼闭只眼，没有处分桓温。这件事反而为桓温获得了巨大的声望。晋明帝还把大女儿南康长公主嫁给了桓温。桓温就成了驸马，于咸康七年（341 年）出任琅琊太守，很快升任徐州刺史，职位超过了父亲。

桓温和一般的世族子弟不一样。一般人是清谈为主，吹得天花乱坠不管实现得了实现不了，桓温则是有胆略有能力，敢作敢为。他期待建立功业，更希望为家族博取荣华富贵。这样的人物，给他适当的权力和地位能让他为朝廷建功立业；而一旦授予他过大的权力和过高的地位，难免会助长他的不臣之心。桓温上任荆州刺史后，就打出了“统一天下”的旗号来。那些峨冠博带的朝堂大夫们起初不以为意，觉得这就是桓温新官上任的三把火，折腾一下而已。不想，桓温到任的第二年（346 年）就孤注一掷，率军逆江而上进攻成汉政权。朝野还没缓过神来，前方就传来了桓温平定蜀地，汉王李势投降的捷报。这下，东晋朝廷不得不思考一个现实问题：桓温俨然在荆州称雄了！朝廷原本是为了去除庾氏割据倾向而任命桓温，却不料桓温成了新的庾氏。可是，桓温功勋卓著，又不得不赏。东晋朝廷只好采取两面手法：一方面是提升桓温为征西大将军，封临贺郡公；一方面却是对桓温暗中限制，不给他兵不给他粮，明确不让桓温北伐。

桓温把北伐的旗帜摇得呼呼作响，已在鼓吹北伐，给朝廷诸公施加了很大压力。永和五年（349 年），后赵的石虎死了，北方大乱。大批北方百姓南迁投奔东晋，后赵的寿春守将也投降了东晋。民间北伐声音大增。桓温抓住时机大造舆论，还主动进屯安陆。他准备如果东晋朝廷不北伐，他就要将在外，君命有所不受了。朝廷的北伐压力实在太大了，又不愿意让桓温把北伐的首功抢走，建康方面出面组织了一次北伐。

这是东晋朝廷出面组织的第一次北伐。北伐军的兵力很少，只有三万人（桓温还带甲十万呢），可见朝廷并非真心要收复中原。北伐的统帅是晋穆帝的外祖父、褚太后的父亲褚裒。褚裒是一代名士，当大都督打仗却很外行。当时中原的形势很混乱，大批民众携家带眷南下。褚裒最明智的做法就是组织南下的百姓，让他们做向导，直捣后赵的巢穴邺城。可惜褚裒指挥的北伐军却以接应南下民众为主，纠缠着南北边界各个城池的得失。结果让处于劣势的后赵从容组织了军队反扑。代陂一战，北上接应民众的东晋部队全军覆没。褚裒忙从彭城退到广陵。寿春的东晋将领听说统帅失败，竟然吓得烧掉军需毁掉城池南逃。北伐就此失败。南迁的百姓最悲惨了，要么被东晋北伐军掳掠到江南做了奴役，要么被后赵政权掠回北方，要么在淮河两岸陷入绝境而死。褚裒败退后，惭愧不已，很快在京口（今镇江）郁郁而终。

褚裒死了，东晋朝廷还是需要把北伐的主动权操在自己手里。找谁来主持北伐，对抗桓温呢？褚裒生前推荐了殷浩，朝廷征殷浩为建武将军、扬州刺史。殷浩上疏推辞，朝廷就继续征召他，一直持续了四个月，殷浩才答应上任。

这个殷浩架子这么大，到底是谁呢？殷浩也是当时的名士，精通《周易》、《老子》，善于玄言，名望极高。一般人都把他与管仲、诸葛亮相提并论。同时，殷浩一再推辞官职，反而让他名望越来越高。他的名言是“官本臭腐，故将得官而梦尸；钱本粪土，故将得钱而梦秽”，被人奉为名言。朝廷一再给他官做，庾亮、庾翼北伐时也征召他，殷浩全都拒绝。他称疾不起，屏居墓所，将近十年之久。桓温灭蜀后，威势高涨，朝廷忌惮他。当时在朝堂上主政的是司马昱，他想借助殷浩的盛名对抗桓温，就树立殷浩为扬州强藩，与荆州的桓温抗衡。

殷浩任职前也高喊北伐口号，说得头头是道。他上任的时候恰好是冉闵称帝，北方混乱加剧的时候，正是北伐的好时机。朝廷就任命殷浩为中军将军、假节、都督扬豫徐兖青五州军事，主持北伐。殷浩也意气风发，向朝廷汇报了北征许昌洛阳的计划，组织了阵容庞大的北伐团队。但是探究殷浩的关键措施，无非两条：第一条是引诱前秦的大臣和将领，招降纳叛，希望能够乘虚而入；第二条是利用投降东晋的胡族力量，主要是羌族姚襄的力量，让他们当炮灰打前阵。一度前秦苻健杀戮大臣，侄子苻眉自洛阳西奔，殷浩误以为前秦内部乱得一塌糊涂了，上奏请求进屯洛阳，修复西晋皇室园陵。他信心满满，志在必得，甚至请求卸任扬州刺史，专镇洛阳。后来证明前秦并没有内乱，相反却是投降东晋的将领张遇降而复叛，打败了谢尚的晋军。殷浩主要依靠姚襄的羌族军队，却不信任姚襄，老想吞并这支部队。殷浩将姚襄部队迁徙驻地，又派人监视。姚襄也不是真心投降，一度杀害友军壮大自己，殷浩也不能制止。在进军途中，姚襄叛变，在山桑这个地方伏击了东晋大军。殷浩原本就没想利用自身力量实打实地北伐，听说姚襄造反了，吓得抛弃辎重南撤。北伐军的器械物资都被姚襄所掠。撤退途中，东晋逃亡的逃亡、投降的投降，损失惨重。殷浩北伐也以惨败告终。

客观地说，北伐的失败并非殷浩一个人的错。根子在东晋朝野压根就没有真心北伐，并没有动员主力、投入血本北伐。但北伐失败的责任必须有人来承担。纸上谈兵的殷浩就成了替罪羊。尤其是桓温，早就要搬掉殷浩这块碍脚石了，连续上书痛斥殷浩误国，要求严惩。朝廷只好废殷浩为庶人，押往浙中安置。

殷浩狼狈下台后，恢复了名士做派。他口无怨言，每天就对这空气写“咄咄怪事”四个字。后来，桓温掌权了，想招殷浩担任尚书令，写信告诉他。殷浩喜出望外，回信接受并表示感谢。为了写一封完美的回信，不在心中留下任何差错，殷浩修改了无数遍，把信装进了信封又拆开修改，前后拆封数十次。谁料，最后信封中空空如也，他竟然忘记塞入信件，发了个空函给桓温。桓温大怒，殷浩复出的事也就告吹了。由此可见，殷浩并非什么淡泊名利的名士，而的的确确是个醉心名利又空谈误国的假名士。永和十二年，殷浩死在了贬所。

三

褚裒、殷浩先后失败，东晋再也没有理由压制一直叫嚷着要北伐的桓温了，索性将北伐重任授予他。至此，桓温掌握了北伐主动权。

永和十年（354 年），桓温第一次北伐，兵分两路，他亲率步骑四万余出湖北，命令梁州方面出秦岭。桓温在蓝田、白鹿原连续击破氐族苻健的军队，推进到长安郊区的霸上。苻健拒守长安城。第一次北伐可谓旗开得胜，政治影响巨大。关中百姓“持牛酒迎温于路者十八九”，一些老年人感极而泣：“没想到今生还能再见到官军！”

桓温的成功也反衬出之前东晋历次北伐的战略不当。首先是缺乏协同作战，之前的北伐不是从东边渡淮河向河南山东，就是在西边出湖北，从来没有东西联合作战（因为东西的扬州、荆州属于不同的世族势力范围）。

其次，既然没有协同作战，自然也就不能整合军队和物资了。如果褚裒、殷浩等人的军队能够和桓温的荆州军队联合起来，相信成效会更大。说到整合资源，桓温的北伐依靠的仅仅是荆州的物资，经过两场恶战，推进到长安城郊后，北伐军的后勤供应出现了问题。桓温就在霸上停顿了下来，一边等待后方的军需运达，一边抢收关中地区的春麦作为军粮。关于桓温为什么没有乘胜追击，还有其他的解释。比较可信的说法还有桓温这时候已经有了谋逆自立的野心。他想借北伐来揽权立威，并非要真心收复失地；第二个说法是桓温看到前秦在关中的统治并不稳定，想在霸上坐等前秦内乱，然后乘虚而入。而最大的可能是，桓温驻足不前可能是以上各种因素综合作用的结果。

遗憾的是，前秦并没有内乱，北伐军在抢收春粮上也输给了秦军。秦军收走了粮草，对北伐军实行坚壁清野政策，桓温粮秣不继，被迫撤返襄阳。第一次北伐失败。

永和十二年（356 年），桓温第二次北伐。北伐的目标是叛晋的姚襄势力。叛晋后，姚襄一度游离在前秦和前燕之间，盘踞在河南洛阳、许昌等地。桓温北上击败姚襄，收复了河南地区。其中西晋首都洛阳光复，具有重大政治意义。桓温大做政治文章，建议“还都洛阳”，并建议南迁的世族大家们返乡。他这么做是有私心的。洛阳在桓温的控制之下，让朝廷和达官显贵们都迁徙到洛阳来，不是重复“挟天子以令诸侯”的旧戏嘛？建康的达官贵人们激烈反对桓温的建议。当然了，“还都”的建议也是一面不能驳倒的道德旗帜，达官显贵们就从其他方面入手。首先，他们质问桓温能否守得住洛阳？如果等朝廷迁入洛阳，洛阳却失守了，不是要再来一次“永嘉之祸”吗？其次，他们说百姓南迁已经半个世纪了，早已在南方安家生根，强迫南迁于情于理都不合适。

就在东晋朝臣的相互猜忌和扯皮之际，前燕慕容恪、慕容垂领兵进攻河南。许昌、汝南、陈郡等地失守。洛阳守将陈佑以救许昌为名难逃，留沈劲的五百人守城。沈劲是王敦死党沈充之子。沈充被俘叛逆的恶名，沈劲引为终身憾事，如今以区区五百人坚守洛阳非但不怨天尤人，反而觉得是以身殉国、挽回家族名声的良机。洛阳很快被前燕攻占，沈劲全军覆灭，被俘遇害。慕容恪知道实情后，很后悔杀死了沈劲。至此，桓温的第二次北伐的成果全部丧失了。

期间，东晋经历了一次皇位变革。361 年，晋穆帝司马聃病逝。堂兄司马丕被推举为新皇帝。司马丕是晋成帝的长子，原本早就有希望称帝了，结果因为庾氏专权的需要被闲置了。他苦等晋康帝、晋穆帝两个皇帝都死了，才坐上本属于他的龙椅。司马丕就是晋哀帝。桓温因为功勋卓著，被晋哀帝加封侍中、大司马、都督中外诸军、录尚书事、假黄钺。桓温移镇姑孰（今安徽当涂），让兄弟桓豁领荆州刺史，桓冲任江州刺史、监江州及荆、豫八郡诸军事。至此，桓温成了东晋最大的实力派。除了长江最下游的部分郡县外，中下游军政大权都落入桓氏之手。

晋哀帝司马丕继位后，醉心黄老之术，服药求长生却吃错药中了毒，死于 365 年，年仅 25 岁。大臣们拥立其弟司马奕为新皇帝，史称晋废帝。

369 年，手握大权的桓温为了树立更高的威望，率 5 万人北伐前燕。北伐开始很顺利，一路势如破竹。经过金城时，桓温见到自己担任琅琊太守时种的柳树已经长成老树，感叹道："木犹如此，人何以堪！"人已老，桓温也念过半百了。他攀枝执条，泫然流涕。可当北伐军推进到枋头（今河南汲县境内）时，桓温又逡巡不前。可能是桓温面对强大的敌人，没有胜利的信心。当时前燕军队并不弱，并且前秦已经出兵增援前燕，两国联军对付桓温。而北伐军又遇到了老问题：后勤跟不上来。这个后勤的老问题，并不是因为东晋国力衰落，而是朝廷并没有收复失地的真心，加上其他世族大家不愿意桓温建立大功，一家独大，所以朝廷没有为桓温全力提供后勤保证。桓温在前线很快就没有粮食吃了，又得知前秦援兵将至，只好烧船弃甲，撤退回国。北伐军撤退途中，缺粮少睡，只能凿井而饮，又不断遭到前燕的伏击，最后只有万余人逃回南方。

惨败后，桓温把责任推卸给负责后勤的袁真。袁真不满而在寿春造反。桓温进攻寿春，直到 371 年才攻克。当时袁真已死，拒守城池的袁瑾被杀。尽管找了替罪羊，桓温的威望仍然大减。桓温便想用废立皇帝的办法来立威。371 年，桓温废司马奕为海西公，改立司马昱为帝。司马昱就是简文帝。他原本可以成为东晋的第二个皇帝，结果在晚年才成了东晋的第八个皇帝。他的雄心壮志早已消磨光了，在位就是个傀儡，一切朝政由大司马桓温独断。

长期手握大权，桓温也厌倦了"北伐 - 失利 - 再北伐"的老路，有了更大的"追求"。他抚枕而叹："人生在世，既不能流芳百世，不足复遗臭万载耶？"桓温开始以王敦为榜样，他和王敦的处境是惊人的相似。王敦曾经和皇位一步之遥，桓温的手也可以摸得着龙椅。

三三

先拿灭蜀练练手

一

成汉的开国君主李雄将国家推向了安定繁荣的顶峰，算得上是一代明君。遗憾的是，一代明君也是失误的地方。

李雄就在接班人问题上犯了个错误。李雄个性与人为善，是个好人。他的大哥李荡也是雄心勃勃、智勇双全的人才，可惜在缔造政权最艰难的时刻阵亡了。李雄认为是因为李荡的不幸才有他称雄称帝的幸运，自己的皇位原本应该是李荡的。后来，军阀杨难敌曾投奔李雄，不久又叛乱。李雄派侄子李玝、李稚征讨杨难敌，因为轻敌中了埋伏，两个侄子都战死了。李玝、李稚都是李荡的儿子。李雄很悲痛，几日吃不下饭去，一说起这事就痛哭流涕，深深自责，觉得更对不起故去的哥哥李荡了。所以，李雄比较倾向于死后将皇位传给李荡的儿子。

李雄在征战途中伤痕累累，头部的伤口有次化脓。他自己的10个儿子当了皇子后，生活奢侈淫逸，对父亲的病情看得很淡，并没有真正关心过父亲。结果，李雄和儿子们的感情也很淡。反倒是李荡的儿子李班日夜照料在旁，还用口给李雄吸脓。李班这个孩子也是与人为善的人，在性情上与李雄相似。李雄就不顾群臣的反对，一意孤行立李班为太子。

大臣们从现实出发，认为各位皇子都以成年，盘踞各处，如果舍弃10位皇子传位给侄子，然后引发内乱。李雄说："我在起兵之初，本不觊觎帝王之业。值天下丧乱，群情义举，诸君推逼我为帝。王朝的基业，功由先帝，我大哥是嫡长子，本应登基，不幸薨于戎战。李班是嫡长子之子，姿性仁孝，好学夙成，必为名器。"叔叔李骧与司徒王达都反对："传位以嫡，本身就是为了防止皇位篡夺，不可不慎。历史上有许多不传位儿子导致内乱的先例。愿陛下思之。”李雄一意孤行，固执地传位李班。李骧是皇叔，地位崇高，也劝不了李雄，只能退出来悲伤流涕：“本国的大乱就要开始了！”

334年，李雄病逝，李班继位。李骧的担心马上得到了验证。李班宽厚老实，疏于防范或者压根就没把人往坏处想。可李雄的儿子李越对李班继位极为不满，趁回成都奔丧时和兄弟李期联手，就在灵堂上杀掉了李班。李期登基。

李期称帝后，成汉朝政日坏。国家承平日久，李雄的子孙们位居要职，贪图享受，早就把俭朴勤政的作风抛到脑后了。李雄与民为善、勇于纳谏、君臣携手的风格荡然无存，李期本身就是懒惰的庸才，又任人唯亲，所任用的大臣也都庸庸碌碌，坐享俸禄而已。国家形势很快便江河日下。

李期本人无才无德，却猜忌声望高地位重要的宗室成员。汉王李寿是李骧的小儿子，按辈分是李期的堂叔，历任要职，镇守在外。李期对李寿很疑忌，派人监视李寿，还将李寿的义弟毒死。李寿感到十分恐惧，于338年率军进攻成都，公然造反。李寿的儿子李势当时在成都当校尉，里应外合，打开城门迎父亲进城。李期没料到李寿真的造反的，而且转眼就杀到了眼前，不得不安抚李寿。李寿要求“清君侧”，李期就杀掉了李越和自己的那帮大臣，自断了臂膀。几天后，李寿还是废黜李期为邛都县公，软禁起来。李期不久自尽，时年25岁，在位4年。

李寿起兵初，歃血盟誓，说起兵夺权后要向晋称藩。这很可能是为了争取外部支持，洗刷自己造反夺权罪过的幌子。他都没想到夺权会那么容易，如今真的成了一国之主，李寿就开始犹豫了：真的向东晋称藩呢，还是自己披上龙袍过过皇帝瘾？他决定用占卜决定命运。李寿占了一卦，卜者解读说李寿有几年皇帝的命。亲信任调马上鼓动说：“做一天皇帝就很了不起了，何况几年！”另一个亲信解思明不以为然，说：“几年皇帝怎么及得了百世诸侯（向东晋称藩，封侯是少不了的）！”李寿下了决心，说：“朝闻道，夕死可矣！”有一天皇帝能做就做一天皇帝。抱着“过把瘾就死”的心理，李寿称帝，改国号为“汉”，开始骄奢淫逸的皇帝生涯。他一心享乐，大兴土木，夺人妻女；喜怒无常，又喜杀戮，滥施淫威，致使上下离心，民怨沸腾。343年，李寿病逝，足足过了5年的皇帝瘾。儿子李势继位，风格和乃父相比有过之而无不及，什么事情都务求奢侈，根本不管百姓死活。百姓们不满，李势就滥用严刑峻法，压制不满，人们只好转入地下道路以目了。

统治者的内讧仍在继续。李势没有儿子，弟弟李广就请求立自己为皇太弟。李势不知道怎么想的，坚决不答应。李广转而去求大臣马当和解思明前去劝说。马当和解思明二人是老臣了，朝政之所以没有彻底崩盘全靠他们支撑着。两人从政权长远利益考虑，一再劝说李势立弟弟为继承人。李势听不进去，怀疑李广和两名大臣谋权篡位，痛下杀手，捕杀了李广、马当和解思明。短时间内连续的内讧，严重削弱了成汉的实力。

成汉王朝呈现出分崩离析的迹象，稍微有点变故就会轰然倒塌了。

二

四川地区处长江正上游，对中下游产生君临态势。四川水军出三峡，顺江而下，就是一马平川无险可守的两湖地区。所以建国中下游的东晋王朝和成汉相比，在军事上处于绝对的劣势。建国开始，东晋内部就存在伐蜀的倡议。庾亮当权后，都开始实际的西征筹划了，最终没有成行。东晋一直没有伐蜀的原因很多，比如四川易守难攻，比如担心北方政权乘虚南下，最重要的原因是东晋政权建立在各个世族大家的支持下，内部维持着微弱的均势。如果有人伐蜀成功，那可就立了盖世武功，势力增长，势必破坏均势影响政权稳定。所以，大家宁愿成汉政权盘踞上游威胁自己，也不愿意看到有人伐蜀成功。

永和二年（346 年），实权人物桓温再次提议伐蜀。他的目的恰恰是其他世族最担心的：通过对外战争提升声望和实力，为掌权乃至篡位做准备。

此时伐蜀具有有利条件，那就是成汉自身虚弱。但桓温的部属们提出了更多的不利条件，比如顾虑后赵大军南下、朝廷不同意不支持等等。江夏相袁乔力排众议，认为江防已固，可以腾出手来做点事情了。后赵军力强盛，成汉虚弱不堪，进攻成汉比进攻后赵划算。至于朝廷的羁绊，袁乔认为方略大事不必取得“一致同意”在施行，将在外，君命有所不受。袁乔的意见说到了桓温的心里去了。他下定决心，给朝廷上表要求西征，不等朝廷回复就在当年十一月率益州刺史（他自己任命的）周抚西征成汉。袁乔率 2000 人为前锋。

桓温的战表到了建康，朝廷果然不同意，可人家已经出发了你再反对也没有用了。朝堂上的大小官员们干脆议论起桓温此行能否成功，这才是大家最关心的。桓温失败了，大家幸灾乐祸；成功了，大家的苦日子就来了。多数人觉得成汉地形险阻，路途又远，桓温兵力薄弱，取胜希望不大。刘惔却认为桓温必胜，众人问他根据何在。他说："从桓温的赌博表现上可以推断出来。他的赌博手段极精，非胜券在握绝不出手。我担心的是，灭蜀之后，朝廷都要受控于他了。"大臣们听说此言，不禁忧心忡忡起来。

347 年春，桓温大军至青衣（今四川青衣江）。李势命右卫将军李福、镇南将军李权、前将军昝坚率大军阻拒晋军。

成汉将领内部就作战方针出现了分歧。李福和李权想设下埋伏待晋军到来，昝坚想正面迎敌，把桓温消灭在陌生的环境里。分歧的结果是分裂，昝坚带上本部兵马，和李福、李权分道扬镳，向东搜索前进，摩拳擦掌要和桓温较量一下。不知道是情报工作没有做好，还是四川地区过于广袤，昝坚的军队竟然没有遇到晋军。桓温和他走的不是同一条路，避开了昝坚的阻拦，很快推进到成都南面。三月，晋军攻克彭模（今四川彭山东南，岷江东岸地区）。李福、李权得报后，迅速向彭模杀来。

下一步怎么办？是坚守彭模迎战李福、李权，还是放弃此处攻占别处？有人提议趁成汉主力没有到达，分兵攻城略地，在成都周边来个天女散花。袁乔坚决反对："我们孤军悬在万里之外，兵少将寡，分兵容易被各个击破，必须同心协力，奋勇一搏。"他提议大军轻装简行，只带三天粮草，直取成都。桓温采纳了这个冒险的计划，留参军孙盛、周楚率老弱残兵守彭模，亲自率领步兵轻装向成都进军。

成汉得报，由李福攻彭模断晋军退路，李权向成都收缩阻拦桓温。这个计划很好，可惜李势的倒行逆施早已天怒人怨，军心民心涣散不可收拾了。李福进攻彭模的晋军老弱病残，竟然大败而逃。李权的部队三战三败，一路败退回成都。听说成都情况不妙，东边的昝坚这才停止搜索，赶回来增援。在成都南郊，昝坚的部队终于遇到了晋军。可惜部队的士气实在低落，看到晋军杀气腾腾的样子就不战自溃，跑得只剩昝坚这个光杆司令了。

三支部队全都瓦解了，李势孤注一掷，武装成都城中所有的守军与桓温决战。双方在成都笮桥（今成都西南南河上）激战。战斗中，晋军不利，伤亡激增，流矢几次在桓温身边擦过。官兵们产生了退缩情绪，桓温决定收兵再战。在这关键时刻，晋军的鼓吏误鸣前进鼓，袁乔乘势督率士卒力战，扭转了战局。蜀军产生了畏缩情绪，纷纷撤退回城。对于这个蹊跷的敲错鼓事件，还有不同的说法：不是鼓吏敲错了，而是袁乔见桓温有意收兵，故意在给鼓吏传达命令的时候把“收兵”说成了“进军”，于是战场上响起了进军鼓。不管原因是什么，战场上拼的往往是“最后五分钟”的坚持，其实是成汉军队的勇气逊色于晋军，终究是要失败的。晋军意外得胜后，乘胜追击，火烧城门，攻占成都。

李势连夜逃走，往北逃到葭萌关，迷茫思考起来。收拢残军败将，与桓温顽抗，李势没有信心也没有能力；逃到中原，向后赵政权投降，李势担心没有好果子吃。这时候，李势想起当年父亲李寿占卜问命运的事情来，解思明说“几年皇帝怎么及得了百世诸侯”果然没有错，归顺东晋做个愚公不失为现实的选择。于是，李势向桓温请降，成汉灭亡。桓温奏报朝廷，东晋将李势迁到建康，封为“归义侯”。李势在四川胡作非为，结果因为主动投降而在江南得以善终。

灭蜀后，桓温凯旋回荆州，留周抚收拾残局。周抚的益州刺史原本是虚的，如今终于坐实，工作起来很卖力。他又花了两年的时间，消灭各地的成汉残余势力，使蜀地全部并入东晋。桓温灭蜀，仅在领土上就使东晋增加了一小半的面积，功勋卓著。

三四

陈郡谢家的登台准备

一

在东晋南朝，与琅琊王家齐名的陈郡谢家的起点很低。举凡名门望族都喜欢给自己列谱系，谢家后人发达了，祖先只能向上推到曹魏时期的典农中郎将谢缵。谢家发迹之晚可见一斑。谢缵的这个典农中郎将相当于太守级别，但是负责屯田事务的，不属于正牌的地方官职，政治地位一般。谢缵的儿子谢衡入晋后在国子监谋事，相继做了博士、国子祭酒，终于散骑常侍，算是坐了一辈子清水衙门的冷板凳。谢衡耐得住清贫，努力钻研业务，成为一代大儒。在“本朝历史从何时算起”[1]、一夫多妻家庭的儿子是否应该为非亲生母亲服丧等问题上，谢衡提出了许多理论意见。他的意见很可惜都没被采纳，但被史官忠实记录了下来，让后人能够确认陈郡谢氏的早期作为。

谢衡守着一肚子学问，没能飞黄腾达，是有深刻社会原因的。因为他精通的是儒家，而当时社会盛行玄学。这就好比现代社会，大家都追捧金融、管理等显学，谢衡则醉心哲学宗教一样，虽然著作等身也难以在大学里掌握话语权。西晋经历短暂的统一后，陷入了八王之乱，社会动荡不安。人们普通追求玄而又玄的清谈，大谈宇宙人生，将儒家礼法视为迂腐的俗务。谢衡的不得意由此注定了。所以到了谢衡的儿子谢鲲长大成年后，毅

1　晋朝是司马家族篡位得来的。建立后，有关王朝历史到底从司马懿算起，还是从司马昭算起，或者干脆从司马炎正式登基算起，朝野存在争议。在儒学上，朝代起始问题是重大“理论难题”。

然抛弃家学转学玄学，钻研老子和易经，大谈特谈云彩和人心的关系。谢鲲的能力用对了地方，很快引起了社会注意，二十岁就跻身“名士”行列。

有的人醉心玄学是逃避乱世，有的人完全是附庸风雅将玄学作为敲门砖，谢鲲由儒入玄，不敢说没有功利的目的，但就玄学功力来说，他完全是第一等的。真正的玄学大师是精通世故又看破世事，能超然物外宠辱不惊的，用心灵指导言行。表面的清谈和悖理不羁是掩藏内在深刻和豁达的迷雾。谢鲲不修威仪，整天唱歌鼓琴。邻居高家有个漂亮的女儿，常常在窗前织布，看得谢鲲心痒不已。谢鲲没有“检讨肮脏的思想”，而是公然去窗前向邻家女子表明爱意。郎有情来妾无意，谢鲲的率真被邻家女子看做是轻浮的挑逗，拿起织梭就向他扔去。谢鲲的两颗牙齿被扔掉了。时人笑话说：“任达不已，幼舆（谢鲲的字）折齿。”谢鲲听了也不生气。既然人家不接受那就算了，我继续逍遥率性的生活。牙齿掉了没关系，又不影响我长啸高歌。

谢鲲引起了大臣和名士们的瞩目，其中就包括王衍、嵇绍等大人物。很快，谢鲲被东海王司马越征辟为掾吏。可惜官运不佳，因为小故被除名。长沙王司马乂看不起谢鲲，曾把他抓起来要加以鞭挞。谢鲲主动解衣，要接受惩罚，没有害怕的神情。司马乂只好放了他，谢鲲也没有欢喜之色，一切都平淡自如。谢鲲屡受挫着和屈辱，反而名气更大了。士族名士们都替他感到可惜。谢鲲没有一个字的牢骚，清歌鼓琴，优哉乐哉。

谢鲲对名利可以宠辱不惊，对人生和家庭责任则时刻保持清醒细致的认识。鼓琴高歌间，谢鲲意识到了国家大乱，北方终将沦陷。所以当东海王司马越不久再次征辟他出任参军一职时，谢鲲拖病辞职，举家迁往南方。他最先来到豫章（今江西赣北）。传说该地有座空亭，闹鬼，发生过多次杀人事件。谢鲲毅然搬到院落中居住。拂晓，有个黄衣人呼唤着谢鲲的名字，叫开门。谢鲲憺然无惧色，从门旁的窗子伸手把黄衣人用力拉了过来，挥刀砍断了他的肩胛，落了一块皮肉。仔细一看，竟然是一块鹿皮。谢鲲寻着血迹，最后消灭了鹿怪，该地从此再无妖怪了。谢家一搬再搬，谢鲲最后选定建康城里秦淮河畔朱雀桥边的乌衣巷安家，成为乌衣巷里谢家的第一代主人。

谢鲲避祸豫章，被大名士、大将军王敦征辟为长史，有了固定的政治舞台。

王澄也是不修边幅、率性而为的名士，许多地方与谢鲲惺惺相惜，常常感叹只有和谢长史才有话说。而谢鲲也不为功名所累，说话也不看着王敦，平静而真诚地对待工作。可怕的是，谢王二人气质相同，政治观点却是相反的。王敦有不臣之心，企图叛乱擅权。谢鲲渐渐知道王敦这个人不是匡扶社稷的同道中人，开始不屑政事，集会时候从容议论，巧妙讽谏王敦，平日主要优游寄遇，与一帮名士纵酒高歌。王敦鉴于谢鲲名高望重，一直以礼相待。

王敦最终走上了叛乱的道路。他对谢鲲说："刘隗这个奸邪，危害社稷，我要消灭君侧之恶，匡主济时，怎么样？"谢鲲回答："刘隗的确是个祸害，但只是城狐社鼠而已。"意思是杀鸡焉用宰牛刀，用不着王大将军去打刘小老鼠。王敦骂了声"庸才"，也不问谢鲲愿意不愿意任命他为豫章太守，借助他的才望，拉着他一起兵逼建康。谢鲲被迫成为叛军一员。叛军进展顺利，王敦攻下要塞石头城后，狂傲地感叹："我以后不能再和大家一起造福地方了。"意思是自己要掌国家大权了。谢鲲又泼了回冷水："怎么会呢？只要你愿意，每天都可以。"攻下建康后，王敦问谢鲲形势和人情如何。谢鲲回答："明公之举虽欲存社稷，但普通人未必了解您的苦心。"谢鲲还跑去皇宫拜见了司马睿，又建议王敦任用周顗、戴若思等原来的大臣。王敦不听，逮捕了周戴二人要杀头。参军王峤劝阻，王敦连王峤也要一起杀。部属畏惧不敢说话，只有谢鲲说："明公办大事都没有杀戮一人，现在王峤提了不当的建议就要被杀，是不是用刑太过了？"王敦这才赦免了王峤。最终，王敦在世族势力的联合抵制下退出建康。谢鲲劝他撤退后进宫拜见皇帝一次。王敦闹情绪，不愿进宫，以安全无法保证为由推脱。谢鲲再劝他，说自己入觐皇上，发现宫中秩序穆然，不会有危险，如果王敦入朝自己愿意侍从。王敦没被劝动，不朝而去。

撤退后，许多人为谢鲲的安全担心。王敦对谢鲲的确不满意，感到厌烦，打发他去豫章实任太守。谢鲲为政清廉，得到百姓的拥戴，可惜没多久就死在了任上，时年四十三岁。半年后，王敦败亡。谢鲲早死，省去了许多麻烦。更因为谢鲲在王敦叛乱期间，说了很多对朝廷有利的话，努力劝谏王敦，所以并没有被视作叛党乱匪受到处理。相反，东晋王朝追赠谢鲲为太常，追谥"康"。

至此，陈郡终于混出了有头有脸的人物。从谢鲲开始，谢家辉煌的序幕正式拉开了。

二

一个家族在崛起时期，必然要求子孙一代超过一代。谢鲲死时，儿子谢尚才十岁出头。谢尚从小就有“长江后浪推前浪”的趋势，成名比父亲早。谢尚刚会走路，父亲谢鲲曾带他一起迎来送往。一次有客人夸奖谢尚是“当代颜回”。颜回是孙门最出色的学生，声望巨高无比。谢尚马上应声答了句：“这里没有孔子，哪里来的颜回！”一句话既表达了谦逊之情，又轻松幽默，让宾客感叹不已。在技艺方面，谢尚精通音律，擅长舞蹈和书法，史称“博综众艺”。谢尚最擅长的是“鸲鹆舞”，跳得很好，好到丞相王导曾当众要求谢尚起舞，让在座的大小臣工为他击掌为节。谢尚在桓温手下当官时，桓温知道他善于弹筝，结果谢尚理弦抚筝，因歌秋风，意气甚遒，让同样多才多艺的大名士桓温为之赞叹。

谢尚为家族博取功名利禄的利器并不是唱歌跳舞或者弹琴，而是清谈玄学。他继承了父亲的清玄风范，并且理论化，写了一篇《谈赋》，专门侃清谈，认为清谈内容“若有若无”，追求“辞简心虚”的效果。这里的“心虚”不是做了坏事害怕的意思，而是内心豁达超然物外的意思。成年的谢尚“开率颖秀，辨悟绝伦，脱略细行，不为流俗之事”，一副典型玄家名士派头。他长得一表人才，服饰华丽，满是精美的装饰。王敦的小妾宋玮在王敦败亡后辗转归了谢尚。谢尚曾问宋玮自己与王大将军比，如何？宋玮回答，王敦和谢尚相比就如同是乡下人与贵人一样。宋玮的意见代表了大众的看法，社会普遍认为谢尚“妖冶”——这词现在用在男人身上是个灾难，在东晋时则是莫大的荣耀。

当权宰相王导特别看重谢尚，将他比作王家长辈、竹林七贤之一的王戎。

有了如此之高的声望和如此地位的粉丝，谢尚的仕途一帆风顺。两晋南北朝时期，入仕靠上级征辟，年轻人们抓紧机会“养望”（培养声望，让大家知道自己）。谢尚的声望这么高，年纪轻轻就被大将军桓温征辟为官。更大的机遇还在后面，谢尚的外甥女褚蒜子成为东晋的皇后，继而是皇太后。谢尚外面有声望，朝中有后台，政治地位开始直线上升，刚过而立之年就被任命为建武将军、历阳太守，后转督江夏义阳随三郡军事、江夏相，开始威震一方。

东晋玄学名士大多是绣花枕头大草包，谢尚一介清谈客，能做好守土有责的大将吗？当时镇守武昌的安西将军庾翼就看不起谢尚，认为谢尚这样的清谈书生适合在安逸和平的环境中耍嘴皮子，身缝乱世只能添乱。谢尚知道地位提高身份转变对自己是个挑战，数次虚心地向庾翼咨谋军事。一次，谢尚和庾翼一起射箭。庾翼不屑地对谢尚说：“你如果能射中靶心，我就送你一支军乐队。”谢尚拉弓出箭，正中靶心。庾翼很佩服，真的把自己的军乐队送给了谢尚。在驻扎地，谢尚为政清简，不惊扰军民。刚上任时，郡府拍马匹，用四十匹布给谢尚造了一顶乌布帐。谢尚下令拆除布帐，给军士们制作衣物被褥，一下子就在军队中赢得了声誉。

大司马桓温专政，发动北伐。谢尚作为安西将军，率军从淮南进攻河南，作为一支偏师。进军之初很顺利，前秦的张遇率军投降。可能是谢尚的名士派头和张遇的军旅作风格格不入，使得两人关系破裂。张遇降而复叛，还占据许昌与谢尚军队为敌。谢尚大军进攻，竟然被张遇杀得大败，损兵折将逃回东晋。按律，谢尚罪行很大，够不上砍头标准也得罢官为民。结果在他的外甥女皇后的干预下，谢尚仅仅是降为建威将军而已，依然在前线领兵。他的运气也实在好，北方战乱不止政权更替频繁，象征至高无上皇权的传国玉玺竟然流落到了谢尚的手中。谢尚极为重视，派铁骑三百日以继夜将玉玺送到建康。东晋王朝在建康延续晋朝国号，依然以中华正朔自居。但是东晋皇帝并没有发号施令的玉玺，被天下讽刺为“白板天子”。谢尚及时送来传国玉玺，解决了王朝的法统难题，功劳远远超过败军南逃的罪过，地位再次提升。东晋王朝实授谢尚豫州刺史，把淮南地区的防务委托给了他。

淮南地处东晋王朝核心的东南地区和战乱中的中原大地之间，连接洛阳旧都和新都建康，是南北拉锯的东部主战场。战争最容易让前线将领掌握实权，将领的地位往往随着战事水涨船高。谢尚占据并经营淮南，有了固定的地盘，承担了王朝安全重任，在东晋朝廷的地位也就不可代替了。大司马桓温有步王敦后尘，篡位夺权的野心。桓家控制了长江中流，子弟掌握了荆州、江州、扬州等要地，控制了大部分国土。谢家控制的豫州在军事要地之外，又多了一层抗衡政治野心家的重要意义。谢尚成了东晋政治角力的关键人物。

残酷的权力现实和沉重的政治责任并没有影响谢尚洒脱的生活态度。淮南首府寿阳城内大路旁，人们经常看到有一个中年人坐在酒楼门口的胡床上，穿着紫罗襦，抱着琵琶弹奏《大道曲》。歌声高亢，歌手陶醉，往来路人不是以为他是酒楼揽客的艺人，就是视之为行为艺术家。没有人知道他是盘踞淮南的镇西将军谢尚。谢尚和桓温的关系也很奇妙。按说他们是相互制衡的政治对手，却惺惺相惜，不像敌人倒像是知心朋友。谢尚在桓温手下当官的时候，桓温就很欣赏他。桓温北伐成功，收复洛阳后，还上疏请求让谢尚都督新收复领土，出镇洛阳。谢尚对桓温也没有恶语相向。

也许是生活过于洒脱，缺乏规律，谢尚不到五十岁，身体情况每况愈下。镇守洛阳的事情，谢尚就以疾病在身推辞了。这不是他不愿意离开老巢，而是真的病得不行了。朝廷得知谢尚病重，提升他为卫将军，加散骑常侍，召他回建康养病。谢尚没能回去，死在了历阳，时年五十岁。

谢尚之前，陈郡谢家只是一户普通士族，是他让家族暴露在闪光灯照耀之下。但在老牌大世族看来，陈郡谢家还是暴发户，他们称之为"新出门户"。有一个趣闻可以看出陈郡谢家当时的地位。谢尚暴得大名，想和世族大家攀亲，就替堂弟谢石向诸葛家族提亲。这个诸葛家族就是诸葛亮他们家，早在三国时期就是名门大家了，后来随着司马睿南渡，算是"中朝显贵"，在南方地位尊显。诸葛家的掌门人诸葛恢一向以名望凌人。一次，丞相王导和他谈起名门望族的排名先后，说："人们都说王葛，为什么不说葛王呢？"诸葛恢毫不留情面地回答："譬如说驴马，不说马驴，驴难道胜过马吗！"诸葛家的气焰可见一斑。现在诸葛恢见陈郡谢家来提亲，断然回绝："我们这样的人家，都是有固定的世代姻亲的，我的女儿已经有人家了，可不能再和谢家结亲。"谢家讨了个没趣，谢石却对诸葛家的女儿念念不忘。等到诸葛恢死后，诸葛氏家道中落，谢家地位飞升，谢石这才娶到诸葛恢的小女儿诸葛文熊。

三

谢尚去世，豫州地盘不能落入桓温的手中。朝廷的看法是继续让谢家子弟都督淮南军事，作为王朝的方镇屏藩。他们选择的继位人选是谢奕。

谢奕是谢尚的堂弟。谢奕父亲谢裒，从跟随司马睿开始，基本在中央谋职，终于吏部尚书。他本人没有什么值得称道的事迹，却生下了一群日后赫赫有名的儿子：谢奕、谢据、谢安、谢万、谢石、谢铁。

谢奕为人放达，也是玄学中人，也是从桓温的幕府开始政治生涯的。他和桓温虽然是上下级，言谈举止却像是老朋友。谢奕随便戴块头巾，就跑到桓温家里做客，长啸吟唱，一点都不把自己当外人。桓温常说："谢奕是我的方外司马。"谢奕酗酒，还逼着桓温陪酒。桓温酒量不行，不胜其烦，最后发展到看到醉醺醺的谢奕就跑到老婆房间里躲藏起来。桓温是驸马爷，老婆是南康公主。因为桓温工作很忙，南康公主难得见到丈夫，所以很感激谢奕，说："如果没有谢奕这个放荡司马，我怎么能见到驸马呢！"谢奕找不到桓温，就在桓温府上随便拉找人一起喝酒。年轻人跑得快，最后被谢奕抓住陪酒的都是老兵。谢奕就自嘲说：“失一老兵，得一老兵。”东晋人以当兵为耻，谢奕将桓温比作烙饼，桓温为人豪放，也不生气，任由谢奕胡闹。谢奕和桓温保持了密切的感情。现在，谢奕突然被破格提拔为与桓温抗衡的藩镇，两人念及感情，依然相安无事。

谢奕在豫州刺史任上只有一年，就死了。谢奕二弟谢据早死，三弟谢安本该出任豫州刺史。可是谢安把机会让给了四弟谢万。

朝廷任命谢万出掌淮南，在世族内部引起了轩然大波。因为谢万过于洒脱，狂妄自大，常年不理政事——这是玄学氛围要求的。怎么看他都不像是前线主帅的材料。谢安的好朋友王羲之曾经自问自答：“某人和谢安、谢万相比，谁更好？如果是谢安遇到这个问题，肯定与人为善，说自己不如某人；如果是谢万，则会因为听到这个问题，和某人怒目相争。”王羲之听到谢万的任命后，特地写信给谢万，要他收束情绪，勤勉政事。谢万根本没听进去。

桓温和谢万关系一般，却支持谢万出任豫州刺史，因为他等着谢万犯大错好收拾了谢家势力。果然上任第二年，谢万就受命与徐州方向的郗昙兵分两路，北伐前燕。谢万把北伐当作郊游，一路饮酒唱歌，一点端庄办事的样子都没有，更谈不上和将士们同仇敌忾同甘共苦了。三哥谢安千里迢迢写信劝他说：“你现在是主帅，不是可以任性生活的隐士，应该懂得率军打仗。要多和将领们交流，让大家和你同心协力。”谢万一想，交流不就是吃饭喝酒嘛，于是大摆宴席，招待众将。宴会开始，谢万自顾自吃喝得很高兴，突然觉得应该说几句话。憋了半天，谢万终于对众将说：“诸位都是劲卒。”他不想想，各位将军都是有头有脸的人，他叫大家是兵勇，在将领们听来就是讽刺和贬低了。这个饭局目的没得到，反而把部将都得罪光了。战争开始，徐州方向主将郗昙病倒，率军暂退。谢万误以为友军败了，慌忙下令后撤。豫州军队趁机一哄而散，众将各自组织撤退，结果北伐不战而败，前燕反攻占领了东晋大片土地。晋军喘息稳定后，竟然找不到主帅了。原来谢万逃得最快，早早躲到大后方去了，成为光杆将军。事后追究责任，谢万是罪魁祸首，被废为庶民。

这个处理结果还是给陈郡谢家留了面子的，没要了谢万的性命。然而谢家在淮南名声坏了，待不下去了，不可能再让谢家子弟出掌淮南军政大权了。陈郡谢家几代人努力的成果，轰然倒塌，付诸流水。谢万真是罪人，挥霍了祖父兄长几代人的奋斗的成果。谢家只能从头再来了。

三五

谢安：看我东山再起

一

陈郡谢家经过谢万的惨痛失败后，一蹶不振。家族能否复兴，天下人都把目光投到了隐居东山的谢家老三谢安的头上。

谢安身上有那个时代搏击政坛的雄厚资本：卓越声望。谢安四岁的时候，桓温的老爸桓彝见到谢安就喜欢不已，赞叹这个孩子“风神秀彻”，日后肯定能扬名立万。（桓彝日后也“扬名立万”了，不过是因为子孙两代都谋逆不轨的缘故。）幼小的谢安能得到这么大人物的赞扬，立即扬名。谢安还曾拜访过晚年王导，王大丞相对这个邻家后辈也大为赞赏，结果谢安的名声又上了一个台阶。别人是拼命搏名养望，谢安小小年纪就名扬江左，仕途前景可谓一帆风顺。就是美妙前程即将开始的开启的时候，谢安做出了惊人的选择：隐居东山，纵情山水。

东山在今天的绍兴。当时的绍兴是东晋名人隐士避世的大本营。谢安在这里认识了许多同道中人，还参加了名垂千古的兰亭集会。暮春时节曲水流觞的兰亭，谢安留下了两首诗作：“伊昔先子，有怀春游。契兹言执，寄傲林丘。森森连岭，茫茫原畴。迥霄垂雾，凝泉散流。”“相与欣佳节，率尔同褰裳。薄云罗阳景，微风翼轻航。醇醑陶丹府，兀若游羲唐。万殊混一理，安复觉彭殇。”完全是一副醉情山水、与世无争的样子。

两晋南朝的多数隐士，满口玄学，名声很大也不参与政治，实际上是没有处理政务的能力。正是百无一用的书生，纸上谈谈虚幻的宇宙人生还行，真的把内政军事外交摆在他们面前，玄学名气越高可能办事的结果越糟糕。谢安则少数属于稳重而超脱，有能力处理好政务却不愿意从政的人。

一次，谢安与王羲之、孙绰等人出海游玩。海上突起大浪，波涛汹涌，船只有倾覆的危险。王羲之和孙绰被吓坏了，风度全无，船头船尾跑来跑去，惊慌失措，抓住人就问怎么办。谢安平静地说，大家再这么慌乱瞎闹，船没被海浪掀翻反而可能被船上的人给跑翻了，到时候大家都别想回去了。王羲之等人很惭愧，佩服谢安的沉稳宁静，有条不紊地返航，平安上岸了。有些大名士嘴巴呱呱叫，却经受不了大事考验，比如王衍。谢安则能临危不乱，时刻保持头脑清醒，真正领悟了玄学虚中有定的真谛。事后，王羲之等人对谢安钦佩不已。王羲之公开说："安石（谢安字安石）有镇国气度，我们应该举他出仕。"大名士刘惔则说："如果安石不出山，我们就聚集天下的名士一起来推举他。"于是天下名士高呼："斯人不出，若苍生何？"仿佛谢安不出来做官，朝廷乱局势必难以收拾。

官场对谢安来说，热情地敞开着大门。问题是官场对谢安狂抛橄榄枝，谢安他就是不接。司徒、亲王、吏部等反复征辟谢安走出东山来当官，更不用说那些当了官的名士来招揽谢安进入幕府了，谢安统统拒绝。朝廷觉得谢安可能是不愿意接受虚职，竟然拿出掌管全国官员考核升迁的吏部郎实职来授予谢安，谢安依然拒绝了。一直到40岁，谢安都在东山中与花鸟鱼虫为伴。朝廷屡次被拒，感到特别没面子，干脆宣布对谢安"禁锢终身"。不想从反面对谢安的声望"火上浇油"，谢安越是隐居不出人们对他的崇拜和期望就越高。

魏晋多名士，而谢安可能是魏晋名士中最潇洒风流的一位。《晋书·谢安传》说时人比谢安为王导，但是谢安"文雅过之"。两人都能力出众，都沉稳持重，但王导在潇洒超脱和文人气上明显属于谢安。就连王导的五世孙王俭多年后依然承认："江左风流宰相，唯谢安一人而已。"

二

如果说谢安的东山隐居生活是完美的，那就错了。谢安的心中有隐痛。那就是责任之痛。

谢夫人刘氏试探丈夫说，一辈子当隐士也不错。谢安无奈地说，我可能不会一辈子当隐士。因为谢安的心中有强烈的责任感，有对国家社稷的责任，更有对陈郡谢家势力发展的责任。他默默关注着东晋王朝的政治走向和亲戚们的仕途命运。

谢安不想当官，所以把家族的淮南地盘让给了弟弟谢万。但振兴家族的责任感让他一直在幕后辅助谢万，出主意想办法。谢万当吴兴太守时，谢安一度在郡衙里督促弟弟从政。谢万懒散惯了，早上不能及时起床办公。谢安就每天早上叩屏风催弟弟赶紧起床。谢万后来镇守一方，恶性不改。谢安亲自拜访谢万的部将，替弟弟抚慰众人，也拜托他们协助谢万工作。谢万日后狼狈地只剩下光杆司令，部队没有哗变，其中就有谢安在谢万部队中苦心经营的结果。等到谢万被废，谢家势力落入低谷，东晋王朝北伐失败在与北方的对抗中处于下风，谢安看到国事危难，家族衰败，不得不决心告别东山，踏足官场。41岁的时候，谢安在家人的催促和众人的瞩目下，走出了东山。

谢安出仕的时机特别不好。一来，他年过不惑了，别人不好给这么大年纪的"新人"安排位置；二来，朝廷的禁锢令依然生效，一般的官员不敢征辟他为官。巧合的是，依然是野心家桓温给了谢安第一份工作，给了他幕府中的一个小职位。谢安接受了，在一片哗然和嘲笑中接受了。谢安放着之前清闲显要的好官不做，一大把年纪了来和年轻人抢小职位，怎么能不成为大家的笑柄。谢安默默忍受了嘲笑和不解。他知道闲适的隐居生活已经一去不返了，前方是险恶的政治漩涡，每一个漩涡都可能要了自己甚至家族的性命。玄学视政治为俗务。但真正看透俗世的玄学名士，应该是超越世俗的，一旦操持起俗务来也能得心应手，游刃有余。谢安就是真正的玄学名士。

桓温接纳谢安的心态很复杂，有同情，也有帮一把的意思。谢安出山前后，桓温不断抓权，排斥其他世族，渐渐露出了篡位的狐狸尾巴。东晋君臣都对他敬畏三分。谢安在他手下办事，又要寻求仕途发展，难度之大，可想而知。他的做法是站在朝廷一边又不和桓温翻脸，处理还本职工作又不乱掺和事儿，借着桓温这条大船，凭着能力和名声逐步得到提升。

371年桓温废黜司马奕为海西公，改立司马昱为帝，并族诛了陈郡殷氏、颍川庾氏两家，操纵了东晋实权，声势如日中天。桓温的做法侵害了其他世族大家的利益。已经跳到朝中为官的谢安坚定地和另两大世族——太原王氏和琅琊王氏站在一边，反对桓氏篡权，改朝换代。他们拉拢一批中小士族，形成共同抵制桓温的联盟。而谢安也在这个大趋势下，趁机与各个世族大家联姻，壮大本族力量。从此，谢家子女婚嫁基本不出大世族家庭，开始编织盘根错节的权势网络。

司马昱当了不到两年皇帝，也死了。桓温一度授意司马昱立下遗诏，将天下传给自己。谢安赶紧联合王坦之、王彪之等人逼简文帝改写遗诏，将政权传给儿子司马曜。王谢抓紧时间，将生米煮成熟饭，在 373 年拥戴司马曜即位。司马曜就是孝武帝，之后在位 24 年，是东晋在位时间最长的皇帝。

桓温得知即将到手的江山落空了，勃然大怒，率军入京“朝觐”新皇帝。桓温引兵入朝，朝野盛传此来是“诛王谢，移晋鼎”，一日数惊。

东晋朝廷没有力量阻挡桓温的军事威胁，皇上只能下令王坦之、谢安等率领百官到新亭[1]迎接桓温。事前，王坦之手忙脚乱地跑来向谢安问计。谢安也不知道怎么办，也害怕，但平静地说：“大晋存亡，就看这一回啦。”世事本无定论，政事也一样，到时候随机应变吧。

历史上有名的“新亭风波”就此上演。一方是气势汹汹、大兵压境的桓温，一方是王坦之和谢安等朝臣，所争的就是东晋王朝的江山社稷。你把他说成“鸿门宴”也好，说成是关羽的“单刀会”也好，反正桓温在新亭摆出了吓人的阵仗，大军环列，刀甲鲜明，官兵们对朝臣怒目而视。更可怕的是，桓温拉起了许多帏帐，不用风吹起帐脚肉眼都能看到帐后密密麻麻的持械武士。朝廷上的王公大臣们平日里威风凛凛，可在武士巨阵面前威风扫地。文武百官跪拜在道路两旁，甚至连抬头看一眼桓温的勇气都没有。领头的王坦之惊得汗流浃背，紧张地连手板都拿倒了。

朝臣中只有谢安面对层层重兵，用他那带有浓厚口音的“洛阳普通话”像模像样地夸奖了一番桓温的部队。史书上称“洛阳普通话”为“洛生咏”，特点是音质浑厚，很有威慑感，能给普通官兵和老百姓很大的震慑力。震慑冲击波过后，谢安再从容地质问桓温：“有道诸侯训练甲士替朝廷防守四方，现在明公在幕后埋伏武士，唱的又是哪出戏啊？”桓温预想了许多结局，就是没料到谢安会这么直接这么坦然。好在桓温也是名士，心胸也很豁达潇洒，虽然受了谢安当头一棒，立马调整了情绪，撤去了埋伏的武士，客气地接待起谢安来。

桓温也是深入玄学很深的名士，潇洒得很，现在被谢安的震惊洒脱勾引出了那潇洒脱俗的劲头来，拉着谢安就高谈阔论起来，把其他人都晾在一边。桓温的一生都在追求权力和沉溺玄学之间徘徊，犹豫不决，错过了许多揽权的机会。谢家子弟与桓温明明不是一伙人，却因为风范独特得到了桓温的提携。谢安兄弟的最初舞台都是桓温提供的。如今，桓温又因为谢安的阻挠，放弃了逼宫夺权的计划，和谢安作了一场长谈之后竟然

1 新亭为首都建康南部郊区的重要军营，和北边的白下军营一起拱卫着首都。

撤军了。

从此，桓温和皇帝宝座永远告别了。而谢安独得大功，几乎成了再造社稷的功臣，更因为临危不惧的名士风范，地位迅速跃升。王坦之原来名望在谢安之上，从新亭回来后声望就落在了谢安之后。

谢安的无畏抵制稳定了东晋王朝的局势，但桓温的野心依然，还在上游做着皇帝梦。撤军后，桓温大病一场，借口生病搬到建康附近的姑孰养病，派人暗示朝廷授他九锡。九锡是皇帝独享的礼器，霸占九锡礼器几乎成了历代权臣篡位前的冲刺动作。随着病情越来越重，桓温求九锡的心情也越来越强烈，直接授意文臣袁宏起草加授九锡的诏令。袁宏赶紧写好，按照程序将诏令草稿拿给中枢重臣谢安看，需要谢安的批准。谢安看完，摇摇头，对袁宏说需要修改。袁宏修改后再拿给谢安看。谢安还是不满意，两人单单在程序在就这样往来了几十天，诏令迟迟不能定稿。袁宏也算是一代文豪，后来生气了，不解地问谢安为什么老不满意。谢安默默说了一句：拖着好，拖久了问题就解决了。袁宏一下子就明白了。果然，拖到 373 年的夏天，桓温没等到诏令就病死了。谢安不动声色，不费力就给东晋王朝绊倒了一大祸患。

司马曜的皇位是谢安等人拥立的，又是谢安巩固的，桓温死后就让谢安取代了相位。谢安顺顺当当地位极人臣，连带着陈郡谢家不仅收复了政治失地还大获其利，和各大老牌世族大家都不相上下平起平坐了。史称谢安“东山再起”。

三

谢安是个比桓温更能令人接受的权臣。桓温死后，谢安并没有党同伐异，大开清洗桓家势力之门，而是仿佛没事发生一样。桓温的弟弟桓冲继承了哥哥的荆州地盘。别人提醒他要和谢安争权。桓冲承认自己名望能力都在谢安之下，甘居地方藩镇，没有异心。东晋朝廷在王敦、桓温之乱后一度出现了团结稳定的局面。民俗说：“关中丞相惟王猛，江南万民望谢安。”谢安统治时期相对平稳安定。

桓温死后的十年，东晋王朝的主要威胁来自北方的前秦。前秦逐渐强盛起来后，陆陆续续对东晋发动骚扰。东起徐州、西到襄阳秦军和晋军小规模战争不断。北方大举初定后，苻坚调整部署，开始将东晋作为下一个重点打击目标。他选中的突破口是荆州北部的襄阳。襄阳扼守汉水和江汉平原的要冲，从东吴时代来时就是长江防线的重要据点。曹魏和东吴就在此长期对峙，东晋自然不敢怠慢，集中重兵派遣名将把守。苻坚想通过进攻襄阳，动摇东晋的长江防线，四两拨千斤。

谢安和桓冲选择的襄阳守将名叫朱序。朱序父亲朱焘曾任东晋的梁州、益州刺史，朱序本人曾长途奔袭、擒拿欲割据蜀地自立的东晋梁州刺史司马勋，有出身、有能力、有功绩，官拜征虏将军，镇守襄阳。到任之后，朱序学起了名士风度，喝酒下棋，对防务放任不管。他认为襄阳有汉水天险和坚固的城池在，固若金汤。即使太元三年（378 年）年初，种种迹象都表明前秦将大兵压境了，朱序还是不慌不忙地和名士文人们交游唱和。

朱序的老母亲韩氏，久随丈夫和儿子经历疆场，粗通军事且居安思危。她听到军情警报，见儿子无动于衷，就亲自带着仆妇下人巡视襄阳城墙。她发现襄阳西北角城墙已经倾圮，墙砖松脱，外墙上杂草丛生，心急如焚，想迅速修复。可惜人手不够，韩氏就派几个管家去城中晓以大义，招募妇女修城。城中百姓一来担心前秦军队杀掠，二来为韩氏的精神所感动，纷纷效力修城。有近两千妇女响应韩氏号召，应募前来。韩氏就带着她们在原来西北角城墙的内侧重筑一道斜城。这段城墙 20 余丈长，与旧的西北角城墙成三角形。这便是后来闻名于世的襄阳“夫人城”。

那一边，378 年新年刚过，前秦苻坚即以儿子苻丕为统帅，率领降将慕容垂、姚苌等人和十万秦军南下，直冲襄阳而去。秦军为得胜之师，人多势众，一路上长驱直进，如入无人之地。朱序对汉江天险盲目信任，没有在江边设防，秦军精锐骑兵游马渡江，直逼襄阳城下，大军陆续渡过江来，将襄阳城围得水泄不通。朱序这时慌忙调军守城。襄阳危急。

秦军开始攻城，年久失修的西北角最先被攻破。苻丕高兴地督促兵士突入城区，却发现前面有一座崭新的斜城矗立在面前。城墙上滚木炮石火把，倾斜下来，秦兵猝不及防，人仰马翻，败退而去。襄阳军民同仇敌忾，挡住了十万秦军的猛攻。谢安接到边警，派荆州的桓冲率领 7 万大军增援襄阳。桓冲和荆州各将害怕秦军，只敢在战场之外“声援”襄阳，不敢真正上前与秦军鏖战。襄阳孤城，在异常艰苦的情况下坚守了将近一年时间。

苻丕统率大军困于襄阳城下，劳师动众，遭到了内部的反对。前秦御史中丞李柔上表苻坚，要求将苻丕按军法从事。苻坚迫于压力，派使者到前线重责苻丕，同时赐剑一把，严令第二年春天如果再不攻克襄阳，就让苻丕等人以剑自裁。苻丕和慕容垂、姚苌等人在重压之下，督率秦军加紧围攻襄阳。朱序和军民们陷入了绝境，内无粮草外无援兵，连 379 年的春节都是在生与死的厮杀中度过的。三月，襄阳城的北门突然大开，朱序手下的督护李伯护失去信心，叛国投敌，开城引秦军杀入城中。朱序被秦兵活捉，母亲韩氏不知所终。苻坚接到捷报，下令杀了投降的李伯护，却很欣赏朱序，不仅赦免了他，还任命朱序为尚书。苻坚向来宽厚，对欣赏的人不论出身和历史背景，一概予以重用。

襄阳失守，东晋的防御形势出现了一个缺口。前秦忙于内部整肃，暂时没有进一步的动作；谢安尽量将襄阳失守的影响降到最低点，既没有大肆宣扬，也没有在国内整军备战。南北之间出现了大战之前的片刻沉默。

三六

淝水之战其实是场心理战

一

苻坚登基后一直以统一天下为己任，随着前秦的强大统一的愿望越来越强烈。逐个削平群雄后，苻坚的敌人只剩下南方的东晋了。

382 年，苻坚召见群臣，专门讨论南征东晋的问题。苻坚的态度很明确：“朕继承大位将近三十年了。四方大致平定，只有东南一角还在大秦治理之外。大秦有雄兵百万，朕准备御驾亲征。”话题一挑开，前秦朝野就炸开了锅。除了少数几个人附和外，多数大臣都反对伐晋。事情久议不决，耽搁下来了。怀有二心的前燕宗室幕容垂和羌族将军姚苌希望苻坚伐晋失败，以便自己有机可乘谋求复国，所以竭力怂恿苻坚南伐。他们请求苻坚“圣心独断”。苻坚真的甩开大臣，只留弟弟苻融商量要不要出兵。不想，苻融明确反对伐晋。他举出了伐晋的三难：一是天道不顺，东晋毕竟是天下正朔；二是东晋内部基本平稳，无隙可乘；三是后秦征战多年，士卒疲惫，百姓厌战。要命的是鲜卑、羌、羯等被征服的民族并未诚心臣服，可能会趁后秦大兵南征造反。然而，苻坚听不进去。苻融就搬出王猛来，劝谏道：“难道丞相王猛的临终遗言忘记了吗？”王猛临终告诫苻坚不要贪图东晋，可惜现在苻坚满脑都是统一天下，把王猛的遗言放到了一边。爱妾张夫人、太子苻宏也劝苻坚不要伐晋，苻坚都听不进去。苻坚这么做也是他的道理：之前的历次征战他都没有输过，如今兵强马壮，明显强过东晋，为什么不能南征呢？

东晋太元八年（383 年）七月，苻坚下诏大举攻晋。同时，他自信满满地在诏书中提前封赏东晋君臣，封孝武帝司马曜为尚书左仆射，封丞相谢安为吏部尚书，封荆州的桓冲为侍中。苻坚乐观地认为东晋君臣投降的日子“势还不远”，所以体贴地在长安开始为三人建造府邸了。为了组织大军，高门富豪子弟和精通武艺的青壮年都被授以羽林郎，一共得到了3万多名军官。这批军官指挥的是苻坚从北方逢十抽一强征来的平民。北方各郡县可遭了殃了，不仅被抽走了十分之一的劳力，公私马匹也全部充公，还要承担前线的粮秣供给。最后，苻坚一共组织了97万人的大军，狂傲地宣称只要大军将马鞭投江，就能阻断长江流水了。

这么庞大的军队，根本集结不起来。苻坚将他们分为三个部分，分别从四川、荆州和淮南三个方向进攻。后秦的主力集中在淮南方向，由苻融率25万人为前锋，苻坚亲率大军断后。秦军进军像苻坚预料的一样顺利，如入无人之境一般渡过了淮河，顺利攻占了淮南重镇寿阳（今安徽寿县）。苻坚大喜，亲自来到前锋，和苻融会和。秦军前锋在寿阳打得轰轰烈烈的时候，秦军的大部队还在陆续从长安、洛阳等后方城池动身触发。

前秦百万大军攻过淮河，东晋危矣！建康全城震动，百姓惊恐不安。东晋王朝文恬武嬉，时间久了，早丧失了勇气。他们唯一的救命稻草就是谢安。孝武帝任命谢安为征讨大都督，全权负责抵抗救国。

谢安也不知道如何抵抗前秦大军，但他知道临危不惧、坦然应对的道理。平静应对总比惊慌失措要好。侄子谢玄已经被安排在前线统兵了，谢安再给谢玄加了“都督徐兖青三州、扬州之晋陵、幽州之燕国诸军事”，作为前锋抵挡敌人进攻的步伐。谢安又任命弟弟、征虏将军谢石，儿子、辅国将军谢琰等率领大军与他会合。晋军总兵力为八万人。除此之外，谢安没有进一步举动。

丞相如此作为，显然不能安抚建康的人心，除了个别人自欺欺人说谢丞相肯定胸有成竹，其他人都相信东晋王朝要完蛋了。荆州的桓冲实在看不下去，挑选了三千精锐派往京城，交给谢安调遣，以备安排朝廷逃跑。谢安谢绝了，说国家存亡不在于几千士兵，倒是荆州是上游重镇，更需要精兵加强防守。谢安还给桓冲传话说，一切他自有安排，桓冲好好守住长江中游就可以了。桓冲急得对幕僚叹道：“谢安一介文人宰相，没有大将之才，他尽派些没有经过风浪的年轻子弟抵御强敌。这下可好，我辈都将陷入敌手了！”就连被任命为前线主将的侄子谢玄，也心虚得很，跑回来问谢安怎么办。谢安一如既往的坦然，平静地说：“到时候会有旨意的。”谢玄不敢再问，托部下张玄来找谢安询问怎么办。谢安也不回答，带着张玄来到别墅。别墅里亲朋毕集，谢安拉着张玄下围棋，谢安的棋技比张玄要差，但当天张玄心里恐惧，竟然输给了谢安。

史载谢安在大战中只是“指授将帅，各当其任”而已。事实上，毫无军事经验的谢安这么做是正确的，总比既不懂也要瞎指挥强。这符合他“在官无当时誉，去后为人所思”的一贯执政思路。淝水之战前后，谢安频繁在公众面前出现，甚至连夜游玩，装出一切如常的样子。东晋的各个世族为了切身利益，暂时放弃了争斗，团结起来一直对外了。时间久了，东方的人心竟然稳定了下来，官民都屏气凝神地关注着前线战事。

二

谢安的希望都寄托在前线的侄子谢玄身上了。谢安最看好这个侄子，将家族的兴盛传承都寄托在谢玄身上了。

谢玄小时候一副娇贵美男子的模样，喜欢衣着华丽，腰上别着别致的丝巾，手里拿着漂亮的紫罗香囊把玩。谢安很担心谢玄的成长，就把他叫到面前来说，伯伯和你打赌玩，好不好？谢玄欣然答应，没几下就中了谢安的套子，输了。谢安说，我要拿走你的紫罗香囊作为赌注。谢玄满不在乎地将香囊给了伯伯，谢安赢到香囊，看了一下就轻轻扔到火炉里烧掉了。小谢玄看到眼里，心里明白叔叔不赞成自己的纨绔作风，下决心痛改前非。又一次，谢安问子侄们将来要做什么样的人。其他人的回答大同小异，无非是说要学好，做有能力有道德有声望的人。只有谢玄仔细思考后回答说要像“芝兰玉树”一样自由茁壮地成长，庇护一家门庭！谢安很欣赏谢玄的回答，认为他有独立的思想和强烈的责任感。

谢玄进入仕途之时，东晋王朝面临前秦侵寇，朝廷寻求良将镇御北方。谢安就推举谢玄出任建武将军、兖州刺史、领广陵相、监江北诸军事，去前线打仗。中书郎郗超平日里和谢玄的关系不好，听到任命后叹息说：“谢安举贤不避亲，看来是看好谢玄的能力。谢玄这次去必定不负推举，有一番作为。”其他人都不以为然，觉得富贵人家的英俊公子谢玄去前线，能镀镀金就不错了，不会有所作为。

谢安不顾非议，坚持重用侄子谢玄，谢玄也不负重托。江北的京口、广陵是北方南渡流民的集中地。这些流民在南方生活并不如意，对北方政权有着刻骨的仇恨，战斗力强。谢玄就挑选流民中的骁勇之士组建部队。彭城（今江苏徐州）人刘牢之等人勇敢又胆略，纷纷投军。谢玄就以刘牢之为参军，训练了一支精锐部队。他率部队多次阻拦了前秦对彭城等地的骚扰，战无不捷，威震敌胆。东晋称京口、广陵等地为“北府”，所以谢玄的部队得名“北府兵”。这支部队逐渐成为了东晋王朝战斗力最强的部队。刘牢之、刘裕等人在其中扛枪打仗，逐步崛起的。尤其是刘裕，原本是一个在赌场输得一无所有的赌徒，走投无路当了兵，竟然靠着军功一步步掌握军队，最后推翻了东晋王朝建立了宋朝。谢玄可谓是刘裕的政治恩人。而北府兵随着形势发展逐渐摆脱谢家势力的影响，成为左右南朝政局的独立力量，呼风唤雨近百年，也完全超乎了谢安谢玄等人的预料之外。这些都是后话了。

在组建初期，北府兵还是服从朝廷的精兵。当时普遍认为南方军队柔弱，无法与北方少数民族铁骑对阵。后来南北大战，一代枭雄苻坚远远看到北府兵的阵势就对左右北方将领说：“谁说南方没有劲旅，我看对面就有一支强敌。”

接受抵抗前秦百万大军的重任后，谢玄明白王朝的命运和家族的命运都在此一搏，没有退路了。前秦军队正长驱直入，谢玄冷静抓住前秦军队盘子太大，全面出击，各自为战，缺乏统一步伐的弱点，集中北府兵精锐五千人交由将领刘牢之率领北上。目的是抓住秦军的弱点予以痛击，争取有所斩获。前秦梁成的部队前突到淮河南边、寿阳东边的洛涧，呈现孤军之势。刘牢之猛攻梁成的部队，梁成猝不及防，在交战中被杀。秦军步骑争相后撤，结果在淮河边争抢着渡河，乱成一团。刘牢之纵兵扫荡，生擒敌将多人，缴获大量军需物资。东晋开战大捷，谢石下令水陆并进，暂时遏止了秦军推进的势头。

前秦虽败，依然掌握着战场优势。苻坚亲自来到寿阳，大军在淝水（淮河的一条支流，在今安徽寿县东南）北岸安营扎寨，对南岸的东晋部队虎视眈眈。这一天，苻坚站在寿阳城头，望见郊外的晋军“部陈齐整，将士精锐”，又“北望八公山上，草木皆类人形”，开始意识到南征的决策可能草率了一点，心中隐约泛起忧虑来。

苻坚想充分利用本军的优势，不战屈人之兵。他派随军的东晋降将朱序去游说谢玄，企图说动谢玄投降秦军。苻坚对朱序盲目自信，不想朱序一直身在曹营心在汉。他正想找个机会报效故国呢，见到谢玄非但没有劝降，反而把前秦军队的弱点和盘托出。前秦大军号称百万，真正效忠苻坚的氐族部队比例很小，而且大部队还没有到达前线。针对前秦虽然兵强马壮，内部矛盾重重的情况，朱序建议谢石、谢玄等人：“等到百万秦军都到达前线，要想战胜他们就很困难了。等秦军尚未集结完毕，宜在速战。

如果能够打败秦军的前锋，可能会撼动大举。”谢玄等人赞同朱序的判断，只要给予前秦军队一次重创，就可能激发矛盾引发内讧，打倒这只纸老虎。

于是，谢玄主动向前秦下战书，说：“你们远涉我国国境，却临水为阵，明摆着不想速战速决。现在，请你们稍微向后撤退，让我军将士有渡河周转回旋的地方。到时，我要和你们一见高下！”前秦将领认为不应该撤军让东晋军队渡河，我众彼寡迟早会把谢玄等人拖死。苻坚则乐观地认为：“我们暂且退军，让敌人渡河。等他们还没列好阵势，我们的数十万铁骑就突然杀过去，把敌人逼进淝水里杀死，不是更好吗？”苻融附和哥哥的意见，赞同趁晋军渡河过半的时候进行突袭。

第二天，晋军如约开始渡河。苻融就组织部队后撤。前秦大军的人心本来就是散的，队伍很不好带。上头说是战术性撤退，下级却一下子相信前锋部队失败了。更有甚者，后面的部队见前面尘土飞扬，纷纷后撤，巴不得早点回家的降卒和壮丁们想当然地以为失败了，扭头就跑。回到秦军营中的朱序趁机大喊：“打败了，我们打败了！”军心瞬间涣散，各怀鬼胎的将领们纷纷拉起队伍逃跑。后方大军还在源源不断向前行军，前方大军突然向后涌，挤成一团，乱成一锅粥。苻坚苻融等人根本制止不了。谢玄压根没有想到会出现这样的好事，率精锐八千强渡淝水，也不列阵了，追着前秦败军的部队就猛杀猛砍。前秦百万大军奇迹般地一败涂地。

苻融被乱军杀死，苻坚中了流矢，仓皇北逃。他曾自负地相信能投鞭断江，现在前秦大军自相踩踏溺水而死的尸体真的堵塞了淝水，淝水因此断流多时。逃跑的路上，前秦大军丢盔弃甲，日夜逃命，听到风声鹤唳都以为东晋追兵来了，结果沿途又饿死冻死了十分之七八的官兵。史称“淝水之战”。

此战，东晋取得了辉煌胜利，杀敌数十万人，缴获仪服、器械、军资、珍宝等堆积如山，其中包括苻坚的座车，另有牛马驴骡骆驼十万余头。谢玄战后乘胜开拓中原，基本收复了黄河南岸地区，带动四川、汉中等地投降东晋。刘牢之率领的北府军还一度逼近黄河以北的邺城。前线晋军快马向谢安报捷，谢安正在和客人下围棋，看完捷报平静放到床上，面不改色继续下棋。倒是客人问是怎么回事，谢安慢慢回答：“晚辈们在前方打败了贼军而已。”坚持下完棋，谢安回到内室终于抑制不住狂喜的心情，过门槛的时候连鞋被碰坏了都没有发觉。这实在是一场赢得过于蹊跷、过于辉煌的胜利。司马曜因为任内的这一胜战而得名“武帝”。

三

在淝水大战中，八万晋军大败前秦百万大军，不仅使国家转危为安，而且促使前秦崩溃，北方大乱。局势朝着有利于南方的方向发展。东晋朝廷表彰功臣，封谢安为庐陵郡公，谢石为南康公，谢玄为康乐公，谢琰为望蔡公。陈郡谢家一门四公，从此尊贵无比，成为东晋顶尖的名门望族。

家族势力太昌盛了，迅速引起了皇室的猜忌。司马曜很担心谢安成为第二个桓温。皇弟司马道子开始揽权。谢安修身那么多年，很清楚盛极而衰、月盈则亏的道理，刚好东晋乘胜收复失地前方事务繁重，谢安就在385年主动要求离京出镇广陵，以督促前线为名行避祸之实。在广陵，谢安生病了，只好申请回京养病。朝廷高规则地派遣侍中慰劳。夏末，谢安在建康病逝，享年66岁，得以善终。死后极尽哀荣，朝廷追赐太傅，史称谢安“谢太傅”。千年之后，北宋宰相、大文豪王安石登会稽东山，还因为自己的名（安石）和谢安的字（安石）相同而沾沾自喜。

在前线主持战事的谢玄堪称南朝第一功臣。朝廷专门遣殿中将军慰劳谢玄，升他为前将军、假节，赐钱百万彩千匹。只可惜，长期的奔波行军和风餐露宿的作战极大损害了谢玄的身体。淝水大捷后，谢玄的身体每况愈下。朝廷调任他为左将军、会稽内史，让他去气候温良的绍兴地区养病。谢家从此丧失了北府军的控制权。第二年，谢玄病死在会稽，终年45岁。朝廷追封谢玄为车骑将军，谥号“献武”。

淝水战后封公的谢琰是谢安的儿子。淝水大战让谢琰染上了骄傲狂妄的毛病。孙恩在浙东大起义，朝廷派遣徐州刺史谢琰前往镇压。史载谢琰到浙东后，无绥抚之能，又不整军备战。部将进谏说强贼就在海边，不能松懈，应该做好准备。谢琰不以为然，说苻坚百万大军都在淮南被我们谢家人给打败了，何况孙恩那样指挥骚扰海边的流寇。400年，孙恩趁谢琰不作防备集中军队偷袭，谢琰兵败逃亡，被部下杀害。儿子谢肇和谢峻同时遇害。谢琰的小儿子谢混从小就有美誉，但走的是文学路线，善于写诗。谢混的诗歌清新浅显，不流俗，对东晋诗风的转移有一定影响。谢混历任中书令、中领军、尚书左仆射，多少延续了祖父的地位，不幸的是他卷入了东晋末年的政治旋涡。谢混与大将军刘毅关系密切，而刘毅偏偏在与权臣刘裕的党争中失败。东晋末期被准备篡位的刘裕杀害。谢混的死与社会大环境变迁有关，留待后文细说。

朱序在淝水之战后返回东晋，被朝廷安置在中原前线，长期参与对胡族政权的作战，十年后病逝。

三七

复国是永恒的目标

一

淝水之战后，苻坚仓皇而逃，前秦主力尽失。这就为慕容家族的复国梦想提供了可能。

慕容垂在淝水之战前，在前秦的处境非常好。他虽然是前燕的皇族，却不是俘虏，而是主动投靠的人才。苻坚很看好慕容垂，慕容垂又在灭亡前燕的战争中立了大功，所以淝水之战前慕容垂担任冠军将军，指挥军队，算是掌握着实权。淝水之战动议之时，以慕容垂的眼光和智慧，很可能看到了前秦尚未具有灭亡东晋的实力，可是他热情支持苻坚的南征计划。这其中不能说慕容垂没有自私的想法。淝水之战中，慕容垂率本部兵马三万人随军南征，幸运的是他的部队还没上前线，秦军就可以在淝水一战惨败了。我们有理由猜测，慕容垂可能是在故意拖延避战，观望以保存实力。

原先被前秦消灭的各个割据政权的皇族纷纷揭竿而起，图谋恢复自家王朝。受到厚待的慕容家族原本就念念不忘复国，自然加入了华北重燃的狼烟——后人时常据此批判慕容家族忘恩负义，满肚子的狼子野心。我们看慕容家族，最有希望扛起复国大旗的就是掌握军队的慕容垂。

复兴鲜卑王朝的曙光照耀在了慕容垂的身上。慕容垂的军队在淝水之战中保存实力，是战后前秦国内唯一完整的部队。战败的光杆皇帝苻坚跑到了慕容垂军中避难。是把握这个千载难逢的机会，杀了苻坚取而代之；还是礼送出境，光明正大地一决雌雄呢？当时聚拢在慕容垂周围的一帮前燕旧臣都劝慕容垂立大功者不顾小节，乘机取代前秦。

慕容垂的作为光明磊落，充满帝王气度。他回顾了自己落难前燕时，无所置身，苻坚接待款待，授权给兵的恩德。前秦实权人物王猛曾力劝苻坚杀掉慕容垂（因为王猛第六感就觉得慕容垂有帝王之相，是前秦的大敌），苻坚仍然以国士之礼厚待他。“此恩何可忘也！”慕容垂慷慨陈词说服众人，将军队指挥权交给苻坚，一路护驾他返回长安。

到长安边的渑池，慕容垂请求苻坚允许自己到华北去安抚“轻相煽动”的百姓。华北是前燕旧地，慕容垂的意图也很明显，但苻坚爽快地答应了。谋士权翼力劝苻坚不可，苻坚重诺言，虽然觉得有理也没有收回成命。权翼无奈，私自在黄河桥边设下埋伏，打算袭击慕容垂。慕容垂早有提防，在无人处偷渡黄河，逃过了一劫。慕容垂在乱中独身东出河南，聚拢鲜卑旧部，招兵买马，部队一下子发展到二十万。384 年，慕容垂在河南荥阳称燕王，标志着鲜卑族复国成功。两年后，他自立为帝，定都河北中山。鲜卑垂建立的王朝史称“后燕”，以别曾经驱逐他的前燕。

此时，爱情失意、生活坎坷、历经磨难的慕容垂已经是 60 岁的老人了。他建立的后燕政权在此后十多年里牢固占据关东地区，是当时北方最强大的割据政权。后燕与西边的后秦政权东西对峙，历史回复到了之前秦燕对峙的局面。

二

前燕灭亡后，作为皇帝的慕容暐和弟弟慕容泓、慕容冲被带往长安，受到优待。苻坚见前燕清河公主肤白漂亮，娶她为妃，又见慕容冲年少帅气，把他召进宫来充作娈童。他和慕容冲姐弟朝夕相处，同床共枕。慕容冲姐弟共事苻坚，引得长安城中百姓唱道：“一雌复一雄，双飞入紫宫。”王猛觉得不成体统，极力进谏。苻坚虚心纳谏，将慕容冲遣送出宫，等他大点了以后又任命为平阳太守。

慕容暐、慕容泓、慕容冲三兄弟都满怀先辈创业复国的激情，对苻坚伪装应付，伺机而动。前秦兵败后，慕容泓率先招揽鲜卑部众，扯起了反旗。慕容冲也起兵投奔慕容泓。兄弟两很快聚拢了数万人，与前秦残部在关中展开血战。

慕容泓遣使苻坚，要求“分王天下”。苻坚大怒叫来慕容暐责问。慕容暐叩头至流血，哀求恕罪。苻坚赦免了他。转身，慕容暐就暗中派人到慕容泓那，支持弟弟复国，还告诉慕容泓：“一旦听到我的死讯，你就继位接着干。"（看来，慕容暐还把自己当皇帝看呢。）前燕灭亡后，大批鲜卑人被迁徙到关中。关中的鲜卑人思念复国，支持慕容暐、慕容泓、慕容冲三兄弟。应该说慕容泓和慕容冲的复国起点比慕容垂要高得多，可惜他们在复国途中继续将内讧的"光荣传统"发扬光大。慕容泓不久在部下骚乱中遇害，而慕容冲就是幕后黑手。之后，慕容冲整合关中的鲜卑势力，复用燕国旗帜，史称"西燕"。西燕建国后的主要目标就是进攻长安，俘虏苻坚。

苻坚困守长安，悲伤于慕容家族背信弃义，把慕容暐叫到跟前大骂："你们家族兄弟子侄布列上将，当时虽称是灭国，其实我待你们象归家一样。现在慕容垂、慕容冲、慕容泓各个称兵，你们家族真是人面兽心，枉亏我以国士待你们。"慕容暐伏地涕泣，表白忠心。苻坚宽厚惯了，将慕容暐叫来责备就表示他没有杀心。慕容暐总算蒙混过关了。苻坚又派人送了一件锦袍给慕容冲，希望慕容冲念及过去的恩情（床笫之情）。当年，苻坚和慕容冲姐弟同床共枕，在他看来是恩情，在慕容冲看来却是耻辱。因此，慕容冲答道："我以天下为任，怎能受这一袍小惠。如果苻坚束手就擒，我对待苻家不会比他当年待我们家差。"苻坚闻报，后悔不及："悔不用王猛和苻融之言，使白虏敢猖狂如此！"（鲜卑人皮肤白皙，苻坚因此呼之为"白虏"。）

长安城里，慕容暐时刻不闲，以儿子成婚为名邀请苻坚参加。苻坚答应了。术士王嘉认为慕容暐杀苻坚的计划不会成功，预测"会天大雨，不得杀羊"。当夜，长安果然大雨滂沱。苻坚因此察觉慕容暐的阴谋，这才下了杀心，杀了慕容暐父子及其宗族。长安城内残存的数千鲜卑人，无论男女老少都被斩除。苻坚厚待亡国宗室却遭背叛，成了后代帝王不断提及的教训，也导致了后代亡国宗室罕有保全性命者。

城外，慕容冲率军猛攻长安。苻坚不敌，留下太子苻宏守长安，自己率部逃往五将山，结果被后秦姚苌所杀。苻宏最后弃城而逃投降东晋。慕容冲杀进长安，进行屠城作为报复。占领关中后，慕容冲计划以长安为都城，长期经营。但鲜卑部众都希望迁回河北、辽东老家，反对留居关中。慕容冲旋即在兵变中被杀。西燕帝国的四十万军民大举东归。途中，内乱频仍，慕容永最终夺取政权。因为慕容垂已在东方建立了后燕帝国，慕容永不敢再往东走，就转向北边，占据了山西南部一带。

第二年，慕容垂以势不两立之势对西燕发动进攻。394 年，西燕都城长子城被攻破，慕容永被杀，西燕灭亡。西燕融入了后燕。

慕容鲜卑经过这么多的变故，原本有限的实力逐渐不能支撑一个统治整个中国北部的庞大帝国。后燕帝国随即遭遇到了同种同源的辽西鲜卑拓跋部的挑战。

拓跋鲜卑占据后燕的西北方向，对慕容垂形成压迫态势。“大燕国”的实力在历次争斗中严重透支了，只能兵出险招，寄希望于取得一场对拓跋部的主力决战的胜利。暮年的慕容垂希望在自己的有生之年里重创拓跋部落，也希望即将即位的太子慕容宝能够一战立威。395 年，他以慕容宝为元帅，率大兵攻魏。拓跋部的杰出领袖拓跋珪故意示弱，拓跋部众赶着牲畜牛羊渡过黄河西迁一千多里，佯装远逃他乡，实则诱敌深入。慕容宝迫切要扬名立威，跟随拓跋部西进，追至河套地区。在这里，后燕大军渡河为暴风所阻，和拓跋部隔河对峙。拓跋珪派出小股部队骚扰慕容宝的后方，截断了后燕大军与朝廷的联系。几个月来，慕容宝都得不到国都中山的消息。他出发时，父皇慕容垂已染病在床，如今连父皇是死是活都不知道，心里焦急。在古代，太子不知道父皇的生死，是很危险的事情，搞不好皇位就被人夺去了，甚至还有性命危险。拓跋珪就利用慕容宝的这个心里，逼被俘的后燕往来使者隔河叫喊：“慕容垂已死，你们还不早点回去！”后燕大军不辨真伪，士气大为衰退。慕容宝决定退兵，退兵前他烧毁了黄河沿岸所有的船只，以为这样就能够组织拓跋部主力的追击。谁知，到十一月初天气严寒，黄河结了厚厚的坚冰，拓跋珪率军精锐骑兵从容过河，追击燕军。后燕大军在（今内蒙古凉城县东北岱海）被拓跋部追上。拓跋珪选择凌晨后燕大军毫无准备的时候发动突袭，大破后燕军队。燕军官兵惊慌失措，四窜逃跑，自相践踏而死就有上万人，还有四五万人束手就擒。慕容宝仅以身免。拓跋珪把被俘的四五万燕军全部被活埋。

次年（396 年）初春，已是 71 岁的慕容垂进行了人生的最后一战。他御驾亲征，征调残余的燕国军队，组成西征复仇的重兵。燕军旗开得胜，慕容垂阵斩拓跋勇将拓跋虔。拓跋珪这回真的是避其主力，坚壁清野，不与燕军作战。慕容垂最后掳掠拓跋部三万余户东归。后燕大军过参合坡时，见去年燕兵尸骨堆积如山，全军哭声震天。慕容垂气恨难当，呕血病倒，死于撤军途中。他一死，后燕失去了主心骨，迅速衰败。拓跋鲜卑开始步步紧逼。

慕容垂死后，拓跋珪频繁组织反攻，最后将后燕重镇中山和邺城包围。继位的慕容宝打不过，只好放弃了都城中山，打算逃回祖宗龙兴的辽东龙城（今辽宁朝阳），退守祖宗故地。拓跋部攻占河北各地，后燕被截为南北两部分。留守南边邺城的是皇叔、慕容垂的弟弟慕容德。慕容德坚持了半年后，选择了率领城中的四万户鲜卑人突围南逃。慕容德来到河南徙滑台（今河南滑县东），自称燕王，史称南燕。第二年，拓跋部紧随而来，滑台失守。慕容德又辗转夺取了青兖两州，入据广固，400 年称皇帝，建立了南燕帝国。这是第四个燕国。

五年后，年老的慕容德也死在了异乡，死前指定由逃难而来的侄子慕容超继位。慕容超的早前经历就是一个普通百姓在乱世中随波逐流、颠沛流离的经历，流过浪、要过饭、做过奴婢。当他逃到南燕的时候，叔叔慕容德喜出望外。慕容家族经过这么多的变故，嫡系的皇族不多了。慕容超顺理成章地成为新君主。可惜一个没有经过血与火洗礼的慕容贵族并不是一个真正的贵族。来得过于容易的富贵让慕容超迅速迷失了自己。他不修内政，喜好游猎，还诛杀功臣，为了满足享受和国家发展的需要增加赋役，很快使南燕陷入内忧外患交困的境地。409 年东晋刘裕率师北伐，次年 2 月就攻下广固，将城池夷为平地。慕容超被俘杀，南燕灭亡。

慕容德叔侄能以区区逃难的四万民户，在异乡延续燕朝国祚，也难能可贵。

说完南边，再说说北逃的慕容宝。他在返回祖居辽东的途中，长子慕容会阴谋叛乱夺位。慕容宝诛杀了长子，不久却被他的亲家杀死。另一个儿子慕容盛杀死岳父，报了杀父之仇，自立为后燕主，返回旧都龙城。三年后慕容盛也被手下杀死。这时慕容宝的幼弟慕容熙即位。这位慕容熙也是内政不修的昏君，行事荒唐。407 年，被他迫害的将领冯跋潜入龙城，攻杀慕容熙，后燕亡。

冯跋是胡化的汉人，出生在河北。他的父亲冯安曾任西燕将军。西燕亡，冯跋随家人东迁到后燕，于后燕帝慕容宝在位时被任命为禁卫军将领。冯跋和弟弟冯弘曾因小事获罪于慕容熙。慕容熙有杀冯跋兄弟之意，冯跋兄弟只好逃匿深山。后来，慕容熙的皇后死了，慕容熙举办了盛大的葬礼来表达自己的哀伤。结果在葬礼中，慕容熙被潜入龙城的冯跋兄弟杀死。冯跋推出慕容家的养子、实际上是高句丽人的高云为燕王，改元正始。这就是燕朝系列的最后一个国家：北燕。北燕的疆域以辽东为主，在强盛时期曾经拥有河北东北部。

高云作为傀儡，任命冯跋为侍中、征北大将军、开府仪同三司，封武邑公，把军国大事全都托付给冯跋兄弟处理，自己乐得当个甩手掌柜享福。谁想福没享好，高云自己被宠臣离班、桃仁砍了脑袋。冯跋一看这事情给闹的，平定叛乱后，干脆自己从幕后走向目前，在众人的推举下即天王位，改元太平。

冯氏的王朝继续沿用“大燕”的旗号，但已经不是慕容家的故国了。冯跋是个不错的君主，他的统治勤于政事，革除后燕苛政，奖励农桑，轻薄徭役，因此国家安定。虽然当时外有拓跋部建立的强大的北魏相侵，北燕依然维持了22年的安定。除以州郡治民之外，北燕还以太子领大单于，置前后左右四辅，推行胡、汉分治政策。冯跋、冯弘都曾派遣使者到江南。当时的南朝称北燕为“黄龙国”。

北燕太平二十二年，冯跋病重，命太子冯翼摄理国家大事。不想，冯氏的燕国也走到了内讧的边缘。冯跋的宋夫人在冯跋病重期间，图谋立自己的儿子为新君。宋夫人采取了实质性的行动，可能还调动了军队，反正把动静闹得挺大的。皇弟冯弘不愿意了，率领军队进宫平变。冯跋在惊惧中去世，冯弘即位。经过这么一闹，北燕最后的国运也消失了。强大的北魏连年进攻，采取掠徙北燕民户的蚕食政策。北燕的地盘越来越小，冯弘不得不转而依靠高句丽的保护。436年4月，北魏发动灭亡北燕之战。5月，冯弘在高句丽军队保护下率龙城百姓东渡辽水，投奔高句丽。北魏占领龙城，北燕亡。

自337年起至410年止，兴起辽东的慕容鲜卑先后建立了五个燕国，纵横疆场七十余年。其中最可贵、最让人难忘的无疑是整个家族对王朝国祚延续的执着坚持和顽强追求。金庸先生在《天龙八部》中就以慕容家族的历史为背景虚构了一个口口声声“兴复大燕”的姑苏慕容家族。许多读者也将“慕容”和“复国”紧密联系了起来。

三八

该后秦上场了

一

乱世和枭雄是一对孪生兄弟。乱世出枭雄，野心勃勃的强权人物总喜欢时局越乱越好。淝水之战后，前秦元气丧失矛盾迭起，北方很快回归了分裂状态，又涌起了一批枭雄霸主。许多割据政权在前秦的废墟上建国，除了慕容家族的燕国外，最主要的就是后秦了。

我们知道，前秦是由从关中迁徙到关东的氐族一部建立的。话说当年后赵从关中除了迁徙氐族人充实关东外，还迁徙了陇西羌族。羌族首领姚弋仲率部东徙，在石虎时期参与了。镇压反赵起义。后赵亡，这支羌族人为了避免东方迭起的战乱，南下投降了东晋。姚弋仲在战乱中死后，儿子姚襄代领其众。东晋用他们来镇守淮河，防备北方胡族。姚襄就在淮南招集流亡，屯兵储粮，引起了东晋的猜疑。姚襄最终叛晋，西进企图谋取关中。他不幸赶上了蒸蒸日上的前秦势力，在与苻坚的战争中被擒斩。其弟姚苌率羌族余部投降了前秦。

姚苌的这支羌族力量就算是融入了前秦阵营，苻坚依然任命姚苌统领部族，参与了在西北、四川和襄阳的一系列的战斗。淝水之战时，苻坚任命姚苌为龙骧将军，都督益梁二州诸军事，并勉励姚苌说："龙骧将军是朕登基前的官职，从来不轻易授予他人，卿其勉之！"始终怀有二心的姚苌的果然接受苻坚的勉励，一心在这个职位上"追求进步"。

淝水之战败后的第二年（384年），前秦爆发内乱。先是慕容家族起兵。苻坚派儿子苻叡率军5万讨伐慕容泓，姚苌为司马辅助他。战前，姚苌说："鲜卑人一心回到东方故乡去，我们可以因势利导驱逐他们出关中，不可以当面迎战。鼷鼠的尾巴被人抓住了，还能反噬他人，更何况是一心夺路回乡的大军了。”他建议秦军在慕容鲜卑的后面鸣鼓追击，任由鲜卑人退出关外。应该说，姚苌的建议是解决问题的好方法，可惜苻叡好大喜功，一心追求所谓的战功，领兵截击，结果败死。皇子阵亡，姚苌害怕了，派人向苻坚谢罪。苻坚盛怒之下，杀了姚苌的使者。姚苌更害怕了，逃奔渭北。当地北地、新平、安定十余万户羌人推举姚苌为领袖，在乱世中求生存图强盛。姚苌也走上了叛乱的道路。

当时慕容垂在关东叛乱，慕容泓、慕容冲等人在关中与苻坚相攻。姚苌的势力最弱，采取了韬光养晦、坐山观虎斗的策略。他遣使与慕容冲求和，把儿子姚崇送去当人质，换取鲜卑族和羌族的和睦共处。姚苌趁机攻占北地，厉兵积粟，以观时变。

苻坚对姚苌的叛乱很愤怒，当年夏天亲自率领步骑二万进攻姚苌。苻坚打败了姚苌，还截断了羌族人的运水之路。姚苌军中都有人渴死了，情况非常危急。关键时刻，天降大雨，羌族军营中积水三尺，军心大振。当时苻坚刚要进食，看到大雨无心再吃，谈道：“天其无心，何故降泽贼营！”恰好慕容冲乘虚进逼长安，苻坚便放过姚苌，撤守长安去了。姚苌听到慕容冲攻长安，和部众讨论发展战略。部下都认为应该南下占领关中核心地区。姚苌却认为苻坚和慕容冲正在南边打得不可开交，南下不是好时机。他预测前秦将被慕容鲜卑打败，而慕容鲜卑迟早会东归，关中地区迟早会是自己的天下。于是，姚苌移兵岭北，在前秦和慕容鲜卑都没有关注的关中北部、西部地区攻城略地，兵不血刃占领了大片土地。西到安定南至秦岭诸城都投降了羌族。

我们再来看慕容冲和苻坚在长安的拉锯战。鲜卑人围攻长安，苻坚亲自督战杀敌，身上中了好几支箭，血流满身也不退后。无奈围城日久，城中乏粮，最后都出现了人吃人的惨剧。苻坚一贯宽厚，这时候还拿出皇宫中最后的口粮设宴款待群臣。席间，大臣们把肉塞进嘴里舍不得咽下，含回家吐出来给妻子儿女吃。长安已经到了山穷水尽的绝境了，战火连绵数月，百姓死亡无数。最后，苻坚迷信谶言“帝出五将久长得”，留太子苻宏守城，自己带着一支部队逃到五将山（今陕西岐山县）。

五将山已经是姚苌的天下了。姚苌派兵包围苻坚的孤军。秦兵溃散，苻坚坦然被俘，被带到姚苌跟前。姚苌向苻坚索要传国玉玺。苻坚大骂：“国玺已送晋朝，怎能送给你这个忘恩负义的叛贼！”姚苌就要苻坚禅位给他，苻坚骂得更厉害了：“禅代是圣贤之事。你姚苌什么东西，敢自比古圣先贤！”姚苌羞愤难当，派人把苻坚缢死在新平佛寺。统一北方的一代枭雄就这么死了，虚岁 48。这是 385 年的事情。

苻坚逃跑后，慕容冲攻入长安。前秦文武百官数百人逃出来，投降了姚苌。鲜卑军在长安烧杀抢掠，之后便浩浩荡荡东出。长安成了一座空城，被姚苌接收。386 年，姚苌在长安即皇帝位，国号依然是“秦”。历史上称之为“后秦”。

二

后秦建立后，与关东的后燕相互对峙。北方在“前秦”和“前燕”对峙的局面之后，重新出现了“后秦”和“后燕”对峙的局面。除了这两大割据政权，西边还有后凉、西秦等政权，北方有拓跋部鲜卑的魏政权和匈奴人的大夏政权，山西则是前秦残余和慕容冲势力在争夺。

却说苻坚的死讯传出后，困守山西的儿子苻丕在晋阳即位，捡起了前秦的旗帜。大旗没有扛多久，东出的鲜卑人在慕容永的率领下避开正东的慕容垂，向东北进入了山西，与苻丕代表的前秦残余力量迎头相撞。慕容永将苻丕杀得大败。苻丕带着几千残兵败将，南渡黄河，竟然想袭击东晋占领的洛阳，结果被晋军杀死。消息传到陇西，苻坚的族孙、狄道（今甘肃临洮）长苻登在另外一部前秦残余的拥戴下即位为帝，继续挥舞着前秦的旗帜。

此时的关中，大部为后秦占领，苻登只占领陇西部分地区，依然与后秦连年征战。苻登等人对前秦的辉煌念念不忘，又对姚苌的弑君深恶痛绝，攻战起来特别顽强凶悍。后秦一时之间竟然不能取胜，关中地区一度出现了局势的反复。野心家魏揭飞在前秦担任过镇东将军，如今自称大将军、冲天王，后秦的镇军将军雷恶地也反叛后秦响应他。两人联合进攻后秦。姚苌亲自平叛，阵斩魏揭飞及将士万余人。雷恶地先逃跑，后投降。姚苌待之如初，让雷恶地心悦诚服，以后常对人说：“我自言智勇所施，足为一时之杰。校数诸雄，像我这样的人，都应跨据一方、兽啸千里。姚公用智力降服我这样的人，是吾分也。”姚苌之所以能在乱世中建立后秦，看来不是浪得虚名。还有一个突出姚苌过人之处的例子是前秦兖州刺史强金槌在新平据守，投降了后秦。姚苌准备率数百骑入强金槌的城池。群臣慌忙劝阻，都说这么做太危险了。姚苌说：“强金槌已经背叛苻登，如果再与我们为敌，他就四处为敌了！况且强金槌怀德初附，我们不信任他，何以御物！”他带着少数人马就进入了新平。强金槌的部下果然有人提议趁机袭击姚苌，遭到了强金槌的坚决阻止。

不过姚苌有个很大的缺点，那就是迷信。苻坚对他有恩却被他杀死，姚苌内心对苻坚有愧，日常总觉得苻坚阴魂不散。姚苌曾经在军中立苻坚像祈祷，把杀害苻坚的责任都推给部署，表白“新平之祸非臣罪也”。那么自己现在称帝，又为什么和前秦势力连年作战呢？姚苌先告诉苻坚，苻登是你的远房亲戚，还想着要复仇，“况臣敢忘其兄乎”？（姚苌的哥哥姚襄是被苻坚杀死的。）姚苌还认为“陛下命臣以龙骧建业”，我就是在遵照您的意思称帝的啊？诡辩了一大通后，姚苌最后祈祷苻坚的魂灵：“今为陛下立像，陛下勿追计臣过也。”苻登在城楼上看到姚苌的表演，勃然大怒，冲着姚苌大喊：“为臣弑君还立像求福，有用吗？弑君贼姚苌快快出来，我要与你决斗！”姚苌自然是不敢出战。后来，后秦军作战不利，姚苌每夜都从噩梦中惊醒。他认定是苻坚的魂灵作怪，竟然将当初擒杀苻坚的有功之臣斩首，希望求得平安。

人杀了，姚苌每晚还是不得安宁。他总是梦见苻坚率领天官使者、鬼兵数百人突入营中，要杀自己。一次，姚苌梦见自己为了躲避鬼魂，在硕大的皇宫中到处奔跑，大喊捉鬼。侍卫们赶来护驾，其中一个人迎着姚苌“刺鬼”，不小心刺中姚苌的阴部，拔出来后流了满地的血。群鬼欢呼说：“正中姚苌的死处！”姚苌顿时惊醒，从此患了阴肿。医生刺破他的肿处，真如梦境中的情形出血如注。姚苌病情迅速加重，变得疯疯癫癫，时常大呼：“陛下，杀您的是我的哥哥姚襄，不是臣，请不要冤枉臣。”（苻坚明明是姚苌杀的，当时姚襄都已经死了。）

床榻之上，姚苌叫来太子姚兴，开始布置后事：“你要抚骨肉以仁，接大臣以礼，待物以信，遇黔首以恩，四者既备，吾无忧矣。”太元十八年（393 年）姚苌病死，时年 64 岁。他一共做了 8 年后秦皇帝。

三

苻登听说姚苌的死讯，大喜：“姚兴小儿，不难对付。我折根拐杖就能鞭打他。”于是，他倾其所有，搜罗了前秦的所有力量，东进争夺关中。后秦虽然遭遇国丧，新君姚兴年轻，但同仇敌忾，出动精兵强将迎战。苻登的残兵败将不是对手，节节败退，又被后秦军队堵塞了水源，官兵争水不得，渴死了十分二三的人。苻登集合最后力量突围失败后，前秦军队连夜溃散。苻登单人匹马逃回。东进之初，苻登留弟弟苻广、太子苻崇守老巢。苻广、苻崇听说苻登大溃散，吓得弃城而逃。苻登逃回来后，无所依归，收集若干氐族部众逃入马毛山。姚兴追兵很快就打到了。苻登向陇西鲜卑卑躬屈膝，求得了两万援兵，再与姚兴在马毛山南进行最后的决战。在这场前秦与后秦的最后一战中，苻登阵亡，时年 52 岁。

苻登死后，前秦的故事还没有完。太子苻崇逃到湟中（今青海西宁一带）称帝，延续了前秦的国脉。可青海一带是陇西鲜卑的地盘，后者不允许氐族苻氏在自己的地盘上称王称霸，拔掉了前秦最后的旗帜。苻崇死在了湟中。他的儿子（苻登的孙子、苻坚的同族玄孙）苻宣逃奔了仇池杨氏。仇池杨氏后来投降了东晋，苻宣顺带归降了东晋，后来还担任过东晋的平北将军。东晋“平北”的愿望是好的，可惜始终没有实现，任命曾经统一北方的前秦皇孙苻宣出任这个职位，政治意义大于实际意义。从此，前秦皇室的疏系子孙世代居住江南，繁衍生息了。

其实，江南曾经还有另外一支前秦皇室血脉，不过后来中断了。那就是苻坚的太子苻宏。苻坚从长安逃到五将山不久，苻宏守不住长安，也学父皇弃城出逃。他一路向西逃到武都，再向南逃，最后投降了东晋。苻宏的身份比苻宣要重要得多了，是货真价实的前秦太子，东晋很重视他，任命他为辅国将军，还委托以荆州前线军队。可惜的是，苻宏在东晋复杂的权力斗争中站错了队，加入了桓玄阵营。桓玄叛乱失败后，苻宏在湘州被杀。苻坚的嫡系血脉没能流传下来。

我们再看后秦。姚兴彻底铲除前秦势力后，继续开疆拓土。后秦的西边是陇西鲜卑建立的西秦，面对后秦得胜之师不是对手，很快败亡。再往西的河西走廊是后凉政权。前秦大将吕光奉苻坚之命进军西域，迫降三十多国后胜利回国。到达姑臧（今甘肃武威）的时候，吕光得知前秦分崩离析中原大乱，索性就地割据，占据河西建立了后凉政权。如今后秦大军压境，后凉政权也很快败亡。后前的北方是拓跋氏鲜卑和赫连氏匈奴，双方时战时和。后秦的东边是强大的后燕政权，中间的山西地区夹着西燕政权。西燕被慕容垂攻灭，姚兴趁其败亡轻松攻取了河东。后秦的南边与东晋抗衡。东晋在淝水之战胜利后，大举推进到黄河以南。弘始元年（399 年），后秦大规模出兵进攻东晋，一举攻陷洛阳。晋军不敌，撤出淮河和汉江以北的广大地区。后秦统治疆域迅速扩大，西至河西走廊，南到秦岭淮河，东到现在的山东西部。

姚兴时期，后秦进入鼎盛。关中地区部分恢复了前秦王猛时期的景象。姚兴比较注意选才纳谏，释放自卖为奴的人；前期执法比较简约，与民方便；提倡儒学，长安儒生数目逐渐恢复到万人以上。后秦社会的一大现象是佛教开始兴起。姚兴广建寺院，尊奉龟兹高僧鸠摩罗什为国师。鸠摩罗什原本是苻坚命令吕光从西域迎接而来的，可惜吕光中途在河西独自割据，就留鸠摩罗什在河西耽搁了十七年。姚兴平定河西后，邀请鸠摩罗什来长安讲学译经，还支持法显和尚赴印度等国取经访问。法显历经艰辛，遍游印度后，从海路返回了东晋管辖下的青州。在政府支持下，后秦境内佛教大兴，长安成为当时全国的佛教中心。后秦对佛教的支持与传播，将对之后的中国产生深远的影响。

姚兴晚年，后秦由盛转衰。后秦毕竟建立在有限的、饱经战乱的土地上，羌族本身实力就比较弱小，国库很快空虚，军队很快疲乏。姚兴的对策是：加税。他大幅度加重税赋，奴役百姓。后秦衰落的第二大原因是姚兴的诸子不和。太子姚泓懦弱。皇子姚弼最受姚兴宠爱，行为骄横，在416年谋反篡位，事败被杀。同年，姚兴在忧虑中病死，太子姚泓继位。

三九

乱政父子兵

一

东晋中期，民间有谶语说："晋祚尽昌明。"从字面上看，晋朝的国运遇到"昌明"这个人或者这个东西就结束了。

当时，简文帝司马昱还是藩王，他的一个妾李氏正怀有身孕。李氏在梦中见到一个神人，对方告诉他："你将会生下一名男孩，以'昌明'为字。"李氏醒后觉得很诧异。后来她在一天深夜生产了，果然生下一个男孩，产完后东方刚好露出鱼肚白来。李氏信了那个梦，就将儿子取名为司马曜，字"昌明"。司马昱因王妃王氏及世子均亡，其他诸姬也并无生育，十分着急，唯恐无后。如今有了儿子，司马昱最初喜出望外，直到想起了那句谶语，幡然醒悟，痛哭流涕。难道东晋要亡在自己的这个儿子身上吗？后来，司马昱阴差阳错被桓温拥戴为了皇帝。再后来，这个字"昌明"的司马曜继位，成了孝武帝。

司马曜继位，父亲简文帝的丧事刚办完，就遇到了宫廷政变。一伙拥戴晋废帝司马奕的人突然杀入皇宫，声称奉司马奕回宫复位。这伙人最终禁卫军镇压。年仅10岁的司马曜刚成为宫廷的主人，就经历了血腥的一幕，不是什么好兆头。果然，他遭遇了桓温的逼宫，又遇到前秦百万大军的南征，屡次命悬一线。好在有以谢安为代表的世族大家的力量支撑着，保持东晋朝廷微妙的平衡。

作为东晋在位时间最长的皇帝，司马曜毫无作为，像是个旁观者。长大后，他最大的特长和爱好是酗酒，常做长夜之饮。皇宫外是地震、水灾、旱灾接踵而来，朝政日坏；在皇宫里，司马曜清醒的日子越来越少，醉得不成人形。司马曜的酗酒，或许可以理解为一种逃避。东晋时代皇权衰微是不争的事实。这个朝代之所以成立，就是南北世族支持的结果。末年，司马曜看到长星划过天际，举杯邀请说："长星，劝汝一杯酒，自古何有万岁天子邪！"可见，司马曜本人都对东晋王朝的命运感到悲观了。正是因为悲观，因为无能为力，司马曜干脆逃避到酒乡中去，听任朝野大臣中争斗。这又反过来加速了皇位的衰微。

司马曜初期，朝政全靠谢安主持。谢安死后，司马曜的同母弟弟司马道子领徐州、扬州刺史，录尚书，都督中外军事，崛起掌权。此后，司马道子把持朝政将近20年。人们可能认为司马道子老成持重，或者是年老资历深，其实司马道子年纪非常小，掌权时刚好20出头，完全是个毛头小子。

司马道子为政可以用四个字来形容：恣意妄为。他根本就不知道如何行政，掌权前没有人教过他，掌权后没有人敢教他，他就只能由着自己的心思来了。谢安时期，司马道子是个清谈高手，喜欢交接宾客，还一度因为"恬淡"受到过谢安的夸奖。如今，司马道子把清谈和请客的做派扩大化，营造园林，大宴宾客，亲近僧尼，沉迷于酒色之中。在朝政处理上，司马道子重用王国宝、赵牙、茹千秋等奸佞小人，大搞朋党政治，只要是经常在身边宴会上出现的、听自己话的就重用，反之就闲置或打压。他的这些党羽，卖官贩爵，横行无道，很快就把朝政搞得一团糟糕。

比如司马道子最重用的是王国宝。王国宝出身太原王家，又是谢安的女婿，家世很好，可惜个人品行恶劣。谢安在世很不喜欢这个女婿，故意压制他不让他到任达官要职。谢安还没死，王国宝就到处诋毁岳父。司马道子掌权后，王国宝的堂妹嫁给了司马道子为妻，两人很快在酒桌上找到了共同语言，沆瀣一气。他迅速升官为中书令、尚书左仆射，几乎与司马道子共掌朝政。王国宝上任后，最擅长的就是捞钱，"后房伎妾以百数，天下珍玩充满其间"，过着腐朽的生活。

戏子赵牙因为表演为司马道子所喜欢，就被擢升为太守。他在建康用公款为司马道子建造了一所大宅院，"筑山穿池，列树竹木，功用巨万"。估计是造得太好了，名声在外，惊动了皇帝。司马曜曾御临弟弟的新府邸参观，见面积辽阔室宇宏丽，惊叹之余对司马道子说："你府内的假山高耸入云，的确壮观，不过山上修饰太过，要注意啊。你可要向天下人树立俭素的好榜样啊。"司马道子闻言，连忙称是。皇帝走后，赵牙说："幸亏皇上不知道这座山本身就是人工堆积起来的，不然可能要责怪王爷了。"

在司马道子、王国宝等人的治理下，东晋百姓"殆无三日之休，至有生儿不复举养，鳏寡不敢嫁娶”，怨声载道。司马曜对弟弟司马道子的胡作非为是知道的，压抑着对弟弟的不满。直到有一次两人一起酗酒，司马道子恃宠乘酒对司马曜不够礼敬，司马曜大怒。兄弟至此失和。司马曜几次想废黜司马道子，都遭到了母亲李氏的阻止。而中书郎徐邈又引用开国之初晋武帝司马炎与弟弟司马攸兄弟相残的往事劝说司马曜，司马曜终于还是被亲情所束缚，放弃了废黜的念头，任由司马道子继续乱政。

二

396年冬的一天，司马曜又喝醉了。醉眼惺忪中，他看到张贵人陪在身边。张贵人正得到司马曜的宠爱，可惜年近三十，不如青春少女靓丽清秀了。司马曜就开玩笑说：“你都这么大年纪了，也该被废了。”说者无心，听者有意。后妃最怕遭到废黜，在清冷的冷宫中过完孤独的软禁生活。张贵人越想越凄凉，越想越害怕，由怕生恨，竟然对司马曜下了杀心。司马曜开完玩笑就昏沉沉睡去，张贵人熬到夜幕降临，狠狠地用被褥捂死了司马曜（一说被勒死）。东晋的孝武帝就这么死了，时年35岁。

司马道子并没有深究哥哥的死（凶手张贵人之后去向不明），扶立侄子司马德宗为新皇帝。司马德宗就是晋安帝。

非常不幸的是，上天给了晋朝两个白痴皇帝，一个是引发八王之乱的司马衷，一个就是晋安帝司马德宗。《晋书》毫不避讳地写“帝不惠，自少及长，口不能言，虽寒暑之变，无以辩也。凡所动止，皆非己出”。也就是说司马德宗从小到大连完整的话都不会说，连四季变化和冷热饥饱都分辨不清，生活完全靠他人料理，处理朝政的能力就不言自明了。司马德宗的继位，最大受益者是司马道子这个叔叔。登基初期，司马德宗因年幼，司马道子辅政，操纵实权；成年后，司马道子表面还政于帝，实权仍操于亲信王国宝等人之手。司马德宗完全是个傀儡。

尚书仆射王国宝和建威将军王绪这个时期想“干点实事”了。他们觉得，朝廷有名无实，政令上下不通，真正能够控制的地盘也就是建康附近的几个郡县，西有荆州强藩，北有中原大将把守，东边是强大的扬州刺史辖区。这些官职往往被原本就势力强大的世族大家子弟控制着。王国宝等人决心“削藩”，打压地方势力，为朝廷揽权揽财（实际上也是为自己）。司马道子听到王国宝的主意后，表示赞成。于是，这帮没有政治头脑的人开始了轰轰烈烈的削藩。

削藩要想成功，一要有强大的实力，尤其是军队作为后盾；二是主持削藩之人必须有高超的手腕、坚强的意志和不俗的能力。这两点司马道子一党都不具备。削藩必然会失败。首先对朝廷削藩不满的是青、兖二州刺史王恭。

王恭也出身太原王家，是晋孝武帝司马曜王皇后之兄，是司马德宗的舅舅辈。王恭是东晋著名的名士，曾有名言："名士不必须奇才，但使常得无事，痛饮酒，熟读《离骚》，便可称名士。"因为出身好，王恭起家为著作郎，可他还感叹："不当宰相，我的才志不足以施展！"司马曜时期，王恭为前将军，出任兖、青二州刺史，负责江北的防御。他指挥着战斗力很强的、淝水之战的主力部队北府兵。397 年（司马德宗刚登基的隆安元年）四月，王恭以清君侧、除王国宝为名向都城建康进军，挑起内战。

桓温的儿子桓玄在荆州怂恿荆州刺史殷仲堪响应王恭。殷仲堪是著名的孝子，父亲常年卧病在床，殷仲堪衣不解带地伺候。为了为父亲治病，他半路出家学医，究其精妙，煎药的时候瞎了一只眼睛。独眼龙的形象是他大孝的光荣标志。当了刺史后，殷仲堪自然以忠君自诩，此时起兵顺江而下，进攻建康。建康陷入了三面包围之中。

司马道子露出了纸老虎的本质来，一见刀兵就慌了神。他不敢迎战，能想到的只是赐死王国宝、诛杀王绪，然后请求王恭、殷仲堪退兵。王国宝死有余辜，被司马道子勒令自尽却有些出乎朝野意外。他死后，王恭等人没了起兵的借口，只好暂时偃旗息鼓。

经过这么一战，司马道子也意识到自身力量薄弱。不久，他任用王愉为江州刺史，希望广植势力来制约不是一条心的王恭等藩镇。隆安二年（398 年），司马道子又划出豫州管辖下的四个郡，转归江州管辖，来壮大王愉的力量。结果豫州刺史庾楷（庾亮的孙子）对辖区缩小强烈不满，愤而起兵，声称讨伐谯王司马尚之、江州刺史王愉。司马尚之是皇室旁支，继王国宝之后为司马道子倚重。

庾楷起兵后，王恭也第二次率北府兵造反了。荆州刺史殷仲堪、南郡太守杨佺期和唯恐天下不乱的桓玄也顺江而下，造反了。建康又陷入了藩镇军队的重围中。诸镇推王恭为盟主。

这回，司马道子没有替罪羊可以杀，慌乱得不知怎么办才好。他的儿子司马元显刚 16 岁，却比父亲有胆略。他主动请求迎战诸藩镇。司马道子无奈之下，只好任命儿子为征讨都督，率王珣、谢琰等出战。司马元显人小鬼大，清醒地看出诸藩镇中最强大的是王恭，而王恭之所以强大全靠北府兵。因此，司马元显决定策反北府兵的首领刘牢之。

刘牢之面紫赤色，须目惊人，在谢玄创建北府兵时即参军，之后身经百战，尤其是在淝水之战中作为尖兵立下了赫赫战功。淝水之战后，东晋趁势收复失地，刘牢之一度渡过黄河进攻到邺城。他长期指挥北府兵，在军中有冲高的威望。而作为北府兵统帅的王恭，清谈名士而已，为政讲求清静无为，自然不去亲近底下的将士，也不注意将士们的操练和思想变化。他又自恃高贵，醉心佛道，故意疏远将士，结果在北府兵中埋下了怨恨的种子。

司马元显派人用重利引诱刘牢之，刘牢之便被策反了。王恭指挥军队向建康进军，北府兵消极怠工，竟然输给了司马元显的乌合之众。王恭撤退回城，刘牢之的女婿高雅之紧闭城门，不放他进来。王恭只好与弟弟王履逃奔曲阿。因为坐着清谈时间太长，王恭久不骑马，髀上生疮，竟然骑不了马。曲阿人殷确，曾在王恭手下干过参军，用船载着王恭，把他藏在苇席下面，打算走水路投奔桓玄去。途中被人告发，王恭被捕送京师。司马道子本想留王恭一条性命，听说殷仲堪、桓玄等人的荆州军已至健康城外的石头，怕王恭在城内生变，下令将之斩首。王恭临刑前展现了名士风度，他“临刑犹诵佛经，自理须鬓，无惧容”，说：“我暗于信人，所以致此，原其本心，岂不忠于社稷！但令百代之下知有王恭耳。”

王恭死后，庾楷也被司马元显打败，投奔荆州军而来。荆州来的桓玄、殷仲堪、杨佺期三人剩下孤军一支，惧怕朝廷讨伐，不得不求和。司马道子和司马元显父子正害怕荆州军，闻讯马上应允，安抚殷仲堪仍任荆州刺史，任命桓玄为江州刺史、杨佺期为雍州刺史。这第二次朝廷和藩镇之战，也虎头蛇尾地收场了。

桓玄、殷仲堪、杨佺期虽然退兵了，但早已与朝廷离心离德。为了自保，三个刺史在浔阳正式结盟。桓玄因其家世显贵被推为盟主。中央和藩镇的矛盾非但没有消除，反而因为三人的结盟而强化了。

建康城中，司马道子渡过了一场危机，又开始纵情酒色。崭露头角的司马元显自以为是，大肆揽权，把脑筋动到了父亲的头上。一日，司马道子醉酒不起，司马元显入宫禀告白痴皇帝司马德宗，请求解除父亲的司徒及扬州刺史之职，提升父亲为太傅；请求任命自己为扬州刺史。司马德宗哪里知道其中的奥妙，按照司马元显的意思颁布诏书。司马道子醒来，发现自己被儿子夺走了实权，非常恼怒可又无可奈何。他索性更加纵情酒色，把摊子交给了司马元显打理。

四〇

起义成败，老大能力很重要

一

司马元显年少得志，非常想有所作为。他面临的困境是志向远大，实力却很薄弱。司马元显和朝廷面临着上游三刺史的重兵压迫，而能指挥的生力军只有倒戈而来的北府军。司马元显想要建立一支嫡系部队，动起了征兵练兵的念头来。

建康朝廷表面上拥有秦岭淮河以南的广袤地区，实际能够控制的领土少得可怜。中原各郡县和北伐拉锯，控制不了；中游的荆州、湘州和江州长期被荆州军盘踞；四川和两广地区远水解不了近渴，剩下来就只有长江下游的扬州了。所以我们看到，权臣要控制朝廷往往兼任扬州刺史。司马元显为了把扬州刺史抓到手里，还不惜暗算他父亲司马道子。实际上，扬州也不是全境都受朝廷控制，建康政令只能施行在东方的会稽（治山阴，浙江绍兴）、临海（治章安，浙江临海）、永嘉（治永宁，浙江永嘉）、东阳（治长山，浙江金华）、新安（治始新，浙江淳安）、吴（治吴，江苏吴县）、吴兴（治乌程，浙江吴兴县）、义兴（治阳羡，江苏宜兴县）八郡。这八郡也是众多的世族大家集中之处，他们控制着众多的土地、人口，免赋逃税。朝廷的赋税、兵役只能加在八郡的普通百姓头上。

司马元显知道八郡百姓已被压榨得疲于奔命了，从中招募不了多少军队，他把目光转移到了世族大家们控制的人口身上。这些人口，既包括没有人身自由的奴隶，也包括依附世族大家的门生故旧、食客、佃农和家丁家将。司马睿时期的征西将军戴渊，其部下就有戴家控制人口改编的一万人军队。戴家只是江南的世家大族之一，它能控制这么多人口，其他家也不逊色。399 年，司马元显下命令：征发江南诸郡免奴为客者（已经脱离奴隶身份却还依附他人的人口）当兵，号称“乐属”。征兵令激起了普遍不满。世族大家们不满，因为朝廷要征发他的依附人口；被征发的老百姓更加不满，因为他们被强迫去当兵当炮灰。结果司马元显兵没有征发来多少，把江南的百姓都给得罪了。

民心骚动。野心家乘虚而起。江南民间盛行五斗米教，信众很多。去年王恭起兵的时候，五斗米教首领孙泰以反王恭之名，聚拢信众起义。孙泰起义规模很小，被朝廷镇压了，孙泰父子全部被杀。孙泰的侄子孙恩侥幸逃脱，躲藏在海岛上，继任为五斗米教的首领。果然在海岛上躲藏了一年，孙恩见民怨沸腾，于 399 年从海岛率徒党百余人攻破上虞县，在柴火堆上点燃了第一把火。

对征兵令不满的百姓和五斗米教的信众纷纷参加孙恩的队伍。八郡遭受朝廷的剥削最重，一般百姓也积累着反朝廷同情起义的情绪。孙恩进展顺利，很快攻破会稽郡。会稽是江南重镇，王谢等世族大家的根据地。会稽被攻破，震动了天下大局，东晋地方官心惊胆寒。百姓奔走相告，各地都有攻杀官吏、响应孙恩的起义。没几天，孙恩的部队超过了十万。

警报传到建康，司马道子惊慌失措，终日在庙中祈祷。司马元显慌忙派遣谢琰、刘牢之率领北府军南下镇压。

孙恩起义，缺乏周密的组织，成功具有很强的偶然性。孙恩作为领袖，个人素质实在令人不敢恭维。《晋书》说孙恩家族是八王之乱时赵王爪牙孙秀的族人，在讲究门第出身的东晋这样的出身在政坛上实在难以启齿，加上南渡又比较晚，所以在朝廷中没有占据重要位置，还遭到大族的歧视。估计孙家人长期被排斥在体制外，积累了强烈的造反精神。所以，孙泰、孙恩叔侄转而借重五斗米教，有报复大族、为己牟利的目的在。这样的人煽动不满群众造反，能量就相当可观了。孙恩短期内就兵强马壮，又占领重镇会稽，没有扩大战果，而是率领党徒在诸郡烧杀抢掠，毁房屋，塞水井，砍林木，掳掠妇女，只知破坏不知建设。东晋朝廷从初期的惊慌中反应过来后，从北向南压迫起义军。孙恩没有组织北方各地的百姓反抗晋军，谢琰收复义兴、吴兴两郡，刘牢之收复吴郡，兵锋抵达浙江岸边。起义百姓纷纷逃往会稽。

孙恩显示出了可笑的短视。旗开得胜时，他向信徒们承诺“我们马上要到建康坐天下了”；听说北府兵来了，孙恩立即收缩了大目标，说：“就算我只割据浙东，总也能做勾践第二！”北府兵渡过浙江后，孙恩就说：

“我并不觉得逃跑是丢人的事情。”谢琰、刘牢之兵临会稽城下，孙恩根本不作抵抗，掳掠男女二十余万人逃往海岛。

东晋朝廷在形式上收复了全部失地。海岛上的孙恩保有不可小觑的军力，不断骚扰浙东各郡县。

二

400 年，孙恩在海岛上窥伺时机。获胜的谢琰镇守会稽。谢琰自负在淝水大破苻坚大军的战功，将孙恩视为“小贼”不放在心上，会稽守备松懈。孙恩登陆突袭，连破余姚、上虞等县，进攻会稽。谢琰草率领兵迎战，兵败后被部下所杀。谢琰的死，从微观上来看是朝廷和孙恩力量角逐的一次反复，从宏观上来看则标志着门阀士族力量从此丧失了军队实权：谢琰死后，再也没有世族子弟担任重要的军事职位。一来是世族子弟不屑于领兵打仗这种“俗事”，二来是长期养尊处优的世族子弟们也没能力领兵打仗——这点从王恭骑不了马就能看出来。

世族子弟不行了，朝廷只能依靠寒门人士了。当年年底，刘牢之负责东征孙恩，率领北府兵寻找孙恩决战。孙恩不敢接战，再次主动退入海岛。刘牢之就屯兵上虞等处，监视孙恩。

朝廷镇压孙恩的军事行动，让一个中年军官开始为人瞩目。他就是刘牢之派去卫戍句章城（今浙江宁波南鄞江南岸）的刘裕。刘裕是刘牢之的部将，曾受命率数十人侦察义军的行动。侦察途中，刘裕遭遇起义军数千人的包围。他没有丝毫胆怯与犹豫，勇敢地率领侦察小分队投入战斗。结果所有随从都战死了，刘裕也坠落到水中。部分起义军到岸边，想下去捉拿刘裕，刘裕挥舞长刀砍杀了好几个人，重新登岸大叫着与人决斗。最后，起义军不再与他纠缠，过路而去了。刘裕奇迹般地生还，并报告了起义军的动向。刘裕不仅作战勇猛，披坚执锐，冲锋陷阵，让同伴和长官刮目相看。刘裕不仅勇猛凶悍，而且带兵有方，在部队的声望越来越高。句章城很小，刘裕部下战士只有数百人。刘裕身先士卒，经常被坚执锐冲锋在前，每战都摧锋陷阵，能击破敌军，使得小小的句章城成了朝廷在沿海的坚固堡垒。东征的其他官军毫无军纪，到处劫掠，涂炭百姓，只有刘裕治军整肃，法纪严明。百姓们都喜欢投奔刘裕的军队寻求保护。因为讨乱有功和刘牢之的赏识，刘裕战后被朝廷封为建武将军，领下邳太守。

401 年二月，孙恩第三次登录掠战。他帅大军进攻句章，攻不下来，反而遭到刘牢之率军反击，不得不退走入海。三月，孙恩攻海盐，依然攻不下来。这回是刘裕带兵来救援海盐，孙恩主动退兵，北上进攻沪渎（今上海）。沪渎被孙恩攻克，包括吴国内史袁崧在内的4000官兵被杀。孙恩部队士气大振，六月乘胜逆长江而上，又成功攻克丹徒。至此，孙恩部队再次迅速膨胀，拥众10余万，楼船千余艘，军旗遮天蔽日。

丹徒离建康很近。朝廷守卫建康的兵力薄弱。司马元显一边戒严，一边急调在浙江的北府兵遣将入卫京师。停驻海盐的刘裕，率不满千人的小部队长途驰援建康。短视的孙恩这时又犯了一个致命错误：他没有抓住建康空虚的良机，派出轻兵进攻建康，而是坐在高高的楼船上，指挥十几万人的大部队一起晋军。那楼船几层楼高，非常笨重，又是逆江而上，行进速度非常缓慢，很快就被刘裕的部队在镇江追上。孙恩仗着人多势众，这回敢和刘裕正面交战了。他帅部队登陆，抢占镇江的蒜山，阻击刘裕。刘裕所部不顾劳累，毅然猛攻蒜山。孙恩起义军为乌合之众，很快溃散。孙恩退至船上，放弃陆路，全力从水路进逼建康。刘裕在岸上随行监视。起义军的楼船实在太慢了，又花了好几天才到达建康郊外的白石垒。眼看建康就在眼前了，可惜刘牢之率领的大部队也赶到了。孙恩毕竟心虚，不敢主力决战，放弃攻打建康，分兵袭取北岸的广陵（今江苏扬州），再率主力北上进攻郁洲（今江苏云台山），打败高雅之率领的晋军。不过，这只是孙恩起义军的回光返照而已，之后再次退入大海。

孙恩从海上南下，402年入寇临海郡。海上毕竟生活不便，依赖陆地补充给养，所以孙恩盘踞海上一段时间后总得登陆劫掠。不想临海的晋军勇敢迎战，击败了孙恩。孙恩穷困不堪，对前途丧失信心，投海自杀。

三

孙恩死后，余众推孙恩的妹夫卢循为首领，盘踞在浙江东南沿海。

卢循也出身世族，因为门第不高，南渡较晚，在东晋遭到排挤。他起兵同样带有浓厚的私心。朝廷就对卢循施以怀柔，任命他为永嘉（今浙江温州）太守，希望招安起义军的余部。卢循接受了任命，可依然率领部队在现在浙江金华、温州一带劫掠。朝廷痛下决心，派刘裕南征，力求斩草除根。卢循在流域的追击下，泛海而逃。

卢循率众向南逃亡，越过福建，来到了广东沿海。404年，卢循攻陷番禺（今广州），酿成大乱。东晋朝廷考虑广州偏远，鞭长莫及，并在第二年（405 年，义熙元年）顺水推舟提升卢循做广州刺史。卢循和起义军能够在南海一隅安定下来，不作乱，尊奉朝廷，未尝不是解决问题的一个方法。卢循也有这个意思。他自己做了广州刺史，成了一方藩镇，又任命姐夫徐道覆做始兴（今广东韶关）相，扼守南岭，大有关起门来安居岭南的意思。

可是徐道覆却不甘寂寞，一心要卷土重来。在广东的五六年时间里，徐道覆暗中操练兵马打造军械，怂恿卢循北伐。相对应的，北方的东晋实权逐渐落入刘裕的手中。刘裕掌权后的主要精力在北方，发动了多次北伐。徐道覆见刘裕远征在外，大军一时难以返回，觉得是东山再起的良机，便不征求卢循意见，在义熙六年（410 年）二月从始兴北伐。卢循阻止不及，不得不参与行动。卢徐兵分两路，卢循攻长沙，徐道覆进入江西。

卢循的部队是“三吴旧贼，百战余勇”，在广东新招募的“始兴溪子，拳捷善斗”，战斗力很强，加上休养操练多年，北伐后势如破竹。东晋地方官闻风逃窜。江州刺史何无忌领兵迎敌，阵亡。卢循和徐道覆联军，逼近建康。建康人心惶惶。刘裕正在北伐南燕的前线，闻讯担心建康有失，只带几十名随从轻装返回建康指挥御敌。

刘裕赶到建康后，考虑到北伐的将士尚未返回而且刚刚经历大战，劳顿多病，因此主张消极防守。镇守姑孰的豫州刺史刘毅本是刘裕创业期的盟友，后来地位落在了刘裕的后面，渐渐与之不睦。他力主出兵迎击卢徐，企图借战功压过刘裕，进而夺权。刘裕从大局出发写信劝阻，又派人去面劝他暂缓出兵。刘毅铁了心要出兵，带上两万精兵和全副家当迎敌，结果在桑落洲一战被卢循杀得落花流水。几百艘大船和堆积如山的辎重都成了起义军的战利品。他本人历尽艰辛，才逃回建康。

刘毅这一败，大大损耗了东晋的有生力量。剩下建康的几千守军，要对抗十几万起义军。形势危如累卵。刘裕悬出重赏，招募建康百姓当兵，又动员民众修治石头城，集中兵力扼守石头城。敌我力量对比依然悬殊。

当年五月中旬，起义军包围建康，秦淮河入江口都出现了卢循的士兵。徐道覆主张烧毁舟舰，登陆猛攻建康各个城门，以示有进无退的决心。起义军占有优势，再破釜沉舟，也失为鼓舞士气的妙计。如此重要关头，卢循还对前途没有信心，怕烧了船再战败了就无路可逃了，留着船还能留条后路。他主张暂缓攻城，采取围城的方式，寄希望于建康主动投降。卢循借口说：“从大势看来，建康不日自会溃乱。”他分兵攻掠周边各县。徐道覆无可奈何，悲叹道：“我终为卢公所误，大事将不成；我若能为英雄效劳，天下可定也！”起义军没有集中兵力对建康城发动猛烈攻势，零星的挑战都被刘裕遏制了。刘裕也勒令部将不准出城挑战，凡是违令出战失利的都被他斩首。建康城最终守住了。而卢循在建康周边的攻掠收获不大。相持到七月，起义军士气疲乏，卢循主动退到浔阳休整。

刘裕并没有追击卢循，还是派沈田子等带兵数千，从海路南下偷袭起义军的老巢广州。卢循北伐倾巢而出，留守广州的兵力微乎其微，很快被消灭。沈田子的数千晋军竟然攻占了广州，让起义军无家可归。消息传到长江前线，起义军军心动摇了。战争形势大变。

十月中旬，刘裕从建康出师，主动与起义军决战。卢循接连失利，徐道覆企图西进占领荆州，又在江陵为荆州刺史刘道规所败。年末，卢循、徐道覆带着几千残部退回岭南。

411年，刘裕派兵平定岭南。二月，徐道覆在始兴战败被杀。卢循反攻广州又为沈田子所败，逃往交州，在今天的越南河内附近被东晋的交州守军打败。卢循走投无路，毒死家人，然后学孙恩那样投水而死。他的死，标志着孙恩起义的最终结束。

孙恩首义的江南农民起义跨越了十多年，纵横半个中国，席卷数十万百姓，是魏晋南北朝时期规模最大的农民起义。起义重创了本已衰微的东晋朝廷，为实权人物的上台铺设了基础。这里说的实权人物，除了上文说的刘牢之、刘裕，还有作为长江三刺史联盟盟主的桓玄。

四一

桓玄：篡国虎父无犬子

一

孙恩起义的导火索是司马元显的大征兵。他征兵的目的，是为了对付长江上游的三刺史联盟。

在这三个刺史中，江州刺史桓玄值得大书特书。桓玄是大权臣桓温的小儿子。桓温眼看就要逼宫篡位成功了，最后还是被谢安给拖死了。桓温死后，年幼的桓玄继承了南郡公的爵位。此时的桓家虽然还保留着不俗的军事和政治实力，但和桓温在世时毕竟不能同日而语了。桓玄 7 岁的时候，荆州文武聚集在叔父桓冲家。桓冲摸着桓玄的小脑袋，无限感叹地说道："这些人，之前都是你家的部属、幕僚啊。"桓玄竟然能听懂这句话的意思，泪流满面，惊动满堂宾客。

东晋朝廷没有追究桓家逼宫篡位的罪行，但对桓氏子弟非常防备，桓玄兄弟的仕途非常不顺。桓玄直到 23 岁那年（391 年）才被任命为太子洗马。而一般的世族子弟年满 20 岁都能位列朝堂了。几年后，桓玄出京担任义兴太守。他觉得不得志，登高望震泽，叹道："父为九州伯，儿为五湖长！"于是干脆弃官回到封国南郡（今湖北江陵），将对朝廷的不满和重振父业的野心潜伏在心底。

397 年，王恭第一次起兵，反对司马道子和王国宝的时候。桓玄敏锐意识到这是一个浑水摸鱼的机会。当时的荆州刺史殷仲堪在司马道子和王恭之间，摇摆不定。桓玄就去劝他："听说朝廷要征召刺史大人入京担任中书令了，不知道消息是否准确？"一下子就点中了殷仲堪害怕司马道子削藩，夺去手中实权的心理。殷仲堪于是决心参与王恭起兵，并分兵给桓玄率领，以之为前锋。

这次起兵以司马道子杀王国宝当替罪羊，王恭主动罢兵结束。桓玄断定司马道子懦弱无能，在第二年（398 年）向朝廷求授广州刺史的官职。司马道子本就将桓玄看做潜在威胁，希望他走得越远越好，爽快地任命其为广州刺史。不想，桓玄只是刺探而已，接受了广州刺史的任命并不到番禺去上任，继续逗留在荆州等地。桓玄在荆州拉帮结派，聚拢力量，行为豪纵，俨然是荆州真正的主人。官民都忌惮他。荆州刺史殷仲堪的亲党劝刺史除掉桓玄，殷仲堪优柔寡断，迟迟不敢动手。马上，王恭第二次起兵。殷仲堪、桓玄和南郡太守杨佺期联合出兵。荆州内部的矛盾就暂时冷冻起来了。

这次起兵的结果是王恭被杀，殷仲堪三人得到安抚，都被任命为刺史。三位刺史在浔阳结盟以求自保。桓玄因为家族声望和历史的缘故，被推为盟主。做了盟主后，桓玄更加骄纵。三人内部矛盾凸显。雍州刺史杨佺期为人骄悍，在于前秦的战斗中积累军功不断得到提升，算不上是官场正途，为世族子弟所轻视。但他常常自诩家世华胄，是天下数一数二的豪门（他是弘农人，自称是弘农杨氏一员）。桓玄一点面子都不给他，每次都直呼杨佺期为“寒士”，处处压他一头。杨佺期咽不下这口气，早在三人筑坛定盟的时候就计划偷袭桓玄，干掉他。殷仲堪担心杨佺期勇武，恐怕他消灭桓玄后就要夺自己的荆州地盘，苦苦劝杨佺期不要鲁莽行事。杨佺期这才隐忍不发。三人结盟后，各归辖区。殷仲堪回江陵当他的荆州刺史，杨佺期去襄阳镇守。桓玄知道了杨佺期愤恨自己，又想吞并杨氏地盘，就屯兵夏口（今武汉）。三个盟友就各怀鬼胎，相互防备着。

司马元显了解三人的衅隙，要诱发三人火并坐收渔利，就将杨佺期管辖的四个郡划拨给桓玄。杨佺期和桓玄的矛盾进一步加深了。

不久荆州发大水，殷仲堪这个父母官全力赈灾，拿出老本抚恤灾民，造成荆州仓廪空竭。桓玄乘人之危，发兵讨伐殷仲堪。江陵是桓玄的封地，哥哥桓伟还留在江陵。桓玄就密报桓伟，让他做内应。桓伟遑遽不知所为，竟然把信件拿去“请教”殷仲堪。殷仲堪劫持桓伟为人质，让他写信给桓玄。桓伟在信中，满纸凄苦，可怜巴巴的。桓玄却对部下说：“殷仲堪为人优柔寡断，患得患失的，老是考虑妻儿家室。我哥哥肯定没有危险。”桓玄继续督率大军，步步进逼江陵。殷仲堪派兵迎战，被桓玄接连打败。桓军推进到距离江陵只有 20 里的地方。殷仲堪之前向杨佺期求救。杨佺期担心江陵物资短缺、缺衣少食的，难以持久。殷仲堪就写信骗杨佺期说江陵储备丰厚，物资和军需都没有问题。杨佺期信以为真，和哥哥杨广一起从襄阳增援江陵。桓玄很重视杨佺期部队的锐气，避其锋芒，全军暂且退后。杨佺期围追其后，桓玄部队突然调转枪头迎战。经过一番苦战，杨佺期部队溃败，逃奔襄阳。桓玄派将军冯该追击。杨佺期、杨广兄弟分头出逃，还是被俘虏，送到桓玄面前，双双掉了脑袋。困守江陵的殷仲堪得知杨佺期的死讯，勇气丧尽，带上数百人弃城北上，要投奔后秦的姚兴，途中被冯该俘虏。桓玄下令杀死殷仲堪。此前，桓玄在进军江陵的途中，假传圣旨给梁州刺史郭铨，说朝廷已经将郭铨划归自己指挥。糊涂的郭铨莫名其妙地交出了权力，服从桓玄的指挥，做了征讨荆州的前锋。这些都是隆安三年（399 年）的事情。

三刺史联盟仅仅维持了一年时间，桓玄就消灭了荆州刺史殷仲堪、雍州刺史杨佺期二人势力，尽占长江中游一带。次年（400 年），朝廷不得已，根据桓玄的请求任命他为都督荆、司、雍、秦、梁、益、宁、江八州及扬、豫八郡诸军事、后将军，兼任荆江两州刺史。至此，桓玄恢复了父亲桓温时期的势力范围。

二

桓玄是东晋最大的实权人物了。朝廷虽然由司马道子、司马元显父子相继专权，但能够管辖的仅仅是江南八郡而已，江北由北府兵刘牢之、豫州刺史司马尚之分割，不仅江南又爆发了孙恩起义，一度失去控制。总之朝廷是四处树敌，捉襟见肘，处置乏力。而桓玄掌握着东晋超过一半的领土（他自称三分天下有其二），募兵征粮，持续自肥。桓玄本就有野心，如今更是大造舆论，说什么“国运转移”，还屡次在辖区内制造祥瑞“进献”给朝廷，名为宣示个人功绩实为公然示威。

照此发展下去，桓玄迟早要重复其父桓温逼宫篡位的覆辙。长痛不如短痛，元兴元年（402 年）正月，血气方刚的司马元显控制朝廷下诏讨伐桓玄。他自任征讨大都督，以刘牢之作前锋都督、征西将军。为了拉拢刘牢之，司马元显剥夺桓玄的江州刺史官职，转授给刘牢之。

桓玄没有想到朝廷这么快就公开讨伐自己。他之前敢高调示威，是觉得扬州饥馑，孙恩未灭，司马元显没有能力讨伐自己。桓玄盘算着趁机蓄力养众，等力量更强大些再和朝廷摊派。听说司马元显讨伐自己，桓玄一开始感到害怕，想放弃东部郡县，退保大本营江陵。长史卞范之劝他说：

“桓公英略威名振于天下，司马元显只是个乳臭未干的小儿，刘牢之是个反复小人。您如果兵临京师，示以威赏，敌人必然土崩瓦解。如今为什么要引敌入境主动示弱呢！”桓玄有了信心，留哥哥桓伟守江陵，召集兵马顺江而下进驻浔阳。到了浔阳，桓玄移檄建康，公布司马元显的罪状，反过来声称要讨伐司马元显。

这回轮到司马元显害怕了。他也就是一时意气用事，没有消灭桓玄的周密计划，也没有想到桓玄如此强硬的态度。他本来已经上了船，大军准备开拔了，看到檄文后迟迟不敢动身。仗还没开打，司马元显就在气势上输了。

那边，桓玄一边顺江而下，一边还在心里打鼓。他担心部众敢不敢与朝廷大军作战，会不会取胜。等到了过了浔阳，还没有见到司马元显的一兵一卒，桓玄悬着的心终于落了下来，部队的士气也高涨起来。桓玄兵抵姑孰，派遣部击破了倾向朝廷的襄城太守司马休之和豫州刺史司马尚之。

司马元显没注意了，派使者向刘牢之询问战事。刘牢之也害怕。他一来担心桓玄威名鼎盛，手下有大批精兵强将，取胜的希望不大；二来，刘牢之担心即便平定桓玄了，自己也会功高震主，必定不能为元显所容。所以刘牢之犹豫不决，消极怠工，磨磨蹭蹭地带着北府兵进驻建康西南的溧洲就止步不前了。

桓玄适时地派其族舅何穆来当说客，劝刘牢之说：“高鸟尽，良弓藏；狡兔殚，猎犬烹。文种被勾践逼死，白起被秦始皇杀死，韩信被刘邦杀死，这些都是前车之鉴。那些英雄霸王之主，还不敢信其功臣，况且是愚昧平庸之流！盘古开天地以来，戴震主之威，挟不赏之功，以见容于暗世者，有谁呢？现在你的情况是，战败了则家族不保，战胜了也难逃满门抄斩的命运，你想怎么办？倒不如幡然醒悟，与桓公联手，保有富贵。身与金石等固、名与天壤无穷，比起手足异处、身名俱灭、为天下人耻笑，你选哪个？”刘牢之听了，觉得何穆所言有理，要派使者去向桓玄请降。

外甥何无忌和部将刘裕苦苦劝谏，觉得桓玄不可靠，刘牢之都听不进去。儿子刘敬宣也劝阻说：“今国家衰危，父亲和桓玄是天下最有实力的两个人。桓玄借家族优势，据有全楚，割朝廷三分之二领土，威望已成，父亲恐怕难以与他共存。父亲如果投靠他，只怕董卓之变，将在今矣。”刘牢之怒道：“你说的这些我难道不知道？今日，我是可能打败桓玄；但平定桓玄之后，我又怎么和司马元显相处呢？”最终，刘牢之还是派刘敬宣至桓玄营中请降。

桓玄大喜，热情款待刘敬宣。他接受了刘牢之的投诚，但对北府兵早有处置的意见。那就是要分化、杀戮北府兵，不能让它继续存在。荆州将领们都知道桓玄的心意，在招待刘敬宣的席上莫不相视而笑，笑话刘牢之的愚昧和短视。刘敬宣却被蒙在鼓里。

刘牢之率北府兵投降后，战争实际上已经结束了。桓玄大军沿江而下，进至新亭。司马元显弃船退入建康城中，桓玄军队轻松登陆。司马元显退无可退，硬着头皮整军在宣阳门外列阵迎战。无奈，军心已乱，晋军不战自溃。司马元显匹马逃回城中，身后只有一个谋士跟随。他逃到家里，问父亲司马道子怎么办。司马道子只是对着他哭泣，拿不出任何主意了。很难想象，东晋朝廷竟然被这样两个父子操纵了二十年。桓玄兵不血刃进入建康，抓住司马元显，将他和之前被俘的司马尚之一起杀死。司马元显当时才20周岁而已。司马道子被放逐到安成郡，很快就被毒死，也才39岁。

桓玄控制白痴皇帝司马德宗，自任丞相、都督中外诸军事，又派遣家人、亲信占据要津，控制了东晋朝野。

三

桓玄掌权后，首要的事情就要削弱镇压北府兵。他任命刘牢之为征东将军、会稽太守，剥夺了军权。刘牢之恍然大悟：“一转眼，桓玄就夺我兵劝，祸将至矣！”刘敬宣就劝刘牢之趁着军权还没有交出去，袭击呆在建康丞相府中的桓玄。关键时刻，刘牢之也显示出了低劣的政治素质，经过一番犹豫不决，刘牢之没有采纳儿子的建议，而是计划带着北府兵渡过长江，与在江北的女婿高雅之联合据守北岸和桓玄相持。

刘牢之招集北府兵将领商议去留，不想大家对他的主张都默不作声。参军刘袭打破沉默说：“事不可者莫大于反，将军往年反王兖州，近日反司马郎君，今复欲反桓公。一人而三反，岂得立也？”说完，刘袭快步离开，将领们纷纷走散。刘牢之的主张得不到部下的支持。他已经安排儿子刘敬宣先到京口安置家眷，如今见儿子失期未到，以为他遭遇不测。众叛亲离之下，刘牢之自缢而死。不一会儿，刘敬宣赶了回来，见父亲已死不敢哭喊，急忙投奔高雅之而去。北府兵将吏将刘牢之安葬在丹徒。桓玄不依不饶，下令斫棺斩尸，把刘牢之尸体抛暴于大街上。一代名将，落得如此下场。

除去心腹大患刘牢之后，桓玄再矫诏任命自己为太尉、都督中外诸军事、扬州牧、领豫州刺史，完全掌控了国政。对群龙无首的北府兵，桓玄举起了血腥的屠刀，接连杀害了高素、竺谦之、竺朗之、刘袭、刘季武、孙无终等北府旧将。刘敬宣、高雅之和冀州刺史刘轨（刘袭的哥哥）起兵反桓自保，被桓玄打败。三人北逃，投降了南燕的慕容德。

剩下的北府兵系统的将领人人自危。刘牢之的外甥何无忌去找刘裕，询问："我们怎么办？"刘裕相当镇定地回答："你可随我回京口。桓玄如果能效忠朝廷，我们就服从他，听他指挥。如果桓玄有篡国谋权的举动，我们就对付他。现在正是桓玄矫情树威、施展拳脚的时候，肯定用得着我们这样的人。"果然，桓玄铲除了一批北府兵将领们，并没有对剩下的人斩尽杀绝，而是希望他们为己所用。他派堂兄桓修镇守丹徒，任命刘裕为中兵参军。其他北府将领依然在位。这说明桓玄想杀一派拉拢一派，收编利用北府兵。而刘裕在刘牢之之后，无形中成了北府将领的中坚力量，大家有事没有都向他靠拢。

元兴二年（403 年）二月，桓玄矫诏自任大将军。大将军之职，几乎是奸臣谋权篡位之前必经的一道官阶。桓玄的意图已经很清楚了。同年九月，他又加授相国，封楚王，封地有十郡，并加九锡，准备篡位了。

篡位之前，桓玄环视天下，最不放心的还是北府兵残余力量。于是，他派堂兄桓谦前去刺探刘裕对自己篡位称帝的态度。桓谦屏退众人，问刘裕："楚王勋德隆重，四海归怀。朝廷各位公卿大臣的意思，都是希望皇帝禅位给楚王。不知道刘将军意下如何？"刘裕毫不犹豫地回答说："楚王是宣武之子，勋德盖世。桓氏家族，世代都是朝廷的功臣支柱。晋室微弱已经很长时间了，早已失去民心。现在楚王是众望所归，乘运禅代，有何不可！"桓谦听完，大喜过望："刘将军说可以，那就真的是可以了！"他马不停蹄地回到建康。桓玄得报，以为自己得到了刘裕为代表的北府旧将的支持，再没什么忌惮的了。

403 年 12 月，又一幕"禅让"大剧上演。白痴的晋安帝司马德宗献出国玺，禅位于桓玄。桓玄经过一番辞谢表演后，粉墨登场称帝，国号"楚"。历史上将这个政权称为"桓楚"。

篡位后，桓玄贬司马德宗为平固王，迁居浔阳。

关于新朝的年号，桓玄一开始下诏，定年号为"建始"。右丞王悠之指出八王之乱时，篡位的赵王司马伦用过"建始"这个"伪号"。桓玄就改年号为"永始"，结果这个年号又曾经是王莽刚执政时西汉末年的年号，还是很不吉利。桓玄用它的本意可能是希望自己的楚政权保持朝气，永远欣欣向荣，事情的发展能如他所愿吗？

四二

桓楚注定是个短命的伪政权

一

桓楚政权的建立，可谓是机遇与挑战并存。桓玄接手的是经过朝廷权臣、外藩强将和孙恩起义军轮番蹂躏过的乱局，百姓困苦，朝政混乱，事情千头万绪。可从反面来说，屡经动乱之后人心思归一统，呼唤有人出来收拾乱局。这就为桓玄施展拳脚、建立功业提供了舆论基础。只要他做出实实在在的成绩了，哪怕就是比司马道子和司马元显父子好那么一点点的政绩来，人们都会说他好的。桓玄面临的问题，尽管棘手，却很容易出成绩。

桓玄入主中枢的初期，的确给人耳目一新的感觉。《晋书》也承认他"初至也，黜凡佞，擢俊贤，君子之道粗备，京师欣然"，起码建康附近得到了治理。

然而没过多久，桓玄就暴露出拙劣的品行来，让人大失所望。

不客气地讲，桓玄到现在为止的成功，主要靠的不是他的能力，而是对手实在太逊太无能，而他的家世基础又着实很强。至于桓玄本人，"本无资力，而好为大言"。做个指点江山的文人谈客，桓玄绰绰有余，可要治国平天下，他就是个绣花枕头了。桓玄即位后，没有全盘拨乱反正的计划，更不知道如何着手建设，做的都是些无关紧要或者沽名钓誉行为。比如，桓玄好施行小惠以笼络人心。他亲自审讯囚犯时，不管罪刑轻重，多予释放；对于拦御驾喊冤的人，也都给予救济，对罪犯和申冤者反映的问题则不闻不问。在政务处理方面，桓玄继承了先前繁琐苛刻的风格，又喜欢炫耀自己。有官员将诏书中"春搜"字误缮为"春菟"，桓玄就把经办人员全都降级或免职，来显示自己明察秋毫。

桓玄在富贵乡里长大，喜欢奇珍异宝，珠玉不离手。他不仅享受，还百般搜求宝物。当了皇帝后，桓玄搜求的能力大增。民间有书法名画或佳园美宅，桓玄都要占为己有。百姓不给，桓玄就威逼强夺，与强盗无异。他还派遣官吏四处求宝，掘果移竹，不远数千里给他输送宝物。很快，“百姓佳果美竹无复遗余”。巧取豪夺的目的是享受，桓玄在享受过程中暴露出了惊人的无能和懦弱。他把搜集的奇珍异宝和名贵书画都放入轻舸中。别人劝他没必要把宝贝都藏在小船里，桓玄说：“这些书画服玩应该时刻放在身边，万一遇到兵凶战危损失了多可惜，所以我把它们实现放在船上，遇到紧急情况可以方便运输。”堂堂九五之尊，首先想到的竟然是如何方便携带宝贝逃亡。大臣们不禁暗中发笑。桓玄又喜欢游玩打猎、兴筑宫殿，篡位后骄奢荒侈，游猎无度，夜以继日。亲哥哥桓伟死了，下葬的当天，桓玄白天哭灵晚上继续游乐，让人看不下去。

没过几个月，桓玄就因为“陵侮朝廷，幽摈宰辅，豪奢纵欲，众务繁兴”，导致朝野失望，人心思变。

既然朝野都对桓玄失去了信心，那么谁来推翻他呢？

首当其冲的人选就是那些跨州连郡的世族大家们了。遗憾的是，经过几十年的安逸享受，世族大家不论在身体上还是精神上都已经腐朽堕落，变得庸碌无能了。孙恩起义时，江南诸郡大饥。腐朽的世族子弟，很多穿着精美的丝绸、怀抱心爱的金玉，关着大门整家整家地饿死。他们连迁徙他乡或者寻找野草草根充饥的本领也没有，当然不能指望他们来推翻桓楚政权了。能够与桓玄争夺天下的人选在民间、在军队里。

具体地说，没有被桓玄斩草除根的北府军旧部对桓玄心怀怨恨，其中的中坚将领刘裕也琢磨着推翻篡位的桓玄。桓玄也提防着以刘裕为首的反对派将领。桓楚建立后，他征召刘裕进京朝见。404年2月，刘裕随同徐、兖二州刺史，安成王桓修入朝。桓玄见过刘裕后对司徒王谧说：“我昨天见到刘裕了。此人风骨不凡，是天下人杰啊。”于是桓玄每次游玩集会，都对刘裕优礼有加，厚加赠赐。桓玄的妻子刘氏善于识人。她提醒桓玄说：“刘裕龙行虎步，视瞻不凡，恐怕不是甘心于居他人之下的野心家，应该早些处置他。”桓玄不同意说：“我正要平定中原，非刘裕不可以托付国家大事。等到关陇平定以后，再谈处置的问题也不迟。”之后他对刘裕更加优待赏赐，希望刘裕能够为己所用。

刘裕是不会效忠已经失去人心的桓玄的。他自己也是个枭雄，很快寻找机会离开建康，返回江北。永始二年（404 年）二月二十七日，刘裕推说打猎，和何无忌纠合了一百多人的小武装。次日早晨，京口城门刚开。何无忌身穿传诏书的服装，诈称朝廷使者，当先进城，一百多人跟着一拥而入。守将桓修大概连真假还没有弄清楚，便被砍了脑袋。同日，京口对岸由桓弘驻防的广陵也发生了政变。刘毅、孟昶和刘裕的弟弟刘道规带几十名壮士冲入桓弘府中，将正在吃粥的桓弘杀死。考虑到兵力薄弱难以坚守广陵，刘毅随即率众渡江，与刘裕在京口会合，队伍壮大到大约1700 人。

这支不起眼的小部队誓言推翻桓楚伪政权。当时刘毅、何无忌都是平民百姓，刘裕顶着桓楚政权的建武将军、彭城内史官职，因此刘毅、何无忌就推刘裕为盟主，号召天下反桓。

首义之初，事情繁杂。刘裕急需一位处理事务的主簿，协助自己。刘毅就推荐了刘穆之，说没有比他更合适的人选了。刘穆之是莒县（今属山东）人，出身平民，博览群书，精明能干，做过地方小官，当时正闲居京口。刘裕听说过刘穆之的文才，立刻派人去请。巧了，刘穆之听到城中军队喧闹，出来探望，遇到来请他的使者，就跟着去见刘裕。两人一见，惊喜地发现志同道合，顿生相见恨晚之感。刘穆之欣然同意担任刘裕的主簿，负起了刘裕谋主兼秘书长的角色，一上任就将首义事务处理的井井有条。刘裕十分满意。从此，刘裕和刘穆之开始了“刘备—诸葛亮”般的亲密合作。

二

刘裕整顿完毕后，主动进攻建康。桓玄仓促走出享乐，还宫部署应对。他主要有两个对策。第一是赦免扬、豫、徐、兖、青、冀六州的百姓，收揽人心；第二是任命桓谦为征讨都督，派吴甫之、皇甫敷两人分别率军北上迎战刘裕。

三月，刘裕和吴甫之在江乘遭遇。吴甫之是桓玄的骁将，带领的部队也是百战精兵。这一场仗打得异常惨烈，刘裕手执长刀，大呼着亲身冲入敌阵。在他带领下，起义军奋勇前进，阵斩了吴甫之，击溃了桓玄的一支部队。刘裕进军到罗落桥的时候，皇甫敷率另一支部队数千人恭候迎战了。刘裕和一同起兵的檀凭之分别率领一支部队，冲向敌阵。檀凭之血战阵亡，其众退散。刘裕前后奋击，越战越勇，最后攻破皇甫敷部队，将皇甫敷斩首。起兵之初，刘裕、刘毅、何无忌等共建大谋。有相面高手说，刘裕等人日后会大福大贵，只有檀凭之没有富贵相。刘裕对何无忌等人说："我等同舟共济，日后命运不会有偏异，有福同享有难同当，檀凭之也不会例外。"因此，大家都不相信那个相面术士的语言。如今，檀凭之战死，刘裕在悲痛之余，开始相信术士的预言，对讨桓的胜利充满了信心。

吴甫之、皇甫敷接连被杀，桓玄大惊，召集大臣讨论。一上来，桓玄就问："朕会失败吗？"曹靖之回答："如今神怒人怨，臣恐怕前途不妙。"桓玄说："百姓或许怨恨我，神灵为什么也发怒呢？"曹靖之回答："您把晋朝宗庙移到江滨，让它漂泊失所；大楚的祭奠，只祭奠了先皇（指桓温），连祖父（指桓彝）都没有祭奠，上天当然要发怒了。"桓玄追问："那你之前怎么不劝谏我？"曹靖之回答："您身边的人都奉承您为千古圣君，粉饰现在是尧舜之世，我哪敢多言！"桓玄后悔莫及，又恨又怕。

后悔归后悔，桓玄还得硬着头皮迎战刘裕。他一面找术士诅咒刘裕，一面收拢两万军队，派遣桓谦、何澹之屯东陵，卞范之屯覆舟山西，准备战斗。刘裕推进到覆舟山东，让将士们饱餐一顿后，抛弃余粮，以破釜沉舟之势对桓军发动攻势。他选派年老羸弱的人在蒋山上分张旗帜，然后指挥部队分道进攻。桓军的侦察兵看来，以为刘裕军队人数众多（其实才几千人马），回去报告桓玄："裕军四塞，不知多少。"桓玄更担心了，加派庾颐之带领建康城内的精兵增援前线。决战正式开始，刘裕、刘毅等将领身先士卒，直前冲击。将士人人死战，喊声惊天动地。刘裕见东北风急，就沿途放火焚烧，烟尘张天。建康城内都能听到城外鏖战的声音，看到漫天的烟尘。桓军士气低落，刘裕等人斗志昂扬，结果桓谦等诸军被击溃，纷纷后逃。城内，桓玄集合亲信数千人，扬言要出城与刘裕决一死战，暗地里带着儿子桓升、侄子桓浚等出建康西掖门，到达石头，坐上实现准备好的小船，向长江上游逃去。

建康落入刘裕手中，周边郡县也纷纷反正。起兵不满一个月，他就成了胜利者。可是更大的麻烦随即而来：推翻了桓玄以后，政权怎么办？建康不能一日无主，起义军和反正的地区不能群龙无主。刘裕的选择很少。他可以自己称王称帝，可是他是以讨伐桓玄篡位起兵的，如今自行登台掌权，和桓玄有何区别，又如何安抚天下？况且，和刘裕合作起兵的刘毅、何无忌等人也不会支持。所以，刘裕还是需要把东晋朝廷的牌子给抬出来，在东晋的旗帜下发号施令。问题在于晋安帝司马德宗已被桓玄软禁在浔阳了，尚在桓玄控制的范围之内。怎么办？刘裕决定找一个皇室成员出来，暂代朝政。

桓玄篡位后，司马皇室的子弟都被桓玄贬居外地了。原来的武陵王司马遵被贬为彭泽侯，被勒令到彭泽（今江西九江彭泽）居住。巧的是，司马遵出发时船坏了，他就在建康逗留了下来。司马遵人既在建康，思想又极端反桓。右将军桓伊曾去拜访他，司马遵说："我家的门不为桓氏开！"左右劝他："桓伊虽然姓桓，但和桓温是疏宗，您和他相见无妨。"司马遵说："我听到别人姓木字边，就想杀了他，更何况他姓桓了！"这样的人，桓玄篡位后没有除掉，是一大疏忽。如今，司马遵成了刘裕搬出来号召天下的理想人选。于是，刘裕等人推举司马遵为大将军，搬入皇宫居住，代行大权。刘裕等人通过司马遵迁转百官，将他所辖的命令称制书。司马遵大赦天下，但是和桓玄同祖的子弟不在赦免行列。

三

前线的战争还在继续，长江中游一带的战火还要蔓延几年。

桓军屡次战败，桓玄不得不退出建康，到浔阳挟持了晋安帝司马德宗，继续向西逃回江陵。对于自己的惨败，桓玄心理接受不了，常常整天不吃不喝的——当然了，在撤退途中供给部好，左右送给桓玄吃的都是粗饭，他也咽不下去。儿子桓升只有几岁大，懂事地抱着桓玄的胸抚摸。桓玄更是悲不自胜。对外，桓玄担心兵败如山倒。他继续以大楚皇帝自居，要和刘裕争夺天下。

西撤后，桓玄唯恐政令不通法令不肃，施行严刑峻法来整肃内部，部众反而愈加离心。逃亡途中，桓玄开始编辑起居注（记载帝王日常言行的档案），说到被刘裕打败的内容，他自称经略指授算无遗策。既然桓玄神机妙算了，为什么还失败了呢？桓玄就痛骂诸将不听指挥，以致失败，认为建康失守非战之罪，而是下面的人执行不力。

四月，司马遵在建康就任大将军，发兵讨伐桓玄。桓玄也在荆州重整部队，以投降的前秦太子苻宏为前锋，东下与刘毅率领的晋军决战。桓玄的军队始终在数量上占据优势。刘毅的部队只有几千人。桓玄发扬畏战的一贯传统，在御船旁边系着一条小船，装着宝物和给养，一看情况不妙随时准备开溜。下面的将士看到皇帝都是这样的心理，哪里还有斗志。加上刘毅又成功乘风纵火，一场火攻将桓玄的荆州兵杀得大败。桓玄不但不思收拢败兵再战，反而烧掉辎重，连夜逃回江陵。

部将冯该劝桓玄在江陵准备最后的决战。桓玄完全没有勇气，计划逃亡汉中投靠梁州刺史桓希。他不顾个别忠心将士的劝阻，连晋安帝也不要了，要率部弃城北逃。江陵城中顿时大乱，指挥混乱，政令不通。桓玄带少数几个人乘马出城，出城门的时候遭遇怀恨在心的旁人行刺。刺客没有刺中桓玄，却导致桓玄身后最后的部队相互猜疑，起了内讧。最后，桓玄狼狈地和几个亲人逃到船上，逆江泛舟而去。

桓玄跑后，部分忠于晋室的官员将晋安帝司马德宗迎入南郡府舍，等候晋军的到来。

之前，东晋的益州刺史毛璩的弟弟毛璠死了，他派了其孙毛佑之、参军费恬带着两百人出三峡送葬回江陵。毛璩的侄子毛子修是桓玄的屯骑校尉，有心杀桓玄，就劝诱桓玄入蜀。桓玄同意了，在枚回洲遇到了毛佑之和费恬一帮人。毛佑之等人里应外合，对桓玄发动突袭。一时间箭如雨下，桓玄平时宠幸的近臣丁仙期、万盖等人用身体护着桓玄，各中数十箭而死。桓玄也中箭了，儿子桓升在旁帮他拔出箭来。益州督护冯迁抽刀，跳上桓玄的大船。桓玄一边拔下头上的玉饰递给冯迁，一边喝问："你是何人？敢杀天子！"冯迁说："我是在杀天子之叛贼而已！"刀起头落，桓玄死了，时年 36 岁。小孩子桓升被抓，他向乱军大喊"我是豫章王"，可他的豫章王是桓楚政权封的，保护不了他。桓升和父亲一同丧命。桓玄的脑袋被送到建康，悬挂在大街上示众。围观百姓莫不叫好，可见桓玄多么不得人心，桓玄政权的速亡也在情理之中。

不过桓玄之乱并非彻底结束。桓家经营多年，势力盘根错节。桓玄死后，被其侄桓振谥为武悼皇帝。桓振、桓谦、苻宏等人在荆州一带顽抗。桓振还一度重新攻陷江陵，再次俘虏晋安帝。东晋花了几年时间才诛杀桓振等人，讨平叛军。直到 406 年晋安帝才回归建康，司马遵奉还政权，改拜太保。桓氏子孙部分投降后秦，部分逃入苗中成为南蛮，在东晋绝迹了。

四三

当兵是个很有前途的职业

一

我们有必要回过头来，着重了解一下刘裕的成长和发迹经历。

刘裕字德舆，小名寄奴。先祖是彭城绥里人（今江苏徐州），曾祖刘混时随晋室南迁，后来迁居到京口（今江苏镇江）。刘家是极其普通的城市贫民家庭。

但是《宋书》为刘裕列出了令人眼花缭乱的家族世系。“汉高帝弟楚元王交之后也。交生红懿侯富，富生宗正辟强，辟强生阳城缪侯德，德生阳城节侯安民，安民生阳城釐侯庆忌，庆忌生阳城肃侯岑，岑生宗正平，平生东武城令某，某生东莱太守景，景生明经洽，洽生博士弘，弘生琅琊都尉悝，悝生魏定襄太守某，某生邪城令亮，亮生晋北平太守膺，膺生相国掾熙，熙生开封令旭孙，旭孙生混，始过江，居晋陵郡丹徒县之京口里，官至武原令。混生东安太守靖，靖生郡功曹翘，是为皇考。”也就是说刘裕是西汉刘邦的弟弟楚王的后裔。在他的祖先中，封侯拜将是很容易的事情。这一串家族世系基本上是瞎说。它只能证明南朝宋时期的皇室是多么在意自己的家庭血缘，因此不遗余力地往自己脸上贴金。

退一步说，即使世系存在，也只能说明刘裕虽然是西汉楚元王刘交的后裔，但早已经是败落了。起码按照《宋书》的记载，到刘裕的父亲刘翘的时候，刘家已经家道衰落。刘翘一生，仅居郡功曹（郡守属吏）的职位。就是这个郡功曹的职位也极可能是虚构的。因为郡功曹也算是地方的士绅大官，家里多少也有些家底。但是从刘裕日后赤贫的生活来说，他的父亲刘翘怎么可能不为儿子留家产，怎么就眼看着儿子缺衣少吃的呢？因此，刘翘本人极可能只是官府的一名底层衙役，或者干脆就是一个底层农民。

根据《宋书·武帝本纪》推断，刘裕生于兴宁元年三月壬寅夜，即公元363年4月16日。出生时，母亲在生产中死了，父亲刘翘因为家境实在贫寒，难以养活儿子，就想将刘裕抛弃。就在刘裕即将成为弃婴的时候，与刘裕同郡的同族刘怀敬的母亲，听说了这事，忙赶过来阻止了刘翘，并承诺自己将抚养这个可怜的婴儿。当时这位可敬的母亲生了自己的儿子刘怀敬尚未满月，就毅然断了刘怀敬的奶水去哺乳并非亲生的刘裕。刘裕对刘怀敬一家终生感激，在成为皇帝后，刘裕封并无亲属关系的刘家儿子为王。

关于刘裕的乳名——寄奴，这里还有一个传说。中药中也有一味中草药叫做刘寄奴。这个名字是因刘裕而起的。刘裕年少的时候，一天傍晚外出打猎，用箭射中一条大蟒蛇。但是那条蛇一闪就不见了。刘裕觉得很奇怪，就想去寻找那条受伤的蛇，无奈天色已晚已经作罢。第二天，他又来到原处寻找，当搜索到一条小河边时，听到密林深处有杵臼声。刘裕顺着声音寻去，只见两个小童在捣药。两人边捣药边说话。

其中一个说："我们大王伤势不轻，到底是谁这么大胆，敢射伤我们大王！"

另一个说："是昨天被刘寄奴射伤的。"

"大王有那么大的本领，为什么不杀了刘寄奴报仇呢？"

"不能杀，刘寄奴将来是要做皇帝的。这是大王说的。"

刘裕听得好奇，就大吼一声，跳将出来。两个小童吓得急忙逃窜，没了踪影。刘裕见两人留下药臼和草药，就试着用这种草药疗外伤，竟然有特效。后来刘裕驰骋疆场也都带着这种草药。在南征北战的过程中，他用那种草药治愈了多少受伤的将士都已经记不清了。当时人们都不知道这种草药的名字。因为这药是刘裕最先发现的，就以刘裕的乳名寄奴来命名。

这只是传说，不是事实。但据《隋书·经籍志》记载，刘裕喜欢钻研医药却是真的。他曾广泛收集民间方药，编辑了《杂戎狄方》一卷，可惜现已散失。

当然了，刘裕小的时候肯定不知道自己能当皇帝。也没有人认为这个贫苦人家的小孩能当皇帝。在人生的早期，人们通常都是以家境来决定一个人的前途的。刘裕就是属于那种因为贫穷而不被人看好的孩子。刘裕在贫困的环境中逐渐长大，"雄杰有大度，身长七尺六寸，风骨奇伟，不事廉隅小节。"前半句话是史书中惯用的修饰溢美之词，只能说明刘裕长得比较高大而已，后半句话才是重点。刘裕在老家不从事生产，不像出身相同的普通百姓家子弟一样做点“正事”。他识了几个文字，但进不了官府；为了糊口，他零星地从事被士人和官府瞧不起的力气活，有时还做些编席卖鞋之类的小买卖。由于家境贫寒又毫无背景，刘裕经常受人欺负。

刘裕还有一个一般人家难以接受的坏毛病：喜欢赌博。他的运气很不好，经常输得除了随身衣物就一无所有了。最后，刘裕因为赌博，欠了有钱有势的刁逵三万钱。刘裕自然还不起赌债，结果就被刁逵找人抓了过去，缚在马桩上，受尽了耻辱。当时的大世族王谧到刁逵家中拜访，偶然见到刘裕，觉得这是个日后会表现不俗的年轻人，就替刘裕还了债。刁逵得了钱，又看在王家的面子上，这才放了刘裕。王谧对刘裕说：“卿当为一代英雄。”他不因为身份和地位悬殊，主动与刘裕交往，让刘裕感动不已。

总之，年少时期的刘裕是不一个出身不好，行为有所不端，名声也不佳的孩子。

二

刘裕觉得再这样瞎混下去，一生就毁了，于是决定去做穷人还能做的一件事情：当兵。

东晋之前执行的是世兵制：一些家族世代当兵，垄断当兵资格，其他平民没有资格当兵。这些世兵子弟的素质越来越低，当兵吃粮而已，国家军事力量逐渐下降。最后连首都建康都没有足够的军事力量支持，叛乱者动辄兵临都城，威胁朝廷。在这种背景下，谢玄在江北招募贫苦流民入伍，建立了北府兵。广陵、京口及其附近的贫苦百姓和从北方南下的流民构成了北府兵的主力。这支新军队的战斗力非常强大，逐渐成为稳定东晋政局的主力。淝水之战的惊人胜利就是北府兵取得的。北府兵逐渐不受世族子弟控制，从上到下都由非世族出身的普通人掌握，成为完全的庶族军队。刘裕入伍之后，稳步得到提升，最初担任将领孙无终的司马，后来转入刘牢之手下做个军事参谋。

刘裕真正崭露头角的是在镇压孙恩起义的战争中。此后，刘裕长期在外对起义军作战，每次领兵都只有几千人，却屡建奇功。他在北府军中的声望越来越高，也越来越为朝廷所倚重。天下太平之时，治政功绩是一个人最大的政治资本；但到了乱世，军事实力是压倒一切的优势话语。职业军人出身的刘裕就有幸生活在这样的乱世中，分量越来越重，以至于桓玄在篡位之前都不得不征询刘裕的意见。男怕入错行，看来刘裕是入对了行。

自立为帝后，桓玄征召刘裕来京，做深入的试探。新王朝对刘裕日夜优待，礼遇有加。桓玄以为优待刘裕就可以了，可是他大错特错了。常年军事和政治争斗，让刘裕不再是简单的武夫，开阔了眼界，锻炼了政治智慧。他虚情假意地支持桓玄称帝，内心早就图谋推翻他。但是考虑到自己根基尚浅，实力不够，同时也想让桓玄逆天下之意称帝，自去根基，再图谋推翻他，所以才韬光养晦、蒙蔽桓玄。当时反对桓玄的人很多。多数世族大家都是反对他代晋自立的。但是这些养尊处优的贵族大家们失去了实际权力和纵横天下的志向。相反刘裕却将反对桓玄的计划付诸了实施。因为刘裕具有反对的实力。他不仅身经百战，政治军事经验丰富，还继刘牢之之后成了北府兵事实上的领袖。反桓的力量逐渐秘密汇聚到刘裕身边。这似乎预示着一个新时代的到来，一个新的不以出身为标准，而以能力为考虑的政治时代。

以刘裕为盟主的反桓同盟建立后，刘裕身先士卒，将士们无不死战，接连以少胜多，汇聚了越来越多的支持。推翻桓玄后，朝野竭力称赞刘裕平定桓玄之乱的功绩。朝廷封刘裕为侍中、车骑将军、徐青二州刺史。刘裕就此成为南方声望最高、实力最强的人物。他名声在外，就连北方的姚兴也颇为忌惮。刘裕上台后，向姚兴讨要后秦之前趁东晋大乱攻略的河南地区。姚兴竟然将部分侵略的东晋土地归还了刘裕。

刘裕继桓玄之后成了建康的主人，却没有留在建康专断朝政，而是接任徐青二州刺史，主动出镇外地。他推司马遵出来维持局面。当时，反正的桓楚司徒王谧（就是之前救过刘裕那个世族）与众人商议，准备推举刘裕统辖扬州。我们知道东晋朝廷长期只能直接关系扬州一地，要把持朝政必须兼任扬州刺使。刘裕坚决辞谢，把扬州刺史让给了王谧。他这么做可能基于以下考虑：首先是自己根基不足。尤其是刘裕出身贫寒，可能适应不了建康的政坛深水，想先常驻丹徒继续积累政治威望；其次是刘裕起家于江北，政治基础在今天的江苏南部一带，因此他选择去丹徒作为根据地；最后，刘裕将盟友刘毅、孟昶等留在建康作为内应，可以遥控朝政。

义熙三年（公元 407 年）十二月王谧去世，不利于刘裕的情况出现了。原来的盟友刘毅不希望刘裕进入朝中辅佐政事。之前刘毅和刘裕共同行动，同甘共苦，地位和权力都在刘裕之后，如今富贵了刘毅开始不满于总是居于刘裕之后，想和刘裕争夺实权了。他聚集一帮人，商议任命中领军谢混为扬州刺史，或者退一步让刘裕兼任扬州刺史，但不让刘裕入建康，而把朝中的政务交给孟昶管理。这是典型的只可同患难，而不共富贵。商议定后，刘毅等人毕竟心虚，不敢突然袭击式地发布任命，而特意派尚书右丞皮沈带着这两个方案，前去征求刘裕的意见。

皮沈到了丹徒，先去见了与自己有交情的刘穆之，向刘穆之透露了自己的来意。刘穆之自然知道让刘裕长驻丹徒的坏处，那就是对首都这个政治中心的疏远。他暗自庆幸皮沈先来寻找自己通报情况。他表面上不动声色，假装起身上厕所，迅速写了张条子派人送交刘裕。纸条中写道："皮沈所言，切不可应允。"皮沈告别刘穆之后，就去见刘裕。刘裕听完皮沈的陈述后，没有表达意见，只是吩咐下人好好安顿朝堂使节。之后，他迅速将刘穆之招来商议。

刘穆之向刘裕介绍了情况后说："晋朝失去对国家的控制已经很久了，天命已经转移。将军您兴复皇家，功高德勋，民望所归。之前您谦让官职，出守外地是有道理的。但是现在您的威望更高，政治资源更丰富了，如果再一味谦让，难道就甘心于永远做一个老守疆土的地方将领吗？"

"刘毅、孟昶等人都是与您一起从布衣开始起家的。当年大家倡导大义，争取富贵。因为举事有先有后，官职有高有低，所以推举您作为盟主。力量的对比结果是暂时的，政治上的服从也是会有变化的但他们并不是诚心诚意服从您的。现在您长期领兵在外，他们在朝内占据高位，大家的力量相当，地位也差不多，已经到相互吞并和排挤的时候了。"

"在政治斗争中，扬州可以起到决定性的作用。平定桓玄之乱后，您没有兼任扬州刺使的职位，而是交给了王谧，那不过是实力不够时的权宜之计。现在您决不可以再拱手让出扬州了。如果对手同时占领扬州和朝堂，我们就要受到别人的制约。权柄一旦丧失，形势一旦不利，如果再想逆转回来，就困难了。如果我们落下那样的境地，不仅将优势拱手相送，而且前途难测。"

"现在既然朝廷征询您的意见，您就应该明确表示反对这两个方案的态度。因为将军您不能公开地向朝廷要求担任扬州刺使的职位，所以您只能这么说：'扬州是国家根本所在，地位重要。挑选扬州刺使事关重大，我不能在外地空发议论，要详细了解情况。我计划近日前往京城，与各位一起交换意见。'等您到了都城，京里的一帮人就不敢越过您随便处置扬州刺使的人选了。"

刘裕听从刘穆之的话，没有理会皮沈，接受了扬州刺史的任命，冠冕堂皇地前往建康就任。刘毅等人偷袭不成，反而引虎入家门。结果真的如刘穆之所分析的，朝廷征召刘裕任侍中、车骑将军、开府仪同三司、扬州刺史、录尚书事，仍兼任徐兖二州刺史的职务。至此，刘裕算是名副其实的权臣了。

三

从412年开始，刘裕聚敛东晋朝廷大权，很有一番作为。东晋朝廷的烂摊子已经糜烂很久了，经过司马道子父子的蹂躏情况更加糟糕，桓玄虽然打算进行整顿也毫无成果。刘裕在刘穆之的协助了，按照轻重缓急进行朝政清理和政策矫正。像作战时一样，刘裕以身作则，树立勤政榜样，同时以威行严法管束朝政，使朝廷内外的文武百官都能小心谨慎地奉行职守。刘裕入朝不到一个月，建康的官风民俗就大为改观。

同时，刘裕开始暴露出不臣之心。表现在他经常矫晋安帝的诏书给州县长官下命令，也表现在他开始严厉镇压异己力量。尚书左仆射王愉的儿子王绥，因为出生于江左冠族、世代公卿的王家，再加上自己很小就获得了名望，就对刘裕很不服气，讥笑他地位卑贱。刘裕毫不犹豫地将他杀死。当时东晋世族大家的势力经过之前的动乱大为削弱，加上世族子弟自身不学无术，沉溺享受，在刘裕的进攻前完全败下阵来。

也正是在这个时期，刘裕开始注意起自己的形象来。因为出身的缘故，刘裕识不了几个字，也没读过几本书，是个文盲半文盲。后来因为行政的关系，他逐渐认识了一些字，可以读懂文告，也能亲自写些简短的命令和文告了。在东晋官场上，文学谈吐和书法水平是官员相互交往和评价的重要标准。尤其是在一些大族世家看来，他们打心眼里瞧不起那些缺乏系统文学教育的寒族子弟。即使刘裕贵为朝廷主政大臣，也难免有一些世族大家在背后讥笑他的文字和谈吐。刘穆之提醒刘裕要开始注意自己的言谈和文字，这不仅事关刘裕个人的尊严，也直接关系到政治斗争的前途。刘裕这时已经对刘穆之推心置腹，几乎是言听计从。他开始注意自己的言行，尽力淡化军人色彩。但自己的那一手烂字却是怎么都提高不了，加上生性不喜读书习字，这让刘裕苦恼不已。刘穆之出主意说："写字虽然是小事，但对于有志天下的人来说，不能不多加留意。将军您可以坚持一直写大字，一个字写成一尺大也无妨。大字能够掩藏拙处，而且有气势。"刘裕欣然采纳了这个建议。以后刘裕的文告字写得硕大无比，一张纸只有六七个字，贴得满墙都是。远远看来，他的文告显得气势非凡，和身份相配。

说到刘裕执政，不得不说刘穆之的成功辅佐。刘穆之对内是刘裕的行政管家，对外是刘裕在朝廷的主要助手，他不仅给予刘裕政策咨询，还亲自处理朝政和军事。他这个人非常能力，处理问题快如流水，文件和事情在他的手里从来没有堆积迟滞的。刘裕成名后，各色人物从四面八方涌来，朝野内外事务千头万绪，一时间让刘裕难以适应。刘穆之从容不迫地将千头万绪的事情处理得滴水不漏。通常的情况是，他眼睛看着文件资料，手里起草批阅意见，耳朵听着情况汇报，嘴里当场答复下属的询问，应对自如，没有出错。刘穆之还有一个本事就是掌握消息比较全面，不管是闾里言谑、途陌细事，不论大小都知道些。他把这些信息一一告诉了刘裕，刘裕就能明白民间的实情，还常常将民间消息挂在嘴边表示自己的开明通达。

刘穆之出身寒门，没有家庭基础可以依傍。得志之前，刘穆之一度窘迫到待在岳父家里混饭吃，受人奚落。随着地位提高条件改善，刘穆之沾染了一个毛病，就是讲究吃喝的排场。他吃饭，一定要宽大的饭桌，桌上必须得有足够十个人的饭食，而且从来不单独进餐，不是招待宾客就是需要歌舞助兴。这可能是刘穆之发达后对早年窘迫的一种心理弥补。对于自己的毛病，刘穆之向刘裕坦白说："我出身贫穷微贱的家庭，之前维持生计都很艰难。现在位居高位，我虽然心中想着要节俭，但从早到晚所需要的花销还是过于丰厚了一点。除此之外，没有一点儿是对不起您的了。"

从京口讨伐桓玄开始出任刘裕的主簿到义熙十二年（416年）年底去世，刘穆之与刘裕合作了13年时间。这13年分别是刘裕和刘穆之一生中最重要、最辉煌的时期。刘穆之凭借聪明勤勉，支持刘裕南征北战，从一个胜利走向另一个胜利；刘裕则奠定了日后新王朝的基业。奇怪的是，刘穆之死后，刘裕再也没有取得先前那样的辉煌战绩。刘裕评价刘穆之"深谋远猷，肇基王迹，勋造大业，诚实匪躬"。刘宋王朝建立后，刘穆之被追封为南康郡公，谥文宣公。

四四

一百年后再见两京

一

我们具体来看看刘裕掌权后的表现。刘裕的权力是建立在北府兵的支持上的，依靠讨伐桓玄积累起来的。起兵过程中，北府兵的刘毅、何忌之等人推举刘裕为主，同时自身拥有巨大的权力和军队。尤其是刘毅，长期处于北府兵第二号人物的地位，官爵仅次于刘裕，具有取代刘裕的能力。而他对屈居第二的现实也不满足，加上文雅有学问，得到世族大家们的支持，内心深处也想和刘裕一决雌雄。桓楚政权覆灭后，刘毅与刘裕的关系开始出现裂缝。

一开始是刘毅推荐大世族谢混做扬州刺史，用意在把刘裕挤出朝廷，做个“守藩之将”。刘穆之洞穿刘毅等人的心思，叫刘裕抓住扬州刺史不放。刘裕把扬州刺史抓到手后，常驻首都建康，让刘毅等人措手不及。接着，刘毅挑拨离间刘裕和刘穆之的关系，经常对刘裕说刘穆之权太重。不想，刘毅越挑拨，刘裕越加信任刘穆之。刘裕在刘穆之的辅佐下发动了讨伐南燕的战争，节节胜利，不想广州的卢循乘虚北上进攻建康。时任江州刺史的何忌之领兵迎战阵亡，震动了全局。刘毅时任豫州刺史，镇守姑孰，手上有兵有船，一心镇压卢循起义军建立大功来盖过刘裕，于是整军迎战。刘裕从前线匆匆赶回建康，考虑到北伐军队刚刚南归，将士疲劳，又多伤病，船只也需修理，竭力主张慎重行事。他先写信劝阻刘毅，又派刘毅的堂弟刘藩前去劝他暂缓出兵，要求大家一同行动。刘毅见刘裕一再阻止自己出战，以为刘裕阻止他立大功，斗志更强。他对刘藩说：“以往我不过是把功劳让给了刘裕，你们就认为我真的不如他。今天，我要让天下看看我的本事！”最终，刘毅率领精兵二万与卢循交战，在桑落洲一战大败，损失了堆积如山的辎重，所部兵马所剩无几。他本人历尽艰辛，才逃回建康。

卢循起义被平定后，刘毅担任了江州都督，不久接替病重的刘道规担任荆州刺史。刘毅就此掌握了极其重要的荆州地区，在荆州网罗党羽，壮大力量。反对刘裕的力量聚集在刘毅身为，他依然是可以与刘裕一决雌雄实权人物。刘裕开始不能容忍刘毅的存在了。刘毅身体不好，没多久就病重了。在党羽的撺掇下，刘毅向朝廷请求堂弟刘藩继任荆州刺史。之前，东晋朝廷对荆州的实权人物都采取姑息迁就的态度，不会驳回继任的请求。这一回，主政的刘裕也答应了。因为刘藩正担任兖州刺史，去荆州上任需要经过建康。刘裕就以司马德宗名义征召刘藩入京。刘藩到了建康后，刘裕马上宣称发现了以刘毅、刘藩和尚书仆射谢混为首的“反叛集团”，共谋不轨。他以朝廷的名义赐死刘藩和谢混，并出兵讨伐。当然，这一切都是秘密进行的。建康封闭消息，不让刘毅知道刘藩和谢混的死讯，逆江而上的讨伐军也伪装成刘藩的部队，宣称是新的荆州刺史赴任。讨伐军一路走到江陵附近，荆州都没有防范。讨伐军趁机对江陵发动突袭，刘毅兵败，自缢而死。刘裕除掉了最危险的内部敌人。

刘裕讨伐刘毅时，诸葛长民驻守建康。诸葛长民是反桓起义时的重要人物，也是刘毅、何无忌等人之后硕果仅存的人物。听到刘毅死讯后，诸葛长民很害怕：“昔年醢彭越，今年杀韩信。祸其至矣！”其弟辅国将军诸葛黎民就劝他造反。诸葛长民犹豫不决，暗中写信给冀州刺史刘敬宣，要找他一起造反。刘敬宣是北府兵元老刘牢之的儿子，父亲被桓玄逼死后他逃奔了南燕。在南燕，刘敬宣和高雅之等人阴谋发动政变推翻鲜卑人的统治，失败后逃归东晋，被刘裕收留。刘敬宣不但拒绝了和诸葛长民一起造反，还向刘裕告密了。刘裕赶紧命讨伐荆州的军队返回建康。413 年刘裕回到建康，找来诸葛长民。刘裕大张宴席，和诸葛长民笑谈如常。两人开怀痛饮，诸葛长民渐渐失去了警惕，喝得酩酊大醉时被刘裕事先埋伏的武士从背后用绳子勒死。在对付政敌时，刘裕表现出了惊人的冷酷。诸葛长民被勒死的时候，刘裕端坐原处饮酒如常。诸葛长民死后，刘裕又派人诛杀诸葛家族。诸葛黎民一贯骁勇，面对围兵格斗至死。至此，昔日的盟友和潜在的政敌都被消灭了，刘裕成了唯一的强权人物。

桓玄篡位之时，益州刺史毛璩出兵讨伐桓玄。不想四川人不愿意背井离乡去打仗，推举四川人谯纵为首领，杀死毛璩割据。谯纵建立了继成汉之后的第二个四川割据政权。谯纵一边向北方的后秦称臣，被后秦封为蜀王，一边频繁入侵东晋的荆州地区。荆州首府江陵常常处于谯纵政权和后秦的两面夹击之中。卢循起义军进攻建康，荆州方面没有一兵一卒增援，就是因为被谯纵牵制住了。荆州一度和建康隔绝音信，情况危急，全靠刺史刘道规安定部众，荆州这才没有落入谯纵政权的手中。刘裕消灭刘毅的同年（412 年），就开始对四川用兵。他选择浅资历但能力强的朱龄石做元帅，任益州刺史，领兵攻蜀。谯纵本就是趁东晋内乱（先是桓玄、后是卢循）侥幸立国的，势力薄弱，在晋军攻击下节节败退。413 年七月，谯纵自缢而亡，四川重新进入东晋版图。刘裕又立下一件大功。

消灭桓玄后，刘裕最大的功绩还是北伐。他陆续消灭了南燕和后秦两大胡族政权，取得了“光复两京”的辉煌胜利。

二

北伐始终是东晋政治的重要内容，棘手而炫目。一般人将北伐视为某某人树威揽权的手段——事实上也是如此。保守的朝廷不希望大臣动议北伐，只有不安分的权臣才有实力真正将北伐付诸实施。刘裕权势日渐巩固，为了更上一层楼，北伐就被提上了议事日程。义熙五年（409 年），南燕的慕容超成了刘裕北伐的第一个目标。

南燕是后燕分裂后的偏安政权，力量薄弱。末代君主慕容超又轻浮好动，嫌太乐伎人数太少在当年二月发兵攻击东晋淮北的宿豫（今江苏宿迁东南），掳去大量人口。慕容超从中挑选了选男女二千五百人给太乐训教，以供自己享乐，却不想引来了亡国之祸。第二个月，刘裕就以此为借口，上表请求伐燕。朝野又是一片反对声。反对归反对，没有人能在实际上阻止刘裕北伐。四月，刘裕就率领北府兵浩浩荡荡地从水路北上了，到达下邳（今江苏睢宁西北）后改走陆路。和桓温等人北伐纯粹为了立威不同，刘裕还有扩大疆域百姓的目的，所以他北上途中遇到险要之处都筑城留兵防守，目的就要长久守住这些地区。

南燕主要盘踞地区是现在的山东。北伐军进入山东后，刘裕必须经过地形险峻的大岘山。大岘山两旁是高山峭壁，中间有一条小道通过，万一燕军在山上埋伏怎么办？刘裕坚持全军快速从山下过山，胸有成竹地认为：“慕容超心贪，既想掳获，又爱惜禾苗，以为我军孤军深入，不能持久，绝不会守险，也不会清野。我敢为诸君担保，不会有什么危险。”话虽这么说，北伐军的将士们都心惊胆战地通过大岘山的窄道，刘裕心底也没有百分百的把握。直到全军安然走过了大岘山，不见燕兵，东晋将士欢呼雀跃。刘裕举手指天，也非常高兴。大岘山是南燕可以依赖的最重要的天险，慕容超并不加利用。他天真地以为东晋军队深入北伐，无非是刘裕为了立功，不能持久，所以采取“以逸待劳”的策略，坐等刘裕上门。沿途既没有派军扼守险要，也没有抢割粮食、坚壁清野。刘裕率领北伐军越过大岘山后，离祖国很久，人人抱定死战之心，又利用沿途南燕的粮草解决军需问题，进展神速。

慕容超一计不成，就寄希望于鲜卑骑兵的优势，企图用骑兵扫荡晋军步兵。六月，南北两军在山东临朐大战。刘裕扬长避短，用四千辆车子围住步兵，分左右两翼徐徐推进。南燕骑兵被车辆阻碍，横冲直撞的优势发挥不出来。两军正僵持着，参军胡藩向刘裕献计，燕军悉数出战迎战，晋军可以乘机袭取放手空虚的临朐。刘裕采纳了建议，命胡藩带一支奇兵绕过燕军，轻松攻取临朐。燕军主力闻讯大乱，为刘裕打败。慕容超仓皇逃回首都广固城固守。刘裕将广固团团围住，并不攻城，先着手安抚人民，就地筹集军需。

广固城被围两个月，已成困守态势。慕容超派尚书郎张纲到长安向后秦的姚兴求救。姚兴知道唇亡齿寒，南燕灭亡了，后秦就要承担所有东晋的军队压力。可要出兵就燕，姚兴有心无力。不救不行救又不能，姚兴要了个花招，派使者到刘裕军中恫吓：“大秦已经派十万雄兵进驻洛阳，请晋军南撤。若晋军不撤，大秦将长驱东进，联燕灭晋。”刘裕看穿了姚兴的把戏，断然回答：“我本想在灭燕之后休兵三年，然后进取关中灭秦。如今姚兴自己送上门来，再好不过。你回去让他快点过来吧！”后秦使者吓得赶紧溜走了。刘穆之听说后秦使者到，赶紧过来，慢了一步，后秦使者跑走了。刘裕把对话告诉了他，刘穆之不满道：“此事重大，应该慎重考虑，怎么能如此答复？只能激怒后秦，广固没有攻克，羌族骑兵已到，如何对付？”刘裕笑道：“兵贵神速。姚兴如果真想救援慕容超，就不会事先派遣使者通知。我看他是无力出兵，恐吓而已！”事实证明，在东晋和南燕交战期间，后秦一直按兵不动。

南燕派往后秦的使者张纲回来时被晋军抓住。刘裕让张纲站在楼车（一种攻城器械）上面，向广固城喊话：“刘勃勃大破秦军，后秦无兵相救！”南燕军民没有了外援，斗志更加低落了。义熙六年（410年）正月，被围超过半年的广固城大门洞开，部分丧失信心的官员开城迎接晋军入城。慕容超突围时被擒，被送往建康斩首。南燕灭亡，这是第一个被东晋灭亡的北方王朝。

南燕灭亡后，西边的后秦成了刘裕下一个目标。他并没有像恐吓后秦使者那样立刻率领得胜之师进攻后秦，而是在等待机会。后秦疆域虽广，但内部始终有匈奴刘勃勃建立的夏政权的侵蚀，有生力量不断削弱。义熙十二年（416 年）二月，后秦君主姚兴去世，继位的姚泓软弱无力，国内其他民族频繁爆发反秦起义。刘裕等待的时机来了，他留刘穆之在建康，总摄朝野政事，自己第二次亲率北府兵北伐，志在灭秦。

三

灭秦之战进展很顺利。后秦在河南地区的抵抗很薄弱，当年十月晋军前锋进逼洛阳，守将姚洸投降。洛阳是东汉、曹魏和西晋的旧都，它的光复政治意义重大。在这危急时刻，后秦内部不仅没有做到同仇敌忾，反而加速上演同室操戈的悲剧。先是姚泓的弟弟、太原公姚懿在蒲坂（今山西省永济县）造反，要抢夺帝位，接着是宗室、齐公姚恢在岭北起兵，率安定（今甘肃省泾川县）镇户 38000 人进攻长安，也要抢夺帝位。这两人的造反都没有成功，但后秦内忧外患，不能集中全力对抗刘裕，形势越来越不妙。

第二年（417 年）正月，刘裕率水军从彭城（今江苏徐州）出发，王镇恶、檀道济等率别部进逼潼关。东晋对后秦开始了总攻。潼关是关中的门户，后秦守军死守关隘，阻挡了晋军的前进。刘裕闻讯，督率水军加速逆黄河西进，增援王镇恶等人。一旦晋军云集，后秦的处境更加不妙。姚泓想到了向黄河北岸拓跋鲜卑建立的北魏政权求援。北魏灭亡后燕，截断慕容鲜卑为南北两段后，占有黄河以北大部地区，有能力也可能援助后秦。如果北魏能出兵截击逆黄河而上的刘裕水军，后秦的压力将大大减轻。北魏是否出兵，成了晋秦之战的关键因素。姚泓派使者以唇亡齿寒的理由求救于北魏，要求北魏出兵；刘裕也派使者向北魏“假道”，要求北魏中立。北魏内部意见分歧，一派主张截击刘裕的水军，理由不仅有北魏和后秦唇亡齿寒，更有人怀疑刘裕表面伐秦实际想攻魏；另一派倒不怀疑刘裕想攻魏，而是认为刘裕伐秦志在必得，如果北魏出兵介入晋秦之间的战争，可能会引火烧身。北府兵久经疆场，之前灭亡了同是鲜卑政权的南燕政权，北魏的鲜卑军队能战胜北府兵吗？北魏占领华北大部时间不久，要做的内政很多，北方又在与柔然交战，实在不想和晋军硬碰硬地决战。最后，北魏明元帝做了折中，集合十万大军部署在黄河北岸，监视晋军行进。

在战场上，折中看似明哲保身，其实是最危险的选择。不战不和，反而堵断了媾和的道路，又让自己对战争缺乏准备。刘裕发现北岸的魏军后，就立刻在战和之间做出了选择：战！逆流西进必须排除魏军的威胁，必须通过血战让北魏看到晋军灭秦的决心和能力。四月，700 名北府兵乘坐一百辆战车，主动登陆北岸。这些车辆组成半圆形的阵势，两头的车辆紧靠河岸，中间的车辆（半圆形的弧顶）离岸一百多步。这阵名叫“却月阵”。大约有三万名魏军见势，包围过来。他们不知道这小股晋军为什么主动挑衅，人数悬殊，难道是来送死吗？就在魏军徘徊不前的时候，朱超石率领 2000 人携带大弩一百张登陆。每辆车增兵二十人，在车辕上竖起盾牌，掩护却月阵里的情形。每辆车都配备一张大弩。魏军判断晋军是要在北岸建立据点了，开始进攻半月阵。三万魏军一波波地冲来，又一波波地倒在弓箭面前。尸体越积越多，魏军最终还是逼近车前。晋军的大弩发射不及，朱超石就下令将长矛截断，留下三四尺长，一人执矛一人在后面用大锤锤矛，让一根根断矛成了一枚枚巨箭，呼啸而出。由于魏军蜂拥密集，一矛射出长长刺穿三四人。魏军死伤惨重，留下更多的尸体溃退而去。朱超石乘机追击，又给予魏军杀伤。此战，晋军以极小的代价重创监视的魏军，战后魏军丧失了阻挠晋军西进的勇气，纷纷脱离于晋军的接触。

战场上重新恢复为晋军和后秦的对决。为了突破潼关天险，沈田子、傅弘之在当年七月率领一千多人的小部队从南边的武关进入关中，很快推进到现在的陕西蓝田。这支部队只是刘裕的疑兵而已，却让姚泓大为紧张。原本，姚泓纠集了数万兵马准备增援潼关。现在，他怕大军东出后被沈田子偷袭了后方。姚泓决定先带着后秦的主力军消灭沈田子等人。沈田子的小部队处境异常危险。沈田子只能险中求生，赌一把。他乘姚泓立足未定，率领一千多人主动向秦军冲锋。秦军毫无防备，竟然被沈田子的一阵冲杀打乱了阵脚，伤亡过万。姚泓狼狈逃往灞上，连自己的御驾都成了沈田子的战利品。后秦增援潼关的生力军就这么莫名其妙地溃散了。真的是天不佑秦。

正面攻击潼关的刘裕、王镇恶意外听到沈田子所部的捷报，乘机猛攻潼关。晋军水军乘艨艟小船从黄河突入渭水。艨艟，三国时期就是南方水军的主要装备，船体低矮，从上面看艨艟全部被遮盖起来，行进起来像是横冲直撞的大乌龟。关中的秦兵从来没有看见过这种船，茫然不知如何应对，士气更加低落，接连溃败。

八月底，突入关中的晋军与后秦最后的生力军在渭桥（今咸阳东北）决战。秦军大败，姚泓单骑逃回长安宫中。王镇恶尾追而来，长安城已经无兵可调，无人愿守了。姚泓万般无奈，准备投降。他十一岁的儿子姚佛念不愿投降，登上宫墙投地而死。姚泓率其他家人至王镇恶营前投降，其堂弟姚赞等人也纷纷投降。除姚泓外，刘裕将后秦宗室全部处决。后秦灭亡。

九月，刘裕率北府军进入长安。长安是之前中国历史最重要的都城，它的光复政治意义绝不在洛阳之下。至此，两京光复，刘裕凭军力似乎扭转了五胡乱华以来汉族对少数民族的颓势。长安自 316 年被匈奴攻陷后，已经一百多年没有见到汉家军队了。史载长安光复后，三秦父老“不沾王化，于今百年。始睹衣冠，人人相贺。”刘裕的声望如日中天。他祭扫西晋皇陵，把彝器、浑仪、土圭、记里鼓、指南车等送往建康。姚泓被押送建康斩首。

黄河以南、淮水以北以及汉水上游的大片地区为晋收复，形势对刘裕很有利。当时北方最强大的四股力量，南燕和后秦先后覆灭，北魏刚刚被刘裕打败，赫连勃勃还在陕北游荡，刘裕完全可能扩大战果，恢复更多的故土。可惜，他志在南归代晋。刘裕的北伐还是没有摆脱立威扬名的窠臼。而经过多次血战的南方官兵们也思想南归，很少有人愿意留在北方从事政权建设。刘穆之又在这时病故，刘裕担心后方不稳，急着在当年十二月间匆匆离开长安南下。关中百姓沿途痛哭，请求晋军不要撤退。但刘裕“狼狈而还者，欲速成篡事耳，无暇有意于中原”。

北部的赫连勃勃乘虚而入，加上留守关中的东晋诸将又自相残杀，关中很快为匈奴人占领。刘裕灭秦，为赫连勃勃做了嫁衣裳。回到建康后，刘裕在朝廷的地位显赫无比。他接受了“相国、宋公、九锡之命”，开始篡晋。

四五

赫连勃勃大王

一

自从匈奴汉国和前赵覆灭后，匈奴民族长期没能再建立割据王朝，在五胡十六国中处于被其他民族奴役的地位。在今天的内蒙古和河套地区游牧着匈奴铁弗部落，酋长也以刘为姓，接受过匈奴汉国和前赵的封爵，南方的匈奴王朝覆灭后继续游牧在草原上。刘卫辰担任部落酋长的时候，这支匈奴的力量已经相当可观。强邻拓跋鲜卑与之鏖战，拓跋珪在 391 年大破该部匈奴，刘卫辰父子被杀，部众星散。

不过，拓跋珪没能斩草除根。刘卫辰的小儿子刘勃勃在混乱中逃脱，投奔叱干部。酋长叱干他斗伏不敢收留刘勃勃，派人把他送交拓跋鲜卑。他斗伏的侄儿阿利劝不了他斗伏，就在中途救下刘勃勃，送交后秦的高平公没奕于。没奕于简直是刘勃勃的大恩人，不仅收留了他，将他养大成人，还招他做了女婿。

刘勃勃作为一个孤儿，在其他民族的阵营中孤独的成长。再考虑到弱肉强食的大背景，刘勃勃的人格出现了偏差。一方面，刘勃勃这个孩子看待世界没有温情，对人对事冷酷无情。一旦他执掌了千军万马的指挥棒，冷酷无情的性格就恶化为了残酷暴戾。另一方面，无依无靠的刘勃勃必须依靠智慧在乱世中生存下去，智商很高，可惜不是聪明而是狡黠。这些性格在一个体格强健、野心勃勃的青年人身上汇聚在一起，让刘勃勃成了一个潜在的危险分子。

《晋书》说他长大后“身长八尺五寸，腰带十围，性辩慧，美风仪”。后秦皇帝姚兴很欣赏刘勃勃，深加礼敬，任命他为将军，一些军国大事都找他商量，宠遇并不比勋旧大臣差。但是姚兴的弟弟姚邕觉得刘勃勃是个危险人物，劝姚兴要防着点："勃勃天性不仁，难以亲近。陛下宠遇太甚，臣窃惑之。"姚兴固执地认为刘勃勃有济世之才，可以用来平定天下，别人越反对他反而越看重刘勃勃，搜罗河套地区的各个少数民族部落和其父刘卫辰的残部三万人，交给刘勃勃指挥，还想让他协助岳父没奕于镇守高平（今宁夏固原），同时防备拓跋鲜卑。姚邕再次劝止，指出让刘勃勃领兵很危险。姚兴反驳弟弟："你怎么知道刘勃勃的性气不能领兵？"姚邕说："刘勃勃奉上慢，御众残，贪暴无亲，轻为去就。过分宠信他，恐怕终为边害。"姚兴犹豫了一段时间后，还是提拔刘勃勃为安北将军，封五原公，还将朔方（今陕西延安）拨给他驻扎。姚兴可谓是刘勃勃的第二个大恩人，他信任刘勃勃让他成了一方藩镇。

刘勃勃从此有了纵横天下的资本。他很快就走上了扩军自肥、烧杀抢掠的道路。刘勃勃刚一上任，就抢劫了河西鲜卑献给姚兴的八千匹骏马，用来壮大自己。接着，刘勃勃又带着上三万人马，假装去高平川打猎，对抚养自己长大的岳父没奕于发动突袭，竟然将岳父杀死，吞并了高平的部队。刘勃勃的部队一下子扩展到数万人，不过这是通过忘恩负义杀戮亲人实现的。407 年，刘勃勃觉得羽毛已满，正式脱离后秦自立。他宣称匈奴是夏朝的苗裔，定国号为"夏"，自称大夏天王、大单于。这是十六国后期的又一个匈奴割据政权。

夏国建国以后，仅有高平、朔方一隅。不过匈奴骑兵彪悍强劲、机动性强，部将们都对战胜后秦有信心，主张建都高平，与后秦争夺关中。刘勃勃却不以为然。他认为建都高平，将陷入与后秦漫长的拉锯战，敌众我寡，一城一地地争夺不具备优势。刘勃勃的思路是利用匈奴云骑风驰的优势，对庞大的后秦展开出其不意的骚扰，敌前我后敌进我退，等后秦疲于奔命时在集中优势力量歼灭后秦的有生力量。他自信用此战术，不出十年岭北、河东将尽为匈奴所有。刘勃勃的战略其实是对历史上游牧民族赖以取胜的军事思想的总结，类似于后世的运动战。没有根据地、飘忽不定的行动也让匈奴夏国长期游荡在关中北部、陇西一带，没有固定的国家形式，和一般的王朝有别。

刘勃勃的战略取得了辉煌的成功。他以区区几万之众不断骚扰后秦北方州县，牢牢掌握着主动权。后秦防不胜防，北方各城干脆大白天都紧闭城门。姚兴这才悔不该不听姚邕的话，可惜没有后悔药吃。刘勃勃的骚扰贯穿至后秦灭亡，极大制约了后秦的行动，消耗了后秦的国力。刘勃勃的日子过得却非常滋润，四处劫掠让他得到了充分的供给，不愁军队的吃穿用度，潇洒得很。

刘勃勃残暴的性格在战争中完全暴露了出来，给西北百姓造成了极大的伤害。匈奴夏国每次击败敌人，杀伤动辄过万，占领的城池被抢劫一空，百姓中精壮的补充部队、其余遭到杀戮或者活埋。《晋书》中留下了诸如“坑将士四千余人，以女弱为军赏”、“杀……将士五千人，毁城而去”等等血淋淋的记载。刘勃勃的战绩虽然辉煌，却因残暴未能赢得民心（哪怕是部分地区的民心），这也是夏国不能真正建国立业，传之长远的根本原因。

在刘勃勃的游战杀戮过程中，西北的南凉政权可算是基本上被刘勃勃消灭的。当初，刘勃勃独立建国，向南凉君主秃发傉檀求婚。南凉是西北最强大的割据政权，傉檀哪愿意把女儿许配给名不见经传的后秦叛将刘勃勃，断然拒绝。刘勃勃大怒，亲率两万骑兵就杀入南凉，抢掠三百余里，驱掠二万七千口、牛马羊数十万凯旋。傉檀要率众追击，部将焦朗劝阻道：“刘勃勃天姿雄骜，军队强悍，我们不能轻敌。现在匈奴人满载而归，遇到追兵会人自为战，保全战利品，我军难与争锋，不如抢到他们前头去结营阻击。”傉檀和其他将领则认为刘勃勃的部队是到处游荡的乌合之众，拿着那么多战利品，肯定不会死战，大军临之必土崩鱼溃。所以傉檀发动南凉的主力，追击刘勃勃。事实证明，焦朗对游荡骑兵的判断是正确的。速度是他们的优势，财富是他们的目的，两者是不可分的。抢掠的财富丝毫不会降低他们的速度，反而会激发他们包围财富的坚强斗志。结果，刘勃勃听说南凉追兵赶来，回头迎战。尽管在战斗中刘勃勃被傉檀安排的神箭手射中左臂，刘勃勃还是坚持率军大败追兵，反过来追回去八十余里路，杀伤万计，斩南凉大将十余人。刘勃勃将敌人的尸体垒起来筑为京观，取名“髑髅台”。南凉经此一败，伤了元气，从此落后于邻国北凉和西秦。没几年，傉檀投降西秦，南凉灭亡。

数年的游荡作战，形势朝着利于刘勃勃的方向发展。尤其是后秦镇北参军王买德投降后，刘勃勃以他为谋臣。夏政权开始建立完备的规章制度，寻求固定下来。于是，刘勃勃决定建造都城。413年，刘勃勃在“朔方水北、黑水之南”选中一块“临广泽而带清流”、水草肥美的地方（今陕西靖边县以北约五十公里）营造都城。

为了这座都城，十万各族百姓花费了数年时间。刘勃勃任命叱干阿利为负责人。阿利主要采取夯筑的方式建造城池，之前将土蒸一遍，增加坚实度。夯完一段城墙，阿利就验收一段。验收的标准是用锥子扎，如果能扎进去一寸深就认定这段城墙不合格，就要推倒重来。原来筑造这段的民工都会被杀死，尸体混在泥土里当建筑材料用。阿利如此残暴，却深得刘勃勃赏识，很认同他的管理方法。结果，整座都城虽然没有钢筋巨石，却造得异常坚固。一直到北宋时期还是夏州的治所，是北宋和西夏作战的堡垒之一。都城的装饰和储备的物资，也是追求刚硬。叱干阿利用铜铸大鼓、飞廉、翁仲、铜驼、龙兽等装饰物，外表涂以黄金，排列在都城宫殿中。阿利同时负责督造兵器。造的弓箭射不穿铠甲，便斩弓箭匠；射穿了，便斩铠甲匠。他监制的“百炼钢刀”，锋利无比；制造的龙雀大环，号曰“大夏龙雀”，背上有铭文：“古之利器，吴楚湛卢。大夏龙雀，名冠神都。可以怀远，可以柔逋。如风靡草，威服九区。”铭文豪气冲天，对自己的质量自信满满。为了追求高品质、高标准，工匠制造时稍有不合即遭杀身之祸。“凡杀工匠数千，以是器物莫不精丽”，整座都城可以说是建筑造百姓的尸骨上的。

刘勃勃认为：“朕方统一天下，君临万邦，可以统万为名。”这座都城得名“统万城”。城市开始建筑的第一年，刘勃勃改姓赫连。原来的刘姓来源于西汉和亲的公主，现在刘勃勃声称子从母姓不合于礼，帝王是天的儿子，“其徽赫与天连”，所以改姓赫连。刘勃勃就变为了赫连勃勃大王。原来铁弗部落中同姓却非直裔的匈奴人则改称铁伐氏，意思是坚硬如铁锐可伐人。赫连勃勃的狂傲气焰可见一斑。

夏政权也开始占领一些领土。赫连勃勃废除州县制度，代之以城堡、军镇。某地的百姓就是某城或者某镇的军人，军民不分，以军政代替民政。一个巨大的战争机器，在赫连勃勃刀逼鞭打之下终于建立了。

二

赫连勃勃最大的机遇是刘裕北伐。义熙十三年（417 年），刘裕北伐关中，姚泓投降，后秦灭亡。赫连勃勃的战争机器在西北高原虎视眈眈，却没有南下冲入战团。

赫连勃勃的判断是后秦必然灭亡，但刘裕不会长久盘踞关中。他认为刘裕北伐不是为了光复失地，而是立威，迟早会返回南方。赫连勃勃决定趁刘裕南返再南下关中，于是他一方面与刘裕北伐军通使友好，一方面秣马厉兵，等待时机。后秦投降后，西北许多郡县都投降了赫连勃勃。夏政权的实力得以飞速增长。

赫连勃勃的判决完全正确，年末刘裕就离长安南返，留13岁的儿子刘义真守备长安。夏政权随即对争夺关中的策略进行讨论。王买德提出了一个“关门打狗”的方案，即匈奴骑兵利用速度优势，寻找占领青泥关、上洛、潼关等要塞，截断关中晋军退却的道路，然后发布檄文，号召关中各族百姓讨伐刘义真。赫连勃勃依照这个方案执行，命儿子赫连璝、赫连昌和王买德等人进占各个要点，自率大军向长安杀去。

留守关中的晋军面临被包围的噩运。不过客观来说，刘裕还是有心守住关中的。他留在关中的兵力并不弱，大多是跟随自己百战的北府精兵；辅助刘义真的沈田子、王镇恶等人也是身经百战的大将。赫连勃勃想吞并关中，并非易事。在最初的接触中，晋军两次打败匈奴骑兵，迫使正面的夏军采取守势。遗憾的是，刘裕一走，留守各位晋军将领起了内讧。先是沈田子杀了王镇恶，接着是刘义真的长史王脩杀了沈田子。晋军最精锐的两员大将就这么白白死了。13岁的刘义真又听左右说：“王镇恶要反，所以沈田子要杀他。王脩又杀沈田子，可见王脩也要造反。”就轻率地下令杀死王脩。结果，刘义真处于无将可派的境地，晋军被动地困守各座城池。长安城人心恐慌。刘义真为了保住长安，又命令晋军向长安收缩，将兵力都挤在城里，关上城门死守。赫连勃勃顺利占领咸阳，关中其他地区纷纷投降夏政权。

刘裕得到关中败绩，召回刘义真，派大将朱龄石代替他镇守长安。

418年十一月，朱龄石到达长安，刘义真率领大部晋军向东逃窜。刘裕命令他轻装而行，迅速逃离关中。可是晋军官兵带着大批辎重、子女，沿途又烧杀抢掠，毫无纪律，一天都走不了十里路。部将傅弘之劝刘义真丢弃辎重，轻装快进，刘义真不听。很快，赫连璝率三万匈奴骑兵追上了逃亡的晋军。傅弘之断后，掩护刘义真逃跑。晋军边走边打，至天黑全军覆没，傅弘之等人被俘。刘义真因为跑在最前面，天黑后匈奴骑兵停止追击，才幸免于难。虽然捡了条性命，刘义真也落得个孤身一人伏在草丛里不敢吱声的下场。后来听到参军段宏在叫他的名字，到处寻找他，刘义真才从草丛里钻出来，和段宏两个人逃回南方。

刘义真的惨败，丧失了刘裕多年依靠的北府精锐，连累南方政权的军事力量都受到削弱。本来刘裕光复两京，关中汉族百姓对他还有很高的期待。刘裕迅速离开长安南归，就让部分百姓失望了。如今刘义真率领晋军大肆掳掠，又全军覆灭，更是让关中的汉人对刘裕和晋军失去了信心。民心不再思晋，很多百姓还恨透了军纪败坏的晋军。困守长安的朱龄石处境就很尴尬了。他既兵力薄弱，又得不到百姓的支持，面对步步紧逼的赫连勃勃，无奈地烧毁长安宫殿，向潼关退却。赫连勃勃进占长安，一路追击，消灭了关中的最后一支晋军。朱龄石被俘，和之前被俘的傅弘之等人最后死在长安。洛阳则被拓跋鲜卑占领。刘裕北伐光复两京的战果，至此全部陨落。刘裕灭后秦，赫连勃勃成了最大的胜利者。

完全占领关中后，赫连勃勃在灞上即皇帝位。夏政权东与拓跋鲜卑建立的北魏对峙，南与东晋对峙，成了三分天下的割据王朝，达到势力的顶峰。群臣要求定都长安，赫连勃勃以长安离北魏太近，不肯迁都。刚刚统万城建成了，赫连勃勃便退回统万城，以它为都城。

赫连勃勃的夏政权建立得有点特殊，主要是靠匈奴人的军事强权勃兴的，又抓住了刘裕北伐的失误得以占领关中。大凡一个政权建立在军事强权基础上，都长久不了。赫连勃勃不明白这个道理，在政权达到顶峰后没有整顿内政励精图治，反而变本加厉地残暴杀戮。他常常站在统万城上，旁边放着弓和剑，看哪个行人不顺眼就亲手杀了他。对于看不顺眼的大臣，赫连勃勃毁其目；觉得取消自己的大臣，则决其唇；如果有大臣敢进谏，赫连勃勃就说他诽谤，先截断他的舌头再砍脑袋。占领长安后，赫连勃勃召见隐士韦祖思。韦祖思见他，心里害怕，表现得毕恭毕敬。赫连勃勃却发怒了："你见姚兴不拜，见了我为什么拜？我还没死，你就不把我看做帝王，我死之后，不知你在笔头上要把我糟蹋到什么地步！"就把他杀了。人们最怕喜怒无常的暴君，很快"夷夏嚣然，人无生赖"，赫连勃勃的统治弄得是天怒人怨。

奇怪的是，赫连勃勃竟然能够善终，一直到刘宋元嘉二年（425 年）逝世。他死的时候，夏政权已经危机重重，呈现末世景象：内部因为不修内政，国穷民困；外部则受到北魏政权的步步挤压。赫连勃勃死后，儿子赫连昌嗣位，第二年长安被北魏攻破，第三年统万城也被北魏攻破，第四年赫连昌也成了魏军的俘虏。赫连勃勃的小儿子赫连定继位，负隅顽抗。431 年，赫连定被吐谷浑俘虏，夏亡。

四六

别把责任推给大环境

一

吴隐之是东晋后期著名的廉吏。在社会推崇奢华、官员普遍贪污的魏晋时代，吴隐之的存在是一个异数，证明为政廉洁与否与环境的关系不大，关键在于个人操守。

吴隐之是濮阳郡鄄城人，《晋书》在他的本传一开始就大书吴隐之青少年时代就与众不同，生活俭朴、崇尚廉洁，个人品德非常过硬。比如吴隐之每天进餐仅食豆羹，决不享用非分之粮，也不谋求来历不明的财物——吴家生活尚可，也算不上富裕。十多岁时，吴隐之的父亲死了，他和哥哥吴坦之表现得异常悲痛。之后，吴隐之对母亲极为孝顺。吴家和韩康伯为邻，韩康伯的母亲常常教育韩康伯："你日后如果要选拔官吏，应该举荐像吴隐之这样的人。"这说明，吴隐之从小就符合朝野的道德标准，是品学兼优的好青年。反过来说，作者强调传主的个人品德，是否也赞同个人能够战胜环境呢？

后来，韩康伯做了吏部尚书，主管官员选拔，举荐吴隐之出任了辅国将军功曹，后转任征虏将军参军。大将袁真起兵反抗桓温失败后，吴隐之的哥哥吴坦之是袁真的功曹按律要受牵连遭祸。吴隐之拜见桓温，请求代兄领罪，桓温很感动，最终放过了吴坦之。吴隐之因此得到桓温赏识，担任了尚书郎。随着地位的上升，吴隐之罕见地保持了廉洁的本性。上级谢石（就是在淝水之战中大败前秦的那位）听说吴隐之的女儿出嫁，派人前来帮忙。来人到了吴家，看不到一点喜庆的样子、看不到一个宾客、看不到一件嫁妆，只看到吴家的丫环牵着狗到大街去卖。原来吴隐之打算用卖狗的钱来置办女儿的嫁妆。后来，吴隐之升任晋陵太守。别人把地方实官当做捞钱自肥的好时机，吴隐之却甘于贫困。在任期间妻子自担柴草，全家人冬月没有被子盖，吴隐之没有换洗的衣服，脱下衣服清晰就只得披着棉絮。这哪里是太守，完全与贫民无异。对比魏晋时期何曾父子日食万钱，石崇与王恺斗富大赛的新闻，吴隐之绝对算得上是天下廉吏第一。

任何时代都是需要廉吏的，哪怕朝政黑暗腐败到极点。因为贪腐从根本上侵犯朝廷的正当利益，将国家的财富划为私有，对国家的政策阳奉阴违，过分贪腐会损害国家财力、公信力和政策的贯彻执行，进而影响天下安全。推出几位廉吏，让他们处理棘手的问题，就成了朝廷的反抗贪腐的利器。

出于这样的考虑，吴隐之在隆安年间（397 — 402）被朝廷提升为龙骧将军、广州刺史、假节领平越中郎将，出镇南粤，成为封疆大吏。

广州环山绕海，出产珍品异物，比如象牙、珍珠和名贵药材。那里天高皇帝远，地方官贪腐的难度很小，收益却很大。只要从广州带走一箱宝物就足够几代人享用。但一般的世族子弟都不愿意去广州任职，除了大家族的家教和道德感因素外，主要是岭南地区瘴疫流行，被视为畏途。结果，去广州当官的都是在北方仕途无望、又贫寒贪婪的人，到任后多以贪财为己任，视朝廷法度为虚无。朝廷要革除广州的弊端，吴隐之就是他们的人选。

话说，距离广州首府番禺 20 里地的石门有一汪泉水，叫做“贪泉”。谁喝了贪泉的水，会变得贪得无厌。吴隐之来到这里，却要喝那泉水。家人和随从们拼命阻拦：朝廷正对刺史大人寄予厚望呢，可不能变得贪婪啊？吴隐之却自信地说：“人心中如果没有贪欲，就不会有可贪的东西。人们往往越过南岭就失去了廉洁的心，我知道原因了。”（言下之意是贪污的本质在于贪欲，没有贪欲就没有贪污。）他舀去贪泉就喝了下去，而且还赋诗一首：“古人传说这泉水，舀来喝了贪千金。试让伯夷叔齐饮，始终不变廉洁心。”伯夷、叔齐二人是商朝末期人，周朝建立后不食周黍而死，被古人视为抱节守志的楷模。如果人人都有伯夷、叔齐那般意志，哪里还有贪腐现象。吴隐之不仅饮贪泉之水，还盛了几坛子水带着上任。一路上，家人和随从叫苦不迭。广州百姓看到穿着朴素的吴隐之一行，又看那坛坛贪泉之水，也叫苦不迭。

上任后，吴隐之廉洁奉公，依然过着以稻米、蔬菜和鱼干为食，以粗布衣衫为衣的俭朴日子。他把刺史官署备的帷帐器皿都交给府库，有人说他做作、沽名钓誉。吴隐之一笑了之，始终保持公私分明，不贪不沾的生活。有下属给他送鱼，事先剔除鱼骨留下肉，吴隐之察觉了他们的用意，竟将下属除名。在他的整个任期中，吴隐之喝着贪泉的水，坚守着廉洁的操守。

吴隐之的刺史最后遇到了卢循起义军的进攻。卢循起义军在江浙遭遇重挫后，侵入岭南，吴隐之督率将士坚守城池达百余天。最后，长子吴旷之战死，起义军攻入番禺城内，放火焚烧了民居。吴隐之携带家小逃出，打算撤回建康，结果被卢循俘虏。刘裕专门给卢循去信，索要吴隐之。吴隐之被卢循放回。归途中，吴隐之一家人除了上任时携带的物件外，只多了妻子买的一斤沉香，此外没有任何资产。吴隐之认为沉香来路不明，妻子解释说是在市面上购买的，打算拿到北方变卖赚取差价，吴隐之夺过沉香就扔到水里。可以说，吴隐之在岭南富庶之地主政多年，没有谋得任何私利。

回到朝廷后，吴隐之担任了中领军，掌握中央军队实权，日子过得却更加清贫了。京官不像地方官有专门的府邸，吴隐之的家是数亩小宅地，篱笆墙垣倾斜败坏，围着六间茅屋，连妻子儿女都容纳不下，更不用说仆人奴婢了。刘裕赠给他牛马金钱，又给他建造府邸，吴隐之都坚辞不受。他的生活来源就是每月的俸禄。每月初领到俸禄，除了留部分用作全家人必要的吃穿用度外，吴隐之把其余的都分散救济亲族。有时吴家窘迫到极点，一天的饭全家人要两天吃。吴隐之穿着的常年不变的布衣，冬天的时候要披棉被御寒。义熙八年，吴隐之上书退休，第二年去世。

吴隐之没有留下太多的政绩，政治能力也有欠缺的地方，但他身处贪腐奢侈的社会中能够终身洁身自好、廉洁奉公，本身就是莫大的成绩。

二

一提到魏晋，混乱是头号关键词，贪腐可能就是第二个关键词了。即便是这样，社会上依然有清廉的气息。《世说新语》提到东晋初期，临川太守周镇卸任回建康，还没上岸，丞相王导去看他。当时是夏天，一场暴雨突然降临南方，周镇的船又狭又小还漏雨，王导根本找不到坐的地方。王导感叹道：“胡威之清，何以过此！”周镇很快被派往经济中心的吴兴任太守。还有范宣也是著名的廉吏，豫章人韩某要送他一百匹绢，范宣不接受；韩某减为五十匹，范宣还是不接受；如此递减，最后减至一匹，范宣还是不接受。最后，韩某和范宣同车而行，韩某撕下二丈布来送给范宣，说："你总不能让妻子没有衣服穿。"范宣这才笑着接受了。

之前有重要表现的荆州刺史殷仲堪也有廉洁表现，在任时遇到荆州水灾。殷仲堪每餐只吃五盘菜（和之前相比大为俭朴），也没有特别的菜肴，饭粒落到席子上，他都捡起来吃掉。在众多实权人物中，殷仲堪比较廉洁。他常常对子弟说："不要因为出任封疆大吏，就认为我会舍弃操守。甘于清贫是每个士人的本分，怎么能够平步青云而抛弃最根本的品德和操守呢！你们要记住这个道理。"这句话道出了廉洁之人能出淤泥而不染的根本原因。

个人言行取决于内心品德和操守，和大环境没有太大关系。那些把个人罪行的归咎为大环境的人，都是在为自己推脱。

四七

别迷恋桃花源，那只是个传说

一

义熙末年的一个清晨，柴桑乡间的一位老农叩响了陶渊明家的柴门。他带酒来与陶渊明同饮，陶渊明欣然接受。透过从房顶和四壁漏处照进来的晨曦，老农看到陶渊明家徒四壁，无以为继，就劝他出仕："褴褛屋檐下，未足为高栖。一世皆尚同，愿君汩其泥。"（矮房破屋、衣衫褴褛，这样的生活不适合你陶渊明。世间之人都浑浑噩噩，你为什么不和他们同流合污呢？）陶渊明回答："深感老父言，禀气寡所谐。纡辔诚可学，违己讵非迷？且共欢此饮，吾驾不可回。"他谢绝了老农的劝告。

几年后的宋文帝元嘉元年（424年），江州刺史檀道济亲自到陶渊明的草舍探访。此时的陶渊明已经又病又饿，卧床不起多日了。檀道济见状劝他："贤者在世，天下无道则隐，有道则至。今子生文明之世，奈何自苦如此？"（现在是太平盛世，你为什么不出来做官，何必自我折磨呢？）陶渊明说："潜也何敢望贤，志不及也。"（我的志向不在当官上。）檀道济无奈，送给陶渊明许多粮食和肉，结果还被陶渊明"挥而去之"。

在东晋南朝，陶渊明是个孤独寂寞的隐者，不被同时代的人所理解。

魏晋南北朝时期，被树立为主流意识形态的依然是儒家思想，但掌权者真正奉行的始终是法家思想，尤其是在九州动乱朝廷衰微的背景下，各派人物将现实主义政治发扬光大，法家思想更是大行其道。比如司马睿送给太子司马绍的图书礼物，不是《诗经》《论语》或者《尚书》，而是《韩非子》。政治斗争异常残酷。出于对现实政治的反叛，玄学盛行，社会上以清谈为乐。玄学为许多人提供了躲避残酷现实、保持独立人格的可能。而陶渊明抛弃了这一切，不信奉任何思想学派，奉行简单、平淡、真实的隐居生活。他沉默少言，想说话就说不想说话就不说；喜欢读书和写作，却不以精通某家学问或者追求什么为目的；喜欢喝酒，就尽情喝酒。陶渊明在《五柳先生传》中写道："宅边有五柳树，因以为号焉。闲静少言，不慕荣利。好读书，不求甚解；每有会意，便欣然忘食。性嗜酒，家贫，不能常得，亲旧知其如此，或置酒而招之。造饮辄尽，期在必醉。既醉而退，曾不吝情去留。环堵萧然，不蔽风日；短褐穿结，箪瓢屡空，晏如也！常著文章自娱，颇示己志。忘怀得失，以此自终。"《晋书》在《陶潜传》开篇不久就引用了这篇文章，认为这是陶渊明的自传。如果说陶渊明的人生有什么"目的"的话，那就是坚守率真、独立的人性。所以他不为务实的东晋政治所吸纳，也不为当时或宗法家或宗玄学的士人所理解。

率真、独立的人性在复杂的现实中难以保持，所以陶渊明的后半生远离了尘嚣，躬耕自资。他写了一篇《桃花源记》，来描绘他理想中那平淡、简单的生活图景：

> 晋太元中，武陵人捕鱼为业，缘溪行，忘路之远近，忽逢桃花林。夹岸数百步，中无杂树，芳草鲜美，落英缤纷。渔人甚异之。复前行，欲穷其林。林尽水源，便得一山。山有小口，仿佛若有光。便舍船，从口入。
>
> 初极狭，才通人；复行数十步，豁然开朗。土地平旷，屋舍俨然。有良田美池桑竹之属，阡陌交通，鸡犬相闻。其中往来种作，男女衣著，悉如外人；黄发垂髫，并怡然自乐。见渔人，乃大惊，问所从来，具答之。便要还家，设酒杀鸡作食。村中闻有此人，咸来问讯。自云先世避秦时乱，率妻子邑人来此绝境，不复出焉；遂与外人间隔。问今是何世，乃不知有汉，无论魏晋。此人一一为具言所闻，皆叹惋。余人各复延至其家，皆出酒食。停数日，辞去。此中人语云："不足为外人道也。"
>
> 既出，得其船，便扶向路，处处志之。及郡下，诣太守，说如此。太守即遣人随其往，寻向所志，遂迷不复得路。南阳刘子骥，高尚士也，闻之，欣然规往。未果，寻病终。后遂无问津者。

从此，桃花源，一个若有若无的仙境，成了中国文人心目中理想世界的代名词。千百年来，一代代后来者或苦苦追寻或刻意营造想象中的"世外桃源”。更有一代代崇拜者，力图证明桃花源是真实存在的，而不是陶渊明的虚构。

二

陶渊明（刘宋建立后改名“陶潜”），字元亮，是东晋名臣陶侃的曾孙。在他出生时，陶家已经败落，陶渊明九岁丧父，与母妹三人寄宿在外祖父孟嘉家里，艰难度日。

孟嘉是名士，“行不苟合，年无夸矜，未尝有喜愠之容。好酣酒，逾多不乱；至于忘怀得意，傍若无人。”陶渊明一定程度上继承了外祖父不求虚名的率真个性，也继承了外祖父酗酒的嗜好。孟家藏书很多，给陶渊明提供了良好的学习条件。历史上没有记载说陶渊明的老师是谁，陶渊明很可能是自学成才。这就使得陶渊明的人格无拘无束地蔓延生长，开出了求真淡定的花朵。在其他人热衷“三玄”（老子、庄子、周易）、士人从小钻营进取的两晋时代，陶渊明自由选择学习了儒家的六经，遍览了文、史、哲以及神话等闲书、异书。结果，两种思想在陶渊明身上扎下了根。一是多数学问都倡导的入世思想，陶渊明也有兼济天下、抚慰苍生的志向抱负，渴望施展才华做出一番功业来；二是清正独立的人格根深蒂固，陶渊明正邪分明，去伪存真，不阿谀不谄媚不说假话不干坏事。他要按照“正确的思路”闯出一片属于自己的天地来。

这样，陶渊明就遇到了中国历史上所有独立正直又有抱负的读书人会遭遇的难题。现实不会让你顺利地施展才华实现抱负，而是给你设置种种障碍。读书人要想成事，必须做出妥协付出让步，要么委曲求全曲线践志，要么丧失独立性在现实中随波逐流，不会让你既保持清正独立的人格又实现理想抱负。如果你不愿意如此，轻者在现实中被摔打得头破血流，重者被扫地出门无处容身。

陶渊明就属于不愿意向现实妥协的那类人。

太元十八年（393 年），陶渊明怀着“大济苍生”的愿望，出任江州祭酒。当时他已经 29 岁了。东晋门阀制度森严，世族能够二十为官，寒门缺只能三十试吏。曾祖父的成功并没有让陶渊明摆脱寒门身份，他入仕即遭人轻视。同时，陶渊明对官场冗繁无聊的生活很不适应，对官吏脱离百姓民生的工作不以为然，很快就辞职回了。之后，江州又召他出任主簿，他也辞谢了。隆安四年（400 年），陶渊明觉得荆州刺史桓玄有所作为，跟随他可能实现自己的抱负，于是主动投入桓玄门下做属吏。不想，桓玄的有所作为是篡夺东晋的天下，陶渊明不愿意同流合污做乱臣贼子，便在第二年借母亲去世之机，挂冠而去。元兴元年（402 年），桓玄叛乱，攻入建康，第二年篡位称帝。陶渊明对桓玄称帝深恨在心，思考如何报国，得知刘裕联合刘毅、何无忌等人起兵讨桓，便马上离家，乔装冒险到达建康，把桓玄挟持安帝到江陵的始末报告刘裕。陶渊明对此举很是得意，认为作了一件对国家百姓有利的事情。他看到刘裕主政后革新政治，作风不俗，便留在刘裕幕下任镇军参军。刘裕以身作则整顿朝政，“内外百官，皆肃然奉职，风俗顿改”。陶渊明一度以为自己找到了事业归宿，和刘裕走得很近。马上，陶渊明便失望地发现刘裕的这些作为其实是在为篡位称帝做准备，于是在义熙元年（405 年）去职。

同年秋，叔父陶逵介绍陶渊明出任彭泽（今江西湖口）县令。此前的陶渊明断断续续出任了多个低级官职，都干不长，没有积蓄又酗酒，家庭生活开始出现困难。东晋的官吏有“职份田”，到任耕种卸任归还。陶渊明到任后想在职份田上全种上酿酒用的秫谷，说：“让吾常醉于酒，足矣。”妻子不同意，要种上可以吃饭换钱的粳米。夫妻争吵的结果是一顷五十亩田种秫谷，五十亩种粳米。随着现实和理想差距日益扩大，陶渊明酗酒也越来越厉害。不过没有等到种下去的秫谷成熟，陶渊明又挂冠而去。原来追求简单真实的陶渊明上任后，有事办事，没事休息，从不和上级、同僚“联络感情”。一日，浔阳郡遣督邮来到县里，属吏告诉陶渊明应该束带正装去见。陶渊明叹道：“吾不能为五斗米折腰，拳拳事乡里小人邪！”于是授印去职。陶渊明的彭泽县令在任仅 81 天，却为他赢得了“陶彭泽”的雅号。

卸任后，陶渊明十三年的仕宦生活结束，此后再未出仕。在这十三年中，陶渊明一心报国利民，辗转为官又辗转失望辞职，最后绝望地发现残酷的现实并没有给他那清正独立的人格留下空间。他只能选择隐居。陶渊明写道：“误落尘网中，一去三十年。羁鸟恋旧林，池鱼思故渊……久在樊笼里，复得返自然。”公元 405 年的这一天，中国历史上少了一个县令，却多了一位开创文派刷新思想的大师。

三

陶渊明辞官回到乡里，过起“开荒南野际，守拙归园田”的生活。夫人翟氏安贫乐贱，“夫耕于前，妻锄于后”，共同劳动，维持生活。

陶渊明很享受纯朴、简单的乡村生活，乡间没有复杂的权力纠纷、乡民不会尔虞我诈党同伐异。“暧暧远人村，依依墟里烟。狗吠深巷中，鸡鸣桑树颠”，这些平凡的乡间景象，在陶渊明笔下格外亲切温暖。陶渊明一家成了普通百姓，生活压力自然比当官的时候要重许多。四十多岁的陶渊明拿起锄头，“种豆南山下，草盛豆苗稀。晨兴理荒秽，带月荷锄归。道狭草木长，夕露沾我衣。衣沾不足惜，但使愿无违。”他也日出而作日落而息，辛勤劳动希望能有好的收成，真正体会到了普通百姓的辛苦。他和一起劳动的乡亲们“相见无杂言，但道桑麻长”，日常琐事和收场好坏成了大家的共同话题。东晋南朝对百姓的剥削是很重的，尤其是大量户口荫庇在世族豪门名下，像陶渊明这样的自耕农承担了越来越重的税赋。社会贫富差距悬殊，富裕人家的田地跨州连郡，穷人家无立锥之地；富裕人家山珍海味，穷人家连米饭、稀粥都不能保证，菜肴只是粗盐腌菜而已。

归隐之初，陶渊明的生活尚可，有“方宅十余亩，草屋八九间，榆柳荫后檐，桃李罗堂前”。他喜爱菊花，宅边院前遍植菊花；继续嗜酒，朋友来访，无论贵贱，只要家中有酒，必与同饮，饮必醉。他先醉，便对客人说：“我醉欲眠，卿自便。”在最初的几年里，陶渊明劳作虽然辛苦，但还能自由地爬山、写诗、喝酒，并洒脱地处理来自官场的打扰。江州刺史王弘崇拜陶渊明，主动上门拜访，陶渊明称病不见。王弘派人侦察，得知陶渊明将游览庐山，就叫陶渊明的故人庞通之等人赍酒在半道上拦住他。陶渊明既遇酒，引酌野亭，欣然忘记了登山。王弘适时出来相见，欢宴了一整天。陶渊明没有鞋，王弘马上让左右给他编一双鞋。左右要量陶渊明的脚，他就坐在那里伸出脚来让别人量。王弘邀请陶渊明去江州，问他这么去，陶渊明说：“我素有脚疾，以前是坐蓝舆的，现在也能走回去。”王弘就让一个门生和两个儿子把陶渊明抬到江州。面对王弘这样的权贵，陶渊明谈笑自若，丝毫没有羡慕、趋附权贵的意思，得到了时人的赞扬。

陶渊明的《饮酒》诗可以对他归隐的早期生活做一个总结：“结庐在人境，而无车马喧。问君何能尔？心远地自偏。采菊东篱下，悠然见南山。山气日夕佳，飞鸟相与还。此中有真意，欲辩已忘言。”

义熙四年（408 年）夏天，陶渊明那闪耀着夺目文化光辉的“方宅十余亩，草屋八九间”被一场无情的大火焚毁一空。陶家不得不迁至其他村子重新安家，此后家境每况愈下。为了养家糊口，陶渊明的劳动强度骤然加大，可即便他终年辛劳还是生活窘迫。如逢收成好，陶家尚可以“欢会酌春酒，摘我园中蔬”，一旦遇上灾年则陷入“夏日抱长饥，寒夜列被眠”的困境。最后，陶渊明可能是把宅地给卖了，全家寄居在船上。现实是如此残酷，世外桃源般的归隐生活即便能够存在一时，也不能存在一世。

到了晚年，陶渊明的生活难以为继了。据说他的儿子都是痴呆，一家人的生活始终依靠年迈的陶渊明。晚年陶渊明的生活来源主要靠乞讨和借贷。有的朋友会主动周济他，有的就需要陶渊明亲自上门乞借了。政治的打击接踵而来，420 年刘裕篡夺了东晋的天下，建立了刘宋王朝。那个陶渊明曾经寄托忠诚和梦想，希望在其中有所作为的王朝不复存在了。永初三年（422 年），年近花甲的陶渊明生活已近绝境，他在《有会而作》一诗中写道：“弱年逢家乏，老至更长饥。菽麦实所羡，孰敢慕甘肥！”他长期饿着肚子，求一把菽麦都不可得。

令人吃惊的是，在最困难的时候，陶渊明依然一次又一次地拒绝朝廷的征召，拒绝再次踏入官场，哪怕是领取一份清闲的俸禄来改善自己和家人的生活。他对困窘的生活际遇淡然置之，仍然坚持写诗，继续歌唱自然，品味田园，钟情理想中的桃花源。老朋友颜延之在刘宋景平元年（423 年）出任始安郡太守，经过浔阳找他喝酒。临别，颜延之留下两万钱接济老友生活，陶渊明全部送到酒家换取久违的美酒。越是贫病交加、现实打击越重，陶渊明就越离不开酒精。

元嘉四年（427 年），陶渊明身体不行了。九月中旬，陶渊明在清醒时给自己写了《挽歌》组诗。在第二首诗中，他自嘲死后可以“鼓腹无所思”，设想了死后“在昔无酒饮，今但湛空觞。春醪生浮蚁，何时更能尝。肴案盈我前，亲旧哭我傍”的情景。在第三首诗中，陶渊明说“死去何所道，托体同山阿”，平淡地迎接死亡的到来。冬天，陶渊明去世，享年 63 岁。

陶渊明及其作品在南北朝不为人重视，却在几百年后获得了空前的赞誉和如潮的掌声。

陶渊明的诗在南北朝时影响不大。刘勰的文论《文心雕龙》对陶渊明只字未提，钟嵘《诗品》列陶诗列为中品。唐宋之后，读书人开始发现几百年前的陶渊明是那么有代表性，那么前瞻地预示了文人的困境。他用生命营造出来的“桃花源”意境是那么能给人暂时的逃避和休憩，能给人无限美好的想象。于是，不管是入仕没有入仕，不管是得意还是失意，士人们纷纷附庸陶渊明，解读他的田园诗。因为没有文人能够逃脱现实和理想的巨大鸿沟，没有文人能从中找到两全其美之道，陶渊明的探索已然是最佳选择了，所以陶渊明始终拥有稳固的拥护者。诗仙李白的“安能摧眉折腰事权贵”，和陶渊明“不为五斗米折腰”遥相呼应。当年李白意气风发出川来，满心扬名天下，结果接连受到打击，不得不醉情山水、诗文和美酒，最终在古江州附近赴水捞月而去；王维 20 岁高中状元，名扬四海，本想成就伟业，结果在中下级官僚序列中徘徊，最后归隐终南山，“行到水穷处，坐看云起时”；辛弃疾壮怀激烈，少年戎马南北中年久经前线，却报国无门壮志难酬，终将陶渊明引为知己，在《念奴娇》中盛赞“须信采菊东篱，高情千载，只有陶彭泽”。最终陶渊明成了一类文人的典范，成了中国历史的特殊符号。

四八

魏晋风骨

一

魏晋时代是中国历史上的大动乱时代，却是知识分子性情张扬、风范永存的盛世。

知识分子的张扬与活跃，似乎与王朝权威的稳固程度成反比。唐宋元明清等王朝巩固、皇权显赫的时代，知识分子循规蹈矩，没有太出彩之处；春秋战国、魏晋南北朝、晚清民初等大动乱时期，知识分子东奔西走，或呐喊鼓吹，或叩问内心，反而留下了不朽的绚烂篇章。

对个人内心压制最重的障碍并非来自学问高低、家境贫富、眼界宽窄，而来自于政治权力，肇源于朝堂之上的权威。中国古代王朝要维持统治，总要推行统一的思想说教，客观上剥夺了知识分子海阔天空思考的可能。强大的中央权威配合对知识分子的垄断，让社会尽量保持一个声音。而魏晋时代，先是三国分立，然后是八王之乱和五胡乱华，恰恰是中央权威最低落的时期，为知识分子的张扬活跃提供了可能。这个时期，虽然儒学在官方的支持下，仍以经学的形式延续着，但受到了玄学和西域传入的佛学的挑战。人们的思想多元化了。知识分子自由思考的另一个原因是现实政治的黑暗。从曹魏初年开始，忠孝仁义的说教只停留在人们的口耳之间，就连说教者本人都不信奉。魏晋都以“禅让”形势登基，统治阶层贪腐堕落，朝政黑暗，哪有忠孝道德可言。出于对现实政治的失望和反抗，老庄思想和玄学进入了知识分子的视野。

后人往往以“魏晋风骨”（或者“魏晋风流”、“魏晋风度”等词）来形容魏晋时期知识分子的精神风貌，进而指代那个思想活跃、自由奔放的年代。我们可以从个人自由和政治权威的关系角度入手，认识当时知识分子的思想状态。

二

个人自由和政治权威具有天然的排斥性。要自由思想，难以避开的问题就是要和政治权威保持距离。这说起来容易，做起来难，毕竟知识分子要生存、毕竟人的一生很难逃避官府的骚扰。但是，人们可以在思想上和政治权威保持平行，不阿谀不攀附，保持人格上的独立。从东汉末年开始，正直的知识分子就刻意与政治保持距离。管宁和华歆，年轻时同席读书。一次，有乘坐官车的显赫人物在门外经过，管宁岿然不动，照样读书。华歆则丢下书本跑去观看。管宁于是割断座席，和华歆拉开距离说："你不是我志趣相投的朋友。"果然后来华歆成了逼汉献帝禅位的曹魏开国大臣，为世人鄙夷；而管宁隐居辽东，教书育人，得到了知识界的普遍赞同。只要与权威拉开距离，知识分子才能客观地看待政治，观察社会，自由地思考。

思想和权威的平行姿态，逐渐塑造了一批刚正、耿直的魏晋文人，他们对权力做到了不卑不亢，敢于坚持自我、维护自身的利益。

东吴末年，吴主孙皓暴戾无常，动辄大开杀戮。一次在朝堂大会上，孙皓突然问大臣诸葛靓："卿字仲思，为何所思？"诸葛靓正色说："在家思孝，事君思忠，朋友思信，如此而已。"这里说的忠孝、诚信都是正直高尚的人应该具备的，可惜孙皓并不具备。诸葛靓敢于当面指出孙皓的缺点，可谓胆大。诸葛靓是曹魏叛将诸葛诞的儿子。诸葛诞割据扬州反抗司马家族篡位，派诸葛靓入吴求援，失败后诸葛靓就留在了东吴。东吴灭亡后，诸葛靓被迁徙到洛阳居住，拒绝晋朝的委任，一直没出来当官。他因为与晋室有仇，常常背洛水而坐。其实，他和晋武帝司马炎是发小，感情很深，如果想当官机会是很多的。后来，司马炎想见见诸葛靓这个老朋友，就通过诸葛太妃来招呼诸葛靓进宫。（诸葛太妃是诸葛靓的姐妹，嫁给了司马懿的儿子司马伷。）诸葛靓入宫，和诸葛太妃相见，司马炎突然闯了进来，拉着诸葛靓饮酒叙旧。酒酣，司马炎问道："你还记得我俩当年竹马之好不？"对一般人来说，皇帝亲口提及当年的情谊，是多大的恩典啊！诸葛靓却说："臣不能吞炭漆身，今日复睹圣颜。"这里的"吞炭漆身"说的是战国刺客豫让的故事。豫让受知于智伯。韩赵魏三家合力攻杀智伯，豫让为报知遇之恩，矢志复仇，于是漆身毁容、吞炭改变声音，伺机刺杀赵襄子，事败而死。诸葛靓则念念不忘司马家的杀父之仇，说完这话涕泪交加，悲恸不已。司马炎脸上无光，赶紧退场。出宫后，诸葛靓都以见到司马炎为耻辱和人生的污点。

这是对待皇帝的例子，还有许多对待权臣的例子。东晋王导征召王述做属官。议事的时候，王导每次讲完话，下级官员纷纷争着赞扬王导的远见卓识、高屋建瓴，表示要贯彻落实好王导的意思，现场充满阿谀奉承之风。王述职位低微，只能坐在末尾，却说："丞相又不是尧舜，怎么能每件事都正确呢？"这样的认识，想必读过书的人都知道，可并不是所有人都有王述那样的勇气。琅琊王家的王含担任庐江太守期间，以贪浊闻名，声名狼藉。其弟王敦是掌握天下一半兵权的枭雄，为哥哥王含护短，一次当众说："家兄在庐江政绩卓著，庐江官民交口称颂家兄！"王敦的主簿何充马上正色说："我就是庐江人，听到的事情恰恰相反！"此语一出，在座的人都为何充捏了一把汗，何充神意自若，没有丝毫惧意。

最幽默的一个段子是裴楷创造的。裴楷是西晋的名士兼大臣。晋武帝一次曾在朝堂上自信满满地问：天下人怎么评论我啊？裴楷马上回答："陛下肯定不能与尧舜相比，因为朝中有贾充这样的人在！"贾充是司马炎的宠臣，贾南风的父亲，更是天下皆知的佞臣。裴楷的正直和胆量可见一斑，梁王、赵王是皇帝的近亲，煊赫一时，封地富庶。裴楷每年都向两位王爷借钱，且金额巨大，动辄几百万。借到钱后，裴楷都用来救济贫寒的亲戚故友，绝口不提还钱的事情。有人笑他："你怎么能靠骗钱来施恩惠呢？"裴楷则说："我这是在劫富济贫啊。"梁王和赵王都拿他没办法。

三

魏晋文人对政治权威的超脱，便利了个性无拘无束的发展。自由的思想海阔天空地驰骋，再配合老庄学说的自然无为，文人们言行、生活纷纷回归了从容、淡定、自然的原始。魏晋可能是文人在思想上最放松、自然的时期——有人说南宋是文人的天堂，可能在生活的安定上南宋时期超过了魏晋，但在思想自由度上南宋绝对逊于魏晋。魏晋文人头脑中去掉了许多枷锁，身上少了许多约束，人际关系也趋向自然。

东晋时，王徽之担任桓冲的参军，桓冲死后王徽之转赴建康任黄门侍郎。他在建康郊区遇到了从建康启程赴江州去当刺史的桓伊。王徽之早就听说桓伊善吹笛，“善音乐，尽一时之妙，为江左第一”，只是没有听过。他马上停船吩咐下人：“闻君善吹笛，试为我一奏。”下人吓了一跳：桓伊出身桓氏望族，是淝水之战的大功臣，又是新任的江州刺史，家族门第并不逊于王徽之的琅琊王家，但声望、地位远高于王徽之。你让他为你吹笛，人家凭什么听你的啊？下人硬着头皮去传话了。谁想，桓伊听说有人想听笛，随即叫停车驾，下车，布置胡床，拿出笛子吹了起来（据说吹的是“梅花三弄”）。吹罢，桓伊上车而去，王徽之继续行船，客主不交一言。

魏晋时期的家庭关系也比较直接、自然，不像后世那般繁琐多礼。晋武帝时期参与灭吴的王浑，出身太原王氏，娶了著名书法家钟繇的曾孙女钟琰为妻。一次，王浑与钟氏共坐，看到儿子王济从庭前经过。王浑欣慰地对妻子说：“我们生下了这样的儿子，足慰人意！”钟琰却笑道：“如果我当初嫁给了你弟弟王伦，生下的儿子肯定比我们儿子更优秀！”此话一出，夫妻俩并没有反目，还是相敬如宾。又比如，荀彧的儿子荀粲和妻子感情深厚。冬天，妻子发烧生病了，荀粲就跑到庭院中把自己冻冰了，然后回到房内用身体给妻子降温。妻子死了，荀粲悲哀过度，不久也死了。荀粲生前解释过自己为什么深爱妻子：“妇人德不足称，当以色为主。”意思是自己的妻子是大美人，自己更看重女子的外貌而非品德。古代历史讲求“妇德”，给妇女加上层层枷锁，用所谓的“德”来抹杀女性本身的风韵魅力，束缚妇女追求美貌、男子热衷美色的权力，荀粲的话一针见血，强调了男女关系的应有之义。它的意义在此。裴楷就评价道：“荀粲这句话是情之所至所说的，并非盛德之言，希望后人不要理解错了此话。”

对于厌恶的人和事，魏晋时期的人也不需要虚伪地掩饰，可以爱憎分明地表达出来。晋武帝时，荀勖为中书监，和峤为中书令。惯例是，监令同车往来。和峤性情文雅、正直，对荀勖的谄谀奉承非常厌恶。每次公车来了，和峤就抢先上车，一本正经地一个人坐两个人的座位，不让荀勖上车。荀勖只能再找车。历朝历代的人，做到了达官显贵的层次，几乎都修炼得圆滑得很，不要说跟厌恶的人同车而行，就是和敌人称兄道弟也大有人大。只有在魏晋，道不同，不同车而行。从此开始，晋朝给朝廷的监、令各给专车。

魏晋文人天性自然，敢作敢为的典型例子发生在王粲的葬礼上。王粲生前最喜欢听驴叫，司马昭参加了他的葬礼，对吊唁的人说：“王粲最好驴鸣，我们可各作一声以送之。”来客纷纷响应，大家都学驴叫来给王粲送行。

四

与个人的魏晋风骨相伴随的是那个时代宽容的社会氛围。宽容的氛围，不知道是“魏晋风骨”的表现，还是它的原因。人们很难说清楚，到底是魏晋风骨带动了社会氛围的宽容，还是宽容促成了文人的自由、正直和洒脱。

西晋时曾任尚书令的乐广看到当时清谈风气兴起，人人谈玄学，还有的人以任放为达，甚至裸体见人，虽然不认同不支持，但也没有利用权力进行打压。乐广留下了一句名言，足可以反映魏晋时期的宽容。他说：“名教中自有吸引人的乐趣，何必去追求放达和裸露呢？”人各有志，有人爱熊掌鱼翅有人爱青菜萝卜，不必强求统一。嵇康在玄学中得到快乐，乐广在名教中获得乐趣，那么就各干各的吧。尽管魏晋时期也出现过杀害嵇康之类扼杀思想自由、破坏社会宽容的恶性事件，魏晋文人的思想并非完全的自由，但镇压毕竟是少数，是小时段的事件。司马昭杀害嵇康不久就感到后悔了，杀戮一个对政权没有直接危害的清谈者却激起了文人集团和政权的直接对立，得不偿失。同样的，王导、王敦等大权在握的人，对公然顶撞、出言不逊的王述、何充等人，心里肯定不舒服，可也能做到默然以对，不去打击报复。因此，魏晋社会总体非常宽容，政治权力很少打压思想自由。

谢无奕的性格非常粗暴，一有不如意的地方就恶语相向。王述和他有几件事不合，谢无奕就跑到衙门去，冲着王述大吼大叫。王述正色面壁不敢动。大半天后谢无奕走了，王述才转头问左右的小吏：“走了没？”回答：“已去。”王述这才重新回到座位坐着，继续办公。

最典型体现社会宽容的是司马睿的例子。司马睿庆祝皇子诞生，普赐群臣。大臣殷洪领了赏，谢主隆恩，然后谦虚了一句：“皇子诞育，普天同庆。微臣在这件事情上没什么功劳，愧受厚赏。”司马睿笑着回答：“生皇子这种事情，怎么能让爱卿立下功劳呢？”一来一往，殷洪无意，司马睿幽默。便是在开明盛世，这样的段子也极少会在君臣之间出现吧？

魏晋时期，文人的绝妙表现还有很多，留下了无数闪光的言行。南朝刘宋的临川王刘义庆广招文学之士，搜罗材料，润色整饰，编撰了《世说新语》。这本书为后人保留了魏晋风骨的绝佳素材。其中自由、正直、宽容的魅力，吸引着后来者不断翻看这本书。书中的文人盛事在大一统的秦汉时期没有出现，在之后的隋唐两宋元明清更不可能出现了，正因为独特才具有重要的欣赏和参考意义。

四九

行政区划上的较量

一

两晋衔接期间，大批官民逃难到南方去，南方的司马睿势力百废待兴，问题重重。作为对诸多问题的回应，东晋王朝发展出了一种新的政区制度：侨置郡县。

侨置郡县的起因很复杂。北方大乱，大批老百姓携家带小，举家甚至全族往南方逃难。逃难百姓的规模很大，北方各州都有数以万计甚至十万计的人口迁出，涌向南方。估计在两晋衔接期间难逃的人口占北方户口登记人口的三分之一左右。如何安置如此众多背井离乡的百姓，成了摆在司马睿等人面前的一大难题。

我们知道，中国人是最重乡土观念的。古代人多数一辈子都生活在本乡本土，流动性很小。他们的经济收入、人际网络、悲欢离合和祖宗坟墓都在故乡，如果没有实在扛不过去的困难是不会离乡逃难的。而一旦难民潮涌动起来，问题就层出不穷。逃难的百姓等于抛弃了家产和收入，与过去的经济和社会网络一刀两断了，他们靠什么生活？逃难的过程中如何解决吃穿问题？遇到的困难，比如生病、兵火，找谁依靠？逃难过程中，难民如何处理与当地居民的关系？任何一个问题处理不好，都可能引发纷争。两晋衔接期间的战乱有两大叛乱势力，除了北方的少数民族势力，就是各地风起云涌的流民武装——王弥、石勒等人的主要武装力量其实就是北方的汉族难民。司马睿之所以能在南方站稳脚跟，很大一个原因就是依靠王敦、陶侃等人镇压了南方的多支流民武装，稳定了局势。可南渡的难民越来越多，总不能全部采取镇压的态度吧！

紧随着而来的问题是：如果朝廷不妥善处理好流民问题，流民群体中的枭雄、大族甚至个别野心家就会抢先把流民组织起来，为自己所用。难民流动的时候，遇到问题和纠纷需要强有力的人物出来主持解决。这些人物一般是原来居住地的豪门大族，也有部分人是能力出众的强人。他们就成了流民组织的领袖，东晋初期的祖逖、苏峻等人就是这样领袖人物。他们一旦拥有了组织，就会提出各自的政治主张。这一点也是朝廷不乐意看到的。

因此，东晋王朝采取的方法是专门划出南方的土地来，安置流民。安置的目的是，即便不能让流民在南方安居乐业，最起码能让流民有饭吃、不揭竿而起。最初简单的安置行动，后来掺杂进来了朝廷和贵族高官们的政治目的，发展成为侨置州县。

朝廷有什么政治目的呢？东晋王朝以天下正统自居，却偏居一隅，失去了对天下主要领土的控制，地位非常尴尬。司马家族唯一可以炫耀的就是王朝正朔，自己的祖先曾经是天下共主。但这个标准太主观了，刘渊就说我是汉朝的外甥，我的祖先也曾是天下共主；赫连勃勃更绝，说我是夏朝大禹的后裔，我的祖先统治天下比你们更早。因此，客观的领土大小，尤其是谁占领着作为天下中心的中原、两京，就成了谁是天下正统的重要标准。先后占领中原的两赵、两秦、燕国等统统不承认东晋是天下正朔，蔑称东晋是“司马家儿”、“岛夷”、“南国”。东晋因此要延续天下共主的架子，起码在形式上要维系对失地的“统治”，就想到了在安置北方南下流民的同时“恢复”北方的政权形式：我有北方的百姓、有政权形式，我还可以对北方领土宣示主权。于是，东晋划出一块南方的土地安置幽州流民，就恢复幽州的郡县名称；安置山东流民，就用原来的山东郡县来称呼本地。这些州、郡、县因为不是本土，所以被称为侨州、侨郡、侨县。

对于北方政权新立或改名的州、郡、县，南方绝不侨置或沿用旧名，表明对北方政权的否定。

除了宣示正统和主权外，侨置州县还可以和北方政权争夺人口。北方政权一般得不到汉族百姓的认可。当汉人知道南方有同乡重建了故乡的郡县，那里有乡音、乡俗和故乡的街巷里弄时，他们很自然愿意逃离北方政权的统治，投奔东晋侨置的州县。侨置州县在实践中吸引了许多人口持续南渡，增强了东晋的实力，弱化了北方政权的力量。在冷兵器战争时代，人口可是决定国力的关键因素，重要性并不亚于领土。在这个较量中，东晋占据着优势。

高官显贵们又有什么政治目的呢？东晋朝廷的掌权基层是北方南渡的

世族豪门。他们以门第相互标榜，门第和政治地位直接挂钩：出身豪门的子弟垄断高官，普通人家的子弟只能在中低级职位上徘徊。而地望是表明门第贵贱的主要标准。地望，即姓氏古籍中常用的“郡望”，指魏晋南北朝至隋唐时每郡显贵的家族，意思是世居某郡为当地所仰望，并以此而别于其他的同姓族人。南渡的北方豪门们起初也很尴尬，比如琅琊王氏失去了“琅琊”还算是琅琊的王氏吗，陈郡谢氏离开了“陈郡”又如何保证家族的门第纯洁？因为郡望和政治利益紧密相关，南渡世族们还以沦陷的旧地名自称。安置流民的同时，恢复旧式的政权，符合南渡世族的利益。他们热衷推动侨置州县的建立。

凡此种种，就是东晋侨置州县的特殊背景。司马睿南迁时，琅琊百姓随司马睿过江的有一千多家。太兴三年（320年），司马睿侨立怀德县于建康，以安置这些琅琊流民。晋成帝司马衍咸康元年（335年）又在江乘县（今江苏句容县北60里）境内侨立琅琊郡，为了和北方的琅琊郡区别起见，称为南琅琊郡。北方的琅琊郡有临沂县（琅琊王氏就是这一县的人），于是南琅琊郡也侨立临沂县（还是在江乘界内）。这可以算是侨郡县的创始。

有人将侨置州县的历史推前到了汉高祖刘邦的时候。高祖七年（公元前200年）在郦邑（今陕西西安市临潼区东北）建城，城社、街庭、居家都模仿故乡丰县，并真的迁徙丰县百姓居住其中。刘邦这么做的原因是他的父亲刘太公不习惯长安的环境，想念故乡，为了解决老父亲的思乡之情刘邦干脆在关中造了一个新丰县。三年后刘太公死了，郦邑干脆更名“新丰”。此后，西汉、东汉西北、东北边界不断变化，为了安置撤退的边民，也常常在边界侨置郡县。不过乔治郡县成规模、制度化，还是在东晋。

二

口子一开，“一时侨州至十数，侨郡至百，侨县至数百”。东晋在名义上还拥有对天下各地的统治。随着时间的推移，侨置州县制度发生了复杂的变化，利弊并存。

首先，州县的侨置和流民人口的多少直接相关。北方百姓南逃的大致情况是离江南比较近的黄河南岸百姓南迁比较多、黄河以北和西北地区的百姓逃到江南的不多。侨置之初，东晋设置了各州政权，后来因为幽州（今河北北部、京津一带）、冀州（今河北大部和河南北部一带）流寓江南人口较少，废除了这两个侨州。而兖州、豫州、徐州诸州（都在今河南、山东黄河以南地区）南渡的流民较多，州级监制始终存在。具体到郡县，情况也类似，流民较多的地区，侨置政权比较完备。

其次，侨置州县的名称、隶属关系越来越复杂。南北都有琅琊郡，怎么区别呢？最常用的方法是在南方的琅琊郡前加一个“南”字，以示区别，比如“南琅琊”、“南徐州”等。后来东晋北伐，一度收复了青、兖、徐、豫、司、雍等州，就在新收复郡县上加“北”字，以资区别。侨置的西北、四川地区的郡县，则互加“东”、“西”以示区别，比如“东冯翊”、“东弘农”等。这还算是侨置州县最简单的冠名法，至于一郡一县百姓侨寄数处，分别设置州县；又比如郡县沦陷，于是侨置，后经收复，又再沦陷，反复侨置；再比如北方州县因为百姓逃难已经被取消、合并或重新组成，原郡县无处可觅，南方侨置郡县依然存在，等等。州县名字只能越来越复杂。隶属关系就更复杂了。侨置郡县分散在原来南方各郡县内部（往往是南方某地侨置了东南西北数个地名），不可能像原来那样隶属，于是就出现了有的侨置郡县隶属南方州郡管辖，有的南方郡县属于侨置州县管辖；有的侨置郡县虽然还照搬原来的隶属关系，但管辖的郡县分处多块“飞地”；有的侨置州郡下辖郡县，并非原来郡县，而是其他州郡侨置的。以现在的行政区划为标准举个例子：“南山东省”管辖“南青岛”、“南威海”、“南泰安”、“东宝鸡”四个地方，其中“南青岛”位于江西，“南威海”、“南泰安”和“东宝鸡”位于福建，而“南山东省”的治所却在江苏。而朝廷又把浙江的嘉兴、湖州两个南方原来的政区要划归“南山东省”管辖。这是不是人为制造了行政区划的混乱？然而，处于政治和现实利益的考虑，侨置政区日渐纷乱又迫不得已。

第三，侨置州县和南方州县、侨置流民和土著居民的矛盾日渐激烈。侨置州县的本意是借土寄寓。南方郡县的土地被拆分，自然心有不愿。随着行政区划日渐纷乱复杂，侨州郡县分割南方州郡县的实土越来越严重，部分南方郡县还改隶于侨州郡者。部分北方强盛世族“反客为主”，甚至裁撤南方郡县来侨置自己的乡土故郡。这些难免不引发南方郡县的反感。而为了安置和吸引流民，东晋对侨置郡县的百姓另行登记，称为“侨人”。侨人的户籍称为“白籍”，不算正式编户，不负担国家调役。南方土著人口却要承担越来越重的税赋和徭役，土著和侨人的关系也开始恶化。随着土著居民的躲避和世族大家侵吞人口，朝廷能控制的户籍人口越来越少。因此，东晋出现了多次“土断”：清查户口，将侨人改变为编户，承担国家赋役。流民在南方定居多年，事实上和土著居民差别越来越少，所以土断成果不错。东晋朝廷增加了收入和兵源，“财阜国丰”。土著居民和侨人的关系也得到了调和。但因为部分侨人的反对和世族大家的阻挠，也因为陆续有新的北方流民南下，东晋历次土断都不彻底。之后的南朝还要面临侨人和土著居民的户籍问题。

最后，侨置州县制度为南方带来了巨大利益的同时，也遭到了北方的激烈反对。北方人南渡，带来了北方相对高级的农业技术，南方的灌溉、蓄水、防洪、运河等水利工程不断修筑，富源不断得到开发，江南的经济实力趋向强盛。这为隋唐以后，中国经济中心移到江南奠定了基础。相对的，南方的强盛就是北方的衰落。北方政权对东晋南朝自恃正统、侨置州郡县、吸引百姓的做法极为反感。《魏书·韩显宗传》：“显宗上言：自南伪相承，窃有淮北，欲擅中华之称，且以招诱边民，故侨置中州郡县。自皇风南被，仍而不改。凡有重名，其数甚众。疑惑书记，错乱区宇，非所谓疆域物土，必也正名之谓也。”韩显宗的上书，指出了南方政权打肿脸充胖子、政区纷乱复杂等问题，也验证了侨置州县的客观效果对北方影响很大。北方政权也在边界地区侨置南方州县，想吸引南方百姓北逃，可惜效果很不理想。纵观整个魏晋南北朝时期，中国人口大致上是从北向南移动的。

侨置州县越来越多，造成政区繁杂，导致“民少官多，十羊九牧”。隋朝统一南北后，开始重新划定政区，大举并省州县，并改州为郡、以郡统县。这才彻底根除掉侨置州县问题。

三

最后说一下魏晋时期各国的疆域问题。

首先，各国疆域并非固定不变，经常变化，我们只能指出它们大致的疆域所在，而做不到精确的表述。三国时期，曹魏和吴蜀基本上沿着淮河、秦岭一线对峙，其中曹魏在中部突出到现在的湖北中部一带；而东吴和蜀汉基本沿着现在的三峡、贵州东部、广西西部一带对峙。东晋和北方对峙时期，南北分界线变化无常，极是复杂，大致上是沿着淮河、秦岭一线南北移动，最南移动到长江沿线，最北推进到现在的黄河北岸。包括东晋在内的南朝历代，比较稳定的疆域范围，北抵淮南、江北，东及东海，南达南海兼有交趾。比较特殊的是巴蜀和汉中地区，先是被成汉占领，后为东晋收复；后来又落入前秦苻坚之手，继为东晋叛乱的地方官谯纵割据，到东晋末年被重新收复。南方疆域最大的时期是东晋末年刘裕北伐时期。刘裕平南燕、灭后秦，收复山东、关中等地，使得东晋疆域北抵黄河，西到陇西，范围之大不仅居东晋之首，而且为东晋南朝270余年间所仅见。不过这一盛况维持的时间十分短暂，关中很快沦陷，河南、淮北也逐渐为北魏所侵夺。到南朝时，南方疆域又恢复到东晋原有的版图。

其次，在军事对峙上，北方占据优势，南方基本采取守势。从东吴到东晋，再到之后的宋齐梁陈都是如此。南朝对北方采取以守为主的防御战略，力求发挥水师和水战的优势，对抗北方骑兵。（当年赤壁大战，南方就是如此取胜的。）因为经济和武备南方均弱于北方，南方政权高度重视防守，高筑墙、广积粮，修建了一系列军事重镇。寿阳、合肥、历阳、广陵、京口、襄阳、樊城、武昌、浔阳等城市的兴起，都是处于军事的需要，驻扎着南方军队的主力。比较特殊的还是四川地区。四川地区在地势上处于江南和两湖的上游，俯视后者，更要命的是分割了南方的长江天险。所以，灭南方者必先夺取四川（比如西晋灭吴），守南方者必先寻求保全四川（比如东晋历次都是先收复四川，才能北伐成功）。

五〇

魏晋人是怎么生活的？

一

魏晋时期的人们穿什么样的衣服，吃什么东西？魏晋时代社会风俗如何，他们过春节吗？魏晋人的生活负担如何，他们读书写字吗，又用什么写字呢？

这些都涉及魏晋时期人们的生活。讨论魏晋人的生活，必须分清楚两个断层：因为南北分裂局面的存在，南方人和北方人的生活是不同的；又因为社会分等级、贫富和权力差距巨大，贵族和普通百姓生活在两个完全不同的世界上。

贵族们引领了魏晋豪奢的社会风气。几万钱吃一顿饭还觉得没有下筷子的地方，杀一头牛就为了尝一口牛心的味道，熏衣粉面走路都需要佣人扶持，这些都是典型的贵族生活场景。魏晋好盛行厚葬，富人陪葬品丰厚，客观上也主张了盗墓的风气。乱世中枭雄特别喜欢盗掘魏晋坟墓，不知道魏晋贵族们知道后做何感想？石崇的斗富、王济的金沟，后人大可以批评他们的浪费，批评他们豪奢误国。魏晋贵族阶层发展为门阀世族后，都非常重视子弟的文化教育，日常言行务求文雅，喜欢以玄学清谈和诗文唱和，其中固然有矫情和寄生的成分在，但客观上推动了魏晋文化的发展。门阀世族掌握的文化是魏晋社会的支柱内容。

琅琊王氏子弟王筠曾说："世传安平崔氏、汝南应氏等家族相继以文采著称，可他们不过传了二三世而已，不想我们王家一样七代以来人人有文集，文化昌盛。"王家七家人的文集肯定有水分在其中，可也从一个侧面表现出来门阀世族对文化教育的重视。比如世族颜之推就提醒世族子弟们不要放松了文化学习："虽千载冠冕，不晓书记者，莫不耕田养马……若能常保数百卷书，千载终不为小人也。"他的观念颇具代表性，世族们认为文化层次的高低也是区别豪族和寒门的一大标准，维持门第的一大利器。魏晋的世族子弟都具备相当的文化层次，使得书声在乱世中朗朗不绝。玄学的发展带动了思想的活跃和进步，这也得感谢世族文化。如果不是一群衣食无忧的人，谁还会整天清谈？尽管清谈与时局和现实事务无补，谈话者却谈出了境界，活出了精神。比如同样是酗酒，刘伶喝醉了就能说出"死便掘地以埋"的话来。而同样的是喝水，晋代的士人就知道把水烧开了然后加上南方的茶叶泡茶喝。喝茶开始成为中国人生活的一部分，南方的制茶也因此发展。

世族子弟的日常生活基本上读书、会客、清谈、酗酒、喝茶，而普通老百姓的生活与之有天壤之别，够得上"悲惨"标准。

门阀世族的富庶豪奢并不代表魏晋整个时代的富裕，事实上魏晋因为战乱，总体上是中国历史上的贫困时期。两汉已经相当发达的货币贸易退化为了以物易物的原始贸易。战乱直接影响到商业衰落，土地荒芜，百姓困苦，以实物交换为主体的自然经济兴起，成为魏晋时期经济形态的主流。用来当做货币的实物，以谷米麦粟等农产品以及绢布绫绵等布帛为主。也就是说，魏晋时期的普通人不知道货币为何物。他们计算家产和税负的标准是：张三的家产值几头牛，李四的田地今年能收多少石麦子，我到秋天应该交给官府多少匹绢？

建安九年（204 年），曹操正式颁布以实物纳租缴税的法令，为魏晋南北朝的租税制度奠定了基础。魏晋时期的男子，从 16 岁到 60 为"正丁"，都需要交纳赋税，两端的年龄为"次丁"，部分项目可以减半。女子出嫁者为丁，没有出嫁以 20 岁为界限，都要像正丁一样缴税服役。而两晋的税赋项目特别繁多，非常苛刻。最要命的是，税赋没有成文的规定。凡是军国大事所需物品，或者是地方上出产的特产，都可能成为朝廷征收的对象。也就是说，老百姓生活在没有压迫标准的环境中，随时都可能被官府盘剥压榨。

普遍的贫困导致了贸易的萎缩，依赖贸易成长起来的城市规模都不大。北方最主要的城市是洛阳。洛阳作为魏晋的都城，虽然多次被战乱毁坏，但因为是黄河南北贸易以及西域和中原贸易的主要场所，很快得到了恢复，成为魏晋南北朝时期北方最大的都市；南方最大的都市是建康，因为它既是东吴、东晋和南朝四代的首都，又坐落了江南经济区域的中心。

其他比较大的都市，多数是军事重镇，因为驻军或者屯田而发展起来的。典型的比如南北拉锯地带的襄阳、寿阳、广陵等城市。又比如山东的广固，建立的时间很短，因为山东各地遭战乱反复扫荡一片废墟，竟然迅速崛起为山东的大都市。而这个大都市的人口始终只有几万人。由此可见战乱和贫困，制约了魏晋时期城市的发展。生活在都市中的人口极少，几乎都是军人、官吏、贵族和为他们服务的奴仆、工匠等。

有限的贸易集市也被官府牢牢把握。贪官污吏争相担任“司市”的官职，从中营私舞弊，常常向老百姓强买强卖，甚至抢劫货物而不给钱。大富豪石崇就是靠抢劫商户发达起来的。

老百姓不堪负担，或卖妻卖儿、或逃入江湖山谷采草叶为食。编户大量逃亡，朝廷控制的人口持续减少，在编百姓负担越来越重。整个社会不太稳定。

如果一个人是汉族人，他是生在北方比较幸福呢，还是生在南方比较惬意？各有各的忧虑和好处。南方百姓负担非常重，且社会层级越来越僵化，门阀世族垄断政权，社会流动性很差。但好处是南方的政权相对北方来说要稳定得多，上层的争权夺利几乎没有直接影响下层老百姓的生活。北方百姓的负担比南方同胞要轻得多。这一方面是北方政权更迭拉锯频繁，官府统治相对薄弱；一方面是北方政权普通不信任汉族人，军队主要由少数民族组成，不武装汉族人，这就让多数汉族人不用服兵役了。当然了，生活在北方最大的坏处是战争太频繁，生命得不到保障。北方出现了许多汉族人的坞堡，大家聚集在本地豪族或者强力人物周围，建立武装村落集中生活，在堡垒周围耕种，遇到战乱就自我武装起来自卫。坞堡的武装效果很明显，少数民族政权对这些自卫村落相对客气，不时还笼络坞堡的头面人物当官。

生活在北方有一点非常吸引人的地方，那就是有机会获得属于自己的土地。因为反复战乱，北方政权取得大量无主的荒地和弃田，没收为国有，奖励或者分配给流民耕作。南方的自耕农数量大大小于北方，因为南方土地归属比较固定。即便是政府划出来安置流民的侨置州县，土地也是国有了，只是出租给流民耕种而已。

南北在饮食上也很不同。北方人的粮食以豆麦为主，多用来做饼；南方人则以大米为主，多用来做米饭或者粥。不论南北，平民基本没有佐餐菜肴，能以盐泡菜佐餐就不错了。肉食在魏晋普通人家的餐桌上极为罕见。北方畜牧业比南方发达（战乱使许多旧时的农田变为了牧场），北方人的肉食比南方人多，以牛羊为主。南方人的肉食以鹅鸭鸡鱼为主，另外猪也成了南方人的肉食对象之一。

南北在穿戴上也很不同，大致是北方胡化严重，南方基本保留汉族的峨冠博带。不过南北的布料多数都是麻布。在日常用品中，低矮的胡床出现，开始改变汉族人席地而坐的做派。纸张在魏晋得到大发展，麻纸的产量很高。到南北朝时候，纸张代替了竹简，成为日常文书的主要工具。

总之，不论是生活在南方还是北方，除了占人口极少数的权贵阶层外，人们的生活既然贫苦又悲惨。

二

魏晋风俗的鲜明特点是节日增多，人们在节日庆祝上增加了浓厚的喜庆、快乐和自我陶醉。毕竟现实社会非常残酷，战争和贫困威胁着每个人的生命，人们开始在现实之外寻找寄托。节日就成了百姓寻找精神寄托的载体之一。（另一大载体是宗教，佛教在魏晋时期开始传入并得到发展，留待南北朝一书再细说。）

节日可以为人提供精神放纵和寻找快乐的机会。庆祝节日时的短暂欢娱，让人们获得精神上的平衡，求得心理上的补偿。一年之中，春节是南北方最隆重的节日，祭神、敬天等活动始终不变。接着就是元宵节，又称正月半、上元节、灯节。三月三日江南要过上巳节，除了祭祀祈求驱灾避祸之外，陆续发展为河畔嬉戏、男女相会、江边洗濯、赏花观水等活动。不论是达官贵人，还是平民百姓，都过“修禊节”。接着就是清明、端午、乞巧（七夕）、重阳、腊日、除夕等。这些节日发展到魏晋时期，被加入了许多内容，有的干脆转变了节日方向。

比如魏晋时，男子加冠礼开始用音乐伴奏。又比如魏晋时期开始盛行“抓周”礼，婴孩满周岁的时候由长者给他戴长命锁或平安符等，祈求宝宝长命百岁此生幸福，并且摆出许多物件让婴孩去选，以此来预测他的前途和性情。再比如滥觞于史前的傩仪，原本是四季驱邪逐疫的仪式，到魏晋时发展为傩戏，仪式中加入了娱乐成分，出现了乐人扮演的神主、神兽等角色。

最典型的喜庆例子就是端午节真正作为一个节日，是在魏晋时期奠定的。魏晋以前，五月初五这一天被视为带着神秘恐怖气氛的日子。先秦时代，普遍认为五月是个毒月，五日是恶日，相传这天邪佞当道，五毒并出。东晋末年的名将王镇恶就因为是五月初五生的，家人竟然不想要这个孩子，要把他送人。所以，五月初五当天，人们都要避邪、驱毒，没有与屈原联系起来，更没有娱乐和喜庆色彩。魏晋时期，五月初五开始被称为端午。梁宗懔《荆楚岁时记》记述魏晋端午节的习俗："五月俗称恶月，多禁忌曝床荐席，及忌盖屋……五月五日，四民并蹋百草，又有斗百草之戏。采艾以为人，悬于户上，以禳毒气……是日，竞渡，采杂药……以五彩丝系臂，名曰辟兵，令人不病瘟。又有条达等织组杂物以相赠遗。取鸲鹆，教之语。"可见当时端午已经发展出丰富的习俗，包括：踏百草、采艾叶做成人形悬于门户以禳除毒气、用菖蒲做菖蒲酒、龙舟竞渡、采药等。这些习俗由避邪、驱毒发展而来，又明显加入了游玩娱乐色彩。当时还有抓八哥幼鸟教它说话以供娱乐的活动。

在南方，流民们离乡背土，反而更加珍惜汉族的传统节日，将它们完整保存并发展了下来。而北方的传统节日和一些习俗，却没有像南方这般保留完好。大量少数民族的习俗开始加入北方人的日常生活。

魏晋大事年表

220年（魏黄初元年）	正月，曹操死，曹丕袭爵，嗣为丞相。 十月，曹丕称帝，是为魏文帝。废汉献帝为山阳公，汉亡。建国号魏，都洛阳。 魏吏部尚书陈群制定九品中正制
221年（蜀章武元年）	刘备称帝，是为汉昭烈帝。国号汉，世称蜀，都成都，以诸葛亮为丞相。 刘备率兵东进，攻孙权。夷陵之战爆发。 孙权接受魏国封号，称吴王于武昌。
223年（蜀章武三年）	刘备死，太子刘禅继位，是为蜀后主。诸葛亮辅政，遣邓芝使吴修好，共抗曹军。南北对峙格局固定。
224年（魏黄初五年）	魏文帝曹丕攻吴，至广陵，临江而还。
226年（魏黄初七年）	魏文帝曹丕死，太子曹叡继位，是为魏明帝。
228年（蜀建兴六年）	诸葛亮兵出祁山攻魏，魏国破蜀军先锋马谡于街亭。此后两国在西边战事不断。
229年（吴黄龙元年）	吴王孙权称帝，是为吴大帝。国号吴，迁都建业。
230年（吴黄龙二年）	吴遣将军卫温、诸葛直率万人船队过海达夷洲。
234年（蜀建兴十二年）	诸葛亮卒于五丈原，司马懿取得对蜀战争的巨大胜利。
238年（魏景初二年）	司马懿攻辽东，杀公孙渊于襄平。
239年（魏景初三年）	魏明帝曹叡死，齐王芳即帝位，太尉司马懿、宗室曹爽辅政。
240年（魏正始元年）	玄学开始产生，以何晏、王弼的“正始学派”为代表。

248年（魏正始九年）	嵇康寓居山阳竹林，吸引志同道合者清谈。竹林七贤形成。
249年（魏嘉平元年）	司马懿发动高平陵政变，杀曹爽、何晏，遂专魏政。
251年（魏嘉平三年）	魏都督扬州诸军事王凌于淮南起兵反司马懿，兵败被擒自杀。
252年（吴太元二年）	孙权死，太子孙亮即位。
253年（吴建兴二年）	吴孙峻杀诸葛恪，任丞相、大将军，督中外诸军事，专吴朝政。
254年（魏嘉平六年）	司马师废曹芳，立高贵乡公曹髦。
255年（魏正元二年）	魏镇东将军毌丘俭在寿春起兵讨司马师，失败被杀。
257年（魏甘露二年）	魏征东大将军诸葛诞起兵讨司马昭，次年失败被杀。
258年（吴太平三年）	吴丞相孙綝废孙亮为会稽王，立孙休，是为吴景帝。孙休杀孙綝。
260年（魏甘露五年）	曹髦率军讨司马昭失败被杀，司马昭立曹奂为帝，是为魏元帝。
263年（魏景元四年）	司马昭命邓艾、钟会攻蜀，后主刘禅降，蜀亡。
264年（吴永安七年）	吴景帝孙休死，孙皓立。
265年（晋泰始元年）	八月，司马昭死，子司马炎继相国、晋王位。十二月，废魏主称帝，是为晋武帝。国号晋，都洛阳，史称西晋。司马炎大封宗室诸王。
266年（晋泰始二年）	晋罢农官，所统悉属郡县。至此，曹魏屯田前后70年。
272年（晋泰始八年）	夏天，东吴镇守西陵的步阐投降晋朝。晋吴展开西陵战役，东吴大将陆抗顶住了晋军的进攻。
279年（晋咸宁五年）	西晋以贾充为大都督，大举分道伐吴。
280年（晋太康元年）	晋灭吴，统一全国。 西晋颁布户调式，包括占田课田制、户调制和品官占田荫客制。户调按九品混通的原则征收。 从太康元年到太康十年的十年被艳称为“太康繁荣”。
290年（永熙元年）	晋武帝司马炎死，晋惠帝司马衷立，立贾充之女贾南风为皇后。晋武帝杨皇后父杨骏辅政。 西晋以刘渊为匈奴五部大都督。

291 年（元康元年）	贾南风杀杨骏，又杀汝南王司马亮及楚王司马玮;八王之乱开始。
296 年（元康六年）	氐人齐万年起兵于关中。
298 年（元康八年）	关中连年饥荒，巴賨豪酋李特率流民入蜀。
299 年（元康九年）	江统著《徙戎论》，提出将氐、羌等族徙离关中。
300 年（永康元年）	赵王司马伦杀贾南风。
301 年（永康二年）	张轨据河西，求为凉州刺史。 赵王伦废惠帝自立，齐王司马冏等起兵杀伦，惠帝复位。司马冏专政。 四川流民起义大爆发。流民推李特为首，起兵于绵竹，进攻成都。
303 年（太安二年）	李特入成都，旋为益州刺史罗尚所杀。李雄再攻下成都。 张昌、石冰起义爆发。五月，张昌起义于安陆，占据江夏，攻襄阳，别帅石冰东进。
304 年（永安元年）	李雄称成都王，建成汉。 匈奴刘渊在左国城即汉王位，建国号曰汉。十六国开始。 河间王司马颙逼晋惠帝西迁长安。
305 年（永兴二年）	右将军陈敏于历阳起兵造反，建立楚政权，一度得到江南世族支持。陈敏叛乱持续到 307 年才为陶侃所败。
306 年（永兴三年）	东海王司马越部队挟晋惠帝还洛阳。 晋惠帝中毒而死，弟司马炽继位，是为晋怀帝。八王之乱结束。 并州饥荒，诸将率吏民就食冀州，号为“乞活军”。
307 年（永嘉元年）	琅琊王司马睿出任安东将军、都督扬州诸军事，和王导等人迁徙建业。此后大批中原官民迁徙南方，史称“永嘉南渡”。
310 年（永嘉四年）	刘渊死，太子刘和继位。刘聪杀刘和自立。
311 年（永嘉五年）	荆湘流民推杜弢为首，据长沙起义。 司马睿以王敦为都督西征，和各方争夺长江中游。 刘曜攻下洛阳，杀吏民三万余人，挟晋怀帝至平阳。史称“永嘉之祸”。
313 年（永嘉七年）	刘聪杀怀帝，秦王司马邺在长安即位，是为晋愍帝。
316 年（建兴四年）	刘曜进兵关中，愍帝降，被送至平阳，西晋亡。

317年（建武元年）	琅琊王司马睿即晋王位，史称东晋。 祖逖北伐，陆续恢复河南地区。
318年（太兴元年）	晋王司马睿称帝，是为晋元帝。建都建业。 刘聪病死，太子刘粲继位，旋为靳准所杀，汉亡。刘曜发兵攻靳准，自立为皇帝。
319年（太兴二年）	刘曜徙都长安，改国号赵，史称前赵。 石勒自称赵王，定都襄国，史称后赵。 周访最终平定荆州。司马睿势力基本控制了南方。
321年（太兴四年）	祖逖病逝，北伐事业中断。
322年（永昌元年）	王敦起兵武昌，攻入建康，还屯武昌，遥制朝政。 晋元帝司马睿忧愤而死，晋明帝司马绍继位。
324年（太宁二年）	晋明帝司马绍下令讨伐王敦，王敦以兄王含为元帅攻建康，王敦病死，兵众溃散。
325年（太宁三年）	晋明帝司马绍病死，只有27岁。太子司马衍继位，是为晋成帝。外戚庾亮掌权。
328年（咸和三年）	苏峻、祖约之乱爆发。
329年（咸和四年）	后赵出兵攻占上邽，杀太子刘熙，前赵亡。
330年（咸和五年）	东晋始行度田收租制，亩税三升。 后赵石勒称帝。
333年（咸和八年）	夏，石勒病死，太子石弘继位。石虎掌握后赵实权，第二年废石弘，自称天王。
335年（咸康元年）	后赵迁都于邺。
337年（咸康三年）	鲜卑慕容皝称燕王，建燕国，史称前燕。
338年（咸康四年）	鲜卑拓跋什翼犍继代王位，建代，定法律。 成国李寿自立，改国号为汉。
341年（咸康七年）	晋诏王公以下至庶人皆正土断、白籍。
342年（咸康八年）	晋成帝司马衍病死，同母弟弟司马岳继位，是为晋康帝。
344年（建元二年）	晋康帝司马岳死了，其子司马聃继位，是为晋穆帝。
345年（永和元年）	桓温出任荆州刺史，取代庾氏获得长江中游的兵权。
347年（永和三年）	桓温灭成汉。

续表

349年（永和五年）	后赵石虎死。北方大乱。 后赵谪戍凉州的东宫卫士十余万人在关中起义。 辽东慕容鲜卑大举进攻后赵，开始觊觎中原。
350年（永和六年）	冉闵灭后赵，自立为帝，国号大魏，史称冉魏。 华北民族大仇杀。
351年（永和七年）	苻健在长安称天王、大单于，国号大秦，史称前秦。
352年（永和八年）	前燕慕容儁灭冉魏，遂在蓟称帝。
354年（永和十年）	桓温北伐前秦，军至灞上，逼近长安，后主动退兵。
356年（永和十二年）	桓温第二次北伐，入洛阳，留兵戍守而还。
357年（升平元年）	前秦苻坚通过政变上台，称大秦天王，汉人王猛辅政。 前燕迁都于邺。
360年（升平四年）	前燕慕容儁病死，太子慕容暐继位。
361年（升平五年）	桓温派兵破燕军，取许昌。 晋穆帝司马聃病逝，堂兄司马丕被继位，是为晋哀帝。
364年（兴宁二年）	东晋核查户口，令所在土断。
365年（兴宁三年）	晋哀帝司马丕中毒而死，其弟司马奕继位，是为晋废帝。
369年（太和四年）	桓温率军五万北伐前燕，至枋头粮尽撤退大败。
370年（太和五年）	前秦灭前燕。
371年（咸安元年）	桓温废黜司马奕为海西公，改立司马昱为帝，是为简文帝。
373年（宁康元年）	简文帝死，谢安联合王坦之、王彪之等人拥戴司马曜即位，是为孝武帝。桓温引兵入朝，在新亭为谢安阻止。 夏天，篡位失败的桓温病死。
376年（太元元年）	前秦灭前凉、灭代。 晋废度田收租之制，王公以下口税米三斛，在役者免。
377年（太元二年）	东晋谢玄建北府兵。
383年（太元八年）	晋秦淝水之战，前秦大败，内部分崩。
384年（太元九年）	鲜卑慕容垂称燕王，后燕开始。 慕容泓称济北王，建立西燕。 羌族姚苌在渭北起兵，称万年秦王，史称后秦。

385年（太元十年）	西燕慕容冲称帝，入长安。 乞伏国仁自称大单于，筑勇士城为都，史称西秦。 后燕慕容垂定都中山。 前秦苻坚被后秦姚苌缢死在新平佛寺。 谢安死，司马道子父子开始先后在东晋专政。
386年（太元十一年）	鲜卑拓跋珪称代王，都盛乐，改称魏，北魏开始。 后秦姚苌入长安，称帝。 吕光称凉州牧、酒泉公，都姑臧，后凉开始。
394年（太元十九年）	后燕慕容垂攻破长子，杀慕容永，西燕亡。 前秦苻登为后秦姚兴所杀，前秦亡。
395年（太元二十年）	北魏在参合陂大败后燕。
396年（太元二十一年）	孝武帝司马曜遇害，司马道子扶持司马德宗为帝，是为晋安帝。 后燕慕容垂征讨北伐，中途而亡。
397年（隆安元年）	东晋王恭第一次起兵，得到荆州等地响应。 鲜卑秃发乌孤称西平王，筑廉川堡为都，南凉开始。
398年（隆安二年）	王恭第二次起兵，北府兵刘牢之倒戈，王恭被杀。 参与王恭起兵的桓玄、殷仲堪、杨佺期三人结盟自保，桓玄被推为盟主。 慕容德自立为燕王，史称南燕。
398年（北魏天兴元年）	鲜卑族拓跋珪迁都平城，称帝，是为魏道武帝。
399年（隆安三年）	东晋征发浙东诸郡免奴为客者为兵，引起反对，孙恩起义爆发。 名僧法显从长安出发，西行往天竺求经。
400年（隆安四年）	桓玄出任都督八州及扬、豫八郡诸军事、后将军，兼任荆江两州刺史。 李晟自称凉公，都敦煌，西凉开始。
401年（隆安五年）	沮渠蒙逊杀段业，自称凉州牧，史称北凉。 后秦姚兴迎名僧鸠摩罗什至长安。 孙恩起义军逼近东晋首都建康，被刘裕等人所败。
402年（元兴元年）	正月，司马元显讨伐桓玄。北府兵刘牢之倒戈，桓玄攻破建业，司马道子、司马元显父子势力被铲除。 桓玄杀刘牢之。 孙恩攻临海，败死。妹夫卢循继统其众。

403年（元兴二年）	桓玄废晋安帝，自称帝，国号楚。 后凉降于后秦。
404年（元兴三年）	刘裕自京口起兵讨桓玄，桓玄挟安帝还江陵，后败死。 卢循攻陷番禺，第二年接受东晋的任命，出任广州刺史。
405年（义熙元年）	刘毅破江陵，迎晋安帝还建康。 陶渊明挂冠而去，开始隐居生活。
407年（义熙三年）	刘裕入朝，开始专断东晋朝政。 赫连勃勃称大夏天王，夏政权开始。 后燕将领冯跋杀君主慕容熙，后燕亡，北燕建立。
409年（义熙五年）	后燕亡。冯跋建立北燕。 刘裕北伐南燕，围广固。
410年（义熙六年）	刘裕破广固，南燕亡。 卢循、徐道覆北进，攻长沙、豫章等郡，进逼建康，为刘裕所败。
411年（义熙七年）	卢循败死。至此，孙恩、卢循起义遂告结束。
412年（义熙八年）	刘裕消灭刘毅。 东晋以朱龄石做元帅，领兵进攻割据四川的谯纵。 法显航海回国，次年至建康，著有《佛国记》。
413年（义熙九年）	刘裕主持“义熙土断”。 七月，谯纵自缢而亡，四川重新进入东晋版图。
414年（义熙十年）	西秦袭取乐都，南凉亡。
416年（义熙十二年）	二月，后秦姚兴去世，姚泓继位。 刘裕北伐后秦。
417年（义熙十三年）	刘裕北伐入长安，姚泓投降，后秦亡。 刘裕留兵驻守长安，自回南方争权。
418年（义熙十四年）	赫连勃勃攻陷长安，称帝。

注：公元280年（晋太康元年）西晋灭吴统一全国之前，三国年号并用；280年以后的年号都是两晋的年号。

参考文献

刘义庆编撰:《世说新语》,青岛出版社,2010年4月版。

陈寿著,裴松之注:《三国志》,浙江古籍出版社,2000年1月版。

房玄龄等撰:《晋书》,岳麓书社,1997年10月版。

周一良,邓广铭等著:《中国历史通览》,东方出版中心,1994年1月版。

吴小如主编:《中国文化史纲要》,北京大学出版社,2001年10月版。

沈起炜著:《细说两晋南北朝》,上海人民出版社,2002年10月版。

邹纪万著:《魏晋南北朝史》,九州出版社,2009年11月版。

张程著:《三国大外交》,重庆出版社,2006年5月版。

张程著:《禅让》,线装书局,2007年8月版。

张程著:《权力家族》,崇文书局,2009年8月版。

王永平:《曹魏苛禁宗室政策考论》,《许昌师专学报》,2002年第5期。

胡阿祥:《侨置的源流与东晋南朝侨州郡县的产生》,刊于郑州大学历史学院编《高敏先生八十华诞纪念文集》,线装书局,2006年6月版。

胡阿祥:《六朝疆域与政区述论》,载于《南京理工大学学报》,2003年第1期。